0—5岁大脑发育的黄金五年

[美] 莉丝·埃利奥特（Lise Eliot, Ph.D.） 著

章薇 译

What's Going On in There?
How the Brain and Mind Develop in the First Five Years of Life

上海社会科学院出版社
SHANGHAI ACADEMY OF SOCIAL SCIENCES PRESS

图书在版编目（CIP）数据

0-5岁——大脑发育的黄金五年/（美）莉丝·埃利奥特(Lise Eliot) 著；章薇译 .—上海：上海社会科学院出版社，2020

书名原文：What's Going on in There? How the Brain and Mind Develop in the First Five Years of Life

ISBN 978-7-5520-3049-5

Ⅰ.①0… Ⅱ.①莉… ②章… Ⅲ.①婴幼儿—早期教育 Ⅳ.① G61

中国版本图书馆 CIP 数据核字（2020）第 035387 号

Copyright © 1999 by Lise Eliot, Ph.D.
This edition arranged with Witherspoon Associates
through Andrew Nurnberg Associates International Limited.

上海市版权局著作权合同登记号：图字 09-2020-206 号

0—5岁——大脑发育的黄金五年

著　　者：	（美）莉丝·埃利奥特（Lise Eliot）
译　　者：	章　薇
责任编辑：	周　霈
特约编辑：	贾凌芝
封面设计：	主语设计

出版发行：上海社会科学院出版社
　　　　　上海市顺昌路 622 号　　邮编 200025
　　　　　电话总机 021-63315947　销售热线 021-53063735
　　　　　http://www.sassp.cn　　E-mail: sassp@sassp.cn
印　　刷：河北鹏润印刷有限公司
开　　本：710 毫米 × 1000 毫米　1/16
印　　张：27.25
字　　数：400 千字
版　　次：2020 年 6 月第 1 版　2020 年 6 月第 1 次印刷

ISBN 978-7-5520-3049-5/G·911　　　　　定价：59.80 元

版权所有　翻印必究

致 谢

孩子们为我的写作提供了最大动力：朱莉娅的出生引起了我探索的兴趣；孕育、分娩和养育萨米的过程回答了一些问题，又提出了新的问题；而1999年5月出生的托拜厄斯则能从书中获益。我着迷于大脑的神奇，能看着孩子一点点长大真是妙不可言！这本书的写作贯穿怀孕、分娩、养育的各个阶段，将我的研究者和母亲角色结合起来，让我觉得：花在研究和写作上的时间也对孩子们的成长有帮助！这本书是为他们而生的。

我要特别感谢珍妮·考克斯·布卢姆，她审核了大部分的手稿，并常常从母亲的视角出发分享有趣的观点。我的代理人金·威瑟斯庞是个卓越的激励者。琳达·格罗斯·卡恩最早认可我，并在写作的初期一直鼓励我。我的编辑安·哈里斯，是一个专业的"助产士"，提出了许多明智的问题和建议，让我不断调整姿势—没有她这书一定不能顺利"出生"。

在写作过程中，有许多同事和我讨论问题、帮我修改文章、当面或线上回答我的问题，十分感谢他们：乔斯林·巴谢瓦利埃、杰克·克劳福德、理查德·戴维森、露丝·安妮·伊托克、凯瑟琳·吉布森、杰里·杰诺斯基、玛莎·约翰逊、克里斯蒂娜·伦纳德、朱莉·梅妮拉、莎拉·帕拉斯、朱莉·波洛克以及埃丝特·西伦。还要感谢我的导师，哥伦比亚大学的埃里克·坎德尔先生和贝勒医学院的丹·约翰斯顿先生。他们虽然没有直接参与这本书的写作，但塑造了我的早期学术生命，培养了我的批判精神，并给我追求更高成就的自信。

目录

第1章　解密宝宝大脑与心智发育：先天还是后天？ / 1

第2章　宝宝来了：大脑与心智发育的开端 / 13

　　大脑形成 / 19

　　发育和进化的关系 / 21

　　胎儿大脑开始发育 / 23

　　神经元的诞生和成长 / 25

　　选择最佳大脑回路 / 29

　　髓鞘形成 / 33

　　区域化发育 / 34

　　大脑回路塑造有关键期吗？ / 37

第3章　准妈妈注意：孕期因素如何影响宝宝大脑与心智发育 / 39

　　预防神经管缺陷 / 44

　　营养很重要 / 47

　　小心药物和化学品 / 51

　　电离辐射很危险 / 62

　　非电离辐射要辨明 / 64

　　避免感染 / 71

　　做个快乐的妈妈：激素、情绪和压力的影响 / 76

第 4 章 　 大日子来了：产程如何影响宝宝大脑与心智发育　/　89

胎儿的神经系统判定何时分娩　/　92

分娩对宝宝大脑有好处　/　93

早早接触，建立依恋　/　95

分娩可能造成的危险　/　96

权衡：合理使用助产用药与操作　/　102

结论　/　110

第 5 章 　 亲亲宝贝：早期触觉的影响　/　113

触觉的生理基础　/　115

早期经验塑造触觉　/　118

触觉是如何形成的？　/　120

婴儿能感觉到什么？　/　121

痛觉的发育　/　123

温度觉的发育　/　126

早期触觉益处大　/　127

触摸疗法：早期触碰和按摩会促进宝宝生长发育　/　129

第 6 章 　 摇摇乐：宝宝平衡感与运动感的早期成熟　/　133

前庭系统开工了　/　135

前庭系统的发育　/　137

胎儿的前庭系统很脆弱　/　139

通过新生儿反射检测前庭功能　/　139

前庭系统发育有助于大脑其他部分的发育　/　142

前庭刺激促进大脑发育　/　142

第 7 章　靠"闻"认识世界：宝宝的早期嗅觉 / 145

　　嗅觉系统开工了 / 148
　　嗅觉系统的发育 / 150
　　宝宝在子宫内也能闻到气味 / 152
　　新生儿就能区分气味 / 154
　　男孩和女孩的嗅觉不一样 / 156
　　分辨香臭的能力慢慢成熟 / 157
　　早期嗅觉对人际关系很重要 / 157
　　通过嗅觉认识世界 / 159

第 8 章　喜欢的味道：宝宝味觉和饮食偏好的由来 / 161

　　味觉系统开工了 / 164
　　宝宝在子宫里就有味觉 / 165
　　新生儿能尝到什么？ / 167
　　对咸味和苦味的感受会变化 / 168
　　为什么孩子（和成年人）喜欢甜食？ / 170
　　母乳对大脑发育有特殊益处 / 172
　　爱上母乳的味道 / 178
　　酒精能进入母乳 / 179
　　早期的味觉体验会影响将来的偏好吗？ / 180
　　味觉意义非凡 / 182

第 9 章　迅速清晰：宝宝视觉的建立 / 183

　　视觉原理 / 186
　　视觉系统怎样形成？ / 190
　　正确建立连接：先天和后天各司其职 / 192

如何改善视力 / 195

男孩和女孩视觉发育不一样 / 204

出错了 / 205

视觉发展依赖大脑、改变大脑 / 209

第10章　缓慢成熟：听觉的发展 / 211

听觉原理 / 214

听觉系统的发育 / 217

胎儿可以听到什么？ / 219

宝宝能记得在子宫里听见的声音吗？ / 222

新生儿可以听见什么？ / 224

从5个方面提高听力 / 225

宝宝喜欢妈妈语 / 228

听觉系统的可塑性和关键期 / 229

小心听觉损伤 / 231

中耳感染要注意 / 234

听力刺激宝宝的智力和情感发育 / 237

第11章　一座座里程碑：运动技能的进步 / 239

运动原理 / 244

胎儿如何运动 / 248

运动系统的发育 / 249

伸手运动的发展 / 256

右撇子还是左撇子？利手如何形成 / 259

"学会"走路 / 262

促进宝宝运动发展的措施 / 266

第12章　建立幸福之源：宝宝情感的发展 / 269

情感原理 / 272

情感大脑的发育 / 276

前6个月边缘系统的发育 / 277

6~18个月：依恋、抑制和情感意识 / 281

妈妈工作对宝宝情感发育的影响 / 285

应激、依恋和脑部发育 / 288

男孩和女孩的社交和情商发育有差异 / 289

气质的神经学基础 / 291

利用边缘系统的可塑性：育儿方式如何塑造孩子性格 / 295

第13章　形式多种多样：宝宝记忆的出现 / 301

记忆的类型：有意 vs 无意 / 305

记忆如何存储 / 307

记忆的发育 / 309

胎儿的记忆 / 310

前6个月的记忆 / 311

宝宝的再认记忆可预测未来IQ / 314

男孩和女孩的记忆发育有差异 / 315

8个月后：回忆出现 / 317

练习有助记忆发育 / 321

第14章　最棒的语言学家：宝宝的语言发育 / 323

语言生成原理 / 328

语言发育 / 331

语言体验的关键期 / 331

宝宝有学语言的本能 / 336

前18个月的语言 / 338

18个月开始：语法大爆发 / 344

一些影响语言学习的因素 / 347

如何让孩子的语言更加丰富 / 354

第15章　越来越聪明：宝宝的智力发育 / 359

智力原理及发育 / 364

额叶的发育 / 372

两个半球有差异 / 372

大脑发育及认知行为里程碑 / 373

婴儿IQ测试不能准确预测未来IQ / 381

孩子聪明的原因 / 383

第16章　先天、后天及性别因素：对智力发育的影响 / 385

先天：基因的角色 / 388

后天：环境的作用 / 391

性别的影响 / 394

第17章　聪明宝宝如何养成 / 401

家庭特征：社会经济地位、出生顺序及母亲的职业 / 404

孕期经历 / 407

营养 / 409

活动与物理环境 / 411

父母/看护人的风格 / 415

学校教育 / 419

没有"完美"父母 / 422

第 1 章

解密宝宝大脑与心智发育：
先天还是后天？

- 新生儿并不是"一张白纸",心智和偏好与生俱来
- 基因预设大脑,经验塑造大脑
- 父母的每一个决定,最终都与孩子大脑发育有关

你知道吗？就在我刚刚染出这枚完美的神经元，准备拍照的时候，朱莉娅忽然醒来，开始哭闹。要知道，我花了很长时间准备这个实验，只要再有10分钟就能完成。小朱莉娅出生以来一直非常配合——她刚满9周，此刻睡在垫着毛毯、温暖而舒适的电脑箱里，安详恬静，箱子放在昏暗的实验室中，靠着我的桌子。终于，一切准备就绪：显微镜下的神经元荧光闪烁，连最纤细的末支也分毫毕现，我小心地植入了一个电极，用来测量它的电活动。正当我刺激这个细胞的传入通路，测试它能否从模拟的传导信号中"学习"时，朱莉娅醒了，她哭着要吃奶。

见鬼！我赶忙抱起她喂奶，还要腾出我的左手操控键盘。"切断持续电流，"我自言自语道，"设置细胞外的电压，连接数据获取装置，然后——开始！"脉冲波发出，神经元被激发出一连串活跃的电位。电脑屏幕上，不同颜色标记出细胞内钙离子的充盈程度：红色代表最强信号点，黄色居中，蓝色提示"冷"信号点——神经元的终末分支没有太多孔隙可供钙离子流入。多么棒的细胞，近乎理想的实验！可就在这时，朱莉娅突然挣脱了我的怀抱（毫无疑问，她是对电脑屏幕上的闪光好奇），右脚还踢到了精密的显微操作仪，正巧把完美细胞内的电极片碰掉了。

"哦，不！"我难以置信地盯着电脑屏幕，眼睁睁地看着神经元膨胀得像一个大气球，细胞膜也被移位的电极撕裂。随着细胞破裂，屏幕上的图像瞬间由红色褪变为橙色、黄色、绿色……直至染料散尽，全部变成蓝色。细胞就这么瞬间崩解了，只留下我黯然神伤。

兼顾母亲和神经学科学家的身份不是一件轻而易举的事，但双重身份偶尔也会带给我惊喜。为了弄清楚小鼠大脑内的神经元如何随着经历而改变，我正精心筹备实验。尽管有时我会为朱莉娅的好动而烦恼，但我知道，那正是她的大脑给发育着的运动回路提供的锻炼，谁又真的会去责备她呢？我倾心研究的小鼠脑中的一切活动，也以每秒上亿次的速度在女儿的小脑袋中进行着，每时每刻都是如此。

朱莉娅出生以前，我花了10年时间研究神经的可塑性——大脑随经历而改变的方式。那时，我一直想要个孩子，但等我真正成为母亲之后，才清楚自己的研究与育儿有怎样的关联。和大多数父母一样，初为人母的我突然被有关"先天/后天"的问题深深吸引了：朱莉娅未来的优势与弱点到底是基因遗传还是社会经验决定的？这个问题如同人类历史一般久远而古老，但绝不仅仅是一个学术争论。无论是"先天论"还是"后天论"，都会对父母、对社会养育孩子的方式产生广泛而深远的影响。

20世纪初叶，"后天论"开始占主流。在20世纪40年代的一系列著名研究中，精神病学专家勒内·斯皮茨（Rene Spitz）将有缺陷的婴儿分为两组进行对比：一组婴儿在一家条件很好的孤儿院里抚养；而另外一组婴儿都是女犯人的孩子，被寄养在离监狱很近的托儿所里。尽管两家育儿机构的条件相似——都有着整洁的环境，都能为孩子们提供充足的食物、衣服和医疗护理——但两种环境给孩子们的关怀与照顾截然不同。

在监狱托儿所的婴儿可以得到母亲的喂养、照顾、充分的关注与爱。尽管受监狱的条件影响，他们与母亲相处的时间有限，但这些孩子仍然顺利成长。相反，孤儿院的孩子们受到的关注很少：这里的每名护士需要照顾8个孩子，只能完成基本的喂养和更换尿布的工作。孩子们都孤零零地躺在自己的婴儿床中，床的两边还围着用来防止感染的被单，没有什么好看或好玩的，更缺少人与人之间的交流与爱，孩子们承受着无尽的痛苦。很多孩子甚至没能活过两岁，幸存者也大多发育不良，极易感染，认知及情感的发育严重迟滞。即便长到3岁，大部分孩子仍不会走路和说话。与那些监狱托儿所的孩子相比，他们表现出明显的孤僻与冷漠。

斯皮茨的工作很大程度地改变了领养政策，打消了人们过去的念头：孩子不宜过早领养，要等"天赋"个性和才智显露出来。如今，尽早领养已被认为是对待孤儿和弃婴的最佳方式；可悲的是，在许多地方，仍不断地有婴儿在孤儿院中逝去，他们的成长环境比斯皮茨描述的还要恶劣。

斯皮茨认为，早期的培养与激励对孩子的发育至关重要，执此观点的不止他一人。心理学界一度被"行为主义"理论主导：人类的一切行为——从最简单的微笑到最复杂的棋局步数——都是通过奖惩以及与周围世界的互动经验中学到的。如此看来，孩子们出生时即是一张"白纸"，没有倾向，在父母的教育和引导下有着无限可能。现代行为主义学说的创始人约翰·华生（John Watson）更宣称：

> 如果给我一拨健康的婴儿，我将在特定的环境中把他们抚养成人，我敢保证，无论他们有着怎样的天赋、才智、爱好、能力，甚至种族背景，随便选出一人，我都能培养成为任何领域的专家——医生、律师、艺术家、商人，甚至是乞丐和小偷。

毫无疑问，华生夸大了事实。但是，正是对幼儿早期生长环境重要性的重视，促成了社会重大项目的设立，如福利安全网（Welfare safety net）和先行计划（Head start）。如果孩子们都有如此大的可塑性，那么创建和谐社会的最好办法就是不断改善少年儿童的成长环境。

如今，情况又走向了另一个极端。我们开始进入基因时代。每天，分子生物学家们都在向真相靠近，他们研究染色体片段与人类致命疾病以及复杂行为的关系，如酗酒、老年痴呆、乳腺癌、阅读障碍和性取向。由政府赞助的"人类基因组计划"（Human Genome Project），让我们总想"破译"每个人的基因蓝图，由此发现自己的优缺点，以及将来可能遇到的问题，甚至治愈先天性的疾病。这些日新月异的进展让人振奋，但对基因的过分强调也会带来负面影响，《弧线排序》（The Bell Curve）和《教养的迷思》（The Nurture Assumption）等书籍传达的理念会让人片面地认为家庭和社会对孩子的影响微不足道，孩子的命运很大程度上由基因遗传决定，而人为改进的可能性微乎其微。

作为一名神经学家，我很难认同上述观点。基因非常重要，但研究过神经细胞的人都知道，它们具有很强的可塑性。毫不夸张地说，大脑本身即是被各种外界经验塑造而成的：每一个影像、每一种声音和每一丝念头都会在特定的神经回路上留下印记，以此识别并修正未来的类似体验。同时，大脑本身亦不是生来不变的，这些充满活力的组织会及时地自我更新，以便应对感觉、运动、情感和智能方面的需求。

我怀中拥着小朱莉娅，这足以让我痴迷于神经的可塑性。如果经历可以塑造她的大脑，那么此时此刻，这一切正悄然发生着。尽管我们从很多有关成年人的研究中认识到：大脑在人的一生中都保持着高度的可塑性，但这个特性在婴幼儿时期最明显。脑外科医生甚至可以将幼儿的大脑半球皮层全部切除（在罕见病例中，这是治疗顽固性癫痫的唯一方法），而令人惊叹的是，这些患儿在术后仅出现了少许的生理功能与智能减退。

在与小朱莉娅的每一次亲密互动中，我都好奇地想：这一次爱抚，这一次换尿布，这一支摇篮曲会对小朱莉娅的大脑产生怎样的影响？哪条神经回路已经开启，哪条仍在建立中？她6周时，可以被逗笑；18周时，能伸出小手抓住摇铃，她的大脑在这些进步中发生了怎样的变化？朱莉娅能看见我贴在她箱子周围的装饰吗？能听到声控器中神经元冲动传出的声音吗？认识我就是她的妈妈吗？而我们是否对她正在建立的神经回路产生着影响？又或是整个过程与我们毫不相关，如同一朵含苞待放的花蕾，依照着它既定的程序绽放，仅仅需要最基本的食物、水和空气？

换句话说，我真的很想知道：在她的小脑袋里究竟发生着什么？身为母亲，怎样才能影响她汇总信息的过程？

这本书是我探索之旅的成果——我试着从受孕开始追踪孩子大脑的发育过程，并解释因此而出现的各种功能：感觉、运动、情感、记忆、语言以及"智商"。我想不同于一般怀孕和育儿类书籍，以真实的研究数据来揭示大脑的发育过程，以及大脑是如何受环境和经验影响的。本书的内容详尽，没有医学背景的读者也很容易看懂。

不论我们是否意识到，父母做出的每一个决定，最终都会与孩子大脑发育有关，比如：怀孕期间是否饮酒，分娩期间是否用药，母乳喂养的时间，产后多久重新开始工作，如何处理耳道感染，送不送孩子上幼儿园，要给孩子制定怎样的纪律，允许他们看多久的电视，等等。我们对做这些决定感到棘手，因为我们知道它们在某种程度上可能会对孩子的思维方式产生持久的影响。而孩子们的思维方式——情商与智商的共同作用——完全是大脑自我塑造的结果。

生物学家们坚信：我们永远无法理解孩子的思想，除非我们清楚他们大脑的结构和生理功能。生物学还给我们带来了新的希望，它有可能解决久久悬而未决的"先天/后天"之争。从第一次细胞分裂开始，大脑的形成过程就如同内在基因与外在环境共同演绎的一场华美舞蹈。只有了解了奇妙思想中的每一次微妙互动后，才会明白先天遗传与后天经历共同造就了我们的独一无二。

在过去的20多年中，神经科学取得了长足的进步。借助先进的技术，我们能观测大脑活动时每一个部分的情况，上到神经回路，下到神经元间隙中的突触；我们能记录大脑中单个分子的电活动；甚至可以从庞杂的人类DNA库中，海选出与早期神经发育、精神发育迟缓以及老年痴呆相关的个别基因，命名一些神经学症状。宝宝们很难配合现代化的脑成像技术，他们要么烦躁不安、要么哭闹、要么呼呼大睡。尽管如此，学者们还是开发出一些巧妙的方法来探知他们感觉、情感和认知能力的萌发（见图1.1）。这些有趣的实验，连同我们正迅速拓展的与大脑功能和发育相关的知识，使我们比以往任何时候都更加清楚：在婴幼儿的脑袋中"到底发生了什么"。

图1.1 用60个头皮电极组成的电极帽测量脑活动既无创，又比传统的EEG方法准确。这个笑嘻嘻的3个月宝宝在接受吉昂纳·德阿纳－兰贝茨和斯坦尼斯拉斯·迪昂的早期语言感知实验。（图片引用经杰克·刘同意。）

正如我们所见，新生儿并不是一张"白纸"。他们与生俱来地拥有各种心智与偏好，以及早期生活必备的独特技能。他们的大脑很小，却不是成人大脑的袖珍版。他们的神经系统依照既定的程序发育成熟。出生时，脊髓和脑干就已经几乎发育完备，这两个位于大脑下方的结构，掌控着机体所有至关重要的生理功能，最大程度地满足新生儿的基本需求，如生存、成长，以及与看护人之间的互动（见图1.2）。

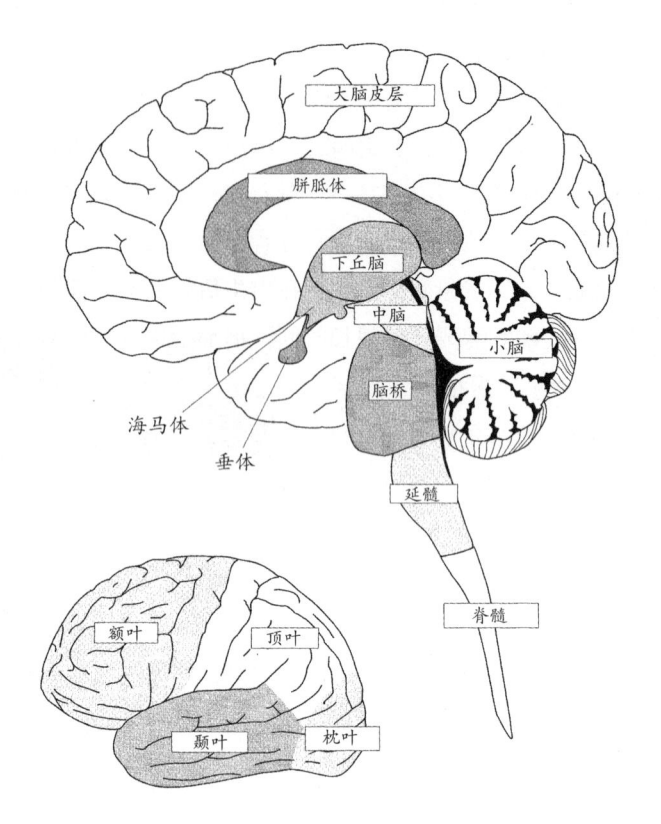

图1.2 中枢神经系统的主要组成部分。中脑、脑桥和延髓组成了脑干。脊髓只展示了一部分。

出生以后，这个程序继续运行，位于大脑上方的区域逐步掌控婴幼儿的精神生活。这些区域包括与运动相关的小脑、基底节区；与情感和记忆相关的边缘系统；以及我们所有行为、意识和理智在中枢的落脚点——大脑皮层。出生时，所有大脑结构中大脑皮层发育最不完善，伴随着它的逐渐成熟，孩子的各项技能稳步提高，并开始拥有自我意识。

从这个角度来说，大脑发育的次序是基因编排的。这就是为什么婴幼儿的发育日程表相差无几。不论是被放在"小背篓"或是婴儿背带里，还是坐在高科技的婴儿椅中，所有健康的宝宝几乎都以一样的方式在隔不了几周的年龄开始走路、说话、扔东西。我不得不承认，尽管小朱莉娅生活在与众不同的环境中，但她依然在按照预定的方式生长着。

有一个问题很关键：为什么新生儿的大脑如此简单？如果生长发育大

部分是按照既定的模式进行,那为什么他们不能生来就具备完整的视觉、听力,并可以行走,用语言交流,甚至进行复杂的数学运算呢?原因要归结于一点:我们直立的姿势。人类用双脚直立行走的生活方式限制了骨盆的大小,因此,女性只能娩出头围小于骨盆尺寸的胎儿,即大脑只发育了一部分的胎儿。这个观点也许有一定的道理,但人类出生时并不像其他哺乳动物那样无助。比如老鼠和猫,它们在出生后好几天才能睁开眼睛。人类认知功能的发展确实需要花费很长时间,但那是因为我们有许多大脑功能亟待开发——我们有更长的路要走。

人类的学习能力可能是另一个原因。婴儿的大脑如同一台学习机。他们可以通过自我构造来适应周边的环境。尽管如此,两者还是有所区别:大脑可以自行编程。想象一下,你买了一台电脑,但不用安装任何软件,仅仅插上电源,它就能自动完成如下事项:安装操作系统,安装CD-ROM、声卡、打印机、调制解调器等一切相关硬件的驱动程序;稍后,它意识到文字处理程序很有用,立即编写出一个,并可以读出英语、西班牙语、德语、希伯来语等,以便更好地与外界交流;最后,它需要阅读和计算,于是自己编码完成了字符识别和表格设计的程序。孩子的大脑就是这样,它们因为自身需要而建立神经回路,并根据需求随时随地激活和调试,比如行走、交谈、阅读、寻找食物、弹钢琴等。

这种适应能力是大脑得天独厚的优势,并且在它形成之初就已经具备。尽管基因程序化地设定了神经系统发育的次序,但其完成的质量却常常受环境因素的影响。在胚胎发育的早期,胚胎细胞会对特定分子细微的浓度变化作出反应,受诱导分化为脑袋或尾巴、脊髓或小脑。随后,特定的电刺激将精准地改变儿童大脑皮层中的某些突触连接。这些在分子水平上数不胜数、错综复杂的相互作用,不断地在大脑中发生着。作为一个庞大的细胞链,大脑中的细胞相互沟通,不可避免地与外部世界产生联系。每一次触摸、每一个动作、每一种情感都会转化为电化学活动,它们将基因预设程序向前推进,巧妙地改变着大脑的整合方式。

发育生物学家常用从悬崖峭壁滚落的皮球来比喻大脑发育的过程。基因如同重力,吸引着皮球不可抗拒地下落。但很多时候,其他因素会介入其中。当皮球落入不同的环境——岩石、洞穴或树杈——结果必然不同。

这会使它的路径大相径庭，并改变它将要遇到的事物。

大多数健康的婴儿都依照相似的方式发育成长。潜在的基因程序可以适应多种"正常"环境。这种高度的适应性让很多父母备感安慰，他们不必再为了如何放置婴儿床铃，或是如何教6个月大的婴儿"阅读"而忧虑。早期经历的质量对儿童大脑发育会产生重大影响。基因和环境都很重要，虽然我们很难去改变基因，却可以在孩子的成长环境中大有所为。

在下面的章节中，我将诠释大脑各个重要"系统"是如何发育生长的，以及基因和环境对这些系统已知的影响。本书涵盖的年龄段是从受孕到孩子五六岁，但并不是按照严格的时间顺序描述。每一章都从最开始——胎儿在子宫中的感觉与运动能力，以及出生时具备的各种高级智力——来阐述这些神经功能是如何以及为何在孩子身上出现。

第2章概述了大脑发育的基本过程，包括：复杂而神奇的人脑是如何从精子与卵子的融合发育而来，尤其是在基因和经验的双重作用下，大脑中的核心神经回路是如何"建立"的；大脑的每一种感觉、运动以及更高级功能系统通用的生物学机制是什么。第2章的内容是本书的基础，从孕期一直讲到童年期。

余下的章节各有侧重。第3章将着重介绍胎儿的大脑在子宫中发育的过程，并探讨孕妇的生活方式、孕妇与环境中各种物质的接触对胎儿发育的影响。第4章将描述分娩过程对婴儿大脑发育的影响。第5章至第10章，将按照感觉系统发育成熟的大致顺序具体介绍，包括：触觉、平衡觉、嗅觉、味觉、视觉和听觉，还囊括了一些相关话题的探讨，比如：抚触为何对婴儿有好处、母乳如何促进大脑发育，以及先天性视觉和听觉障碍为什么会对孩子感觉及认知能力的发育构成危害。第11章阐述了婴幼儿的运动能力如何提高。第12章至17章，将探讨更高级脑功能的出现，包括:情感、记忆、语言和其他认知能力，以及先天程序与早期经验的相互作用将如何影响这些功能的发育成熟。

大脑的性别差异，一直是先天/后天之争的热点议题。感兴趣的读者们可以在第5、7、9、10、12、14和16章中找到相关的内容。其间，本书还探讨了基因和环境、激素和社会的相互作用如何造成这种差异。

大脑，是人体最精妙的器官。倘若父母们、教育家们以及全社会一起齐心协力，无疑会产生巨大的合力，去塑造孩子们脑中这个遍布沟回的小宇宙。有了它，孩子们才能长大成人。我们深深地爱着他们，正是这份爱引领着我们竭尽所能地帮助他们拥有最聪明的大脑。

第 2 章

宝宝来了：
大脑与心智发育的开端

- 受精后第 19 天，大脑开始形成！
- 胎儿的大脑，1 分钟产生 50 万个神经元
- 孩子两岁以前，大脑每秒钟产生 180 万个突触

一个周四的清晨,杰西卡隐约地意识到自己的生理期已经延迟了 5 天。一丝预感闪现,她叫醒了正在熟睡的丈夫,激动地说:"大卫!我觉得我该做个测试了!"大卫一下子清醒了,心中顿时充满了担忧和惊喜,妻子在一旁激动地摇着他的胳膊,让他睡意全无。他知道杰西卡说的是她在药箱里藏了几个月的家用验孕棒。如果她的生理期只是晚了两三天,他们还不太敢测,因为不想过早抱有太大的希望。

当看到试纸上开始显现出一条小蓝杠时,夫妻俩都屏住了呼吸。他们与包装盒上的样本结果进行了比对,条带的颜色虽然有些浅,但的的确确是蓝色。"哦,天哪!阴性结果没有任何条带,这次一定是阳性!"为了确认结果,他们再次将验孕棒浸入了尿液之中,此刻,期待已久的条带缓缓地显现了出来。

大卫将杰西卡揽入怀中,激动地说:"我们有了!我们有宝宝了!"一种从未有过的情感在他们心中蔓延开来。杰西卡突然注视着大卫,说道:"天哪!竟然有一个小生命在我的身体里了!我好想知道它现在是什么样子!"

尽管家用验孕法能很早告知我们是否怀孕,但早在得知这个好消息之前,身体里就已经开始了一系列令人惊奇的变化。杰西卡和大卫回忆起来:"还记得吗,"杰西卡说:"前几周我们都很忙,一定是那个周六的晚上,参加完乔的聚会之后。"大卫边笑边飞快地计算着:"也就是说,我们的孩子已经有 19 天大了!"

实际上,他们孩子的年龄并不是由性生活的时间决定的,而是取决于杰西卡排卵的时间。在上次月经开始的两周之后,她的卵巢排出了一个成熟的卵细胞。卵细胞在排出后仅能存活 24 小时,所以受精必须在排卵后的一天之内完成。而精子却能在女性生殖道内存活长达4天的时间，即使杰西卡是在聚会后的几天排卵，她也能成功地受孕。

不过，受孕发生在排卵当天的几率还是要大一些，因为杰西卡的生殖道在排卵时会分泌大量的粘液，为精子和卵细胞的邂逅提供适宜的环境。事实上，在那个周日的清晨，当大卫和杰西卡还在酣睡时，已经有一个精子从大卫午夜释放的5亿个精子中脱颖而出，成功地穿入了由杰西卡左侧卵巢排出的卵细胞。早在凌晨3:00，精子就通过了子宫，7:00时游到了左侧输卵管壶腹部——它选对了方向，准备与卵细胞结合。与精子相比，卵细胞要大得多，但直径也仅为0.1毫米。

在坚持到这一步的几十枚精子之中，只有一个"小巨人"能够成功地穿透卵细胞的粘性外膜（即放射冠）；为了铺平道路，它会释放多种酶来溶解放射冠内侧的致密蛋白质层，也就是我们所说的透明带（zona pellucida）；最后这枚精子才能穿透薄薄的卵细胞膜。而一旦有一枚精子成功地穿透，卵细胞就会迅速地建立起电化学屏障，阻止其他精子再进入，从而保证受精卵的正常发育。最终，上午10:18，受精过程终于完成了：卵细胞和精子的细胞核发生融合，其中有23条染色体来自杰西卡，另外23条染色体来自大卫，包括他的Y染色体，这也就意味着，新的生命已经形成——而且是个男孩！

星期一晚上，当小两口正在吃晚饭的时候，他们未来的儿子进行了第一次的细胞分裂。到了星期四，也就是受精后的第4天，这个小胚胎已经完成了5次分裂，形成了一个由32枚圆形细胞组成的细胞团，看起来就像是一个成熟的黑莓。此时胚胎并不比卵细胞大多少，但即将开始细胞分化：现有细胞分别发育成为身体不同组织。

我们将这个阶段的胚胎称为囊胚。小鼠实验表明，如果此时从这32个细胞中取出其中的任意一个，并让它独立分化，最终都可以发育成一个完整的个体。不过，即使囊胚保持完整（即没有自发地一分为二，形成同卵双胞胎），其中也只有3~5个细胞能够真正地发育成为胎儿。位于囊胚内部的几个细胞将成为宝宝身体中所有细胞的来源，而其余位于囊胚外部的细胞则会发育成胎盘。一个细胞能否发育成为胎儿完全靠运气——由它最开始所处的位置决定。因此，决定细胞发育命运的是它们所处的位置，而不是它们携带的遗传信息。这也是环境影响发育的最早例证之一。

之后，囊胚内逐渐形成一个空腔，内层细胞依旧与外层支持细胞构成的一个球形弧面相接。同时，囊胚启程从杰西卡的输卵管游向子宫。在即将抵达目的地的时候，胚泡从透明带中"孵化"出来，暴露其外层细胞，而这层细胞专门用于植入杰西卡的子宫壁（见图 2.1）。

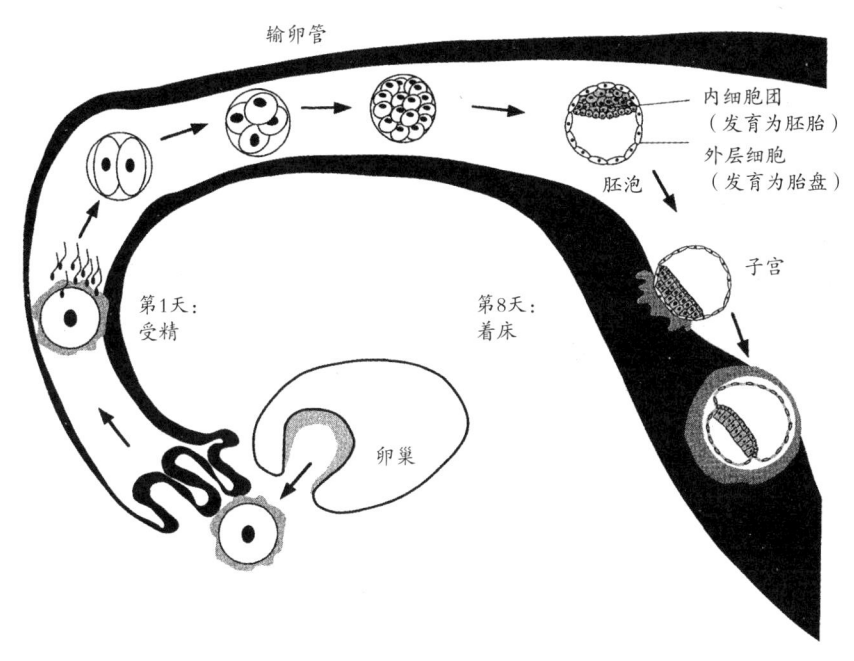

图 2.1 人类发育的最初 11 天

又是一个周六的晚上（大概是受精后的第 7 天），当大卫和杰西卡正要出门看电影的时候，小囊胚开始着陆：它在子宫后壁上找到了一个绝佳的位置，正值杰西卡身体的中线处。这个直径不足 0.2 毫米的小囊胚侵入了子宫内膜层。但囊胚完全植入并与母体建立起完整的血液供应还需要两周的时间。这段时间里，胚胎的体积变化不大，但内部却发生着翻天覆地的变化。

到了周一的早上，内细胞群已平铺为盘状，并且第一次分化出了两种组织：较小的立方形细胞构成了下层，即原始内胚层；而较大的柱状细胞构成了上层，即外胚层。内胚层能分化出大多数的内脏器官，例如肠、肺、

第 2 章 宝宝来了：大脑与心智发育的开端 **17**

肝和各种腺体。外胚层则能分化为皮肤和感觉器官，并会在关键的神经胚形成之后，构建出完整的大脑和神经系统。但是在神经胚形成之前，还会出现第三类原始组织，即中胚层，中胚层最终将分化出所有的骨骼、肌肉以及人体的结缔组织，包括循环系统和消化道的平滑肌。

　　这个周五的下午，已经是受精后的第 13 天了，杰西卡和大卫正在打电话商量下班之后的安排。但杰西卡觉得身体不太舒服，所以他们决定还是回家，安静地吃晚饭。他们吃饭的时候，胚胎的内外胚层之间出现了一小群细胞。这群细胞起源于细胞"盘"的一端，也就是人体最初的"尾端"，随后向卵圆形胚胎的中央扩展。随着中间细胞层的生长，胚胎的中央出现一条印迹，上方的外胚层形成了一条两边隆起的长沟。这就是原条，它将形成胚胎的中轴。到了星期一（受精后第 16 天），原条向囊胚中线扩展，其内层细胞逐渐形成了中胚层。

　　中胚层和外胚层之间的联系促成了原始神经系统——神经板的形成。人们认为，中胚层在内外胚层之间不断延伸的过程中会释放一种化学信号，这种化学信号会触发相邻外胚层的基因开关，促使其发育为大脑和脊髓。位于神经板外侧，但不直接与中胚层接触的外胚层细胞则不会暴露在这种化学刺激之下，它们最终将形成皮肤、毛发，以及眼和耳的非神经部分。因此，皮肤和神经都起源于外胚层，但是神经系统在发育过程中会迅速地移行至胚胎表面之下，与形成中的皮肤分离。

　　受精后的第 19 天，宝宝最初的脑组织已经开始形成了。这个椭圆的原始神经板将呈现出宝宝完整的精神世界，包括他的思想、感觉、行为和梦，他的准父母突然对这一切深感好奇。

　　"咱们的宝宝 5 月就要出生啦！"杰西卡推算着日子，"多美好的月份啊！"他们好想知道自己孕育的小人儿到底什么样：是男孩还是女孩？皮肤白不白？身体壮不壮？是不是善良、聪慧、有活力、具有音乐天赋？其实，早在那个周日的早上，当 46 条染色体融合在一起的时候，这些特征就已经被遗传信息决定了。但是仅依靠基因的力量不足以将宝宝塑造成人。大卫和杰西卡不久就会意识到，他们还承担着巨大的责任。"先天遗传"已成为定局，剩下的工作就是"后天培养"了，而培养的成功与否，在很大程度上取决于父母。

大脑形成

一般来说，胚胎的大脑发育速度非常快。在下一个周三（受精后的第25天），神经板蜷成了一个凹槽，一端融合形成管状结构，几乎纵贯 2 毫米长的胚胎。神经管自中央开始封闭，受精后 24 天左右，顶端最先完成封闭，随后是尾端，而到了第 26 天，神经管完全封闭（见图 2.2）。封闭的神经管顶端膨大，将来会发育为大脑。其余部分越靠近尾端越细，将来形成

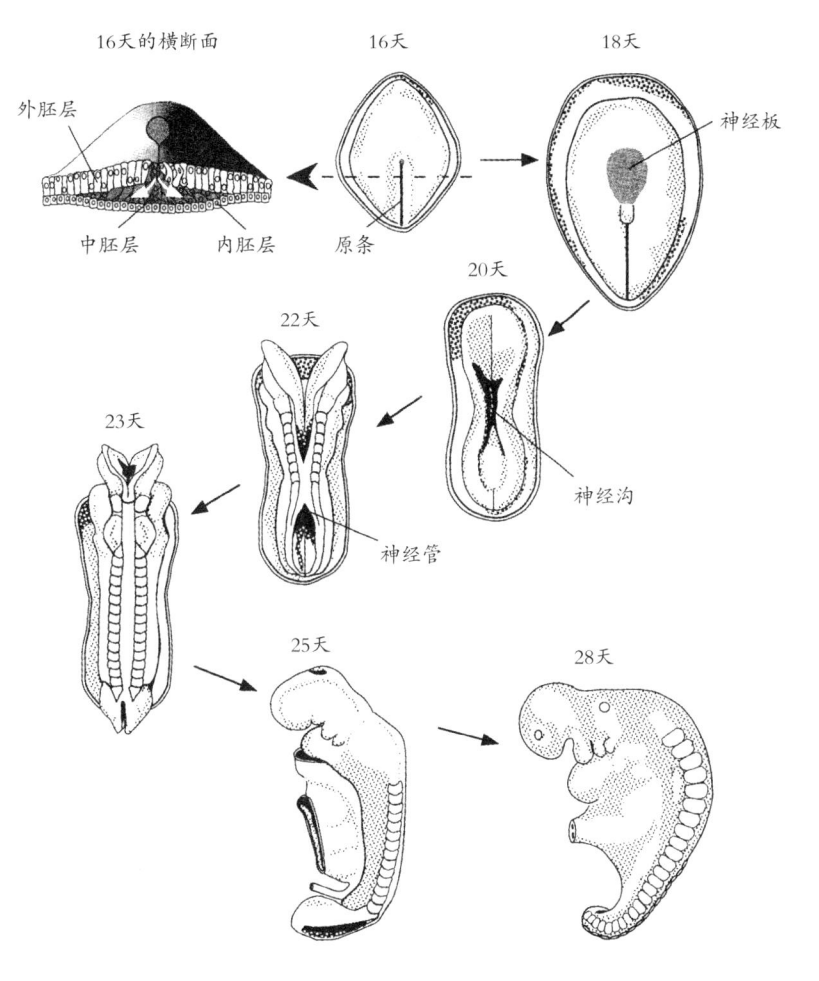

图 2.2 神经管的形成和关闭。受精后第 18 天，中胚层和外胚层互相影响，形成第一个原始神经组织。神经板变为神经沟，再变成神经管。26 天时，神经管闭合。神经管任何一处闭合不完全都将带来神经管畸形，这一点将在第 3 章谈到。

脊髓。神经管发育成脊髓的过程比较简单：神经管壁逐渐增厚并分成4个原始区域，即左右各一个感觉区和运动区。但是神经管顶端的转化就要复杂多了。首先，神经管顶端会形成3个原始膨大部分，即前脑、中脑和后脑，各部分之间有着明显的分节，整个神经系统看起来像一条怪异的毛毛虫，快速生长的头部蜷成一团（见图2.3）。大脑的3个膨大部分在受精后第4周的星期天才能完全形成。这个时候，眼点出现、心脏原基开始搏动、肢芽萌出——将来会逐渐发育为四肢。此时，杰西卡和大卫的小胚胎仅有

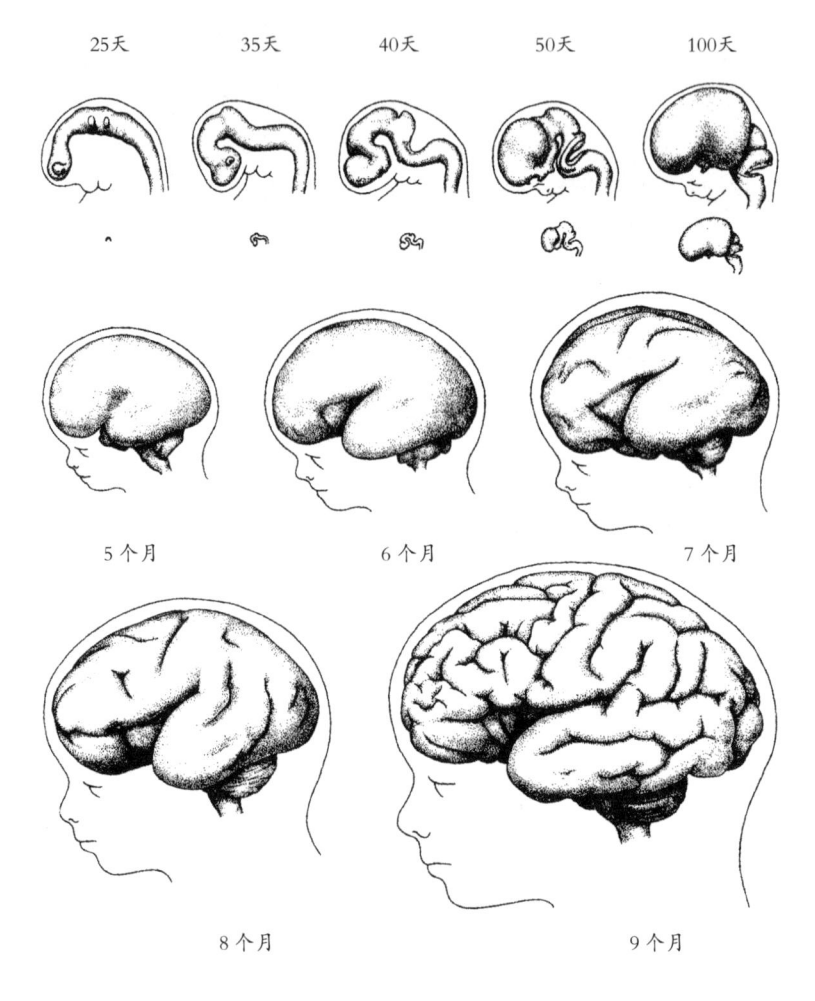

图2.3 大脑的产前发育。放大的图片显示了受孕后25～100天大脑发育的细节。第二行显示的是真实大小。（引自纳尔逊·普伦蒂斯《大脑发育》一文，经W.M.考恩改进。）

3毫米长，而杰西卡也开始感觉到明显的不适。

到了第5周，杰西卡开始反思自己怀孕的初衷是什么。宝宝大脑的3个膨大部分逐渐扩大，进一步分裂成5个部分。位于最前端的端脑沿中线分开，形成了左、右大脑半球。等到第6周，这些膨大部分就已经分化出主要的大脑结构，形成脑桥、延髓、小脑、下丘脑、基底节、边缘系统和大脑皮层的原基。与此同时，在大脑和眼、耳、鼻、面、口及其他身体结构之间传递感觉和运动信息的12组脑神经也出现了，但还没有和面部等靶器官连接。

受精7周后，杰西卡和大卫第一次去产检，得知她已经怀孕9周了。这是多么令人振奋啊！胎儿发育的时间总是让人迷惑，这是因为"月经龄"和"受精龄"不同：月经龄是从末次月经周期的第一天算起，而受精龄则是从受精的时间算起——也就是排卵后24小时之内。医生和助产士通常从末次月经周期的第一天开始计算孕龄，因为这个日期是确定的。实际上，从药店里买激素试剂盒或是通过超声成像的方法来确定排卵期并不困难，但大多数孕妇不了解这些，所以医生默认排卵发生在末次月经开始的两周后。胎儿发育平均需要38周，因此，如果按月经龄计算，平均孕期就成了40周。本书主要是站在宝宝的角度探索发育的奥秘，所以一切时间均按受精时间计算——也就是采用38周的计时体系。

经过了8周的发育，宝宝从头到脚已经差不多5厘米了。确切地说，我们不应再称之为胚胎，而该称作胎儿了。胚胎期与胎儿期之间并没有明确的界限。虽然所有主要的器官和系统此时都已就位，但功能很有限，还需要很长的时间才能完善。胚胎期和胎儿期的一个更好的区分标准就是后者已经初具人形了。几周以前，杰西卡和大卫的宝宝与其他脊椎动物的胚胎一样，在外观上没有什么差别。但是现在，这个小胎儿有了修长的手指、短小的脚趾和朝前隆起的双眼，退化的尾巴也脱落了；他已经是一个小人儿了！

发育和进化的关系

不同脊椎动物的胚胎之间有着惊人的相似之处。19世纪早期，胚胎学家开始着力于研究各物种早期发育与进化之间的联系，有一种说法是"个体发育重演系统发育"。当然，我们每个人在发育成完整人形的过程中并没有真正经历"蜥蜴"的阶段。进化上越接近的物种胚胎发育过程的相似度也越高。在受精后的第4周，人类胚胎很难与其他脊椎动物的胚胎——鸟类、爬行动物或哺乳动物等——区分；但到了第6周，人类胚胎仅和某些哺乳动物胚胎相似；到了第7周，就只能在猴子等灵长类动物的胚胎中发现相似之处了（见图2.4）。

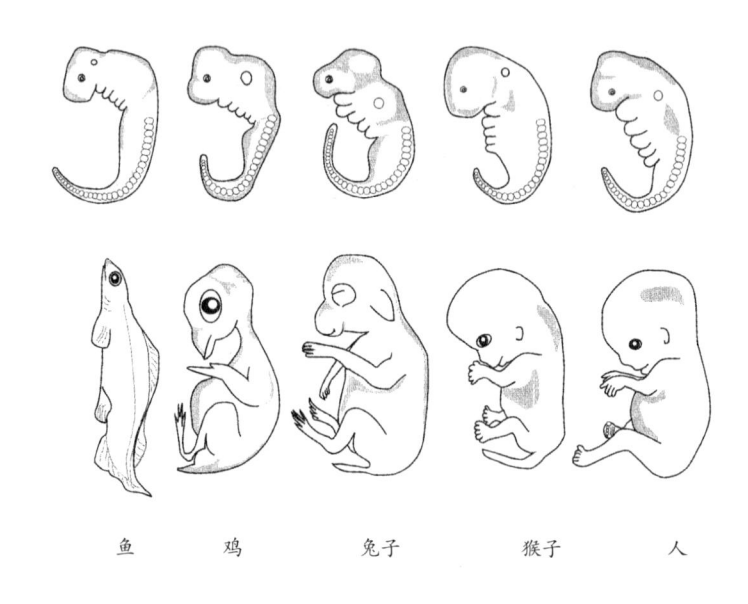

鱼　　　鸡　　　兔子　　　猴子　　　人

图 2.4　"个体发育重演系统发育"。所有脊椎动物都有类似的早期发育阶段，说明我们拥有共同的祖先。图中是受孕后第4周和第8周的人类胚胎与其他物种胚胎的对比。

个体发育和系统发育之间的相似性表明，胚胎的早期发育在进化上是高度保守的。如果仔细思考胚胎发育过程中精确的时间，以及从一个受精卵发育成多种复杂器官系统经历的一系列程序，你就会发现，这种高度保守性很有意义：在已有基础上改动，要比从头开始容易得多。例如，神经胚形成的早期，微小的变化都会改变随后所有的发育进程，从而扰乱大脑形成的整个过程。脊柱裂的成因就是这样：它是一种较为常见的疾病，是由于早期神经管发育缺陷导致的脊髓闭合不完全。因此，利用现有的结构完成进化比其他方式要容易得多，就好比翅膀可以在前肢的基础上演化而来，而原始的大脑皮层也可以通过不断扩大最终形成人类的皮层；相比之下，重新设定一个物种的发育进程就要难多了。物种的进化都会经历随机突变的选择，突变发生得越晚，越有可能会产生一个存活的生命体，而不是出现一个致命的错误。事实上，这也就是孕早期意外流产多见的原因。这个问题在下一章中将会详细讨论。

胎儿大脑开始发育

个体发育和系统发育的关系，解释了为什么神经系统的发育要比其他系统的发育需要更长时间。人类高度发达的大脑将我们和其他灵长类动物区分开来，神经系统发育要比循环或消化系统耗时更多。这种关系也帮我们解释了神经系统分区发育的现象，即控制呼吸和摄取食物的原始功能区比控制语言和理解的复杂功能区成熟得更早。胎儿期伊始（受精后第9周），大脑仍保持着原始的形状，此时脊髓已经成形，甚至开始发挥功能。先成熟的脊髓可以控制早期的胎动，包括头和四肢的屈曲以及简单的反射活动等。但是此时胎儿还太小、太柔弱，所以杰西卡还没有感觉到。

孕早期（第13周）快结束时，杰西卡渐渐觉得好受多了，但她还是吃不下早饭。这种早期的妊娠反应其实是对胎儿大脑的一种保护。此时胎儿的大脑包括一个凸起的下丘脑（一个重要的感觉中枢）和前方两个小而薄的皮层半球。丘脑的下方就是小脑，它趴在脊髓上方，自大脑底部向后突出。小脑有很多分叶——许多完美的沟回构成了它错综复杂、花朵般的外观。大卫和杰西卡的孩子在子宫里待了3个月，已经长到13厘米长，而且中脑和后脑结构已经发育完全，但是他的大脑皮层——人类大多数智能的基础结构——依然光滑，未经雕琢。

接下来的几周，大脑半球快速生长，两侧皮层逐渐增厚，并朝大脑顶部扩展。这一过程中，连接两侧半球的重要桥梁——胼胝体开始形成。同时，大脑半球也在不断地朝后方扩展，逐渐包裹丘脑，最后丘脑会被深深地埋在两个半球中间。

怀孕16周后,杰西卡和大卫做了一次超声检查,得到了宝宝的第一张照片:他还是一个小胎儿,已经有大约20厘米长了。当看到婴儿的10个手指和脚趾、4个搏动的心腔、完整的中枢神经系统时,他们心中甚是宽慰。虽然超声检测结果并非切实可靠,但它能有效地检查出严重的神经系统发育异常,尤其是结合孕妇血液检测结果分析时会更可靠(见第3章)。常规超声检查可以显示大脑和脊髓的整体结构,但是对精细结构不够敏感。比如超声无法显示第一脑沟——外侧裂的结构,该结构形成于大脑半球的侧面。不过,超声检查足以分辨出婴儿的性别了。大卫看到超声影像以后,他惊喜地发现:"哈!是个男孩!"

大约一个星期后,杰西卡开始察觉到小杰克的存在了:她第一次感觉到胎儿在运动,也就是我们所说的胎动。实际上,胎动在怀孕6周以后就开始了,但是需要再经过10~12周的时间,宝宝才能变得足够强壮,让妈妈感觉到(有怀孕经历的女性感知到胎动的时间会提前一些,因为她们知道胎动是什么感觉)。杰西卡现在已经感受到了胎动,再过不久,她就会以为宝宝正在子宫里进行摔跤比赛呢。

到了第24周,胎儿已经35厘米长了,而且能够在子宫外的恶劣环境中生存。如果必要的话,他的肺也可以呼吸空气,脑干能够支配节律性的呼吸运动。但他的大脑皮层仍不具备功能,结构也很不成熟:表面还很光滑,仅有几个主要的脑沟,或者叫凹陷,正在生成,这些结构赋予了人类大脑皮层特征性的、高度卷曲的外观。这些脑沟使大脑在生长过程中不断折叠,在保持合适脑容量的前提下有效地扩大了表面积。脑沟之间隆起的部分叫作脑回,其中的灰质就是大脑进行高度复杂思考的场所。

脑沟按大小分三级:初级、次级和三级。初级脑沟很大,每个人的大脑都有,比如分隔额叶和顶叶的中央沟就属于初级脑沟。次级脑沟有丰富的多样性,而三级脑沟个体差异很大。这也表明,脑沟的形态不是单纯由基因决定的。在胎儿发育20周之后,初级脑沟才第一次出现在大脑半球的内表面,直到孕期7个月才完成发育(见图2.3)。与之相反,三级脑沟直到胎儿出生的前一个月左右才开始形成,直到宝宝一岁以后才发育完全。

大脑皮层通过垂直排列在大脑表面下的神经束来处理信息。每个神经束都包含了成千上万个细胞,它们作为一个个特殊的处理单元发挥着功能,相当于计算机电路板上的一枚枚芯片。大脑皮层的面积越大,能承载的处理单元就越多。从物种进化阶梯的角度——从老鼠到猫、猴子,再到人类——来看,我们不难发现,皮层占据大脑的比例明显增加;同时,大脑皮层的褶皱也更深、更多,使大脑表面积以及"芯片"的数量都成倍地增长。随着婴儿系统发育的进展,大脑沟回的数目和深度不断地增加,这一过程从孕晚期一直持续到婴儿出生后的第一年。

因此,即使到了小杰克准备好离开母亲温暖湿润的子宫的时候,他的大脑皮层也仅有少数几个终端处理单元发育完善。大脑的发育,尤其是大脑皮层的发育,是胎儿在子宫的 9 个月内绝对无法完成的。在小杰克出生后的一年里,他的大脑会进一步成熟,大脑的质量由成人的 1/4 增加到接近 3/4,体积也会增大近 3 倍。从功能学角度来看,大脑出生后的这些变化和出生前复杂的形成过程一样具有戏剧性。而它们的区别在于,出生后大脑的变化大多发生在微观层面。从外表来看,它的变化甚微,但在内部,数以亿计的细胞却发生着翻天覆地的变化。

神经元的诞生和成长

是什么促成了大脑的发育?神经板通过转化为封闭的管道,最终形成了包括大脑和脊髓在内的中枢神经系统,并构建了负责视觉、听觉、运动、语言、情绪和其他各种复杂认知功能的特殊回路。这一切又是如何发生的呢?

和大部分生物学问题一样,答案要从个体细胞层面探索。人类的大脑由数以亿计的神经细胞——或者说神经元——组成,每一个神经元的形状都像一棵树。成熟的神经元拥有广泛的根系,叫作树突(dendrites),用于接收其他神经元传入的信息;它还有一个主干叫作轴突,轴突可以延伸得很长,在神经回路中起到向下一个神经元传递信息的作用。这两种分支之间有一个很大的区域,即胞体,含有细胞核,可以监控整个细胞的基础新陈代谢(见图 2.5)。在每个神经元中,信息都是以电刺激的形式传输的,我们称之为动作电位；当刺激传递至轴突末端时，必须跨过突触，才能传递给回路中的下一个神经元。这一过程是通过轴突的突触前膜释放的化学信号——神经递质——实现的。神经递质分子在狭窄的突触间隙内扩散，与突触后神经元树突上的特异性受体相结合，继而激发接收信号的神经元产生电活动。神经回路中的每个神经元之间都是通过这种反复变换的电化学方式传递信号。

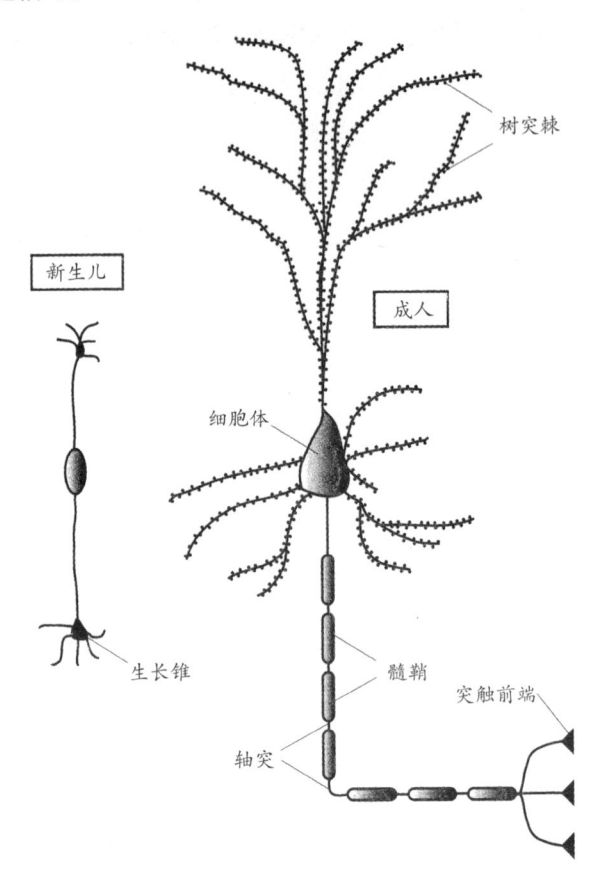

图 2.5 新生儿和成人的神经元结构。在婴儿和童年早期，每个脑细胞都经历了大量的精细化过程。

神经系统中有两种细胞：除神经元之外，还有提供结构框架并维持神经元新陈代谢的神经胶质细胞。神经胶质细胞在神经系统的发育和功能中非常重要（胶质细胞的数量是神经元的 10 ~ 50 倍），但从精神层面来讲，神经元是神经活动的主体。

神经元由神经上皮细胞分化而成，神经胚形成的过程决定了这一点。与上皮细胞一样，神经上皮细胞也起源于胚体与外表的分界——羊膜腔内。但随着神经管的闭合，神经上皮被包裹至里面成了神经管内壁。到发育的第 5 周，神经管内分化出了中枢神经系统的 5 个脑室：4 个充满液体，另外一个纵贯脊髓。5 个室之间相通，这也解释了为什么脊髓穿刺（从脊髓底部抽取脑脊液）可以为我们提供大脑感染或化学成分异常的信息。这些脑室壁在大脑早期发育过程中扮演着特殊的角色，因为它们是神经上皮细胞最终分化为神经元和神经胶质细胞的地方。我们将这一过程称为神经发生。

神经发生从神经管形成的时候（发育的第 3 周）开始，第 7 周达到高峰，第 18 周基本完成。极少数的神经元会在胚胎后期至出生后的几个月内产生。（而神经胶质细胞在一生中都会以很低的速度不断产生。）对于绝大多数人来说，大脑的基础结构在怀孕的第 4 个月就全部形成了——小杰克只有 23 厘米长、250 克重的时候。更令人惊奇的是这些神经元（至少大部分）会伴随他的一生，甚至有机会看到小杰克的子孙后代！大脑与肝脏、血液、骨骼等其他组织不同，它不能持续地分化、也不会不断地产生新的细胞。神经元是终末分化细胞，意味着它们经历的细胞分裂是一生中唯一的一次。这也解释了为什么相比其他组织的损伤，大脑的损伤往往是毁灭性的：一旦组成特定神经回路的细胞丧失了，其他细胞永远无法将其取代。值得庆幸的是，大脑的一些代偿机制可以在一定程度上减轻大脑损伤带来的负面影响。

神经发生的速度快得出人意料。要想在 9 个月的孕期中产生人类大脑所需的 1000 亿个神经元，平均每分钟需要产生 25 万个。但由于绝大多数神经元是在孕中期产生的，所以神经元实际的产生速度超过每分钟 50 万个。

神经细胞这种大量、持续的分化是大脑分区初步形成的原动力，接下来的复杂塑造过程则依靠神经细胞的迁移来完成。新生神经元在脑室壁诞生之后，会沿着放射状胶质细胞的路径向外迁移。放射状胶质细胞就好比车轮上的辐条，强度很高，由脑室发出并向外延伸。此时的新生神经元仅由椭圆形的胞体和两端的纤细突起构成，它们在多种信号分子的指引下沿着放射状胶质细胞跳跃式前进，最终在不断增厚的大脑中找到相应的位置。大脑皮层由6层神经元组成，这些神经元依照由内向外的顺序迁移：第一群细胞迁移至距脑室最近的一层，随后的5层细胞则依次覆盖在前一层的神经元上。

　　神经元一旦形成就会立刻开始迁移。在神经发生的末期，也就是孕中期，大部分神经元都已就位，大脑的主要结构已经成形了。但是从某种意义上说，这仅仅是大脑发育的开始。尽管神经元的数目已经齐全，但它们的功能还很幼稚。此时的神经元仅有一个纤细的轴突和几个短短的树突，几乎没有形成突触，它们没有任何功能。这就好比地球上的60亿人，每人拥有20部电话，但电话之间没有连接。这其中潜藏着巨大的沟通可能，但有待开发。

　　大脑发育过程中最主要的任务就是形成突触。脊髓中的突触形成于胚胎发育的第5周，而皮层中的突触形成于第7周。突触形成是一个漫长的过程，会在整个孕期和出生后的第1年不断产生，有些区域的发育甚至会延续到出生后的第2年。大脑皮层中的100亿细胞形成突触的时间要迟于大脑的其他部分。在巅峰期，每个皮层神经元可以形成约15000个突触，这意味着在胎儿2个月到出生后两年，大脑始终保持着每秒钟产生180万个突触的速度！

　　突触是两个细胞之间联系的纽带，为了适应大量突触的形成，神经元必须迅速扩大树突的表面积。一开始，光滑的树突之间直接就能形成突触。但不久以后，这些接触会诱导树突产生一些名为树突棘的小突起（见图2.5）。树突棘的直径只有1毫米的1/1000，但对突触后神经元信号处理的影响极大。树突棘像一个个小点遍布于成熟的树突上，其数量与突触的数量同时达到顶峰（随后下降）。

　　为了适应大量新突触的形成，多达83%的树突是在出生后开始生长的。这期间的大脑发育就像是新生的森林，小树苗们为了争夺阳光，竞相生长。和越来越茂密的树冠一样，由于树突的大量生长，小杰克大脑皮层的厚度在出生之后的第一年里增加了两倍（见图2.6）。

新生儿　　　　　3个月　　　　　两岁

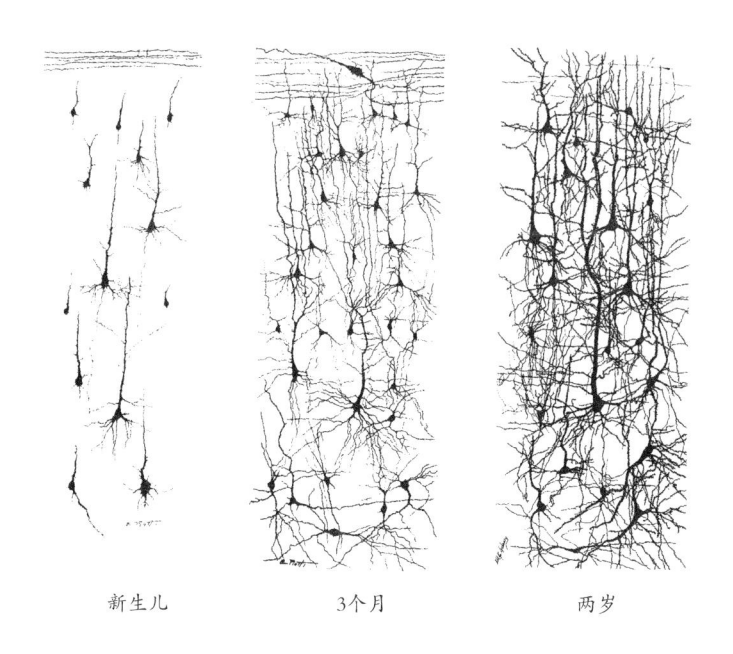

图 2.6　生命头两年大脑皮层细胞生长。出生后，不会再产生新细胞，但是会大量形成新的树突和突触。大脑皮层增厚，回路越发复杂。这里显示的是眶额叶区——记忆和情感的关键脑区。（引自 J.L. 考涅尔《人类大脑皮层出生后发育》。）

选择最佳大脑回路

大脑在发育过程中要产生 10^9 数量级的神经元以及 10^{15} 数量级的突触，这些浩大的规模着实令人叹为观止。这么多神经元和突触是如何联系在一起的，或许就是神经系统发育过程中最难理解的问题了。比如说，视网膜神经元发出的轴突怎样穿过其他无数的靶点，直达目的地——丘脑视觉区？在这之后，它又如何准确地与宝宝视觉区的几百个神经元构建突触？大脑皮层的听觉神经元如何找到大脑特定的语言区，并与之建立联系，从而激活读音 /p/ ？这似乎有着无限可能，但一定存在某种机制，使每一个神经元都能长出轴突和树突，而且这些突起都能精确就位，并建立起传入和传出信息的联络网。因而最终能够形成特定的视觉、语言、运动等回路，而不是导线和开关组成的一团乱麻。这些到底是怎么做到的呢？

神经科学家们已经开始着手解决这一难题。根据目前的发现，这与我们抚养孩子的方式密切相关。大脑回路的形成与遗传和培养密不可分。基因可以引导轴突和树突延伸到正确的位置，可一旦这些纤维产生联系并且真正发挥功能，经验就开始占据主导地位了。它可以重塑并改建不成熟的回路，从而为每一个孩子量身定制出与其所在环境相符的大脑"硬件"。

　　大脑通路的建立始于轴突的生长。新生的神经元完成迁移之后，胞体会固定在某一位置。该神经元会发出一条带有粗大尖端的成熟轴突，即生长锥。生长锥的末端有十多条伸向四面八方的长触须，这些触须像雷达一样，能够识别来自各个方向的信号。它们能感受到最佳的生长方向，嗅出四周的化学信号，甚至可以利用微小的电场帮助轴突找到合适的靶点。轴突可以长得很长，要跨越这么长的距离，对于神经元来说是巨大的挑战。所以往往趁胚胎期任意两点之间的距离（比如说从脊髓到脚趾的距离）还很短的时候，轴突就开始生长了。特殊的化学导向因子也可以引导轴突的生长，这种物质和昆虫信息素的作用类似，它们是由潜在的靶神经元释放的，用来吸引距离较远的相应轴突。轴突在自身特有的受体分子的引导下，朝着导向因子浓度升高的方向不断生长，直到其源头——释放化学物质的靶神经元。轴突上的受体分子是由遗传编码决定的。

　　一旦轴突完成了延伸，就会发出许多分支，与或远或近的、释放相同诱导剂的上百个靶神经元接触。这种接触诱导了突触的形成，但一开始这些联系都是杂乱无章的。实际上，大脑皮层在婴儿期以及幼儿早期产生的突触数目过多，差不多是最终需要量的两倍。因此，原始的大脑回路很分散，过多的重叠使信息的传递既不精确也不高效。这就好比数十亿部电话都相连互通；你可以从几千个号码中任选一个打给奶奶，但她却未必是第一个接到电话的人。

　　为什么大脑要产生这么多额外的突触？为什么不从一开始就直接形成精准的通路？这些问题的答案恰恰切中了遗传/培养问题的核心。

　　目前为止，大脑回路的构建主要是基因的功劳。基因提前设计了所有的早期线索，包括吸引某类轴突延伸到特定神经元的导向因子、轴突表面感受导向因子的受体，以及引导轴突生长和突触形成的化学、组织、电信号的相应受体。而人类基因组的基因不足以准确地调控这么多突触的精准形成。我们的染色体中有着很长的DNA，其中包含约80000个基因片段，即使一大半基因都用于分批完成大脑回路的构建，还是远远不能满足整个大脑建立特异性精确回路的需求。

这时，"后天培养"就开始介入并发挥作用了。大脑会驱使突触相互竞争，好比一个进化过程或一场自由贸易，只有通过竞争才能甄选出"最合适"或最有用的突触。在神经发育过程中，电活动是衡量突触有用与否的标准。高度活跃的突触——能够接收到更多电冲动并释放更多神经递质的突触——能更有效地刺激突触后膜的受体。这种高强度的电活动在分子水平上稳定了突触，也在本质上巩固了它的位置。相反，不太活跃的突触不能激发出足够的电活动来稳定自身，最终会逐渐地退化（见图2.7）。这种"用进废退"一开始就存在。和达尔文自然选择理论的其他表现形式一样，精简突触是帮助机体神经回路适应环境需求的一种极其高效的方法。

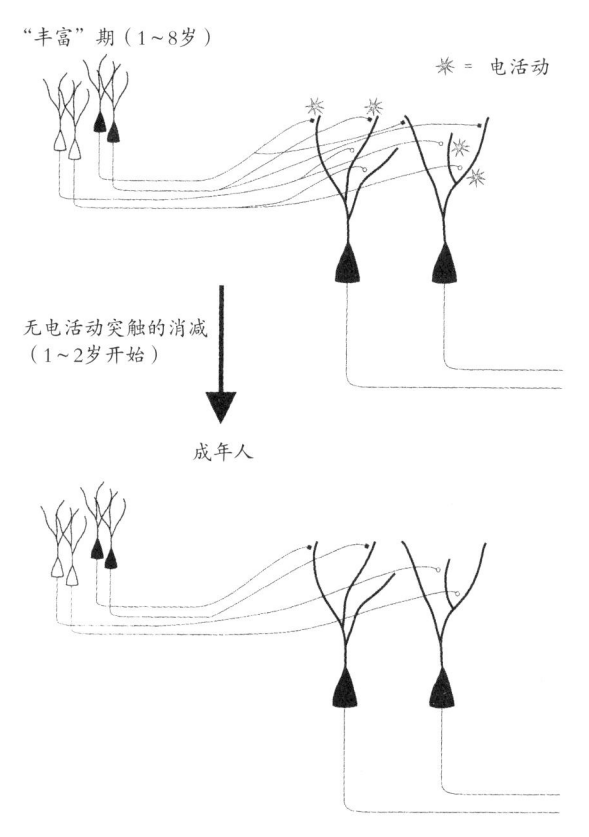

图 2.7 在大脑发育的"丰富"期，孩子形成了最终需要数量两倍的突触（用圆形和方块表示）。经验或者电活动会决定最终哪些突触会被保留。

经验可以引导突触选择过程的最好证据来自对视觉发育的研究，我们将在第9章讨论。另一些引人注目的经典实验是受查尔斯·达尔文（Charles Darwin）1868年阐述的一些理论启发，在实验室的大鼠身上进行的。

达尔文是个很细心的观察者，他养了一大群兔子，测量了它们头和身体的尺寸，并且发现与野生兔子相比，圈养兔子的大脑占体重的比例要小得多。达尔文认识到，圈养兔子与野生兔子比起来"无论是在逃离危险还是在找寻食物方面都无法发挥其智力、直觉、感觉和自主运动等能力"，这导致"它们的大脑得不到充分的锻炼，发育不良"。

一个世纪以后，神经生物学家们终于开始明白，具有挑战性的环境是如何刺激大脑发育的。和达尔文的兔子实验类似，在"优越"环境中（笼子很大，还有好多可以看、可以闻，也可以玩耍的"玩具"）饲养的实验室大鼠，与在"贫乏"环境中（单独关在什么都没有的小笼子里、几乎得不到任何社会刺激和感觉体验）饲养的大鼠相比，前者的大脑更大、大脑皮层更厚。科学家们发现，这些大鼠的大脑皮层之所以很厚，是由于它们神经元的胞体更大，树突、树突棘和突触的数量更多。也就是说，额外的感觉与社会刺激，实际上强化了优越环境中生活的老鼠大脑中的连接。这种差异或许可以解释为什么它们比贫乏环境中生活的大鼠更聪明——前者能更快地学会如何在迷宫中找到诱饵。

不用做过多延伸就能得出关于人类的推论：环境对大脑的结构和最终功能会产生直接、永久的影响。孩子看到、摸到、听到、感觉到、尝到、想到或通过其他方式感受到的一切都会转化成为一部分突触的电活动，并从此打破平衡，形成他们未来的偏好。另一方面，很少被激活的突触——没听过的语言、未创作过的音乐、没做过的运动、没见过的山以及没感受过的爱——都将面临萎缩或死亡。由于缺乏足够的电活动，这些神经元的竞争力不足，它们原本试图构造神经回路，以拥有流利的外语、完美的发音、精确的反手击球能力、对自然的敬畏和健全的自尊心这都无法实现。

突触的缩减量极其巨大。从儿童早期到青春期的孩子每天会失去大概200亿个突触。这听起来或许很残酷，其实是件好事。清除弱势突触、强化幸存突触的过程使思维随着我们的成熟变得更加高效和协调；原来杂乱无章的神经回路经过分拣转化为清晰、独立、高效的信息传递通道。另一方面，这也可以解释为什么我们的思维不再那么灵活而富有创造性了。尽管大脑在成年后一直表现出某种更为精巧的可塑性，但它毕竟已远不如童年时的可塑性强了。

髓鞘形成

在神经发育过程中，有一件与树突增加和突触精简同时进行，但更重要的事情，就是髓鞘的形成。成人大多数神经元的轴突都被一种名为髓磷脂的脂质包裹，形成髓鞘。这种物质相当于绝缘层，保障信息流通畅。大脑或神经的纤维束中包含了数千种不同的轴突。这些纤维之间的距离非常近，相互之间很容易发生电信号的干扰。一条电缆中的两根导线需要用塑料或橡胶包裹以防短路，同样，神经纤维或轴突也需要髓磷脂的包裹，以防止信息交叉传递。

髓鞘形成的另一个更重要的功能就是加快电信号的传导。神经元之间电信号的传导依靠的不是电子流，而是离子流——也就是含钠、钙、钾（带正电）和氯（带负电）的可溶盐。但是神经细胞膜容易发生渗漏。当电信号沿着轴突传递时，某些离子会发生渗漏，从而降低传输的效率。髓鞘的形成封堵了渗漏，解决了这一问题。实际上，在髓鞘生成之前，很多纤维由于离子渗漏过多，冲动无法传递至轴突末端的突触。另外，渗漏还导致那些未经髓鞘包裹的轴突产生动作电位的速度不够快，不足以传递有用的信息。所以尽管大脑中的神经元已经有了许多分支，也形成了突触，构建了完整的基础通路，但如果没有髓鞘的包裹，这些轴突形成的回路都无法顺利运转。

髓磷脂对脱髓鞘疾病患者尤为重要。最常见的一种脱髓鞘病是多发性硬化（multiple sclerosis，MS），这种疾病是患者自身免疫系统破坏髓鞘引发的。MS患者的神经无法正常传导动作电位，所以他们常常有严重的感觉和运动障碍，比如失明和瘫痪。

脊髓神经纤维自怀孕5个月就开始形成髓鞘了，但大脑的髓鞘生成要等到怀孕9个月以后。这又是一个缓慢的过程，髓鞘的逐渐增厚和不断成熟需要经历好几个阶段。大脑不同区域的髓鞘生成节奏也有显著的差异。随着大量突触的形成，髓鞘生成对脑区的功能构建非常重要，同时髓鞘生成的速度也决定着功能发挥的速度。这一点在不同运动技能的发育中体现得尤为明显，我们将在第11章详细讨论。

大脑中不同区域髓鞘的形成主要受基因的调控，大致是按照系统发育的顺序进行的：原始脑区中控制基本自主神经和反射功能的轴突纤维形成髓鞘的时间，要远远早于高级脑区中控制复杂智能的纤维。尽管基因控制着髓鞘形成的时间，但人们发现，营养不良等环境因素对髓鞘生成程度（也就是轴突外的髓鞘厚度）有着不利的影响。我们现在仍不清楚孩子的生活环境与经历是否会对髓鞘生成产生积极的影响，但这将会是一个非常有趣的研究课题。

髓鞘由80%的脂类（包括15%的胆固醇）和20%的蛋白质组成。它由一种特殊的胶质细胞产生，而这些细胞在生命初期对营养的质量非常敏感。髓鞘产生的这种特点也是儿科医生建议两岁以前的儿童摄入高脂饮食（包括全脂奶）的原因，而成人和大龄儿童则应普遍选择低脂饮食。实际上，对于某些类型的癫痫患儿来说，超高脂饮食也是一种优先选择的治疗手段。这一类型癫痫发病的原因或许就是髓鞘生成不足，导致神经元之间发生频繁的信号干扰。

区域化发育

神经发生、迁移、突触形成、突触精简与髓鞘生成：这些过程在小杰克神经系统的各个区域不断上演着，只不过发生的时间有所不同。的确，人类大脑发育过程中最引人注目的特点之一，就是显著的不均衡性。产期将至，小杰克神经系统的某些部分已经基本完善成熟了，但其他区域会持续地发育到青春期，这一顺序与各种智能的出现顺序有着密切的关系。

通常，神经系统是从尾到头逐步成熟的。脊髓和脑干在出生时已经基本成熟并被髓鞘覆盖；随后中脑和小脑开始形成髓鞘；前脑皮层下部分（包括丘脑，基底核以及部分边缘系统）紧随其后，在出生后第一年（某些通路是在第二年）也开始形成髓鞘。最后成熟的是大脑皮层，它是所有大脑结构中发育最缓慢的部分。大脑皮层的感觉区域成熟得相对早一些，其次是运动区。但是顶叶、颞叶、额叶等大块高级"联络"皮层区在十七八岁的时候还在进行着精简突触、形成髓鞘的过程。这些回路负责我们最复杂的智能，包括语言、注意力、判断力、计划、情绪和推理等，所以人类心智的完全成熟需要很长时间，也就不足以为奇了。

大脑成熟顺序的证明，在很大程度上依赖于解剖学的方法，包括尸检资料以及最新的核磁共振成像（简称：MRI）扫描技术，其中 MRI 在观察髓鞘方面独具优势。而实际测量婴儿大脑活动，进一步证实了这一成熟过程。经典的测量方法就是脑电图（EEG），它可以通过贴在婴儿头皮上的无害电极片检测出大脑发出的微弱电信号。EEG 记录仪显示，新生儿脑干的电活动十分活跃，但大脑皮层的电活动却很少。大脑皮层在宝宝 2～3 个月的时候才第一次出现"α 波"——在清醒状态下大脑发出的一种快速锯齿形波（见图 2.8）。不过，在婴儿期和儿童期的绝大多数时间里，除了可以对简单的感觉刺激做出反应，大脑皮层的电节律都很缓慢。

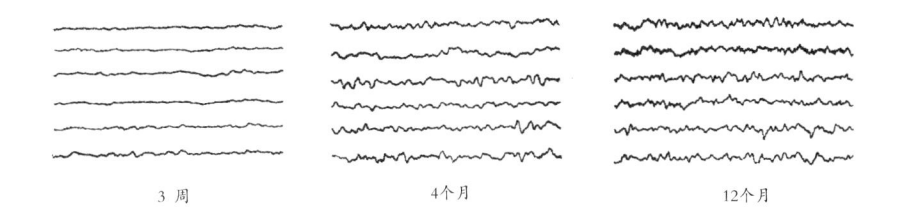

3 周　　　　　4 个月　　　　　12 个月

图 2.8　3 个不同月龄的婴儿清醒时脑电图。在整个童年时期，脑电波会变得越来越尖锐、复杂，但第一年的变化最大。（引自 I. 哈根《1 岁内正常儿童的清醒时脑电波变化》以及 I. 彼得森所编《儿童临床脑电图》。）

在神经信号处理的研究中，因为对机体无创，也不要求婴儿保持绝对的安静就能获得准确的数据，EEG 应用广泛，在婴儿相关研究方面优势较明显，但是 EEG 无法反映出大脑电活动的确切位置。因此，研究者们转而采用新的成像技术，比如 PET（正电子发射计算机断层扫描）和

fMRI（功能性核磁共振成像）。进行PET扫描时，受试者需要注入一种大脑最需要的营养物质——葡萄糖，而这种葡萄糖被短时有效的、具有放射活性的示踪剂标记过。相比电信号不活跃的脑区，电信号活跃的脑区会消耗更多的葡萄糖，所以扫描仪只需检测放射性就可以让我们看到不同脑区的活跃程度。尽管这些放射物对身体并无太大伤害，但除非有严格的医疗需求，才能对儿童进行PET成像，比如需要诊断大脑损伤的情况。fMRI没有任何放射性。但是这两种技术都要求受检者纹丝不动，不是研究婴儿的理想方法。

尽管如此，洛杉矶加利福尼亚大学的研究者们还是完成了对出生5天到15岁孩子的一系列PET扫描。在受检的100多名儿科患者中，有29人没有神经系统病变，所以这些孩子的PET数据被视为正常发育大脑的葡萄糖消耗量。这项研究揭示了在发育的不同时期，不同脑区中的葡萄糖利用水平和突触形成之间联系密切。新生儿的大脑活动主要局限于皮层下结构，比如脑干、部分小脑和丘脑。这些结构负责控制新生儿的特异性反射——觅食、抓握、吸吮、踏步、惊跳反射等——随着皮层的进一步发育，并开始有控制力，这些反射都会消失。不过，新生儿的皮层葡萄糖利用量很低，也再次证明了皮层在生命的第1个月前后并没有太多功能。

但是，这种情况在接下来的几个月中将会发生翻天覆地的变化：出生2～3个月后，部分皮层区的电活动水平显著增强，尤其是大脑后部视觉控制区；等到出生6～8个月，额叶的葡萄糖消耗量也开始上升。在额叶皮层中，先发育的区域最先开始活动，而后发育的区域直到宝宝快满周岁时才会出现显著的活动迹象。我们会发现，额叶的活动主要负责控制婴儿的高级认知功能；在出生后8个月左右，记忆、情绪和主观意识都会逐步出现。

大脑的葡萄糖利用量在儿童早期会持续上升，而不同脑区会分别在4～7岁达到峰值。在高峰期，大脑皮层的葡萄糖利用量大概是成年期的两倍；而这一数值会在余下的儿童期和青春期里逐渐下降。这种葡萄糖的利用模式——开始低，然后急剧增长达到顶峰，随后再逐渐降低至成人水平——与在大脑发育期皮层突触数目的变化惊人地相似。看来，发育中的大脑之所以在突触精简期耗能最多，主要是由于这期间大脑要做出许多重大决策，决定突触究竟谁去谁留。

大脑回路塑造有关键期吗？

大脑的发育顺序，有助于我们充分了解像小杰克这样一个贪睡、贪吃的新生儿脑子里在想些什么。但更重要的是，它让我们明白了杰西卡和大卫该做些什么才能让小杰克的心智充分发育。因为这一顺序决定了智力发育的各个关键期，它们或长或短。但在这期间，小杰克的经历将会决定性和永久性地塑造出他每一种智能。

所有重要的大脑回路塑造过程——树突的生长、脊柱的形成、突触的精简，甚至髓鞘的形成——都会受到孩子经历的影响。而一旦某个脑区渡过了塑造期，它发育的关键期也就结束了，重新构建回路的机会非常有限。就像与复杂技能（如语言，情绪）形成的关键期相比，基本感觉能力（如视觉、听觉）形成的关键期会很早结束，而前者进行突触精简和髓鞘形成的过程几乎贯穿整个儿童期。不过，所有的关键期基本都在出生后的前4年内就已开始，4年以后，所有脑区的突触都会走向衰退。

可以毫不夸张地说，突触塑造对孩子的发育潜能非常重要。特定脑区的原始回路（就是在突触过剩期形成的通路）标志着某种特殊能力的形成，比如出生后的前几个月会形成视觉、两岁的时候会形成语言。但是，只有经历漫长的突触精简期，这些能力才能完善，因为那些被转化为神经活动的经历决定了哪些连接会被保留，以及大脑最终将如何建立思维、感知和行为的永久性特定通路。只要存在过剩的突触，大脑就拥有很高的可塑性，并可以向多方面发展。一旦多余的突触消失，就意味着关键期的结束，大脑只能依靠现存回路继续运转，其性能不可能得到质的提升。

在此后的章节中，我们将会追溯大脑每一条主要回路的发育过程，探究在孩子的一生中，最初的回路如何形成、何时产生髓鞘、关键期何时开始、"用进废退"又会持续多久等一系列问题。许多能力的关键期会很长，从儿童期一直延续到青春初期。而某些能力形成的关键期在宝宝出生后短短几个月或几年的时间内就结束了，家长们甚至都来不及意识到孩子的心智发育在某些方面是脆弱的。了解大脑的发育可以使我们清楚地认识这些关键期，也可以帮助我们充分地利用孩子神经系统弥足珍贵的可塑性。

第 3 章

准妈妈注意：
孕期因素如何影响宝宝大脑与心智发育

- 补给胎儿营养，准妈妈要每天多摄入 300 卡路里
- 远离非电离辐射，小心 39℃！
- 妈妈压力太大会改变宝宝的性取向？

"恶心，头痛，不能服用阿司匹林，不能喝酒，还得留意咖啡因的摄入——怀孕真是太难了！"杰西卡向姐姐抱怨道。而这些，她的姐姐已经历过两次了。"我当然知道，"梅勒妮回答说，"但这一切都是值得的。尤其是当你看见那个小生命的时候，你会为从没做过任何危害他发育的事感到欣慰和释然。"

过去，老一辈们口口相传的经验让母亲们深知，怀孕的整个过程中，她们对待自己的方式，会影响正在发育着的胎儿。直到近些年才开始出现相关的科学研究，研究更精确地揭示：准妈妈的饮食、健康、情感状态，以及与环境中各种物质的接触会如何、何时影响胎儿发育。对于孕期中多种多样的状况，胎儿的中枢神经系统是所有器官中最敏感的。因为它需要很长时间发育成熟——从受孕后3周开始直到出生的那一刻（并一直延续到孩子的青春期）。

经历一定会对大脑发育产生必要且积极的影响，而另一方面，大脑既脆弱而又敏感，这使它更依赖外部环境塑造幼儿的感知、情绪、动作、能力以及思维。本书将涉及胎儿如何及何时开始感知和应答周边的环境，以及孕期经历是如何影响胎儿发育的各个方面——从基本的肢体与器官形成到早期记忆与语言能力等。

可以肯定的是，孕期经历非常重要，但如果仅以一个特点来描述子宫中的生活，那应该是——相对地缺少刺激。子宫如同一个坚硬的蛋壳，提供了一个极具保护性的环境：黑暗、潮湿、狭小，比外界更加安静。从早产所致的各种问题来推断，这个与世隔绝的环境似乎是大脑早期发育的绝佳场所。新生儿学飞速发展，但早产8周或以上的婴儿发生精神及神经功能障碍的风险仍然较高，包括视觉、听力、运动障碍、情绪失调、注意力涣散和语言迟缓等。到了小学，相比足月出生的孩子，出生时体重小于1500克的孩子在校表现较差，在IQ测试中，成绩也较前者低6分左右。早产不仅仅改变了感知觉的环境，还使婴儿面临更多的挑战（包括呼吸困难、感染风险增大和获取营养不易）。但是，越来越多的事实证明：与传统新生儿重症监护室明亮、喧闹，以及过于宽敞的恒温箱相比，如果将早产儿置于更像"子宫"的环境中——安静、黑暗的恒温箱，用特制的睡袋紧紧地包裹，并保持像胎儿一样蜷缩的姿势——他们会生长得更健康，发育得更迅速，并且在随后婴幼儿测试中取得更好的成绩。

对于胎儿的发育，子宫显然是最安全的地方，但与外界隔绝并不是它保护胎儿的唯一方式。有理论认为：在孕早期，很多准妈妈经历的疲乏与恶心，其实是保护胚胎和早期胎儿的另一种方式。胎儿器官开始形成时，是他们最脆弱的阶段，这些症状也最突出。疲乏可以让准妈妈们远离有危险的身体活动，而"晨吐"则能让孕妇保持饮食的清淡，进而避免油腻或其他食物中的自然毒素。目前，最好的推测认为，这些症状由胎盘分泌的人绒毛膜促性腺激素（human chorionic gonadotropin，HCG）所致。而这种激素早在受孕后一周就能在母体的血液中被检测出来。HCG的水平在孕早期迅速攀升，孕10周左右（受精后8周）达到峰值，并在孕中期左右急速下降，这与许多准妈妈们早孕反应的变化同步。虽然整个过程可谓苦不堪言，但事实上，晨吐被视为孕期的一个好征兆，因为它显示胎盘发育良好。一些研究还发现，与从未出现呕吐的孕妇相比，孕吐的女性更不容易出现意外流产。

由此看来，杰西卡有个不错的开始：她每天会呕吐两次，也很难在下午的例会中保持清醒的头脑。然而，尽管胎盘正努力地用这些方式来保护小杰克免受外界的伤害，也并不是万无一失。子宫虽然相对隔绝，但对外界并没有完全的免疫力。几乎每一种能进入杰西卡血液中的药物、激素、代谢物、病原体，或其他的化学制剂，都能以某种方式进一步穿透胎盘。

自20世纪60年代的反应停（Thalidomide，沙利度胺）事件以来，母亲们已经认识到，多种药剂会伤害她们正在孕育的胎儿。致畸剂是那些有记录的、可导致胎儿发育畸形，且例数在统计学上具有显著性的药。但是，想要证明一种药物是致畸剂却超乎寻常的困难。因为，它的作用往往需要以先天性缺陷的基础发病率为参照，而这个发病率本身已经很高。大体而言，每100名新生儿中就有2～3名有先天性缺陷，这些缺陷可以影响他们的外貌、发育、智能和机体功能。如果将这一比例与反应停的致畸率相比较，反应停可以被认作是有史以来最严重的一种致畸剂。在孕早期，母体若与它接触，可导致约20%的胎儿发生肢体和其他部位的畸形。但即使是对于已知的致畸剂，也存在一个概率问题，我们很难认定某一项缺陷是由某一种特定的药剂所致，还是仅仅因为这种缺陷本身发生率较高。

事实上，大部分先天性缺陷的发生并没有明显的诱因，这部分的比例预计为65%。另外的20%～25%是由已确认的染色体或基因缺陷导致的，其中一部分由遗传获得；另一部分为自身变异产生。只有不超过10%的先天性缺陷是由已知的环境或疾病因素引起的。但是，只有当我们了解这些发病因素，才能更好地去帮助准父母们远离因怀有畸形胎儿而要面对的艰难抉择和沉重责任。

在孕期的前3～4个月，胎儿的各个器官与系统都在形成，致畸剂很可能对胎儿产生更加恶劣的影响。神经系统的发育是一漫长的过程，就大脑而言，我们需要在孕晚期，甚至是出生以后继续留意这些影响的存在。因为它们可能非常细微，不像身体发育畸形那样引人瞩目，甚至直到童年后期才能被觉察。造成潜在脑损伤的致畸剂浓度要低于导致身体畸形的剂量，因此也更加难以辨认。这些细微的影响包括：感觉、运动或语言能力发育迟缓；行为、注意力及睡眠异常；或有时仅仅是学习成绩不佳。对父母而言，尽管没有明显的身体畸形或精神发育迟缓，"神经发育障碍"同样令人困扰。

仅有很少的药物和化学试剂测试了是否会带来这些细微的影响。因此，医学界普遍接受这样一种观点："宁要安全，不要遗憾"，提倡不与一切可疑物质发生接触，不论它们的危害是否已弄清楚。从公共健康的角度出发，这种方式也是极为必要的，因为即便某试剂仅对一部分胎儿有危害，减少这种试剂与所有母体的接触，也会显著地降低人群中先天性畸形和发育异常的发生率。很多致畸剂通过累积效应发挥作用，单一接触危害不大，与多种试剂或多种危险因素同时接触会产生叠加效应，从而增高致畸率（比如吸烟，能增加其他许多致畸剂对胎儿的影响）。由于每一位女性或多或少都会同时面临几种危险因素，"宁要安全，不要遗憾"的指导方针无疑是保护健康的上策。

然而，新的问题随即产生：少数女性在这一劝告下走向了极端，她们因为自己在怀孕前喝了几杯鸡尾酒，或是刚刚装修了餐厅，而担心是否受到影响。试图在安全舱里生活9个月实在不切实际，而回避数百种风险的压力远比这些风险合起来对胎儿的危害更大。"宁要安全，不要遗憾"带来的另一种负面影响是，一部分准父母因为过分害怕胎儿受到影响而选择终止妊娠。1986年的切尔诺贝利事件后，一些欧洲国家开始"流行"人工流产，尽管这些地方受到的辐射强度并不足以造成先天性缺陷发生率的显著升高。

如今，女性们往往都熟记有害试剂的名字，但她们常常不能确定这些试剂产生危害的具体浓度。理论上，任何物质如果过量都会产生危害——花生、西蓝花、盐，甚至是纯净水！相反，即便是最危险的因素，如辐射、铅或是PCBs（多氯联苯），如果仅仅微量，并不会造成严重的后果。所以，最关键的是要知道真正的危险是什么。

本章旨在呈现数据，告诉准妈妈们哪些物质、什么剂量是有害的。同时，基于确切的科研证据，哪些又是安全的。这一章的大部分内容都是我在怀孕期间完成的，因为，现有的各种手册让我感到郁闷，它们只是告诉我回避看见的每样东西。当然，准妈妈们都有各自独特的危险因素，与此同时，这方面信息也在不断更新。因此，本章将提供一个实用的指南，借以寻找一个介于安全舱和现实世界的中间地带，即我们将重点关注妇科医生或助产士们常提到的特殊物质或危险因素。

预防神经管缺陷

大脑形成的早期，是它整个发育过程中最敏感的时期。在受孕后的第22～28天，整条神经管必须闭合，在中间形成一个被包住的中枢神经系统。正如我们在上一章所述，神经管从顶端开始闭合，最终将发育成大脑。在随后的几天中，闭合过程将延续至底部，从而形成脊髓的尾端（见图2.2）。

神经管闭合不全可导致多种发育缺陷。如果发生在最终形成脊髓的区域，这种缺陷被称为脊柱裂。部分脊髓可生长至脊椎之外，在背部形成巨大的囊性膨出。如果神经管在顶端闭合不全，则会发生无脑畸形，即脑干以上绝大部分大脑发育缺失。脊柱裂的症状可轻可重，轻者甚至没有任何临床表现，严重者可出现肌无力、大小便失禁，有时还会因继发的感染而产生心理缺陷。然而，无脑畸形却是致命性的发育缺陷。这类婴儿可以发育至足月，但出生后常很难存活，生存期往往仅有数天或几周。

在美国的孕妇中，神经管缺陷（Neural Tube Defects，NTDs）的发生率约为0.1%，以女婴多见。有研究表明：在自然流产的胚胎中，有2.5%有不同种类的NTDs。由于这些缺陷常发生于孕早期，大量在孕早期意外流产的胚胎尚未进行相关的检测，因此，NTDs的发生率有可能更高。

目前认为，与NTDs有关的因素包括：基因、种族、营养、药物和环境因素。也可能是以上几种因素的共同作用的结果。生育过NTDs孩子的母亲，她们再次生育该类婴儿的可能性，是普通女性风险值上限的20~30倍（即2%~3%）。在特定的种族和特定的地域中，NTDs的发生更普遍。这个比例在英国很高，但在芬兰很低。在美国，东海岸的一些地方较高，而加州却较低；黑人和犹太人的发病率较低，美国印第安人却有较高的发生率。有研究甚至关注季节变化对NTDs发生率的影响，结果提示：那些在春天怀孕、冬天出生的婴儿，更容易发生NTDs。

如果准妈妈们在孕期患有某种疾病，NTDs也更常见。患有胰岛素依赖型糖尿病的女性是高危人群，她们的糖尿病控制得越好，生育有NTDs及其他异常婴儿的风险也就越低。患有癫痫的准妈妈们也属于高危人群，但这部分取决于她们在孕期服用的抗惊厥药的种类。丙戊酸和卡马西平可将她们的风险提高近10倍，但其他抗惊厥药是安全的。抗肿瘤制剂甲氨蝶呤和氨基蝶呤也很可疑，如果准妈妈们在受孕后的4周之内与其接触，可增加胎儿患有NTDs的风险。

另一个受到广泛关注的议题是：准妈妈们的体温升高会增加胎儿患有NTDs的风险。尽管不是所有的研究结果都支持这一论点，但大部分的研究结果表明，在孕早期，因疾病、泡热水澡或是洗桑拿浴导致体温升高的妈妈，与在同时期中没有经历体温升高的准妈妈们相比，胎儿患有NTDs的风险是后者的两倍。体温升高超过1.5℃会扰乱动物和人类的早期胚胎发育。若这种干扰发生在神经管闭合时期，发生NTDs的可能性会更大。

但值得庆幸的是，绝大多数NTDs在孕中期即可检测出来，主要通过测量母体外周血或羊水（通过羊膜腔穿刺术获取）中甲胎蛋白（alpha-fetoprotein，AFP）的分泌水平，以及在超声引导下对胎儿进行直接观察。顾名思义，甲胎蛋白是由胎儿产生的，它在胎儿的脑脊液中含量很高，而脑脊液遍布脑室和脊髓腔，在羊水中的含量通常很低。当神经管闭合不全时，一部分的甲胎蛋白将漏入羊水中，并透过胎盘进入母体的血液。因此，母体外周血中或羊水中AFP的升高可以提示胎儿患有神经管闭合不全。在一小部分——约1/6的脊柱裂病例中，由于发育缺陷的脊髓被皮肤包裹，甲胎蛋白无法进入羊水中，通过这种方法检测不出来。这部分病例被称为"闭合性"NTDs，危害较轻。

验血的最佳时期是在孕程的第16～18周，在此期间，AFP异常表达的检出率最高。但这种方法本身仅是对NTDs的初步筛查。当AFP水平因为其他因素而异常升高时，比如实际孕期比已知的长，或是怀有多胞胎的情况下，常常会得出假阳性的结果。如果在血液检测中得出了阳性结果，往往会继续进行羊膜腔穿刺术，进一步检测羊水中AFP以及另一种酶——乙酰胆碱酯酶的表达水平，这种酶存在于胎儿的大脑之中，它的表达水平可以对最初的筛查结果进行独立的评判。最后，会谨慎地采用超声波检查，来直接观测胎儿的大脑和脊髓有无发育缺陷。上述的各种检验与检查都有误差，但如果联合运用一种以上的筛查方法，孕期的前半程NTDs的检出率约为93%。

正是得益于这些灵敏的筛查方法，在过去的十余年中，患有NTDs的婴儿数量大为减少。如果几项检测均提示胎儿患有严重的NTDs，大部分准父母们会选择终止妊娠。幸运的是，近年来在防治NTDs方面取得了突破性的进展，越来越多的父母们已免受其扰。

最初发表于1981年，并于1992年受到广泛公认的研究成果表明：与那些没有服用过叶酸的女性相比,在受孕时以及此后的几周内服用的女性怀有NTDs胎儿的可能性显著下降。这项研究最初是在那些已育有一名NTDs孩子的母亲中进行的。相比没有该既往史的女性,这些母亲再怀上NTDs胎儿的可能性更高,而服用含有叶酸的复合维生素B片,将她们怀第二个NTDs胎儿的比例降低了76%。随后,研究对象扩大到了普通女性,研究结果发现叶酸可预防约60%首次发生的NTDs。

这一结果在多个不同国家均得到了验证。由于数据确凿,效果确切,而解决方案又如此简单,公共健康部门推荐所有育龄女性每天摄入0.4毫克(400微克)叶酸。大部分标准维生素片已能满足这一需求。而孕期维生素中,其含量可高达0.8～1.0毫克。虽然没有证据表明这个剂量更有效,但却是很安全的。许多食物中也含有叶酸,特别是绿叶蔬菜、豌豆、各种豆类、柑橘类水果、动物肝脏和全麦面包。但是,天然叶酸仅有一部分能被机体吸收,并且经过烹饪后会变得不太稳定。因此,一些专家认为,即使是执行最佳膳食方案,也未必能满足孕期母体每日所需的0.4毫克叶酸。

在美国和加拿大,由于半数左右的怀孕是意外的,而神经管的闭合始于孕早期——错过月经后的第8天,很多女性在机体最需要时还未来得及补充,因而确保叶酸日常的充分摄入很重要。这也就是为什么很多国家的健康机构开始在许多食品中强制添加叶酸。在美国,从1998年开始,所有强化谷物食品中必须添加叶酸,它们包括:面粉、玉米片、面包、通心粉、大米、谷类,这样可以使女性每天摄入叶酸的平均含量提高至0.1毫克。这种强制性的方式可以最大程度地减少NTDs的发生。总而言之,女性至少在受孕前一个月及随后的孕早期中,每天服用0.4～0.8毫克的叶酸片。

营养很重要

叶酸在神经管缺陷中扮演的角色恰好说明了处于发育期的大脑对母体的营养状况是多么敏感。与此同时,也体现了影响孕期的所有因素中最重要的一点——时间。某种药物或缺乏营养产生的影响,完全取决于那时神经系统的发育状况。通常认为，胎儿在孕早期受到的损伤会更严重，因为此时神经元正在进行分化和迁移，构建大脑的基本结构。一旦建成，尤其当所有的神经元完全成形时（在受孕后的18周左右），大脑对有害因素仍很敏感，但受到的破坏就没有那么严重了。

母体的热量摄入总量可以反映最基本的营养状态。实际上，在受孕后最初的3~4个月中，大脑的敏感性较低。尽管胚胎正在快速地发育，但胎儿很小，生长发育并不十分依赖于母体的饮食。（这或许并不令人意外，准妈妈们通常因为早孕反应，在孕期的前3个月中摄取不了太多的热量）。从孕中期开始，并延续到出生后的两年，婴儿的大脑对摄取营养的种类和质量都非常敏感。同时，神经元突触蓬勃生长并且进一步的髓鞘化，共同构建了大脑，并因此极大地增加了脑的总重量。在这一时期，营养的质量将对婴儿未来的认知、情感和神经功能，产生广泛而深远的影响。

由于这个敏感期始于出生之前，它意味着母亲的饮食可以影响胎儿的大脑发育。这一过程从婴儿期一直延续到幼儿时期，因而，这也意味着我们要格外注重孩子在最初两年的饮食。营养缺乏可以指缺某种具体成分，比如碘、铁、维生素B12的匮乏。上述每一种物质在发育敏感期持续缺失，都会对婴幼儿的大脑及认知发育产生永久损伤。更常见的是广义营养不良，即在孕期及出生之初摄入的热量过少，这会永久性地减慢大脑发育的进度。在敏感期的任意时段中，营养缺乏都会危害大脑的发育。但发生得越早，并且如果当热量的缺乏同时伴有蛋白质摄入不足，导致的损伤会越严重，作用也越持久。

在动物实验中已对营养不良产生的影响进行了全面的研究。我们清楚地了解了对大脑生长发育最有利的营养种类及需要它们的时间段。遗憾的是，仍缺少在人群中的类似研究数据。世界上，很多儿童因为饥荒、贫穷、战争，以及其他自然或人为的灾难，正遭受着营养不良。对这些孩子的研究使我们知道，早期的营养缺乏会如何永久性地损害大脑发育。与相同文化背景下的营养充足的孩子相比，那些在胎儿期或婴幼儿期营养不良的孩子，在IQ测试中取得的成绩较低，在校表现较差，语言的发育相对缓慢，异常行为更多，甚至会出现感觉统合及精细技能的发展障碍。营养不良出现得越早，持续的时间越长，造成的损害也就越重，并且不太可能在随后的生活中恢复。成人如果遭遇重大饥荒，并不会损害智能。这说明在婴幼儿期，大脑对营养很敏感，用以满足大量突触的生长和轴突的髓鞘化，而这些过程都需要消耗大量的能量。

如果产妇营养不良，宝宝出生时都会偏小。相比那些在子宫中营养充足的婴儿，宝宝出生时的头围较小。在正常范围内，出生体重和头围与婴儿未来的智能表现仅有一定的相关性。但是，出生体重小于2000克、处于新生儿体重分布最后10%的婴儿，相比于体重较重的新生儿，出现神经系统损害以及精神障碍的比例更高。

新生儿的体重，更容易受母体营养状况而非遗传的影响。在理想的状况下，孕妇在整个孕期会增重20%（比如，60千克的孕妇会增重12千克）。大体而言，体重增加得越多越好，但也有一定的限度（见图17.3）。新生儿过大会增加难产的几率，而他们的大脑，往往是难产中最容易受到损伤的器官。为了保障胎儿最好的生长发育，在整个孕期中，准妈妈们每天需要额外地摄入300卡路里的热量；在哺乳期，需求量为500～600卡路里。这些热量最好来源蛋白质，因为蛋白质对于胎儿的大脑发育至关重要。在孕期，准妈妈们最好每天摄入10～12克的蛋白质，哺乳期为12～15克。

如果孕妇营养不良，胎盘就不能充分地发育，会造成胎儿的营养不良。即便是营养充足的孕妇偶尔也会因为各种原因胎盘不能正常地发育，影响胎儿，导致宫内发育迟缓（intrauterine growth retardation，IUGR）。和其他营养不良的婴儿一样，患有IUGR的宝宝将面临多种神经和精神问题风险。

多胞胎也容易出现类似情况。胎儿们被迫从一个胎盘争夺营养。对幼鼠的研究表明，其出生体重与一窝的仔数成反比：相比出生时仔数较少、出生体积较大的幼鼠，仔数较多、出生体积较小的幼鼠，头围也偏小。它们在迷宫实验和其他方法进行的"大鼠IQ"智力测试中得分较低。同样，在人类的双胞胎新生儿中，他们各自的出生体重显著地低于单胞的新生儿。在后来的IQ测试中，其成绩比单胞儿平均要低7分左右。如果这些双胞胎在出生时体重迥异，较轻的那一个在胎盘中所获得的血供也较少，将来的IQ成绩也就偏低。

尸体解剖学更进一步地揭示了营养如何影响大脑的生长。营养不良的孩子大脑体积明显较小，突触的生长及轴突的髓鞘化也明显少于营养充足的孩子。由于大部分神经元是在孕程的前半段产生的，数量受孕期营养因素的影响不大。但胶质细胞的数量会因为营养不良显著减少。这些细胞负责产生髓磷脂，它们的形成贯穿整个孕程，一直持续到婴儿时期。在大鼠中，孕期和出生后期的营养不良会明显地减少神经元的突触数量、突触棘和轴突的髓鞘化。这些结果均提示：营养不良孩子的大脑发育不良，反应速度也更慢。

在关于出生后的营养状况对认知功能影响的研究中，我们很难完全抛开婴儿的成长环境，单纯探讨食物摄入不足带来的影响。与营养正常的孩子相比，营养不良的孩子多数生活在缺少物质支持和外界刺激的环境中，因此伴有大脑发育不良。他们很可能被忽视、患病、受虐待，或仅仅是因为饿坏了，缺少获取和锻炼新技能的能量和动力。从另一个方面来讲，良好的成长环境会保护婴儿，使他们免受营养不良的危害。囊性纤维化就是一个很好的例证，患有这类疾病的宝宝们，因为不能正常地消化食物而发生营养不良，但如果在充满刺激和物质支持的环境中成长，他们不会出现认知功能缺陷。因此，就大脑的发育成熟而言，一个优越的成长环境可以弥补孩子们在营养上的缺乏，这很可能同样是通过刺激突触的生长发育实现的。

可喜的是，如果给那些已摆脱营养不良的孩子们提供充足的营养、情感支持和智力开发，他们的绝大部分智能可以恢复。突触的大量生长和髓鞘化存在一个关键期。只要细胞层面的发育过程在不断地进行，大脑就有恢复的可能。但是，这些康复性的干预措施必须尽早实施。两岁以后，即便是给予他们充足的营养和丰富的刺激，这些孩子的心智功能仍会出现永久的缺陷。在一个著名的研究中，研究对象是朝鲜战争中失去双亲的女婴，她们在两岁之前被美国中产阶级家庭收养。尽管在小学时，她们取得的IQ成绩都在正常范围之内，但那些在婴儿期遭遇了严重饥饿的孩子，成绩明显低于营养充足的孩子。

30多年来，早期营养对婴幼儿大脑功能影响的重要性受到了广泛的认同。在美国和其他许多国家中，政府都在不遗余力地支持婴幼儿和他们的母亲。我们越深刻了解这一重要性，就越要确保在关键期为每个孩子提供充足而全面的营养。

小心药物和化学品

近年来，除非有相反的证据，人们普遍认为药物对怀孕是有害的，而且建议孕妇尽量避免与任何药物接触。但仍有一部分孕妇需要通过药物来治疗慢性或致命疾病，其基本原则是，假使一种药物对母体的益处多过对胎儿可能造成的风险，那么这种药物是可用的。从这个角度看，不同药物差异很大。因此，为了提供孕期用药参考，美国食品药品管理局制定了如下分级系统：

孕期分类	关于风险/益处的研究共识
A	已在人体进行对照研究，证实在第一孕程对胎儿没有危害，且对胎儿造成伤害的可能性不大。
B	人类和动物数据尚未提示显著风险。
C	已有的研究尚不充分，或在动物实验中得出对胎儿产生危害，但还没有人体实验的相关数据。
D	对胎儿确有危害，但利大于弊。
X	弊大于利，这类药物在怀孕期间禁用。

最极端的 X 类中，有异维 A 酸（商品名为 Accutane）——一种维生素 A 的衍生物，可以口服治疗严重的痤疮。在第一孕程中，异维 A 酸可导致至少 28% 的胎儿发育畸形，特别是耳、心血管系统、中枢神经系统。由于痤疮并不是致命的疾病，因此，孕期禁止使用异维 A 酸。事实上，生产商建议所有孕龄女性在使用药物之前两周进行一项孕期阴性测试，并且同意使用两种方式避孕。大剂量的维生素 A（超过 20000 国际单位）同样会严

重危害处于发育期的神经系统及其他器官。

另一种极端的情形是癌症、癫痫、糖尿病、抑郁症、高血压，以及不用药物控制即会危及母子生命的严重感染。目前，对这些疾病的一些治疗，确实会危及胎儿安全，但仍然可以在孕期选用相对安全的治疗方案。以癫痫为例，已知有3种抗惊厥药物可致先天性畸形。丙戊酸和卡马西平可将新生儿发生神经管缺陷的风险提高近10倍，而苯妥英钠会导致5%~30%的胎儿出现包括生长迟缓、头颅及肢体发育异常、不同程度智力障碍在内的综合征。患有癫痫的母亲，可以选用更加安全的药物来控制抽搐症状，比如乙琥胺或苯二氮卓类药物。（可以在怀孕前尽早地替换药物，因为我们不能预知新药物是否能有效地控制症状）。但是，即便必须使用已知危险的药物（D类），我们仍可以通过孕期中的审慎筛查，发现大部分像神经管缺陷一样的先天性畸形，准确率高于90%。

虽然非处方药物通常比处方药要安全，但除非非用不可，否则也应尽量地避免。对乙酰氨基酚（商品名为泰诺）可用于治疗孕期疼痛和发热。与其疗效类似的阿司匹林和布洛芬，已被证实与孕晚期的并发症相关。如果胎儿出生前一周接触到阿司匹林，他们发生颅内出血（大脑内部的出血）的可能性更高，因为阿司匹林会阻碍血液的凝集。一项初步的研究显示，孕期服用阿司匹林，与4岁孩子的智商问题和注意力障碍相关。而另一项研究则表明，在孕早期使用阿司匹林、布洛芬或是解充血药中的一种，都将会增加新生儿腹裂的风险。这种畸形是胚胎发育时腹壁闭合不全导致。其他非处方药物，包括抗酸药、抗组胺药、通便药、止咳药，以及许多外用药通常都是安全的，但仅仅在必要的情况下才可以使用。很多非处方药物通常将几种药物混合在一起，所以打算怀孕的女性应该看清楚它们的成分，并且在服用任何药物之前咨询医生。

酒精 在我们的文化背景下，酒精一直被认作"自选致畸剂"。大部分的女性已经意识到大量饮酒对胎儿有害，但过度饮酒带来的胎儿酒精综合征（fetal alcohol syndrome，FAS）在新生儿中的发生率仍有0.2%，其症状包括颅面部畸形、生长及智力障碍、心脏和其他器官先天性发育异常。在美国，孕期接触酒精是导致胎儿智力障碍的主要原因之一。酒精还增加了意外流产、早产和分娩并发症的发生率。它可以很容易地穿透胎盘，在胎儿的血液中达到与母体血液一样的浓度。如果准妈妈们喝醉了，胎儿也是一样的。

有关人类和动物的实验研究表明，大脑是酒精影响的发育器官当中，最脆弱而敏感的。酒精可直接杀伤胎儿大脑中的神经元，并阻断神经元和胶质细胞的迁移。因此，与这些过程相应的大脑结构可因此而发生错位或根本无法成形。尽管低浓度的酒精不会导致大脑发育的严重畸形，但会干扰树突的生长、树突棘的发育，以及精细的突触间连接的形成。大脑受影响的区域取决于接触酒精的时机。比如在大脑的形成过程中最后产生的一部分神经元位于小脑。当大鼠接触酒精的时机相当于人类的孕晚期时，小脑中神经元和胶质细胞的数量会发生不可逆地减少。

酒精对胎儿的作用与浓度明显相关。在每天至少喝6杯酒的孕妇中，新生儿患有完全型FAS的比例为30%～50%。（"1杯酒"是任何含有15毫升酒精的饮品，可以是360毫升的啤酒、750毫升的葡萄酒，或是45毫升的烈性酒。）即使新生儿没有可察觉的发育畸形，他们在未来出现认知功能障碍的风险也大幅度地提高。酗酒的母亲生育的孩子中，高达80%的孩子会呈现不同程度的智力障碍、多动症、语言障碍。

如果母体在孕期接触适量的酒精，新生儿患有完全型FAS的风险值极小，但仍有可能遭受一定程度的心智损伤。比如：在学龄儿童中，那些孕期平均每天饮3杯酒的母亲生下的孩子IQ成绩比孕期滴酒不沾的母亲所生的孩子低7分左右，这一结果是在排除了母亲是否抽烟、饮食情况、教育水平，以及是否进行过母乳喂养等因素的干扰后得出来的。虽然下降了的IQ成绩仍处于正常范围，但差异显而易见。它意味着：如果在胎儿期未曾接触过酒精，这些来自中产阶级家庭的孩子们会更聪明。

关于适量饮酒的影响，目前争论较大。一些研究结果认为：在孕期每天饮酒1～2杯的母亲生出的孩子发育畸形、行为异常或认知发育迟缓的发生率并没有提高。这与另一些研究的结论迥异。那些研究发现：在孕期，每周饮酒4杯以上会增加意外流产的风险，而每天饮酒不超过2杯则会增加胎盘早剥（胎盘与子宫发生分离）的风险。但还有一些研究报道：在孕期，每月仅饮酒1～3杯，会轻度增加新生儿唇裂的风险；而随着饮酒量增加至每月 4～10 杯，甚至 10 杯以上，这一风险值也逐步攀升。当然，由于不同的研究对孕妇饮酒量的评估方式不同，难免会出现一些偏差。与此同时，研究所在国家的不同，结论也会产生差异。在美国进行的研究认为，孕期的适量饮酒会显著地影响胎儿，而欧洲和澳洲的研究则表明这些影响并不存在。因此，关于孕期适量饮酒——偶尔饮酒或仅仅是每晚在进餐时喝一杯葡萄酒——对胎儿健康和认知潜能的影响尚有待探讨。

另一个议题是："过量饮酒"是否对胎儿尤其有害。过度饮酒指的是一次性饮酒超过 5 杯以上。因此，如果一名女性每周只豪饮一次，理论上也会被认作是"适量"饮酒者。然而，豪饮带来的母体酒精浓度，实际上已相当于将等量酒水分天饮用的若干倍。在西雅图进行的一项研究表明，一次以上的孕期过量饮酒与 7 岁孩子的学习能力、注意力、记忆力、感觉和运动能力的缺陷相关，而阅读和写作能力的缺陷可影响孩子直至 14 岁。然而，在丹麦进行的一项研究对 1 岁半及 3 岁 7 个月的婴幼儿进行了认知能力测试，结果并未发现过度饮酒的影响。

现在已明确的是：在孕期，甚至是备孕期，女性应该避免过量（甚至适量）饮酒。但是，她们是否需要在整个孕程中戒酒尚不十分清楚。尽管戒酒是一种最安全的方式，并且被大多数医生和公共健康机构倡导。但事实上，我们仍不清楚适量饮酒是否对胎儿有害。像其他致畸剂一样，酒精也有一个临界值，在该值以下不会影响到胎儿的发育，只是我们并不知道这个值究竟是多少。因此，最明智的方式就是在孕期尽可能戒酒，在受孕之前戒更理想。虽然我们并不确定适量饮酒的影响，但在得知怀孕以前每天饮酒不超过 2 杯的女性可以松一口气——研究表明，这个饮酒量并不会伤害胎儿。

为了公共健康，与其去了解风险，不如建议在整个孕期戒酒。1995 年，在美国约有 16% 的孕妇承认在接受问卷调查前一个月之内饮酒，且 3% 的孕妇至少有过一次酗酒的经历（众所周知，在这样的调查中，饮酒量常被低估）。在美国，每年至少有 4000 例儿童智力障碍可归咎于母亲在孕期的饮酒习惯，而发生中等程度学习与行为障碍的例数，大约是这个值的 10 倍（因为孕期饮酒的轻微影响直到孩子出生几年之后才会显现，所以我们还不清楚这些影响是否由其他因素导致）。整个美国社会为孕期饮酒付出了沉重的代价。1989年，美国国会开始要求对生产商于酒瓶上印制FAS的警示。虽然在20世纪80年代，孕期饮酒的现象大幅减少，但在1991～1995年，又有回升趋势。

香烟 大部分女性都意识到，孕期吸烟是有害的。但不幸的是，即使是那些意志坚定的准父母也很难戒烟。吸烟对胎儿大脑发育的损害不像饮酒那样严重，但它影响胎儿的其他器官和系统，比如心脏和肺，从而持续性地影响婴幼儿的健康。相比不吸烟的母亲，那些嗜烟成瘾的母亲生的孩子平均体重要轻200克左右。事实上，因为有25%的孕妇在孕期吸烟，吸烟是新生儿体重低下的主要原因之一。吸烟可能引起胎盘发育问题，增加意外流产和早产的风险。而早产和体重低下本身会增加孩子产生心智和神经损伤的几率。

当孕妇吸烟时，尼古丁会瞬间进入胎儿的体内循环系统，明显地改变胎儿的呼吸运动，使胎儿出现间歇性呼吸暂停（呼吸中断）与呼吸急促相互交替的现象。孕期吸烟的母亲生育的孩子，因为在子宫中发生上述呼吸模式的改变，会更容易发生婴儿猝死综合征（sudden infant death syndrome, SIDS）。

对孕期吸烟孕妇的孩子的长期追踪研究发现，这些孩子大脑的发育和功能受到了抑制。而更多的研究结果表明，孕期吸烟与孩子的众多功能缺陷有关，包括：新生儿吸吮能力，在1～2岁时的语言和运动能力，4～7岁孩子的多动症和听觉注意力，7～11岁孩子的学习能力等。另外两项研究还发现，它与6～17岁男孩注意力缺陷、多动症和不明原因的智力障碍有关。其中的一些研究结果备受争议，因为通常与不吸烟者相比，吸烟者会摄入更多的酒精，处于更低的社会阶层，因而使这些研究变得较为复杂。但总体来看，这些结果依然提示，孕期嗜烟会妨碍胎儿的大脑发育，从而对其认知能力产生长远的影响。

香烟中含有很多对大脑发育具有潜在影响的化学物质。在这些物质中，只有尼古丁和一氧化碳的作用是目前了解得最清楚的。在吸烟的孕妇中，这两种物质都会导致新生儿体重下降。尼古丁可以收缩血管，减少胎儿的血液供应。一氧化碳会替换母亲与胎儿体内循环中的氧气。它们一起作用，可以减少胎儿的氧气供应，而供氧不足会进一步减慢胎儿所有器官的发育。

尼古丁是一种导致神经损伤的物质。乙酰胆碱是神经递质中的一种，尼古丁会与它的受体发生特异性的结合。除了在突触中发挥作用外，大部分的神经递质在发育过程中会促进神经的生长。在子宫中，与尼古丁的接触会扰乱通常由乙酰胆碱传递的发育信号。向怀孕的大鼠子宫内注射尼古丁会影响胎鼠神经元的结构，以及大脑中负责合成与储存乙酰胆碱区域的生物化学过程。和人类一样，这些胎鼠很可能因为上述干扰出现出生后行为异常，包括觉醒周期的改变、注意力和运动技能障碍等。

我们强烈建议女性们在孕期禁烟。在孕晚期，吸烟对胎儿尤为有害。但是，在第16周以前戒烟的孕妇们生的宝宝体重均正常。甚至在分娩前一个月戒烟，也会降低新生儿缺氧的发生率，而缺氧是导致脑损伤最常见的原因之一。目前还不太清楚孕期吸烟的其他有害效应会在何时显现。但是，母亲越早戒烟，孩子的大脑免遭伤害的可能性就越大。即使不能完全戒烟，也要尽可能地减少吸烟，因为，和其他有害因素一样，吸烟的危害性是与浓度呈正比的。

即使是被动吸烟，也对智力发育有害。在一项研究中，研究者对6～9周岁的孩子进行演讲、语言、视觉/空间觉以及基本智力方面的测试。他们发现：那些在孕期吸二手烟的母亲们所生的孩子，表现介于母亲孕期吸烟的孩子和来自禁烟家庭的孩子之间。因此，在孕期，不仅是母亲们应尽早戒烟，父亲以及家庭中的其他成员为了孩子大脑的发育，也应尽可能地戒除吸烟的习惯。

毒品　通常，我们很难衡量单一品种的毒品产生的影响。因为在孕期使用违禁药品的母亲们往往也会使用其他药物、酗酒或吸烟。她们营养不良，在孕期很少受到照料，生活方式容易引发意外流产、先天性缺陷、发育异常的发生风险也较高。有一些研究认为，几乎每一种滥用的药品都与大脑缺陷或发育迟缓的高发生率相关。所有滥用品（包括合法的酒精和尼古丁）都会增加意外流产和早产的风险。

可卡因不会诱发某种胎儿畸形，但是，它与扰乱正常大脑发育的孕期问题相关。使用可卡因可能导致胎盘分离，引发早产。可卡因成瘾的母亲生的孩子无论是否早产都往往偏小，患有小头畸形——头围小于正常的风险很高，继而导致智力障碍。使用可卡因也会增加胎儿脑中风和颅内出血的风险，这两者都会造成持久的影响。与可卡因接触的宝宝们，不能很好地回应外部世界、与他们的看护人进行正常的互动。他们的行为障碍甚至可以出现在胎儿期——运动和睡眠模式紊乱。

海洛因也被证明与长期生长和行为问题有关。海洛因成瘾的母亲生的孩子也会成瘾，并且在出生时面临严重的脱瘾症状，死亡率升高，患有婴儿猝死综合征（SIDS）的风险也较高。治疗孕期海洛因成瘾的药物——美沙酮也会带来婴儿出生后的严重脱瘾症状。但是，在出生体重和长期生长发育方面，使用美沙酮的母亲生的孩子，要比海洛因成瘾的母亲生的宝宝好很多。

吸食大麻的危害更严重，因为吸食本身会造成缺氧。大麻中使人兴奋的化学成分是四氢大麻酚，这种物质很容易穿透胎盘，并且不太容易被胎儿的循环系统清除。和吸烟一样，吸食大麻会大量增加胎儿体内循环中的一氧化碳，剥夺大脑发育最需要的氧气。母亲在孕期吸食大麻与新生儿视觉刺激和惊跳反射的改变、学龄儿童的行为缺陷、4岁儿童语言和记忆缺陷有关。

咖啡因 咖啡因是多种饮料中的天然成分，也是一种常用的添加剂。它是一种中枢神经系统兴奋剂，可以提高人的机警度和注意力，也会加快心率和新陈代谢。高剂量（大于600毫克）的咖啡因可以导致心悸、焦虑、失眠、恶心，甚至抑郁。根据冲泡方式的不同，一杯180毫升的咖啡中含有60～150毫克咖啡因，一杯30毫升的浓咖啡中含有30～80毫克咖啡因，一杯180毫升的茶水中含有20～100毫克咖啡因。不同品牌饮料的咖啡因含量在32～72毫克之间，30克黑巧克力中含有20毫克的咖啡因相关复合物——可可碱。许多非处方药物中也含有咖啡因，比如：伊克塞锭（每片60毫克）、阿纳辛（每片32.5毫克）、苯丙醇胺（每片200毫克）。

咖啡因可以穿透胎盘，甚至可以在胎儿的体内蓄积。动物实验的数据使人们开始关注咖啡因在胎儿发育中的影响。如果每天给孕鼠相当于150

杯浓咖啡的咖啡因，可以导致胎鼠发生四肢和指/趾缺失畸形。但咖啡因对人类而言并不见得是一种致畸剂。估计平均每一个孕妇每天会摄入114毫克的咖啡因，但并未对胎儿的发育产生危害。即使是在孕期摄入大剂量（每天多于400毫克）咖啡因的女性，她们生出患有先天性畸形孩子的风险也不会增加。尽管长辈们建议孕期不要与咖啡因接触，但在孕期接触咖啡因并不会阻碍胎儿的生长发育。一项研究结果表明：母体在孕期饮用含有咖啡因的饮料，她们的孩子7岁时的智商并未受到影响。

咖啡因虽然不会导致胎儿的发育和认知障碍，但一些研究发现，那些摄入大剂量咖啡因的女性很难受孕，发生意外流产的风险也更高。在孕期摄入大剂量的咖啡因，也会使新生儿出现脱瘾症状。基于这些研究，建议女性在孕期每天摄入的咖啡因不超过300毫克（相当于3小杯或两大杯中等浓度的咖啡）。

阿斯巴甜 人工合成的甜味剂阿斯巴甜是由两种氨基酸——天冬氨酸和苯丙氨酸组成的。正常情况下，这两种氨基酸存在于人体的所有组织中。经体内代谢后，阿斯巴甜分解为等量的天冬氨酸、苯丙氨酸和甲醇。虽然大量摄入甲醇对人体极有害（比如，意外食入油漆或防冻剂），但一罐无糖饮料中的甲醇含量常比一根香蕉或一罐果汁还要低。天冬氨酸无法穿透胎盘，但苯丙氨酸可以，甚至会聚集在胎盘中的胎儿一侧。不过，正常水平的苯丙氨酸并不会产生危害（患有遗传性苯丙酮尿症的女性不能使用阿斯巴甜。由于不能代谢苯丙氨酸，苯丙氨酸会在她们体内蓄积，达到一定水平时便会产生危害。）

一项发表于1971年的研究使人们开始关注人工甜味剂。这项研究发现：在孕期摄入甜蜜素以及其他当时尚未被命名的甜味剂，与胎儿出生后的行为问题有关，比如多动与神经紧张。由于阿斯巴甜直到1981年才被获准使用，所以该项研究没有涉及。有一项研究专门观察阿斯巴甜对患有注意力缺陷孩子的影响，发现即使服用了正常剂量10倍的阿斯巴甜，这些孩子也不会出现行为或认知方面的变化。还有一些动物实验探讨阿斯巴甜对胎儿生理和心智功能方面造成的影响。绝大部分这类研究结果均显示，即使妈妈服用了大剂量的阿斯巴甜，也不会影响到孩子的生长发育、反射、视觉、行为和记忆功能。

因此现有的数据证明：女性在孕期服用阿斯巴甜，不会对胎儿及其随后的生长发育带来危害。另一种常用的人工甜味剂是糖精，尽管还没有像阿斯巴甜那样接受全面地检测，但同样被认为是对孕妇安全的。不过在动物实验中，大剂量的糖精会诱发膀胱肿瘤，因而一些医学专家仍然质疑其安全性。

味精 味精即谷氨酸钠，是由一种常见的氨基酸——谷氨酸与钠组成。众所周知，摄入大量的钠有害健康，但事实上，谷氨酸对大脑的发育危害更大。谷氨酸是亚洲料理中常用的增鲜剂，也存在于许多加工食物和方便食品中，尤其是汤类、沙拉酱、调味酱、酱菜、罐装肉、冷冻食品、风味薯条及意大利面等。除了味精，谷氨酸还常以"水解植物蛋白"的形式添加到食品中，这种植物蛋白通常都含有10%~30%的谷氨酸，并且在食品的营养成分标签中，会以"HVP（水解植物蛋白，hydrolyzed vegetable protein）"、"调味剂"，甚至是"天然调味剂"出现。

由于大剂量的谷氨酸会杀死脑细胞，而且越年幼的动物对这种毒性越敏感，谷氨酸已引起了人们的关注。神经元是通过突触间隙中的神经递质相互联系的，这些神经递质有两种——兴奋性和抑制性。而谷氨酸是大脑中最普遍的一种兴奋性神经递质。当它引起神经元的过度兴奋，比如癫痫发作，这部分大脑的神经元可能发生损害甚至死亡，如同电器在强电流经过时被损毁一样。

虽然这些情形让人害怕，但是，母体在孕期食用味精不太可能危及胎儿的大脑发育。谷氨酸被认为安全的主要原因是：它不能很好地透过胎盘。另外，在女性的正常饮食中，母体从食品添加剂中摄入的谷氨酸量只占以蛋白质形式摄入的谷氨酸总量的一小部分（2%~3%）。和天冬氨酸与苯丙氨酸一样，谷氨酸也是组成蛋白质的20种氨基酸中的一种，并且被用来合成人体自身的蛋白。不吃味精和"天然调味剂"的人，每天也会摄入大量的谷氨酸。在脑损伤或智力障碍方面，并没有证据表明摄入大量味精的人群（例如亚洲人）比摄入少量味精的人群具有更高的风险。因此，目前的流行病学研究的共识为：摄入适量的此类氨基酸，不会对子宫中胎儿的大脑发育带来危害。

天冬氨酸和谷氨酸 谷氨酸和天冬氨酸在孩子出生后的影响值得我们重视。没有了胎盘,这两种氨基酸更容易进入婴幼儿的大脑中,尤其是下丘脑,它是人体的核心调控中枢,其中的保护性血脑屏障较为薄弱。当给幼鼠喂大剂量的谷氨酸时,下丘脑的大量神经元会死亡;随后动物会表现出激素失调问题,比如肥胖、不育或者青春期延迟。而天冬氨酸与谷氨酸一样,也会对神经元产生兴奋性的作用,并且损害大鼠的下丘脑神经元。

尽管还没有临床或流行病学的证据证实过量的谷氨酸或天冬氨酸会损害孩子的大脑,但随着多种食品添加剂的日益普及,一些学者们认为存在着较大的潜在风险。由于婴幼儿的神经元对谷氨酸比成人更敏感,他们也更容易受伤害。在吃同等量的食物时,例如一杯方便面汤,谷氨酸在一个13千克孩子体内的浓度要远高于一个70千克的成人体内。大概30年前,生产商们主动放弃在婴儿食品中添加味精。但迄今为止,美国食品和药品监督管理局并没有控制谷氨酸在食品加工中的添加。尽管在无糖酸奶、口香糖和苏打水中,天冬氨酸的含量很低,但它们可以与许多儿童食品中已有的大量谷氨酸一起威胁神经系统的健康。

其他化学物质 药品、毒品和食品添加剂以外,还有许多化学物质,都会给胎儿的大脑发育带来潜在的风险。总体而言,如果母体在工作中接触到有害物质,发生问题的可能性会更大。通常,在需要使用已知致畸剂的工作中,都会有适用于孕妇的严格指南。但对大量潜在致畸剂的研究尚不够充分。因此,那些在工厂、农场、医院、实验室、美容院、干洗店工作,或是每天都接触化学物质的女性,在孕期更应小心,她们应该尽可能多地了解自己的工作环境,尽量少接触任何可疑的物质。

基于目前所知,孕期应避免接触以下化学物质:有机溶剂(如甲苯、苯以及吸入性麻醉剂)、油基涂料(但乳胶和水性涂料是安全的)、各种除草剂和杀虫剂、多氯联苯(20世纪70年代美国已被禁用,但仍集中存在于许多垃圾填埋场、湖泊以及栖息于其中的鱼类)、氯乙烯(用于塑料制造）、一氧化碳、烃类（包括汽油）、水银化合物[①]（尤其是甲基水银，一种杀真菌剂），以及其他重金属（如镉，存在于香烟中）、镍和铅等。

如果吸入或咽下致畸剂，会产生最严重的危害。因此，挥发性的化合物（如有机溶剂和油基涂料）应被放置在通风良好的环境中。并且在使用任何一种化学物质时，应尽量避免接触手或嘴。研究表明，在滥用挥发性有机溶剂——经常吸入甲苯以获得快感的孕妇中，孩子的先天畸形与挥发性致畸剂的使用明显相关。尽管一些研究发现：美发师、手术室的医护人员、某些工厂的工人，发生意外流产、育有先天畸形或发育迟缓孩子的几率比其他工种的女性更高，但这类研究数据还缺乏说服力。和工作中的日常接触相比，仅仅偶尔接触挥发性物质，比如自己加油或者用油基涂料粉刷孩子卧室，几乎不会对胎儿产生任何的伤害。

铅 很有必要特别探讨铅的危害性，它广泛存在于环境之中。在汽车和飞机喷漆、印刷、冶炼、电池制造等行业工作的女性，或是给玻璃染色、制作珠宝的艺术家，接触铅的风险最大。除了这类工作中的日常接触，灰尘和水污染物中也常含有铅，铅还存在于一些器皿中。在20世纪70年代前，铅是房屋粉刷涂料中的主要成分。

铅可以扰乱机体中多种酶的功能。这种影响在发育期尤为恶劣，因为铅阻断了矿物质的吸收、能量的利用以及DNA的合成，所有这些过程都是细胞生长与分裂必需的。因此，常与铅接触的女性发生不孕不育、意外流产、早产或死产的风险更高，并很有可能生下患有轻度先天性缺陷的孩子。如果父亲常与铅接触，也会出现上述问题。

铅对胎儿心智功能的细微影响值得关注。研究者们已经检测到，在胎儿期体内铅含量（出生时测量脐带血）超过100毫克/升（这一含量曾经被认为是安全的）的孩子会出现细小而明显的心智缺陷。如果出生后不再与铅接触，这种影响是可逆的，并且当孩子长到4~5岁时，智商也会恢

[①] 温度计和牙科用的汞合金都含有水银，但这是汞的基本形式——而不是一种分子复合物——它们不会被消化道吸收，所以，孕妇即使意外吞食了一些这种水银，胎儿也不会受到严重的危害。

复正常。但如果孩子在出生后继续与铅接触（情况多是如此），或是在其他不利的环境中成长，智商可能会受到永久性的损害（从出生以后开始接触铅同样危险，但只有当血液中铅的含量达到一定水平才会发挥作用）。铅的影响与营养不良的作用相似，即：开始得越早、持续时间越长、造成的损害也就越大。然而，如果孩子早期的成长环境优越，适量的接触一般不会造成什么影响。

儿童可能面临智力缺陷的风险，促成了美国环境保护署从1973年开始推动生产和使用无铅汽油。直到1998年中，机动车铅排量的减少极大地降低了铅在空气、土壤和粉尘中的含量。这与禁止在罐装食品的焊料中使用铅的规定一起，在1976~1991年使学龄前儿童的平均血铅水平降低了约80%。尽管情况有所改善，但依然有大量儿童的血铅水平超过了疾病控制中心建议的新上限值——100毫克/升。而黑人儿童的风险更高，他们当中有21%的血铅水平高于该值，而这一比值在白人的孩子中仅为6%。

尽管空气和土壤中的铅含量有了明显的降低，但存在于水和旧房子涂料中的铅对孕妇和儿童来说，仍有较大的威胁。当孩子吞食或吮吸涂料碎片，或当孕妇和儿童吸入涂料表面脱落的粉尘时，含铅涂料就会产生危害。1978年前修建的房子尤为可疑。根据一项1992年美国议会通过的新法案规定，房屋所有者必须明确告知可能的购买者或租客关于含铅涂料的所有信息。已禁止在水管中使用含铅焊料，因为如果铅从陈旧的水管或水泵的焊接头中泄漏出去，饮用水就会被污染。有孕妇或者孩子的家庭最好检测一下饮用水中铅的含量。如果铅的水平非常高（环境保护署规定饮用水中铅含量的上限为50毫克/升），就需要给家中的水龙头安装除铅过滤装置，或者购买经认证的无铅饮用水。

电离辐射很危险

对于许多准父母而言，辐射这个词本身就令人惶恐。它常意味着原子弹与核尘埃，而这些显然会给发育中的胎儿和我们带来巨大的威胁。辐射确实是一种强效的致畸剂。但像所有的有害物质那样，危险程度与接触剂量是成正比的，而且不同种类的辐射带来的危害也不同。

其中，危害较强的类别为电离辐射，它包括 X 射线、伽马射线，以及放射性衰变中释放出的粒子。这种辐射具有很高的能量，高到足以将电子从原子或分子中激发出来，而这个过程就是电离。因此，该类辐射中的任意一种都可以直接破坏机体内的分子，损害组织，或是改变重要的 DNA 序列，使个体的遗传密码发生永久性的突变。当成年人受到过量的电离辐射时，细胞可能突变致癌。而胎儿的这些突变可能会彻底地改变发育进程，导致死胎或者先天畸形——尤其是累及大脑发育的畸形。

我们对辐射在孕期危害的了解，可谓来之不易——研究对象是在日本原子弹爆炸中的受害者，以及在 X 射线应用的早期受到过量医疗照射的女性。这两类人群中，胎儿期受到辐射但幸存下来的孩子，出生时头颅偏小（小头畸形），随后出现了不同程度的智力障碍。遭受辐射的剂量越大，发生意外流产、小头畸形和心智缺陷的风险性就越高。因此，在广岛原子弹爆炸地点 1.7 公里的 56 位母亲所生的孩子当中，23 名出现了小头畸形，这一数值要比正常人群高出 22 倍。

在受孕后的第 8 ~ 15 周内，胎儿发育中的大脑最容易受电离辐射的危害。这一阶段是大脑制造神经元的顶峰时期，大剂量的辐射很有可能导致智力障碍。在受孕后的两周之内受到辐射，对胚胎而言几乎是致命的。而受孕后第 2 ~ 8 周内受到辐射，不会导致智力障碍，但很有可能损害大脑以外的其他器官。如果在受孕后的第 16 ~ 25 周，电离辐射仍然对胎儿有害，但发生心智缺陷的风险值只有第 8 ~ 15 周的 1/5 ~ 1/4。

正是这些研究结果帮助我们建立了孕期射线使用的安全指南。在孕期，建议接受 X 射线或其他医疗放射的最大剂量为 5 雷姆（rem，衡量辐射剂量的单位，表示生物组织的吸收量）。导致智力障碍的最低水平比这个剂量还要高 10 倍。对于放射学家、实验室技师、原子能研究者和其他需要在工作中接触电离辐射的女性，在工作中可以接受的辐射值为 0.5 雷姆，只有引发智力障碍的阈值的 1/100。

客观地数据分析显示：准妈妈在整个孕程中，从环境中接受自然辐射的平均剂量约为 0.18 雷姆。这类背景辐射来源于太阳、宇宙，以及岩石、土壤、空气、建筑材料中天然存在的辐射。不同的地理位置辐射的水平相差很大，海拔和纬度越高的地方，辐射越强。例如，飞行员每年会额外受到0.08雷姆来自宇宙和太阳的辐射。尽管对少量辐射的影响所知尚少，但出生在比背景辐射水平比平均值高10倍地区的孩子，发生先天畸形的比例并没有明显地升高。

在医学上，电离辐射常被用于两种不同的领域：诊断和治疗。用于诊断的X射线透视、CT扫描和血管造影术中的辐射剂量，比用于治疗的放射剂量小得多。在治疗中，高强度的X射线和伽马射线被聚集在肿瘤细胞上，或者使用放射性的物质治疗癌症。因此在孕期，绝对不主张采用放射性的治疗。但为了母体的健康一定要使用的话，应该考虑意外流产的风险。

诊断性的辐射则是另外一回事。虽然在孕期建议接受的最大辐射剂量——5雷姆与胎儿先天性畸形发生率的轻微升高相关，但医学家仍建议女性不能仅因为怀孕而刻意回避必需的放射性诊断。如果这些诊断是为了母体健康，则是可以且应该使用的。另一方面，考虑诊断性辐射对发育中的胎儿可能产生较小且可预测的危害，任何可以择期进行的辐射诊断（例如牙科的X射线或职业检查），最好在分娩之后进行。

对于那些在孕期需要进行诊断性X射线透视的母亲，或是在得知受孕之前就已被照射的女性，有以下几点值得注意：首先，被照射的时机至关重要，如果在孕程的第15周（或第17周）以后进行X射线检查，辐射造成胎儿大脑损伤的几率就会大大降低；第二，医学上使用的X射线是非常集中的，因此胎儿从胎盘中受到的X射线辐射剂量很低。如果对母亲施行头部和骨盆的X射线检查，胎儿从后者获得的辐射量是前者的200倍（对骨盆的照射剂量是孕期建议最大剂量的1/25）；第三，如果要避免射线对胎盘的直接照射，可以在母亲的腹部覆盖一块含铅的围裙，以保护胎儿；第四，辐射的剂量具有累积效应，建议的最大辐射量——5雷姆——是母体在9个月的孕程中接受辐射量的总和，而非单次辐射量。

非电离辐射要辨明

电离辐射的危害已经了解得比较清楚了，而对于非电离辐射，我们所知甚少——能量或声波可以穿透组织，但不会分解生物分子。非电离辐射有许多种，包括机械波——分子碰撞产生的声波和超声波，以及电磁光谱中低频的能量波。按照频率降序排列，这些电磁源包含所有的光（紫外线、可见光、红外线），微波（现在被广泛用于远程通信、烹饪、雷达），无线电波（FM、AM、短波无线电频率和 VHF、UHF 电视信号频率），以及来自能源物质和电力设备的极低频辐射（静态）和磁场（见图 3.1）。

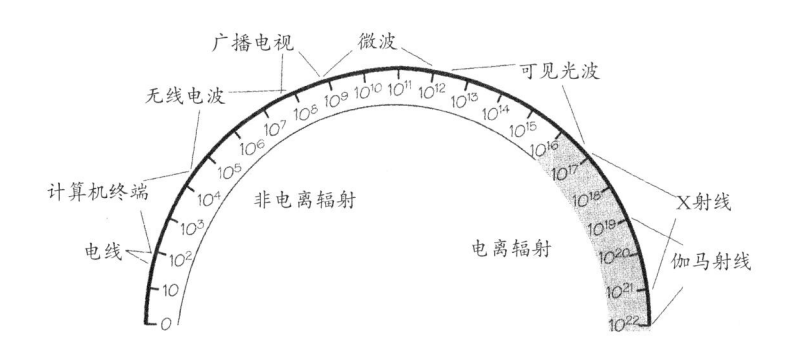

图 3.1 电磁能量光谱。只有在电离辐射范围内（频率为 10^{16} 赫兹）的波才会影响胎儿发育。

与电离辐射——位于电磁光谱高频部分的 X 射线、伽马射线和宇宙射线不同，这些低频低能量的波不能直接破坏分子。然而，如果辐射强度足够大，它们可以间接地破坏组织。非电离辐射不安全的主要原因是它会在某种程度上使胚胎或胎儿升温。持续的高温会增加意外流产或胎儿大脑和眼睛畸形的几率（这就是为什么建议孕妇远离桑拿房、热水浴缸和电热毯，从而避免高温，防止过量运动使她们体温升高）。如果长时间、高强度地使用微波、无线电波和超声波，就会导致体温升高。对于各种非电离辐射，普遍认为只要不使胎儿体温超过 39℃ 就是安全的。事实上，即使接受经工业部门和政府机构允许使用的最大非电离辐射照射，也不太可能发生这种情况。

非电离辐射以更让人费解的方式作用于生物组织。目前我们对这些作用的机制了解得不多，而且社会的现代化使环境中非电离辐射源越来越多。一些学者甚至怀疑这些不可见、普遍存在、看起来无害的波，可能是导致大量不明原因的新生儿发育缺陷的罪魁祸首。

非电离电磁辐射 近年来电磁辐射可能导致的健康问题已经引起了公众的恐慌。许多人都在关注计算机主机和高压电线，它们都是低频的非电离辐射源。与此同时，更高频率电磁波的应用已很普及，如无线电波、微波、红外线宽带——它们常被用于卫星和其他远程通信设备、收音机、电视机、移动电话、监视器、车库门遥控开关、微波炉，以及无处不在、方便我们日常生活的各种"遥控器"。人类的现代化进程带来了高度的电子化和远程通讯的普及，我们因此而受到的非电离辐射水平也就越来越高。这就带来了一个问题：此类辐射会不会危害胎儿的发育？

电磁光谱的范围很广，从频率高达 10^{22} 赫兹的宇宙波到振荡频率低于 30 赫兹的低频波。随着电磁波频率的降低，能量也随之降低。在 X 射线频率（约 10^{17} 赫兹）以下电磁波没有足够的能量直接电离生物物质，但可以通过加热或其他机制破坏生物组织。

在非电离辐射的范围内，紫外线的能量最高。我们都知道紫外线的辐射可以对眼睛和皮肤产生伤害，但值得庆幸的是，紫外线和红外线都不能到达足够伤害胎儿的深度。甚至那些紧挨着可见光频率的高频微波（用于卫星、电视和电话通讯），也不会穿透组织。但是，低频微波却具备很好的穿透性，且被广泛地应用于家庭生活，因为这种穿透性可用于加热食物。

微波和无线电波 许多利用大鼠、小鼠和鸡完成的动物实验表明，怀孕期间过度暴露于微波和无线电波中，会对胚胎产生危害。高强度的辐射可导致死胎或先天发育畸形，尤其是大脑和颅骨的畸变。这些影响并不出人意料，因为高强度的辐射可以明显地升高动物的体温。而低强度的辐射不具有热效应，所以目前尚未发现它的负面影响。在这些动物实验中，每一例动物接受的无线电波或微波的辐射剂量，都远远高于大多数女性在生活中能接触到的剂量。

然而，有些职业需要暴露于高强度的微波或无线电波的辐射中。电磁辐射的强度随距离的增加而呈指数性递减，也就是说电磁波的发射源（比如发射塔的顶端）产生的辐射要比稍远处的辐射剂量要高得多。那些负责维修广播塔、工作在雷达站或者操作射频热力装置（例如塑料熔接的装置）的工作人员比普通人暴露在更高剂量的辐射中。由于从事这类职业的大多是男性，所以很少有孕妇会因职业问题而暴露于高强度的辐射中。但是该类工作给工作人员带来了另一个健康威胁，即：常年接受大剂量微波辐射的男性，不育率会显著地增加。

理疗是一种能让很多女性暴露于大剂量辐射的行业。有一种按摩疗法叫作"微波热疗法"，就是运用大剂量微波或低频无线电波、有针对性地加热患者受损的肌肉。许多研究表明，在怀孕早期操作微波热疗仪的女性理疗师发生意外流产、死产或新生儿先天发育缺陷的几率都会略有增加。还有一个很奇特的发现：她们生产的女婴比男婴多，这或许是因为男性胚胎比女性胚胎更加脆弱，因而更容易流产。通过检测这些微波热疗仪的微波泄漏量发现，有些治疗仪的辐射泄漏水平甚至超出了职业暴露允许剂量的上限。这些发现可能会促进理疗设备的改进——最简单的改进措施就是在仪器运行时至少保持在1米的距离——但结果仍然显示，强烈的微波会严重危害胎儿的发育（显而易见的是，孕妇应避免接受微波热疗。因为在治疗过程中，患者接受的辐射量，以及使胎儿发育环境温度过高的风险要比女性理疗师高出许多倍）。

那么，大多数厨房必备的微波炉会有危害吗？微波炉本身会产生大剂量辐射，但在制造的时候就带有很多防护的设置，以避免危害：屏蔽网可以避免微波从前窗泄漏；微波炉门在打开前会自动切断微波发射装置。美国放射卫生局针对微波炉的安全性制定了严格的规定：无论是新出厂的，还是已使用了5年以上的微波炉，都有辐射泄漏量的限制。随着使用时间的延长，微波炉的连接点会松动、门会弯曲变形、微波泄漏量也会增加。但由于辐射剂量会随距离而递减，所以即便微波炉泄露得很严重，只要站在几米以外，辐射量就会降得很低。对孕妇而言，微波炉是安全的，但在使用旧微波炉的时候，最好还是站在几米开外，并且要避免在微波炉运转过程中开门（开门前要先按下"取消"键）。

视频显示终端（VDTs） 电视和电脑屏幕会产生频率低于无线电和微波的电磁场（显示屏还会产生电离辐射，但从20世纪60年代开始，生产商们已不再使用铅玻璃组装显像管,这种危害就消除了)。大多数人看电视时会坐在一定距离以外,但用电脑时坐得离显示屏很近了,这就引发了人们的思考:低频电磁辐射对健康的影响到底有多大?

几年前,关于工作中接触显示屏的女性的报道表明:他们中意外流产、早产、新生儿先天发育缺陷或新生儿疾病的情况更多。这一发现对于那些每天要在电脑屏幕前工作数小时的女性而言有警示作用。但后来又有许多设计完善的研究认为,孕妇使用显示屏实际上并不会增加流产或胎儿先天发育缺陷的几率。很多电脑用户推崇这个结论。在诸多调查显示屏影响的研究中,有一项是以美国东南部的两组电话接线员为研究对象的。这些接线员在同一家公司,而且工作内容也基本一样,唯一的区别就是负责号码查询的接线员需要用显示屏,而普通接线员不用。尽管前者的确暴露于显示屏产生的更大电磁辐射场内,但她们发生意外流产的几率并未高于后者。

权威机构又重新分析了"新生儿先天发育缺陷和意外流产在使用显示屏的孕妇中高发"这一结论的原始报道,发现该结论的获得仅仅是一个随机事件。实际上,孕妇本身就存在10%~20%的意外流产率和2%~3%的新生儿先天发育缺陷率,加上有很多女性在怀孕时使用显示屏的事实,就得出了上述偏颇的结论。最初研究的一些观点存在着"回想偏倚":相比正常怀孕的人,那些发生意外流产或者有先天缺陷婴儿的女性更容易回想起自己用电脑的经历(这种带有偏见的回想是导致流行病学调查产生偏差的一个常见原因,因为没能顺利怀孕的夫妇总会不顾一切地坚持自己认定的原因,从而避免这样的不幸再次发生,但事实并不是这样)。

怀孕期间还在使用电脑的妈妈们可以松一口气了:电脑屏幕不会伤害她们将要出生的宝宝。

超低频电磁辐射:电源线和电热毯　近几年来,人们越来越关注超低频电磁辐射。全世界的家用和商用电力都是以50~60赫兹交流电的形式供给的,交流电会产生同样频率的电磁场。这种电磁场频率很低,因此无论是显示器还是电源线都不足以像高频电磁场那样产生热效应。然而,20世纪80年代的一系列流行病学研究让人们开始关注电磁暴露的危害性。根据这些研究报告，住在高压线附近的居民或者电力岗位的工作人员（例如电线或电话线的维修工、电子工程师和技工、电气铁路工人）比普通人群更易罹患白血病和脑部肿瘤。高压电线可以产生强大的电磁场，人们通常待在家里，与这种环境隔绝。但电线、电气火车以及一些常用设施会产生强大的磁场，这些磁场是建筑物或车辆无法隔绝的，最先引起了人们的关注。

最近的一组研究并未证实磁场暴露与癌症之间的相关性。即便暴露于磁场中存在风险，这种风险也比预估的小很多；更何况这几种癌症都很罕见，每年能统计到的相关癌症病例屈指可数。无论如何，输电线路与细胞癌变之间潜在的关联提示人们应该去探寻磁场对胎儿发育可能的影响。可是不同的研究竟然得出了相反的结论：有的人认为磁场暴露会诱发早期流产；有的人却认为磁场暴露不会影响胚胎发育。这些截然对立的结论引发了人们对于电热毯的重视，因为在家居用品中，电热毯是产生磁场能量最大的常用物品。最近的一项研究发现，怀孕初期使用电热毯在一定程度上会增加意外流产的风险，但目前仍不能明确带来这种风险的是电磁辐射还是其本身的热效应。

这一系列研究中最大的问题是：还没有人能阐明超低频磁场改变胚胎发育或者诱发癌变的确切生物学机制。动物实验通常用于具体机制的研究上，但在该项研究中，动物实验能提供给我们的风险证据比在人体研究中收集的还要少。目前来看，低频电磁辐射似乎并不会影响胚胎发育。但这仍是一个相对较新的领域，研究者们正在努力探寻低频电磁场干扰生物发育的可能途径，并试图确定人造电磁辐射的"安全阈值"。

磁共振成像（MRI） 磁共振成像是用高强度磁场（比地球磁场强25000倍），以约60兆赫兹的频率，将人体内部结构转换为高清晰度图像的一种辅助诊断方法。这种磁场很稳定（非震荡性磁场），人体内的氢原子在它的作用下像一个个小磁针一样沿着磁场方向规则地排列，这些氢原子在接受射频刺激时就会发出信号。该信号因氢原子所在组织理化性质的不同而不同，所以计算机扫描仪可以利用微弱的信号差异生成人体内的详细图像。

这种磁场的危险性还不得而知，所以，尚没有人敢断言磁共振成像对孕妇是绝对安全的。大多数动物实验并未发现磁共振成像影响生育。有一位研究者发现：暴露于磁共振成像中的宫内小鼠发育缓慢，而且患眼畸形的风险增加，但由于这些小鼠天生就有发生这些缺陷的倾向，所以这项发现是否同样适用于人类还是未知数。另一项证据提示，操作磁共振仪的女性意外流产率会略微上升，但这只是一些初步的发现。磁共振成像在产科被越来越多地用于评估胎位、先天畸形和其他孕期并发症。尽管没有确切的证据表明磁共振成像会对胎儿造成不良影响，但美国国家放射防护局声称，在宣布磁共振成像绝对安全之前还需要进行更多的研究，并建议女性在孕期的前3个月避免进行核磁共振成像扫描。

超声波　绝大多数女性在怀孕期间至少会接受一次超声波检查。它利用一种超出人耳听觉范围的声波、穿过子宫，并按原路反射回到特定的接收器中成像。由于不同组织吸收超声波的程度不同，因此计算机扫描仪可以利用这一点重建胎儿和宫内环境的实时图像。超声波的基本原理与船上用于定位水下物体的声呐系统的原理非常相似。超声波还应用于便携式"多普勒"监测仪和胎儿监护仪上，用来监测胎儿在孕期和分娩期间的心率。

超声波不同于电磁辐射，却和微波以及无线电波有相似之处。如果强度足够大，超声波也会干扰生物组织。理论上高强度超声波可以通过多种方式伤害胎儿，但人们最大的顾虑是超声波的热效应问题。只要胎儿体温低于39℃，它便不会带来太大的危险，并且诊断用的超声剂量应严格保持在安全范围之内。发烧的孕妇在退烧之前应尽量避免超声波检查，将造成胎儿过热的风险降至最低。

有关流行病学的研究对超声波的安全性提供了有力的依据。用于医学诊断的超声波自1970年起就已逐渐推广应用，它对新生儿严重先天畸形的几率并没有较大的影响。有研究专门对比了暴露于超声波和未暴露于超声波的孕妇的分娩状况，发现两者的流产、早产、新生儿先天畸形率，以及孩子在12岁以前的认知发育状况并无明显差异。超声波在孕检方面有着得天独厚的优势，权衡起来，利远大于弊。但从另一方面看，因为每种新技术都可能随着时间的延长而显露出其潜在的风险。所以，如果仅仅是为了给胎儿"拍照"，还是应当慎重地使用超声波检查。

随着超声波技术的不断发展，尤其是孕检中超声波强度研究的发展，一些医生建议提高扫描仪的安全性能。这些措施包括安装限时器，以限制在超声波下暴露的时长；添加监测胎儿体温的特殊探针，以免技师或放射科医生使胎儿在超声中暴露时间过久。

超声波还可以用于临床治疗。与电离辐射一样，治疗用超声剂量要远大于诊断用剂量。治疗用超声波采用高强度声波，从而有效地加热组织，达到深度理疗的作用。由于存在导致胎儿过热的风险，所以绝对不推荐在孕期进行超声波理疗。

避免感染

虽然很多孕妇已经意识到化学物质和放射线会给未出世的宝宝带来危害，却很少了解某些疾病带来的风险。事实上，对于大部分不抽烟、酗酒、吸毒、拍 X 光片，也没有暴露于有害化学物质或放射线中的职业需要的孕妇而言，感染是她们面临的最大风险。如果胎儿在分娩前被一些病毒或其他病原体感染了，有可能会引起大脑发育异常或者智力发育迟缓。由于孕初期胎儿所有的重要器官都处于形成期，胎儿的免疫系统还未健全，不足以抵抗感染，所以，怀孕初期的感染带来的风险非常大。

医学专家有一套用来记住胎儿出生前最危险的病原体的简便记忆法，即"TORCH"，分别是弓形虫、风疹病毒、巨细胞病毒、单纯疱疹病毒（生殖器疱疹病毒）和包括梅毒螺旋体、痘病毒和流感病毒等在内的其他病原体[2]。尽管这些病原体对于儿童和成人危害并不很严重，可它们造成的感染对胚胎或胎儿的危害相当大，甚至会明显地影响孩子未来的神经系统发育和智能水平。

风疹病毒　　风疹病毒是引起风疹的病毒。孕早期感染风疹病毒将带来

---

[2] 弓形虫、风疹病毒、巨细胞病毒、单纯疱疹病毒和其他病原体英文分别为 Toxoplasmosis, Rubella, Cytome-galovirus, Herpes和Others，首字母组成TORCH。

大脑和特殊感觉器官的先天发育畸形，导致智力发育迟缓、白内障以及听力丧失等。母亲如果在孕期的第一个月感染风疹病毒，对胎儿造成的伤害最大，先天畸形率可高达 50%。随着感染时间的推后，致畸的风险亦逐步降低，孕期第 3 个月感染者致畸率为 10%，而孕期第 4、5 个月感染的致畸率降到 6%，这之后发生感染的致畸率就更低了。

　　幸运的是，在美国，85% 的女性于怀孕前就已经对风疹病毒产生了免疫力：一部分人是因为小时候曾经感染过；另一部分则是因为接种了早在 1969 年就已经上市的风疹疫苗。一个简单的抗体检测就能显示出你是否对风疹病毒具有免疫力，检测通常会在第一次孕检时完成。这项检测很重要，因为大约有 1/3 的孕妇感染风疹病毒后不会出现任何症状，以致她们根本不知道自己感染。对风疹病毒不具有免疫力的女性在怀孕期间是不能接种疫苗的，因为从理论上来说，接种疫苗有导致感染的风险。但医生建议她们在分娩后不久接种风疹疫苗，以免再次怀孕时发生感染。得益于广泛的疫苗接种，如今患先天性风疹的新生儿已经很罕见了。一旦在孕早期确诊为风疹病毒感染，大多数女性会选择人工流产，因为这种感染的致畸率实在太高了。

巨细胞病毒　　另一种能引起严重大脑畸形的病原体便是巨细胞病毒（CMV），是疱疹病毒组中很常见的一种。成人甚至是大一点的孩子感染巨细胞病毒后几乎不会有什么症状，但如果在孕期的前 6 个月内感染，将对胎儿造成毁灭性影响。巨细胞病毒是孕期感染中最常见、对胎儿危害最大的一种病原体。在美国，它是引起病毒性耳聋和智力发育迟缓的头号杀手。孕期感染巨细胞病毒还会引起癫痫和严重的眼部病变。值得高兴的是，大多数人（50% ~ 80%）在成年时已感染过巨细胞病毒。尽管曾经感染过该病毒的女性可能会复发，但感染复发对胎儿的危害远比初次感染要小得多。遗憾的是，巨细胞病毒经常会在免疫系统功能尚未健全的学步期宝宝身上检测到，所以他们的妈妈们如果再次怀孕，极易感染该病毒。

　　据估计，有 1% ~ 2% 的女性是在怀孕期间第一次接触巨细胞病毒的，这其中大约有 35% 的胎儿会被感染。这些宫内感染的胎儿中，约有 10% 有严重且明显的先天发育畸形，还有 10% 会在两岁之内出现神经系统缺陷、听力或者智力发育低下的情况。总而言之，约有0.1%的宝宝会因巨细胞病毒感染而导致严重的大脑发育损害或感觉功能障碍。

羊膜穿刺可以有效地检测胎儿是否受到感染。即便孕妇并不知道自己已经感染了此病毒，超声波诊断也可以提示出胎儿受到感染。因为被感染胎儿的头部通常要比正常胎儿小，还会有特定的大脑发育异常的症状，包括小头畸形以及神经元损伤的特殊钙化。羊膜穿刺可以用于确定或者排除诊断。根据超声波诊断提示的大脑发育异常的严重性，可以考虑是否施行人工流产。

将先天性巨细胞病毒感染的风险最小化的有效措施是：按部就班地进行孕前疫苗接种，但目前还不能实现。相关疫苗已经研制出来，尚未完成临床试验，还不能推广应用。现阶段，孕妇应尽量注意卫生，以避免感染此病毒。它可以通过唾液、尿液、血液、精液甚至乳汁等体液传播的。在托儿所工作或是已经生过宝宝的孕妇尤其要注意：扔过尿布后要洗手，不要舔宝宝，也不要与宝宝共用杯子和汤匙。

弓形虫病 很多感染了弓形虫病的婴儿都会出现相同的大脑发育缺陷。这种逗号状的寄生虫存在于动物的粪便，尤其是猫和老鼠的粪便中，在生肉、生鸡蛋以及未经巴氏消毒的牛奶中也发现过。与巨细胞病毒一样，孕妇感染弓形虫后通常不会有明显的症状，所以孕期的弓形虫感染很难察觉。有0.1%～0.8%的女性会在孕期感染弓形虫。值得庆幸的是，在孕期的前6个月，虽然弓形虫的破坏性很大，但胎儿的感染率并不高（约为20%）；而孕期的第7～9个月，胎儿的感染率会增加至60%～65%，但感染带来的后果已经没有前期那么严重了。

约有20%被感染的婴儿，相当于0.01%～0.02%的新生儿，会因弓形虫感染而导致严重的先天性发育缺陷，比如智力发育迟缓、癫痫、痉挛、失明或失聪。还有0.08%的孩子会有程度略轻的中枢神经系统损伤。他们出生时也许无任何感染征象，而随着年龄的增长，听力与智能缺陷会日益突出。可喜的是，孕妇可以买到抗寄生虫的药物。这虽然不能完全避免感染的发生，却能明显地降低感染对胎儿产生的伤害。问题是，由于这种感染很少会表现出症状，且大多数孕期受到感染的女性并不知情，所以抗寄生虫药物的用药指征还有待进一步明确。

在美国，将弓形虫病的检测纳入孕期常规检查项目是否值得尚无定论，但在发病率较高的法国，该项检查已常规化。如果孕妇怀疑自己受到了弓形虫感染，可以通过验血来确诊。此外，羊膜穿刺还可以确认是否发生了宫内感染。超声波诊断发现的结果同样可以作为判断弓形虫病的依据，因为弓形虫会引起特定的大脑发育异常，比如钙化和脑室扩大（脑积水）。

解决孕期弓形虫病这一难题最好方法就是预防。在美国，只有约25%的女性对弓形虫具有免疫力，所以孕妇应避免食用生的或者半生的蛋类及肉类。接触过这类食品之后应洗手，并对所有相关餐具进行彻底消毒清洁。此外，养猫的女性应避免接触猫粪（处理猫粪的时候要戴手套，最好让别人来处理！）还需要看好自己的猫，以免它们在外面感染弓形虫。所有的孕妇在花园里都要戴手套（猫咪可能在花园里排便），给宝宝玩的沙盒不用的时候也要盖好（因为流浪猫喜欢在沙盒里排便）。此外，还要提防家里的跳蚤和蟑螂（它们可能把被弓形虫污染的土壤或猫粪带到食物上）。这些预防措施可显著地降低孕期弓形虫病的发生率。

生殖器疱疹　在罕见病例中，女性会在孕期将生殖器疱疹（Ⅱ型单纯疱疹病毒）传染给胎儿。胎儿一旦感染，将面临严重的皮肤、大脑及眼睛发育异常，甚至死亡。更多情况下，婴儿是由于经阴道分娩时接触到了破裂的活动期疱疹而感染。这种方式引起的新生儿感染通常都很严重——比成人感染疱疹病毒严重得多——如果不能很好地治疗，极有可能引起严重的大脑损害。所以，已知有活动期生殖器疱疹病毒的孕妇应选择剖腹产的方式分娩，避免胎儿经过产道出生，以降低新生儿的感染率。如果因为分娩前不知道产妇有病毒感染而导致的新生儿感染，应及时使用抗病毒药物，这样可以有效地降低感染的程度，并减少婴幼儿神经系统受损的几率。

水痘　孕期的前6个月感染水痘（带状疱疹）病毒的女性中约2%可能会生出有严重发育缺陷的新生儿，包括大脑和眼睛的损伤。值得庆幸的是，90%的女性在儿时得过水痘，所以她们在孕前已经具有免疫力。一旦病毒再次活化，便会引起带状疱疹。这种疾病带来剧烈的疼痛，但不会引起胎儿的先天发育缺陷。而新研发的水痘疫苗可以为余下的10%对水痘没有免疫力的女性提供极佳的孕前保护（但由于这种疫苗仍相对较新，所以女性在幼年期接种该疫苗之后，免疫力能否维持到育龄期还难以确定；另外，孕妇禁止接种该疫苗）。

梅毒 梅毒是由梅毒螺旋体引起的一类疾病，如果不治疗，会严重的损害胎儿的大脑、眼、骨骼、皮肤和肝脏。患先天性梅毒的新生儿一度是重大公共健康问题，但现在孕早期的女性都会进行梅毒常规筛查。如果发现感染了梅毒，青霉素治疗便可以有效地阻断螺旋体传染给胚胎或胎儿，从而避免危害。遗憾的是，未进行产前检查的女性没有这项筛查。在20世纪80年代早期，患先天性梅毒的新生儿的出生率一度上升，这是由于很多吸食可卡因的孕妇，在以性交易换取毒品时感染了梅毒所致。梅毒是一种可以彻底治愈的疾病，最后仍然造成如此大的危害，实在令人痛心。

流感 有迹象表明，母源性的流感病毒感染会对宝宝的大脑产生长远的影响。尽管流感看起来并不像我们之前提到的那些感染那样危险——它不会引起任何特殊的畸形，或造成其他明显异常的分娩——但有研究者怀疑，流感会增加婴幼儿出生后精神障碍的发生率。例如，有一项研究发现，孕期患流感与精神分裂症之间有内在联系。有研究表明，病毒感染、特别是在怀孕6个月左右的感染，会通过干扰神经元迁移的方式来影响大脑的认知发育与情感功能的完善。另一项研究认为，孕期第4~6个月时感染流感会增加儿童阅读障碍的发生率，这可能是因为类似的神经元受到了干扰。此外，还有研究显示，如果在受孕前1个月或受孕后3个月内患流感，即使母亲没有发烧，仍会增加胚胎神经管发育畸形的风险。

以上这些发现都尚未证实。但基于很多其他病毒都会对胎儿大脑的发育产生严重影响的事实，流感病毒会影响神经系统发育的设想不无道理。进一步的研究可以尽快弄清楚这些疑问，届时，准妈妈们就会知道该如何小心地保护自己，避免流感。

做个快乐的妈妈：激素、情绪和压力的影响

认识孕期可能影响胎儿发育的因素花费了人们相当长的时间。准妈妈们曾经无节制地使用 X 射线、药品、酒精和香烟，直到有人怀疑并证实了这些因素对胎儿的发育有害。而另一方面，母亲的状态，也就是她们的幸福感、压力、焦虑、健康、活力水平以及与社会交流的程度，会影响未来宝宝的生长发育和健康状况。科学家们才刚刚开始意识到这一点，而这种意识早已根植于历史长河的不同文化中。自古以来的观点都认为：母亲的情绪和生活方式将影响胎儿的发育。但直到近些年，我们才开始明白：这些看似无形的因素可以影响胎儿发育的各个方面，尤其是大脑思维的建立。

1982 年，一项在以色列开展的研究证实了母亲的情绪会影响胎儿。研究者给孕妇们戴上耳机听各种类型的音乐，同时在超声波下监测胎儿的活动。让人振奋的是，不论播放的是流行音乐还是古典音乐，大多数胎儿在音乐开启后表现活跃，尤其是当母亲们听到自己最喜欢的音乐时。由于胎儿听不见音乐，因此研究者们推测这可能是因为他们随着母亲情绪状态的改变产生的反应。问题是：一个未出生的婴儿如何能感知母亲的情绪状态呢？

与所有的精神活动一样，情感是大脑活动的功能之一，由大脑的边缘系统所支配。我们将在第 12 章中了解到边缘系统与更高级的脑功能区——大脑皮层的联系，特别是额叶与颞叶。低级的脑部结构支配基本的躯体功能，比如：血液流动、新陈代谢、体温调节、液体平衡、食欲和性欲等，它们将情感在生理和心理两方面的表现整合在一起。边缘回路的交汇处是下丘脑，一个很小却非常重要的结构，位于大脑的核心区域，在脑干的上方、大脑半球的底部（见图 1.2）。

下丘脑负责将神经活动转化为激素信号，这一过程需要通过垂体来完成，而垂体是人体中一个很重要的腺体，它形似梨状，挂在下丘脑的下方。有时，下丘脑—垂体系统可以被单纯的生理刺激激活，比如，当婴儿吸吮母亲的乳头时，从乳头传来的感觉便刺激了下丘脑，下丘脑继而启动垂体分泌催产素，这种激素可以调节乳汁的分泌反射。有时，仅有

情感刺激，也可以促使下丘脑调节激素的分泌，例如当母亲思念自己的宝宝时。

下丘脑－垂体系统可以调控体内大多数激素的释放，这些激素不仅与哺乳相关，还涉及生殖、新陈代谢、生长以及身体对压力的应激反应。该类激素中的大多数可能会影响胎儿的生长发育。一些激素甚至能够穿过胎盘进入胎儿的体循环，直接影响细胞的生长与分化。例如，甲状腺素是一种对于神经元的产生与存活、突触形成、树突生长以及髓鞘形成都至关重要的激素。尽管胎儿在孕中期就会开始自己分泌甲状腺素，但母源性的甲状腺素从第2个月起就可以透过胎盘。这种激素对神经系统的发育十分重要，所以患有甲减（甲状腺功能减退，或者饮食中缺乏碘）的女性，会娩出患有严重智能发育障碍的孩子，这种病被称作"呆小症"[3]。

母源性激素可以通过改变胎儿的生理与行为，间接地影响胎儿的大脑发育。由于大脑的发育受到自身电活动的强烈影响，行为上的变化，比如胎儿活动的明显增加和减少能够对大脑的构建及脑功能的最终运转产生持续的作用。而母源性激素即使不进入胎儿的体循环也会产生影响。例如，许多激素可以改变血液进入胎盘的方式，进而影响氧气和营养物质的输送，这些都对胎儿的生长至关重要。

当我们进一步了解母源性激素及其对大脑发育的影响时，科学家们开始努力寻找一些民间传言的生物学机制。比如，最近的一项研究显示：儿童羞怯部分是由孕期的激素波动所致。研究者们在美国和新西兰采访了几千名学龄前儿童，记录了重度羞怯或压抑（恐惧、焦虑或者在陌生人面前的孤僻）的发生率和母亲孕期日照量之间的关系。结果是，在10、11、12月出生的美国儿童中，仅有12%属于重度压抑型，而在4、5、6月出生的美国儿童中，重度压抑的发生率竟然高达18%。在与美国日照时间恰好相反的新西兰，儿童的状态也是相反的，相比于出生于4、5、6月的孩子，重度羞怯的发生率在10、11、12月出生的孩子中更高。一些激素（如褪黑素）的产生会随着不同季节日照时长的变化而波动。因此，研究者提出这

---

① 根据一项来自几内亚缺碘地区的研究，母体轻度甲减——在正常值的低限——会对孩子随后的认知能力产生微妙的影响。

些激素在孕期微妙地改变了大脑关键时刻的发育。在此期间，大量的神经元发生迁移，构建大脑皮层的基本结构。其他季节性变化、女性的饮食、活动强度或患有流感等因素，也会产生同样的影响。

母源性压力的影响　母亲的许多情绪和激素的波动都可以影响胎儿的发育，但压力是其中最重要的因素。对人类而言，恐惧、压力和焦虑是较为常见的情感，经过几百万年的进化，这些情感使我们能够迅速而有效地应对危急情况。当你被天敌追赶、为了求偶而决斗，或有濒死感时，身体会产生相应的反应，如心率加快、瞳孔扩大、肌肉迅速充血及警觉性提高等。这一切都不外乎是人体机能的发挥：消化、生长和身体的修复能力。

这些本能反应是由肾上腺调控的，肾上腺是一对位于肾脏上方的锥形腺体，受到交感神经系统的支配。交感神经系统隶属于能够控制机体每一个器官的自主神经系统，肾上腺分泌两种儿茶酚胺类激素，即：肾上腺素和去甲肾上腺素。交感神经元也能释放去甲肾上腺素。这些激素通常在因突发事件而产生恐惧时发挥作用，比如在夜深人静时，当你听到奇怪的声响并猛地从床上坐起，决定是去是留的刹那间。肾上腺也会在压力下释放另一种激素：皮质醇。它是一种为脑和肌肉提供能量（葡萄糖）的固醇类激素。尽管肾上腺和交感神经不属于中枢神经系统，却受其控制，这就是说，压力事件可以带来身体反应。

毫无疑问，胎儿对母体内多种激素的变化敏感并不一定是坏事。母体血液中存在应激激素是正常的，它们通常可以穿透胎盘，而适量的皮质醇在维持胎儿的正常生理节律中扮演着重要角色。血液中皮质醇的含量清晨最高，下午过后至晚间最低。在子宫里胎儿的活跃—安静节律比出生后更规律，这是因为母体有规律的激素波动使得子宫中的胎儿适应了昼夜循环。出生几周之后，新生儿的大脑才开始逐渐建立起自己的昼夜节律，这也就是为什么在那之前他们不分昼夜地醒了又睡、睡了又醒，每个精疲力竭的年轻父母们都曾经历过。

但是和所有的产前影响因素一样，激素浓度过高也会出现问题：母亲在怀孕期间过分紧张或极度焦虑，会使她们的胎儿长期处于"过量"的高浓度皮质醇和儿茶酚胺类激素中。这种假说可以解释诸多现象。一些极端事件都与过量的压力引起的各种孕期问题相关。过度的母源性压力会导致畸形（如唇腭裂和唐氏综合征）、神经损害、新生儿健康问题（包括湿疹、呼吸困难、胃溃疡及耳部感染），甚至增加了新生儿的死亡率。许多研究指出，母亲的紧张和焦虑与意外流产率升高、新生儿体重低下以及早产有关。近期有证据表明，产前压力会干扰胎儿和新生儿的大脑功能，因此高度紧张、焦虑的母亲生的孩子容易烦躁、易激惹，并且可能存在智力障碍和运动能力发育迟缓。

动物实验为母源性压力对胎儿发育的影响提供了最有力的依据。科学家在十几年前就发现，给孕鼠注射大剂量的皮质醇会显著提高子代唇腭裂的发生率。这种影响在孕程的第9～15天尤为明显（相当于人类孕程的第3个月末），在第12天和第13天的致畸力最强。如果在此期间将孕鼠放在有压力的环境中，代替激素注射的方式，其子代唇腭裂的发生率同样会升高，但低于注射组。而产前压力导致的唇腭裂在人类中很容易发生，一项最近的研究记录显示，在智利圣地亚哥大地震后6个月出生的孩子中，唇腭裂的发生率是正常的两倍。这项研究结果提示，在人类发育的第3个月末，母源性的高皮质醇可能会带来明显的影响。

毫无疑问，产前压力会造成皮质醇升高，进而影响动物的大脑结构和行为。大剂量的此类激素能够干扰大脑发育的每一步，从神经细胞和神经胶质细胞的产生到树突的生长、突触的形成、髓鞘化以及生化特异化等过程。母鼠在孕后期如果每天持续紧张半小时左右，子代便会出现诸多行为异常。相比于对照组，它们更少运动和发声、学习能力更差、更易焦虑、情感更脆弱；而其中雄性的性取向亦会发生改变，这点我们在下面的章节中将会提到。这些改变可以归咎于产前压力对大脑构建过程的影响，包括损害海马体生长（在学习和记忆中扮演着重要角色）、干扰神经递质系统，以及引起幼鼠自身压力反馈系统的异常。人类的大脑发育在产前压力下同样很脆弱。最近的一项研究发现，怀孕期间母亲的压力过大，会导致孩子发生小头畸形。这说明：高浓度的母源性皮质醇将会抑制神经细胞的生长与分化。

在产前压力中，皮质醇并不是唯一的元凶，儿茶酚胺也发挥着作用。

超声波检测的结果提示：高度焦虑的母亲，子宫中儿茶酚胺的浓度要比心态平和的母亲更高。当母亲处于轻微的压力中（例如听一个婴儿啼哭的录音）时，胎儿运动明显活跃，心率也有显著的改变，这两项指标都是交感神经系统兴奋的标志。有一项研究，通过对比孕期加班的女性医护人员和工作压力小的孕妇得出了这样的结论：工作压力大的女性，体内的儿茶酚胺浓度也会较高。

高浓度的儿茶酚胺可以通过几种方式干扰大脑的发育。儿茶酚胺会限制母体的血液流入子宫，从而减少氧气和营养物质的供给，限制大脑的发育。另外，由过量儿茶酚胺的刺激引起的胎儿活动，将进一步消耗那些本可以利用的营养物质。高浓度的肾上腺素还会引起子宫收缩，这就能解释为什么压力过大会导致早产。一些研究者还认为焦虑或心理压力大的母亲生的孩子，由于习惯了子宫中高浓度的儿茶酚胺，出生后自身分泌的儿茶酚胺类激素水平也很高，会比母源性压力较低的新生儿更多动、更易激惹、更加喜怒无常。目前有关产前压力对儿童日后生活的影响还较少，但是基于儿茶酚胺和皮质醇对胎儿大脑发育的作用，认为孩子大一点时，这种压力将会导致各种行为缺陷与智力障碍。

产前压力总与其他孕期的风险因素相关，例如贫穷和产前护理缺陷。女性在心理压力下更有可能厌食、吸烟、饮酒以及服用药物。这些因素使压力中的孕妇状况变得更糟。在许多研究中，这些因素虽然被控制，但结果仍然提示母源性压力会对胎儿的健康和发育造成小而确切的影响。当然，在日常生活中，每一个女性都会面临一定程度的压力，而孕期女性的高压力事件主要是：（1）怀孕期间经历了一些给她们带来巨大压力的事件，比如离婚、分居、失业、强奸或者深爱的人（尤其是丈夫）去世；（2）经历着高强度、慢性压力的煎熬，不管是因为疾病、贫穷、缺少社会保障，或是因为工作已超出了自身的掌控；（3）具有高度紧张、焦虑的性格。

产前压力和性取向 一个有关产前压力备受争议的问题是：它会影响男性性取向。这一理论在前文关于大鼠性行为的神经基础研究中已提到。或许你还记得：下丘脑在许多本能行为中扮演了重要的角色，包括性冲动和其他生殖功能。大约 20 年前，科学家便发现在大鼠下丘脑的前方有一小片区域，这个区域的结构存在明显的雌雄差异。他们称之为"视前区的性二型核"（Sexually dimorphic nucleus of the pre-optic area，SDN-POA），雄性的 SDN-POA 是雌性的两倍左右，神经元的数量也大约为雌性的两倍。

进一步的研究揭示：这种性别差异的产生，是因为发育中一个重要时期机体分泌的雄性激素——睾酮所致。在孕后期至出生后的几天内，雄性大鼠睾丸分泌的睾酮量激增，输送至大脑后，促进了 SDN-POA 中神经元的生长。而雌性大鼠不曾经历这种睾酮量的激增，所以它们的大脑按既定的程序发育，保留了其"雌性"状况。短暂的睾酮激增不仅将永久性地改变雄性大鼠的下丘脑，也将决定它们此后的性取向。例如在一项实验中，出生前给雌性胎鼠注射睾酮，会使它们出生后的行为更具有攻击性，更倾向于和其他雌鼠进行交配；且与正常雌鼠相比，更抵触与雄性大鼠交配。相反，当雄性大鼠被阉割或在上述关键时期用药物剥夺它们体内的睾酮时，它们的表现会更加雌性化；将其置于其他雄性面前时，会做出接受交配的姿势，即脊柱前凸。

人类的睾酮对大脑的性别分化也同样重要。但是大鼠出生前和出生后都会出现睾酮激增，而男孩的睾酮激增则主要在出生前，在孕期的第 4 个月达到高峰值。研究者已证实男性和女性的大脑结构存在着几个显著的差异，但还没有研究证实这些差异是否在孕期就已出现。即便如此，子宫内的胎儿与睾酮的接触，仍被认为对将来的性取向有重要影响，因为这种行为是由大脑自身的性别差异决定的。

另一个典型的例子是，女性中有一种罕见的基因疾病——先天性肾上腺增生症（Congenital adrenal hyperplasia，CAH）。除了分泌应激激素，肾上腺还分泌几乎所有的性激素，尽管没有卵巢和睾丸分泌的量多。但是在 CAH 中，肾上腺能分泌过多的雄性激素（包括睾酮）。这种过量分泌在出生前即已开始，所以 CAH 的女性在生殖器外观和个体行为上，都更男性化。患有 CAH 的女孩如果能在出生后不久便确诊，那么通过调节肾上腺激素浓度和外生殖器整形的方法，便可以获得治愈效果（CAH 不影响内生殖器的结构，所以接受早期治疗的女性仍然可以生育）。但即便在婴儿期接受了治疗，她们的大脑在出生之前已经有了几分雄性化，会体现在她们日后的行为中：她们的体能充沛，常以"女汉子"自居，更喜欢选择男孩作为玩伴，喜爱户外运动，而不喜欢传统意义上的"女孩游戏"，比如洋娃娃及化妆。虽然大多数用激素治愈的 CAH 女性最终可以发展成为异性恋，但其中女同性恋或双性恋的比例仍有增加。

一些母亲在怀孕期间使用的药物也会导致女性男性化，例如 DES（己烯雌酚），它是一种作用与睾酮相类似的物质（DES 已经停用，曾被广泛用于预防意外流产）。相反，男性因为先天雄激素受体缺乏而女性化的状况，被称为雄激素不敏感综合征；他们分泌的睾酮不能作用于多种靶组织，这类患者出生时具有女性的外生殖器，且自我认同为女性。当他们以女性的身份成长后，通常具有女性的性取向。

怀孕期间的母源性压力是如何带来这些影响的呢？它可以使包括皮质醇和肾上腺素在内的多种主要的应激激素处于高浓度状态，从而干扰睾酮的分泌。例如，当男性明显处于压力中时，血液中的睾酮浓度会降低。由于母源性的应激激素可以穿透胎盘，因而有学者提出，高度紧张的孕妇会通过分泌大量的肾上腺素干扰男性胎儿睾酮的分泌，进而使他们的大脑结构和行为趋于女性化，当然也包括性取向。

这种理论主要是从对大鼠的研究中推论而来的。在孕期，处于高压状态的母鼠生下的雄鼠与剥夺了睾酮的雄鼠均表现出一些女性化行为：幼鼠玩耍时，出现啃咬或猛扑同胞的行为更少；成年鼠相比于无压力母亲的雄性子代，交配和射精行为较少，而脊柱前凸的行为表现得更多。此外，母源性压力已经被证明能抑制大鼠胎儿的睾酮激增。孕期有压力的母鼠生下的子代雄鼠，其 SDN–POA 的面积通常是无压力组的一半，而产前压力对于雌性大鼠的大脑结构却没有影响。

这些来自大鼠的实验证据让人信服。相比之下，关于人类的产前压力与性取向的关系，证据就少得多了。研究者已经检测出有 3 种脑部结构在成年普通男性和同性恋者之间是不同的：前联合和两个特异性的下丘脑核团。但是尚有许多未知之处，比如：它们是否与性行为有关？这种差异是否受到产前压力的影响？这些结构的差异从什么时候开始出现？（结构的差异有可能是同性恋性取向的结果而非原因）。产前压力对男性睾酮的影响是另一个亟待回答的问题，目前为止，还没有研究能够证实产前压力或焦虑对人类胎儿睾酮的作用如何。

目前，关于产前压力可导致男性同性恋的最有力的证据，是两项20世纪80年代来自德国的研究，虽说其数据高度可疑：在第一项研究中，研究者追溯了一项过去的医学记录，他们发现在硝烟弥漫的1941～1947年出生的男性，其同性恋比例较之前或之后都要高出很多，甚至超出发生率两倍；在第二项研究中，研究者调查了200名男性，他们中的一半是异性恋，而另一半为双性恋或同性恋。结果发现，发生在他们母亲生活中的应激事件存在着一个显著的区别：同性恋者的母亲比正常男性的母亲在怀孕期间遭遇了诸多惨痛的经历，比如强奸、被盟军轰炸、失去丈夫、沦为难民，或者怀上了一个自己并不想要的孩子。

这些研究在方法学上饱受批评（重要的是，调查对象似乎知道研究者的设想）。最近来自美国的两项研究，已尝试着解决这一问题：研究者们通过不暴露研究目的的调查问卷询问母亲在她们孕期时的心理压力，而不是去了解她们已成年的孩子，但他们都没有能证实上述德国研究者的意见。其中一项研究发现了男性同性恋和孕期母源性压力之间存在着一些较轻微的关系，但仅存在于孕中期；另一项研究则发现相比于正常母亲，有压力的母亲所生的儿子，有更多的女性化倾向。

产前压力假说仅是同性恋生物学基础理论之一。研究者结合基因和环境因素，普遍认为性取向是在儿童时期就已经决定了的。尽管现在的证据还不够充分，但产前压力仍是一个可能改变男孩性取向的因素。

运动：带来压力还是有益？ 我们通常认为压力只是一种心理或情绪上的经历，其实压力也是一种身体反应，而且无论是和老板大吵一架、担心家庭成员还是在公园中慢跑，身体上的压力反应都类似。与情绪上的应激事件一样，运动同样会促使儿茶酚胺的释放，从而加快心率、升高血压和改变全身的血流方式。

胎儿能对母体的运动做出明确的反应，科学家在数个研究中都发现，在孕妇进行慢速骑行等运动之后不久，便能检测到胎儿的活动和心率的变化。通常，胎儿对轻度或适度的运动反应良好，如果母亲的运动强度增加，胎儿的心率就会均匀增加。在非常紧张的情况下，胎儿的心率和呼吸运动会降低，其他活动也随之减少。

对孕期运动的关注主要有两个原因：一是运动可以像其他的压力一样，减少胎儿的氧气供给和子宫内的血流量；二是过热会带来风险，正如我们所知，发育中的胎儿对温度高度敏感，体温升高超过2℃，就会有意外流产的风险，并且影响大脑和眼部的发育。

虽然有这些理论上的顾虑，但鲜有证据认为爱运动或者好动的孕妇会有危险。大量的研究发现，在早产或阿普加评分（一种对胎儿出生后1分钟和5分钟的健康状况评分）中，好动和好静的母亲所生的孩子并没有什么区别。有关运动对出生体重的影响，目前的意见尚不统一。一些研究发现，经常运动的母亲，孩子明显偏小。但是最近的几项研究又反驳了这一观点：他们发现，运动多的女性所生的孩子有个头偏大的倾向。关键因素是母亲体重的增加值，如果运动阻止了母亲充分的摄入量，那么她很可能娩出低体重的孩子；但如果母亲在运动后仍然能保持体重的正常增长，那么运动不会限制孩子大脑和身体的发育。

运动带来的诸多已知的好处足以抵消它潜在的危害。它可以增加母体内β—内啡肽的水平。β—内啡肽是一种机体产生的类吗啡样物质，它能阻断疼痛向大脑的传输。此外，运动确实能够降低孕妇体内另一种应激激素——皮质醇的浓度。这就是为什么运动可以缓解其他压力带来的情感冲击。运动通常会增加女性的幸福感，基于我们对焦虑和压力的了解，不难理解运动会给胎儿带来积极的影响。

运动带来的最明显好处莫过于分娩。有规律运动的女性比不运动的女性在分娩过程中更顺利，疼痛感也小。一项研究发现，怀孕期间坚持运动的女性，她们的分娩过程仅耗时27分钟；而不运动者则需59分钟。较短的分娩时间可以降低胎儿大脑缺氧等并发症发生的风险，对胎儿颇为有利。

一般来说，医生对孕期运动的安全性持谨慎态度，但是目前的证据认为，运动对大多数女性是安全的，尤其是对那些在怀孕以前就坚持运动的女性。当然，运动应该保持在"适度"的水准，"适度"意味着女性的心率不超过最快心率（每分钟220次减去个体年龄）的70%，例如30岁的人每分钟心率为 133 次。有证据表明，女性在孕晚期氧储备量较低，所以在孕晚期相应地减少运动是有益的，尤其是那些需要负重的运动，大部分孕妇本身也不会愿意去做。还有一些情况需要避免，包括：（1）在高海拔地区运动（超过 3000 米），因为胎盘已经需要为低氧付代价了；（2）在炎热的天气中运动，因为有使胎儿过热的风险；（3）水肺潜水和浮潜，因为可能在胎儿组织中聚集过量的氮气和其他气体。但是其他一些水中运动，比如游泳和水中慢跑，是孕妇最好的运动方式，因为水能够带走孕妇身体中多余的热量。

客观看待孕期压力　　所有产前压力的负面影响都足以使一位孕妇陷入极度的焦虑状态！但是应激事件之后出现激素激增只是一种可能性。事实上，胎盘可以降低皮质醇和儿茶酚胺的浓度，在一定程度上保护胎儿免受母亲应激激素的影响。由于怀孕本身就是一种压力——不论是因为母亲在孕期的恶心、不适、疲劳、为分娩焦虑，还是因为担心孩子出生后的照顾——但事实上很多母亲都很享受怀孕时光。也许这就是生命的乐章。我们常说孕程是"幸福洋溢"的——所有激素，尤其是内啡肽类激素（在怀孕时逐渐增加）调节着应激激素的涨落，从而保护正在发育中的胎儿，一起迎接他们母亲一生之中最难忘的时刻。

因此，一方面，女性要明白，同怀孕时面对的其他风险一样，心理压力可能带来的重大影响。如此说来，你最好尽早忘记前一段时间刚刚拍过的一张胸部 X 光片，因为你总不希望自己的孩子在你的应激激素作用下生活 9 个月。而另一方面，女性一定要对自己的身体有信心，相信自己有能力与压力抗争，认识到怀孕是很正常的一种状态。要知道，几百万年以来的进化，使我们完全能胜任人类最基本的生物学使命——孕育。

对胎儿有害的因素及环境

因素/环境	风险	建议
叶酸缺乏	神经管缺陷	从受孕到孕程前3个月内每天补充400微克
营养不良	大脑萎缩，认知障碍	孕期增加20%的体重并每天额外补充10~12克蛋白质
处方药	多重耐药，药物依赖	避免使用X级药物。怀孕期间在使用任何药物之前都要咨询医生
非处方药	多重耐药，药物依赖	怀孕期间在使用任何药物之前都要咨询医生
酒精	大剂量引起智力发育迟缓或畸形，中等剂量引起认知发育迟缓	在受孕和孕期戒酒，但是适度饮酒（大约每日一杯）未被证明有害
非法药物（可卡因、海洛因、大麻）	多种认知和行为障碍	在受孕和孕期绝对禁用毒品
吸烟	出生体重低，认知和行为障碍	孕期应尽早戒烟；避免吸入二手烟
有机溶剂、烃类、油性涂料和油漆	溶剂的滥用和职业暴露导致意外流产和发育畸形	尽可能避免暴露，或尽量在通风处使用
聚氯联苯（PCBs）	生长滞后、认知发育迟缓	限制食用来自污染水域的淡水鱼
农药	根据物质不同而不同	仅限局部使用（不含熏蒸剂），由孕妇以外的人员操作
电离辐射（X射线、γ射线等放射线）	大剂量导致脑发育障碍和智力发育迟缓	避免一切非必要的X射线和CT扫描。乘坐飞机是安全的
高温	神经管发育缺陷	用对乙酰氨基酚治疗发热，避免桑拿、木桶浴和运动过热，尤其在孕程的前3个月里
"TORCH"感染：弓形虫、风疹、巨细胞病毒、生殖器疱疹、水痘、梅毒	多种先天性发育缺陷，感觉障碍，智能迟缓	育龄女性应在怀孕前注射风疹和水痘疫苗。避免接触猫科动物的排泄物和食用未熟的肉类、蛋类。严格消毒，尤其注意与幼儿的接触。

胎儿在发育中的潜在风险

因素	潜在风险	建议
咖啡因	意外流产,浓度越高生育率越低	孕期或尝试怀孕时,每天最多摄入不超过300毫克
流感	神经管缺陷、精神分裂症、阅读障碍	在流感季节严格消毒
巨大的压力	意外流产、早产、唇腭裂、行为问题、认知延迟以及可能有男同性恋倾向	有规律的运动、放松心情、积极社交能够抵抗许多压力的负面影响

未被证明的风险

因素	建议
阿斯巴甜	怀孕期间可以使用,幼儿限制使用
谷氨酸盐,包括味精	怀孕期间可以使用,幼儿限制使用
视频终端	早期不完善的研究表明与意外流产有关,更新的证据证实没有风险
微波炉	旧微波炉可能会有微波泄漏,离微波炉门1米外,其强度可忽略不计
电线	缺乏居住在高压电线25米之内的数据,离远一些比较安全
电热毯	证据不一,轻度增加意外流产和儿童癌症的风险
核磁共振	逐渐应用于产前诊断,但在研究更完善之前,不建议在孕程的前3个月使用
超声波成像	新的、更高强度的扫描要求更高安全的预防措施,在发烧时要避免使用

第 4 章

大日子来了:
产程如何影响宝宝大脑与心智发育

- 何时出生的信号,由胎儿大脑判定
- 顺产的好处:儿茶酚胺让新生儿呼吸更顺畅
- 顺利分娩,少不了合理用药和正确操作

终于！杰克的大日子到来了。昨晚，杰西卡入睡前就觉得有些阵痛，今天她醒得很早，感觉自己将要临产。到了中午，她的宫缩开始有规律，宫缩带来的不适逐渐超出了她的想象。她觉得如果能到医院的话，这一切都会好很多。但已经决定放弃硬膜外麻醉的她，将会真切地体会到那撕心裂肺的产程带来的喜悦。

此时的杰克呢？我们十分关注母亲分娩时的剧烈疼痛，但也要想想腹中胎儿的经历：数小时、高强度的肌肉收缩，把他从一个比自己脑袋还要小的孔中挤入狭窄的产道，这个过程可能给颅骨重新塑形、造成肩膀损伤，肺部的液体也会被挤出。

分娩本身有可能是我们一生中最具创伤性的事件，受冲击最大的是婴儿的头部。因为新生儿的头部比身体的其他部位大得多，而且是最先被挤入产道的，它是母体强有力宫缩的着力点。这在臀位分娩时会更加糟糕，因为头部是最后娩出的，而婴儿的下巴很有可能被子宫颈卡住，在头部娩出之前，脖子会被过度地向后牵拉。

在这个孩子一生中最关键的时刻，可能会出现很多问题。除了明显的身体创伤，分娩时的某些情形可能会阻断婴儿脑部的供氧，从而造成更严重而持久的损伤。幸运的是，和成人的大脑相比，婴儿的大脑可以更好地耐受一段时间的缺氧。但在一些极端病例中，产程过长、缺氧时间太长是婴儿在出生时面临的最大危险。事实上，现代产科学中的大量技术革新以及预防性措施，都是为了预防缺氧造成的脑部损伤。

我们要知道的是，绝大部分婴儿都在分娩中状态良好，并且越来越多的证据表明，分娩时的挤压对胎儿适应子宫外的生活至关重要。这一章将从分娩开始关注婴儿的大脑,包括产程给大脑发育以及儿童智力发展带来的几种风险及益处。

胎儿的神经系统判定何时分娩

尽管我们对孕期以及胎儿的发育有了一定的认识,分娩过程依旧充满了神秘。在动物实验中,我们刚刚开始了解是什么触发了分娩。如果这些发现同样适用于人类,那么杰克的小脑袋会经历这些过程。

羊是目前在这方面被研究得最透彻的动物,分娩是由胎羊脑中分泌的一系列复杂的激素级联反应启动的。首先,小羊的最高级腺体垂体分泌一种激素,即促肾上腺皮层激素,这种激素可以刺激肾上腺。而肾上腺继而释放出皮质醇,从胎儿的血液流入胎盘。升高的皮质醇会引发胎盘中几种激素的变化,而胎盘本身就是一个重要的内分泌器官,可以帮助母羊为分娩做好准备。在上一章我们了解到,垂体是由脑部一个重要区域——下丘脑控制的。因此,正是胎儿的神经系统将各种感觉和躯体信息进行汇总,判定何时分娩。

分娩的触发实际上是一个相当缓慢的过程。皮质醇水平在孕晚期的后3周持续升高,这有助于小羊的肺、肝、肠、肾和其他器官做好适应子宫外生活的准备。使胎儿最终成熟的激素也可以启动分娩过程,这不是巧合。通过协调胎儿发育的进程与分娩的时机,皮质醇的升高保证了胎儿在身体发育成熟的最佳时刻出生:不会太早,以至于身体的各项机能还依赖母体;也不会太晚,以至于胎盘无法再为胎儿提供充足的支持。

胎盘分泌的激素持续整个孕期,但在母羊孕期的最后,皮质醇水平升高,会影响这些激素。皮质醇的升高会使雌激素升高,并使黄体酮的保护机制降低从而加强宫缩的能力。雌激素会相应地增加另一类激素的合成,例如前列腺素,它可以使子宫颈成熟并进一步强化子宫的收缩。雌激素也会增加子宫中催产素受体的数量,而催产素[①]会启动个体的宫缩。这些改

[①] 尽管催产素常用来诱导女性分娩,但它并不是启动自然分娩的激素。

变一起作用，将孕晚期不规则、微弱的宫缩（也叫假性宫缩）转变为真正有力的分娩收缩，使胎儿从子宫中顺利娩出。

这一级联反应在灵长目动物中有些不同。不论是人类还是猿猴类，怀孕后期胎儿皮质醇的升高或黄体酮的降低情况都不是这样。但猴的胎儿会最终经历一种肾上腺激素——脱氢表雄酮（DHEAS）的升高，这种激素与皮质醇的作用类似，可以促进胎盘分泌雌激素，并且也由下丘脑—垂体系统控制。如果人类也有类似的生理机制，就说明大脑是最终决定何时出生的器官。

分娩对宝宝大脑有好处

分娩一旦开始，杰克的大脑将经历一段崎岖的旅程。伴随着每一次收缩，他的整个身体和头部会受到逐渐变强的挤压。收缩会阻碍胎盘和脐带中的血流，因此会短暂地降低杰克的氧气供应。

尽管这听起来很粗暴，但在一个正常、足月的孕育之后，分娩的刺激实际上对孩子是有益的。正如成人的急性应激反应（见第3章），一个健康的孕晚期胎儿会通过增加儿茶酚胺、肾上腺素和去甲肾上腺素来应对这一刺激。在分娩期间，婴儿头部在阴道内部受到的压迫会使其体内儿茶酚胺的含量提高大约20倍，但是杰克对内儿茶酚胺的反应与普通成人的反应不同[2]。在成人体内，儿茶酚胺通过增加心率和加快肌肉的血液供应来激活身体，而在婴儿体内则有着完全相反的效果，它会使心率和呼吸频率降低，甚至会麻痹一些动作。在周期性缺氧的分娩过程中，这些改变，将帮助婴儿节省能量和氧气，确保仅向心脏和脑等重要组织提供能量。在分娩阶段经历严重缺氧的婴儿，体内的儿茶酚胺含量会更高——比静息时高将近100倍，这样可以更有效地在他们面临危险时提供帮助。

杰克体内的儿茶酚胺含量在出生后30分钟内继续升高，然后快速下

---

[2] 成人和婴儿反应不同的原因是肾上腺素与去甲肾上腺素分泌的比例不同；两种激素在某些方面对心率和外周肌肉血液供应有相反效果。

降,并在出生后两小时左右恢复到正常水平。尽管最关键的危险阶段已经过去,但出生后两小时是非常重要的适应阶段,高水平的儿茶酚胺显然有帮助。

我们对分娩和应激激素的认识大部分来自动物实验,但重要的证据来自人类顺产和剖腹产婴儿的对比。胎儿体内儿茶酚胺的增加是由自然分娩和阴道的挤压触发的,剖腹产的婴儿没有经历相似的压力以及体内儿茶酚胺的增加,根据剖腹产时使用麻醉剂的不同,体内的肾上腺素和去甲肾上腺素水平只有顺产婴儿的10%~50%。但如果剖腹产婴儿事先经历了顺产阶段,比如没有剖腹产计划,或是剖腹产延误到自然分娩开始之后才实施,那么他们体内的儿茶酚胺含量非常接近顺产婴儿。

分娩应激有诸多优点,它对新生儿呼吸的益处尤为突出。和剖腹产婴儿相比,顺产婴儿能更快地开始呼吸,血氧浓度上升得更快,在出生后的前几个小时很少会出现呼吸方面的问题。虽然不如经历完整顺产的婴儿那么好,那些经历过一段自然分娩的剖腹产婴儿也比在产程开始前直接剖腹产婴儿要好得多。高水平的儿茶酚胺能很好地诠释"应激"婴儿为什么会有呼吸方面的优势,因为这些激素可以帮助他们吸收出生时肺里多余的液体,并且帮助释放肺表面的活性物质——一种肺组织进行气体交换必须的,像清洁剂一样的分子。这个过程是通过肺组织内小葡萄样细胞——肺泡进行的。其他应激激素,比如皮质醇,也可能在肺组织最后的成熟过程中发挥了作用。经产道分娩也会通过纯机械性的方式影响呼吸——产道挤压婴儿的胸部使肺内的多余液体排出。

高水平的儿茶酚胺也会使顺产婴儿在其他方面获益。因为儿茶酚胺可以提高机体代谢率,使顺产的婴儿能更好地保持体温,并且比剖腹产婴儿拥有更多的葡萄糖等能量储备。而且,如果在婴儿出生的一两天内对反射、肌张力以及知觉反应进行评估,顺产婴儿的得分更高。由此可以看出,他们的神经功能也更好地适应了子宫外环境。考虑到分娩应激的诸多优点,助产士通常建议计划实施剖腹产的女性至少要经历顺产的初期阶段。

在分娩的所有优点中,最有意义的就是对婴儿神经系统的影响。有一些证据表明,分娩时的子宫收缩,即使是产前的假性宫缩,也会促进胎羊的大脑发育。也许这些收缩产生的额外刺激会促进孕晚期胎儿神经突触连接的精细化以及髓鞘的形成。到了正式分娩时，婴儿体内高水平的儿茶酚胺会有力地刺激神经系统。在成人体内，肾上腺素的升高能够让人精神焕发并且自我感觉良好。儿茶酚胺显然对婴儿有着同样的效果——他们出生后的最初两天最清醒。

早早接触，建立依恋

正常出生的婴儿敏感性极高，这对他们早期健康有重要的意义——加强父母与孩子的联系。经历了12小时的出生考验之后，杰克被放到了杰西卡的怀里。接下来的一两个小时中，杰克的每一个感官、意识和全部的注意力，都是为了适应对他而言全新而又重要的环境刺激——轮流抱着他的妈妈和爸爸。他的高度敏感与父母的兴奋正好匹配，而儿茶酚胺使瞳孔扩大，又增加了他的吸引力，让父母爱不释手。

早在20世纪70年代，部分学者认为出生后的第一个小时是形成亲子连接的"敏感期"，是通过肌肤相亲形成母婴之间联系的最佳时期。很多种哺乳动物（山羊和绵羊是研究得最多的对象）在出生后的几个小时到几天内，都会表现出"母系印随效应"，母亲通过视觉和嗅觉与孩子形成强烈而长久的连接。虽然这种印随效应在与我们相近的类人猿身上并没有体现，但学者们仍然认为这种"如胶似漆般"的相互关联阶段，在母亲与刚刚降生的婴儿之间也存在。

以前研究还找到了一些令人注目的证据，表明早期的接触可以提高育儿技能以及儿童的认知能力。然而，这些发现在随后的详细调查中很难站稳脚跟，到了20世纪80年代早期，连母婴早期敏感期这个概念都被否认了。父母与孩子之间并没有在孩子出生时瞬间形成的纽带。双亲的爱是在孩子生命的第一年或前几年中慢慢形成的。很多孩子都错过了与父母早期接触的机会，包括领养的孩子和出生后就需要治疗的孩子，但他们与父母之间的依恋并不比那些有早期接触的父母逊色。

无论早期接触对父母与婴儿是否有必要，总是没有坏处的。关于依恋的研究在这一点上持肯定意见。在医院的这段时间里，早早接触婴儿确实能改善父母的育儿技巧和与孩子之间的联系——这并不奇怪，父母确实很难与一个无法触碰的婴儿形成依恋。这样的说法提出之后，医院改变了一般的医疗程序，把清洗、称重、打针和滴眼药放到后面，允许刚出生的婴儿与父母有更多的接触，包括肌肤相亲和即刻母乳喂养。并且让新生儿与母亲同室，而不是直接把母亲推到病房看护。在这一方面，这项研究对许多婴儿的早期敏感期都起到了积极作用。

分娩可能造成的危险

尽管分娩过程的刺激对婴儿是正常的，甚至是有益的，但也有可能造成永久性的伤害。在所有器官中，婴儿的脑部最容易受到伤害，这是因为脑部体积庞大、需氧量较高，而且中枢神经不能再生。

现代产科学中有多种先进手段，可以减少在分娩时婴儿头部的危险。例如产前超声波检查，就可以提前探测到胎盘的问题及可能造成难产的臀位。另一个方式是胎儿头皮血样检测，可以分析出婴儿何时处在严重缺氧状态。虽然这几年剖腹产相当有争议，但是医生们和父母并不想让顺产中可能出现的问题伤害婴儿的头部。对于大脑损伤的严重后果，这样的处理方式也情有可原。

分娩过程可能造成各种问题，但婴儿的头部有相当惊人的修复力来应对可能出现的缺氧和挤压。如果我们仔细想想，这样也是有道理的：自然选择不会花这么大功夫发育出一个大脑袋，仅仅是为了让它在出生时受伤害。正如我们所知，在分娩的刺激下产生的应激激素，让婴儿头部有一定弹性。而且即便分娩时受到了某种神经损伤，相比同等损伤的成年人，新生儿可以恢复更多神经功能，这也要感谢他们小脑袋那令人惊奇的可塑性。

出生创伤　分娩对婴儿神经系统造成的第一种可能危害，就是直接物理损伤。如果你见过在非常顺利的顺产过程中，一些婴儿的脑袋如何被挤压得瘀青和变形，你会觉得我们竟然没有人人都有脑损伤实在神奇。虽然产道很狭窄，但大部分婴儿没有脑损伤。头部变形是让婴儿的大脑袋从产道顺利产出的一个很正常、很有效的方式，这也要归功于直到两岁才完全闭合的颅骨。婴儿有前囟和后囟，即颅骨之间的柔软部位，允许几块颅骨在不严重挤压脑内纤细的神经组织的前提下相互靠近。

然而，时不时还是会有婴儿在不顺利的分娩过程中脑部受伤。可能是因为他以一个不太合适的姿势娩出，或是对于母亲的骨盆而言体积太大，抑或是被想要"救出"他的产钳或真空吸引器伤到。但这些分娩损伤在过去的半个世纪里已经不常见了，因为助产士能更好地评估胎儿的大小和姿势，产钳的设计以及使用方式也得到了改进，复杂的病例都会进行剖腹产。虽然偶尔仍会发生损伤，但令人欣慰的是，很少造成永久性的脑损伤。

最常见的出生创伤就是头颅血肿。这种肿块可以很大，并且因为头皮与颅骨之间的持续出血，在出生的头几天越来越大。发生率在新生儿中为1%～2%，这可能是分娩过程中母亲骨盆造成的擦伤，也可能是产钳或真空吸引器造成的。这种肿块看起来很吓人，但对婴儿的脑部并不会造成很大威胁（除了在少数病例中伴有隐藏的颅骨骨折），因为脑外保护膜将这里的出血和隆起与大脑分离（见图4.1）。在出生后3个月左右，几乎所有头部都会恢复正常。

图4.1 患有头颅水肿的新生儿，这一类的损伤很少对孩子的大脑造成伤害。（引自瓦里美和约翰斯顿所著《新生儿》第7版，引用经出版商的同意。）

婴儿脑部有较好的保护，但是支配身体不同肌肉和器官的神经更容易受到物理性损伤。最常见的出生创伤之一就是臂丛神经受伤，这一组神经就在颈部下方的脊髓里，支配手臂的肌肉（见图4.2）。分娩过程有0.2%的几率损伤部分臂丛神经，使手臂和肩部无力或麻痹，最常见的是欧勃氏麻痹。这样的损伤常见于体格较大的婴儿（超过4500克），或因姿势不好在分娩过程中被卡住肩膀的婴儿。

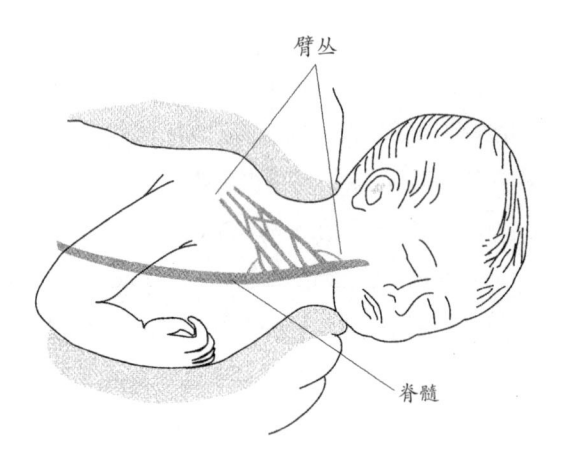

图4.2 孩子从产道中出生，图示为臂丛神经的位置。在接生过程中对臂部保护不力时，臂丛神经有可能损伤。

幸运的是，脑和脊髓以外的神经损伤很少是永久性的。不像中枢神经，周围神经可以在损伤后修复，90%的婴儿臂丛损伤在出生4个月后就可以恢复。

另一个容易受伤的部位是脸部，婴儿面神经受损会导致脸部一侧瘫痪，包括无法皱眉、无法闭紧一侧眼睑或无法正常运动伤侧的嘴。这种损伤的发生率大概是0.8%，多是由于靠近下颌后侧的脸部被母体尾骨或产钳挤压造成的。因为婴儿更倾向于将左耳贴近母体骶骨从产道娩出，这种损伤更容易发生在左边。但面神经损伤后能很快恢复，瘫痪的症状一般在1~3个月内就会消失。

婴儿的神经系统对分娩过程中的机械损伤有着惊人的恢复力，但仍有几种罕见的情况会对脑部造成严重而长期的损伤。一种情况是大脑外部的厚膜——硬脑膜撕裂。这种撕裂大部分会造成硬膜下出血。这种出血发生在保护膜内部，会对脑神经造成严重的损伤。有硬膜下出血的婴儿，由于撕裂位置的不同，要么死亡，要么产生永久性的脑损伤，如脑瘫或智力低下。

另一种严重的损伤是脊髓损伤。脊髓不像周围神经，它的轴突纤维一旦损伤将不能修复。新生儿的脊髓损伤会造成死亡或不同程度的瘫痪。最可能造成脊髓损伤的情况是：在臀位分娩时，婴儿头部被卡住过度拉伸，并超过90o的后仰。然总体来看，发生这类损伤的几率不大，但其严重后果让很多产科医师在面对臀位分娩时只能采用剖腹产。

新生儿窒息及脑瘫 婴儿大脑对分娩的挤压有着惊人的恢复力，但对难产时的一些生化反应却没有太大的耐受力。分娩时最危险的情况是窒息——无法正常进行氧气和二氧化碳的交换。这可能是由于在分娩过程中脐带受挤压、胎盘受损或功能失调引起的。虽然大脑可以耐受短时间的缺氧，但长时间的局部缺氧或一段时间的完全缺氧（也被称为缺氧症）可能损害神经元，并对大脑部分区域造成不可逆的损伤。缺氧是造成永久性精神或神经缺陷的最主要原因。

我们已经了解了婴儿是如何应对一定程度的分娩缺氧。每次子宫收缩，都会使流入胎盘的血量暂时减少，并使进入胎儿循环系统的氧气减少。健康婴儿通过分泌儿茶酚胺来应对这类氧气缺乏，这种激素会减少流向四肢和外围器官的血流量，并重新分配到心脏和大脑。但如果缺氧太严重，这种代偿很可能因为过度而导致很多问题。婴儿为了保证脑部的血流，会把脑内一些毛细血管的血压升得过高，造成出血。与此同时，如果窒息不能缓解，心脏将无法维持对脑部足够的血供，造成局部缺血或血流减少，使血管塌陷而造成损伤。出血和缺血，两者都伤害脑细胞。因此严重缺氧时，出现永久性精神或神经损伤的几率就很大了。

窒息的危险程度主要取决于缺氧的程度。在猴子胎儿的实验中发现：胎儿可以耐受 8 分钟的完全窒息。但如果窒息持续 10 ~ 20 分钟，将会造成脑损伤，超过 20 分钟则会使胎儿死亡。胎儿缺氧耐受的时间较长，1 ~ 3 小时都不会对大脑造成损伤。一旦超过这个时限，或胎儿遭遇了反复缺氧，会造成脑损伤甚至死亡。

大概 2% 的婴儿在分娩时会经历一些窒息，但大部分并没有受到损伤。这些婴儿只有 25% 有窒息的症状，其中最严重的一部分（大概 12%）无法存活，另有 15% 会留下后遗症，剩下的在成长中并没有明显的精神或神经系统问题。那么，总体来说，分娩窒息造成明显脑部损伤的概率在全部存活婴儿中还不到 0.1%。

对于那些在严重窒息中存活下来的婴儿，最大的问题就是可能会脑瘫。脑瘫是一组症状，包括在胎儿时期或新生儿时期脑损伤造成的运动或姿态障碍。这组症状不是进行性的，意味着脑部损伤的区域和障碍的程度并不会随着成长而恶化。但因为新生儿掌握的动作有限，发现婴儿患有脑瘫可能已经是婴儿后期或幼儿期了。根据脑损伤的区域与程度的不同，每个孩子的情况也会有所不同。有些表现出四肢麻痹或痉挛，有些仅仅出现在腿部，还有些表现在身体的一侧。大约一半脑瘫患儿有智力发育障碍，1/3患有癫痫，而大部分都伴有视觉或听觉障碍。

这种症状可追溯至足月儿窒息时的局部缺血问题。由于出生时婴儿大脑血管特殊的发育状态，一些毛细血管床在脑部血压降低时会"干枯"，首先发生在初级运动皮层（见第11章），尤其是控制腿部和低位脊髓的运动区域，接下来是控制视觉和听觉的主要区域。如果脑皮层的损伤超过一定范围，就会造成智力发育障碍。

许多年来，普遍认为难产是造成脑瘫的主要原因。然而，现在我们发现，分娩窒息只占脑瘫原因的10%～20%，在出生婴儿的发生率仅占0.2%。很多时候，脑瘫都是出生前的脑损伤造成的，比如因母体原因造成缺氧，包括高血压、重度贫血或癫痫，或者是胎儿的先天问题，这通常都不可预测。体形较小的胎儿中脑瘫更常见，因为缺氧会造成生长障碍；脑瘫也常见于早产儿，因为他们脆弱的颅骨更易颅内出血。在以上两种情况中，婴儿无法像健康婴儿那样耐受这些损伤，脑损伤会与分娩时的伤害一起发生。

胎儿监测的成本与效益　脑瘫和其他脑损伤仅是出生时的偶发事件，许多现代助产技术的发明就是为了发现并避免分娩时的婴儿窒息。这确实是一个很值得努力的目标，并且在过去30年里助产技术有了长足的进步。不幸的是，这样的预防措施并没有减少脑瘫或其他神经疾病的发生。有部分专家开始质疑这些措施是否必要，让上百万的妈妈们做的检查只能帮助不到100个婴儿。

一项非常有争议的措施就是胎心监护。胎心监测仪可以实时监测婴儿心率，并且在分娩时评估婴儿的动向。1992年以前，美国有大约74%的分娩都是在电子监护下完成的在母亲腹部绑上一个探针并连接一个外部检测仪来记录。少数情况下，当一个婴儿已经被判断是"高危"或是痛苦时，为了更精确和全方位监测胎儿心率，会在羊膜破裂后在胎儿头皮下放置一个内置探针。一般情况下使用的方法基本是无创的，但这项监测是否有益处存在很大争议，尤其是当它的主要"副作用"——剖腹产已经开始显现时。

原则上，监测胎儿的心率可以提供关于婴儿氧气供应和神经系统功能的宝贵信息。婴儿体内血压和氧/二氧化碳比例的变化会带来胎儿心率的变化。除此之外，既然脑干和自主神经系统控制心率，通过一些模式还是可以判断脑的这些部分是否在正常工作。但心率是一个间接反映，并不能完全认定处于某种情况的婴儿就一定有问题。更麻烦的是在解读这些心率规律时，会有很强的主观意识：很多情况下，不同医生对同一种规律会有不同的解读。尽管胎心监护成为例行检查至少有20年了，但国际上仍然缺少胎心心率规律诠释的统一意见。

有研究显示，胎心监护并不能提高婴儿健康出生的概率，被监测的婴儿同样会死亡，同样会进入新生儿重症监护室，同样会像没有监护的婴儿一样发生脑瘫。在18个月大到9岁的孩子中做的研究发现，胎心监护的孩子并没有任何认知上的优势。但有研究发现，监护会减少新生儿阶段发生癫痫的概率，而这种分娩窒息造成的癫痫，有潜在的大脑损害风险。但监护和非监护婴儿的脑瘫发生概率和后天认知能力并没有任何差异，所以这个关于癫痫的发现就显得不那么重要了。

常有被认为心率"异常"或"预兆不祥"的胎儿，出生后却完全正常。在一项大型研究中，基于胎儿心率预测脑瘫的方法有99.8%都是假阳性，意味着1000个胎心监护异常的新生儿中，只有2个是有危险的。这样的事实对个人而言是可以接受的，毕竟安全第一。可一旦胎儿被诊断有问题，医生往往会在此时决定终止妊娠，并实行剖腹产。尽管剖腹产大体上很安全，但仍有4%的女性会在这样的急诊手术中死亡。当考虑到1000位妈妈经历剖腹产而只有2位婴儿获益，这些风险（还不考虑身体上和经济上的代价）都是需要全面评估的。

到了1995年，美国有21%的婴儿经剖腹产出生，1965年只有5%，这样的变化被认为是同期胎心监测运用增加的结果。虽然其中25%的手术可能是有正当理由的，如脐带绕颈、胎盘异常、胎儿体型偏大或母亲患有严重疾病等，其余的手术原因都不是那么的有说服力，如"异常"胎儿心率、

"某个产程无法进行"或某种形式的臀位姿势。

虽然胎心监护并没有确切的、明显的优点,但并不意味着助产士会放弃这项检查。比起以前让护士每30分钟用听诊器或可移动多普勒仪监测胎心的方法,现在大多数医院都有更方便、简单的胎心监测的设备。但是如果要用电子监护来降低分娩窒息的风险,大部分学者认为该方法还有待改进,尤其需要解决不同医生解读胎儿心率方法不一致的问题。现在逐渐改善的计算机化方法也许会有帮助。另一方面,胎心监护可能需要与其他评估方法相结合,才能真正地发挥作用。好消息是,自从20世纪80年代后期,剖腹产率开始慢慢下降,也意味着电子监护使用更合理了。

权衡:合理使用助产用药与操作

孕晚期的感觉非常奇特:看着自己变大的肚子并想象着一个素未谋面的小生命会随时诞生,从此改变我们的生活。首先,我们会想,在过去的一年里,已经习惯的怀孕感觉会怎样毫无预兆地消失。然后,我们会尝试了解这个小生命到底会怎样出来,毕竟大得像西瓜的肚子和沟通它与外界的小小管道实在不成比例。直到这时,我们才发现:怀孕,这个相对简单的环节马上就要结束了,接下来就要准备好迎接艰难的环节——分娩。

这一切似乎不真实,但杰西卡和大卫为了杰克的出生已经做了最好的准备。他们完成了分娩课程,阅读了大量相关书籍,包括宫缩、子宫颈扩张、呼吸、出生姿势,等等。杰西卡在与母亲交流之后发现,现在的分娩过程与她出生的那个年代有了很大改变。与其在宫缩第一时间冲到医院并被分娩整得死去活来,杰西卡决定以更积极的状态面对,并让大卫留在身边提供精神和物质上的支持,希望能在新生命诞生的同时,创造一段精神上的奇迹。

多亏一些必要的改进措施,如今父母在孩子出生过程中可以充当一个更积极的角色。产科医生和助产士现在非常重视父母的表现,并让他们更自主地决定治疗方案。但是这样的做法需要高度的责任心。父母为了在分娩过程作出有意义的贡献,需要了解不同的助产措施对母亲和胎儿的积极及消极影响。下面重点介绍一些常见助产药物和措施对胎儿大脑的影响。

分娩臀位胎儿的最安全方法 在整个孕期间,胎儿可以在子宫内随意活动,拉伸和舒展自己正在发育的肌肉,摆出任何姿势。但是在最后几周里,因为空间越来越狭小,大部分胎儿都会调整成最适合出生的姿势,被称为头位或头顶位。这个头部向下的姿势有助于推开紧闭的子宫颈并在对的时间奋力钻出。臀位胎儿是指少数胎儿并没有完成这个过程,反而是一只脚、臀部或胳膊出现在子宫颈,这样的姿势对分娩非常不利。足月胎儿中只有3%～4%是臀位,但在早产中比较常见,因为胎儿还没有来得及转身,分娩就开始了。产科医生通常都建议早产臀位婴儿应该剖腹产,尽量避免这些本来就脆弱的胎儿再次受伤、脑出血或缺氧。但足月臀位婴儿应该怎样出生,仍有很大争议。

前面已经提到,在臀位分娩中,一些困难更常见,而且会对大脑造成潜在的威胁。臀位分娩更容易造成窒息从而带来脑损伤,这主要是因为后娩出的脑袋更容易被子宫颈卡住,而且头部在脐带之后娩出,如果脐带受压或胎盘早剥,胎儿就无法正常呼吸。在剖腹产还有很大风险的年代,大部分臀位胎儿都是顺产出生,而这些胎儿死亡和永久性神经问题(例如脑瘫、智力障碍或实际精神迟缓)的风险比正常胎儿要高。在20世纪60年代末,很多产科医生和医院都出台了一个政策,所有臀位胎儿都应采取剖腹产,现在美国有90%左右的臀位胎儿采取剖腹产。

毋庸置疑,臀位胎儿的剖腹产减少了脑损伤的发生。现在大部分臀位胎儿都不采取顺产,因而也很少会出现神经问题以及死亡。但最近有研究发现,实际上只需要实施不到1/3的剖腹产就能有相同的结果,臀位胎儿在以下情况下也能顺产:处于所谓的单臀先露(臀部露出而双腿上举,没有腿在臀部下交叉或先露出来);胎儿大小正常(2.3～3.6千克);母体的骨盆(运用CT或MRI测量)足够大;胎儿头部是向前的,没有过度后仰,不会造成脊髓损伤。胎儿的大小、位置以及头部前屈程度可以在分娩前运用超声波确定。

即便有这些研究支持,很多医生仍不愿意实施臀位顺产。幸运的是,有另一种人们更愿意实施并能减少剖腹产的方法:在预产期前几周,手动将胎儿从臀位变换到正常头位。这项技术叫作外倒转术（ECV），通常是在药物辅助下放松子宫，运用超声波进行的。ECV 多数在孕期第 37 周进行，此时胎儿还有运动的空间。不过部分臀位胎儿在 37 周后仍可能自行倒转姿势。ECV 有 50%～75% 的成功率。随着更多医生熟悉 ECV，臀位出生的情况会从 3.5% 降到 1.5%。

即便所有的臀位婴儿都能安全地分娩，他们神经和其他方面异常的几率仍比头位胎儿大。部分胎儿之所以呈现臀位，可能正是因为有先天或出生前的异常。臀位胎儿中有 6% 先天异常，而头位胎儿中只有 2.5%。有运动或神经系统缺陷的胎儿更容易出现臀位，因为他们更难把自己调整到一个适宜出生的姿势。

产钳 对于某些人而言，产钳这个词就会他们想象新生儿出生的惨景。产钳的使用会提高出生创伤的几率，尤其是头颅血肿和面神经与臂丛神经损伤，更麻烦的还有分娩窒息、颅骨骨折以及脑出血。这些问题会引起永久性脑损伤，而这也解释了为什么部分研究中借助产钳出生的孩子的智商略低于自然由产道娩出的孩子。但是这方面的结果很难评估，因为我们并不能确认这是主动使用产钳的问题，还是不得已使用产钳（如胎儿在产道停滞不前）才造成的结果。一个更恰当的方案是，将使用产钳出生的孩子与因相同分娩困难而采取剖腹产的孩子比较。运用该方法的研究并没有证实永久性神经或精神障碍的发生与使用产钳有关。（这类研究和争论在真空吸引器使用方面也是相似的，这类仪器在欧洲使用更广泛。）

虽然缺少共识，产科医生这几年来都更小心地使用这个工具，担心这个工具的安全性。在过去的 30 年中，在分娩中使用产钳的比例从原来的超过 25%，降低到了低于 5%。而同期剖腹产率却不断升高。产钳已经不再用来将胎儿从骨盆高位拉出，大多数是用来将在产道低位的胎儿拉出（也叫低位钳或排口钳）。同时，面对如此高的剖腹产率，部分助产士在思考她们是否"把孩子和洗澡水一起倒掉了"。慎重明智地使用产钳来替代剖腹产或许才是能最快营救胎儿并保证母体健康、安全的方法。

助产药物：镇痛药与麻醉药 过去几十年一直在讨论所谓的"自然分

娩",但大部分美国女性在分娩期间仍使用了一些药物来缓解疼痛。这类药物主要分两种:一种是麻醉药,可以阻断疼痛刺激向脊髓和大脑的传导;另一种是镇痛药,专门用来减少疼痛感。这些缓解母亲疼痛的药物是否会对胎儿脑部带来影响,一直备受争议。麻醉师当然认为几乎不存在问题,而儿科医生最担心这些问题,产科医生的态度则处在两者之间。

当然,有几种特定的情况一定要用麻醉药才行。比如在普通分娩失败,为了安全考虑而实施的剖腹产中,就不可能离开麻醉药。还有其他的一些措施,像催产素引产、会阴切开术和产钳术,如果没用麻醉药难度会加大。此外,某些情况下,疼痛的缓解可以改善分娩的进程,比如有些母亲对宫缩过于恐慌和紧张,会降低分娩速度并危害胎儿的氧气供应。在这种情况下,给予一些疼痛缓解的药物就会顺利很多。难产时,麻醉药甚至可以保护胎儿的脑部。其原理是:麻醉药能减慢胎儿脑部新陈代谢(同时阻碍潜在的破坏性神经递质释放),能降低缺氧造成胎儿永久性脑损伤的几率。

虽然在某些分娩中麻醉药明显能起到积极作用,但问题是:广泛地使用助产麻醉药和镇痛药是否对所有胎儿都有益?如今,大部分女性对于在怀孕期间摄入身体的物质都非常谨慎,所以在产期最后一天突然放下所有警惕不现实,而此时正是婴儿为了自己能独立存活而奋斗的时刻,还没有母体的循环来帮助他们代谢体内的药物。近几十年来,助产药物确实有了很大改进,强调了胎儿的安全。同时,所有在分娩时使用的镇痛药和麻醉药都经过严格掌控,和很多母亲担心的在孕期误用泰诺或抗组胺药的情况完全不同。但父母还是应该被告知这类强效药物可能会对胎儿的健康,尤其是脑部和行为产生的影响。

大部分产妇会注射3种麻醉药或镇痛药中的一种。最简单的镇痛方式就是全身性药物,其中最常用的是静脉注射或肌肉注射的阿片类药物(吗啡衍生物)。这类药物只是单纯镇痛,即只缓解疼痛,但不阻断所有感觉。另一种侵入性较强的措施是硬膜外麻醉,通过在母体脊髓周围注入镇痛药和麻醉药,使得母体腰部以下感觉麻木。其他更少采用的区域性麻醉包括脊髓阻断、阴部阻断(只让会阴区域麻木)和子宫颈旁组织阻断(只在一些偏远地区仍在使用,大部分医院已经停用,因为会降低胎儿心率)。最极端的做法就是全麻(完全麻醉),这只在紧急剖腹产中才会用。对于母亲而言,发生并发症的可能性也依照这个次序：全身性镇痛比硬膜外麻醉的危险要小，而硬膜外麻醉又比全身麻醉好得多。对于胎儿来说，全麻风险最大，但全身性药物与硬膜外麻醉的危险很难比较，这主要取决于分娩时的具体情况。

全身性镇痛药　全身性药物是在分娩时常用的镇痛药。虽然有时它们以镇静剂（如巴比妥酸盐）或安定（如地西泮）的形式出现，但大部分女性都被给予阿片类镇痛药来缓解分娩时的疼痛。以前的方法是注射吗啡，但这会抑制新生儿的呼吸，如今大部分被性能更好的新型阿片类药物取代。现在最常用的是哌替啶（商品名杜冷丁）；其他可选用的药物还有纳布啡（纳布啡注射剂）、布托啡诺（酒石酸布托啡诺制剂）以及作用时间短的衍生物芬太尼（芬太尼制剂）。这些药物可以在分娩早期或晚期来缓解宫缩痛，但并不像硬膜外麻醉那样完全阻断感觉。

对婴儿来说，分娩时母体越早接受阿片类镇痛剂越好。尽管最新的衍生物比吗啡要好很多，但这类药都会抑制胎儿呼吸，尤其是分娩进行到注射后1~4小时的时候。如果剂量够足，阿片类药物能像阻断疼痛传导一样阻断控制呼吸的中枢神经。阿片类药物能轻松穿过胎盘，使胎儿与母体血液中的浓度几乎一样。阿片类药物经肌肉注射后大约1小时，在母体血液中达到最大浓度，如果胎儿在这之前出生，将不会暴露在最大浓度中。而4小时后，母亲的体循环也会帮助胎儿排除药物，因此在注射4小时后出生的婴儿也不会有呼吸问题。然而，如果胎儿在1~4小时出生，药物浓度依然在其峰值，胎儿未成熟的身体不能像母体一样有效地进行代谢，在出生后几个小时体内都会残留有药物。拿哌替啶来说，母体可以在注射3小时后代谢掉一半，但同样剂量的代谢在新生儿的体内需大概20小时，而且分解产物需要好几天才能从婴儿体内排出。这也许能解释为什么药物对新生儿有较持久的效果。

阿片类药物最危险的效果就是抑制胎儿的呼吸。幸运的是，这个问题可以通过注射另一种药物——纳洛酮（盐酸纳洛酮）来迅速缓解。这个药物可以阻断阿片类药物受体。然而，即便呼吸抑制症状没有出现，摄入哌替啶的婴儿在生命前几天中也会出现神经和行为方面的不良反应：更嗜睡、活动少且比没有摄入药物的新生儿反应慢，再加上反射抑制使母乳喂养困难，孩子更难得到安抚。

阿片类药物是否对婴儿脑部和行为发育有长远影响依然有争议。用过药与没用过药的婴儿之间的差别仅局限于出生后的前几天。但有部分研究报告认为有长达6周之久的行为差别，而且出生后头几天婴儿警觉度和行为的微小改变可能在父母与婴儿之间形成某些不良的互动模式，从而造成长久的影响。例如，如果婴儿在出生后第一周很难安抚，可能会让他的母亲很灰心或使母亲对他的情绪状态留下一个错误印象，并改变母亲在接下来的时间里与他相处的方式。我们很难准确描述第一印象对父母与婴儿之间的关系有多重要，有时这些影响是持久的。

硬膜外麻醉　与全身性药物相比，硬膜外麻醉是一种局部麻醉，通常母体只有局部（通常是下半身）失去知觉。硬膜外麻醉的原理是将麻药注入脊髓底端周围阻断感觉——特别是痛觉——往脊髓的传导。和全身性麻醉不同的是，这类麻醉需要由麻醉师实施，麻醉师会小心地在母体底部脊椎的两节椎体之间插入一个导管，将导管的一端置于脊髓保护性外膜，也就是硬脊膜外。（脊椎麻醉，也是另一种区域性阻断，主要是穿过硬脊膜把类似药物直接注入脊髓底部。经常用于非计划性剖腹产，因为这种方法能提供更快、更完全的阻断，但对母体产生副作用的风险很大，包括因为脑脊液的渗出造成严重头痛。）随后，通过导管持续或间断性地推注镇痛药。麻醉师在硬膜外导管中尝试了多种麻醉药的组合，现在最常用的是阿片类药物芬太尼和麻醉剂布比卡因的组合。这两种药物混合效果很好，既能有效阻断痛觉，也能将对运动神经系统的影响降到最小，并不会阻断下肢的运动神经。除此之外，两种药物的混合，也就意味着两种药物的浓度都不会很高，可以降低母体和胎儿的风险。

硬膜外麻醉有很多优点：母亲会保持完全清醒，但不会感到疼痛，而且腿部和骨盆的运动能力基本没有丧失。因为这些优点，硬膜外麻醉的使用在过去几十年中飞速增长。很多医院都会给大部分分娩产妇，尤其是初产妇使用硬膜外麻醉。对母亲来说，硬膜外麻醉的出现无疑带来了极大的便利。但这里的问题是，该方法是否会对胎儿健康及其快速发育的大脑造成负面影响。

硬膜外麻醉药物主要在两个方面影响婴儿的脑部。一方面它可以直接进入胎儿血液并影响大脑功能；另一方面可以影响母亲生理机能或分娩进程，从而间接影响婴儿。硬膜外麻醉使用的所有药物都可以从间隙渗到母亲的血液中，并通过胎盘进入婴儿的体循环。进入母亲血液的麻醉药大部分都会进入婴儿的体循环。胎儿体内芬太尼的浓度至少是母体的2/3左右，布比卡因大概是30%左右。除此之外，对豚鼠进行的研究已经证实在分娩时通过硬膜外注入的布比卡因可以进入胎儿的大脑。好的一点是通过这种方法进入婴儿体内的总药量要比全身性药物少很多。

那么硬膜外药物对婴儿大脑的影响是否可以测量？新发现充满争议。虽然很多研究都指出，硬膜外注射的布比卡因对阿氏评分或粗略神经功能评价没有影响，但很少有研究用完全没有接受药物的母亲作为实验对照组。部分研究发现，用敏感指数来评价胎儿的行为时，硬膜外注射布比卡因的母亲的新生儿警惕性更低，对刺激反应更小，在运动方面比未注射情况下出生的新生儿更不成熟。接触高浓度布比卡因还会让婴儿不安和烦躁。这些症状在出生后第一天最明显，但有些可能持续到6周左右。虽然药物本身在出生一两天后就会排出体外，但有一些证据指出布比卡因对父母与婴儿早期关系的影响会干扰婴儿长期的大脑发育和行为发展。

硬膜外药物也会以间接的方式影响婴儿。最常见的就是降低母体血压。母体低血压是硬膜外药物注射后造成胎儿心率减慢的部分原因。如果母亲的血压长时间过低，会严重影响胎盘的血流，从而降低胎儿的氧气供应。这些副作用可以通过静脉注射提高血量和稳定血压来避免。如果这项措施没有效果，那么可以用麻黄碱来防止血压过低影响胎儿。

硬膜外麻醉对胎儿的另一种影响就是分娩时间的延长。很多研究发现，运用硬膜外麻醉分娩的平均时间，要比运用全身性药物长，这在母亲用力阶段尤为明显，特别是接受硬膜外麻醉的初产妇。她们所用时间是其他人的两倍左右。比起使用全身性药物或不用麻药的产妇，接受硬膜外麻醉的产妇更容易被诊断为难产，使用产钳的概率要高出4倍，实施剖腹产的概率高出2倍。

大部分医生都认同运用硬膜外麻醉的分娩过程更复杂。但哪个是因，哪个是果，仍存在着相当激烈的争议。其中一个问题是：需要用硬膜外麻醉的产妇可能本身已经处境艰难，比如她们胎儿姿势不是很好，此时分娩过程的延长会造成更大的痛苦。有部分研究发现，选择硬膜外麻醉的产妇所产婴儿的体型比那些没用药产妇所产婴儿大，而体型大的婴儿往往更难分娩。在硬膜外麻醉的前提下，助产士也更可能使用产钳或实施剖腹产，这样会使"手术分娩"的比例升高。

也有人认为我们低估了硬膜外麻醉的不良效果，因为大部分实验对照组总会用到某种麻醉方式，通常是全身性药物哌替啶。（可供统计的"自然"分娩简直太少了！）无论如何，确实有理由相信硬膜外麻醉会延长分娩时间，因为麻醉药会放松骨盆肌肉，降低母亲想要产下婴儿的迫切感和用力程度；也会抑制胎儿自身的运动，包括有助于分娩过程的头部转动和全身翻转。无论是什么原因造成进程减慢，我们都要承认：接受硬膜外麻醉会延长分娩时间，这可能会提高胎儿受伤和缺氧的风险。

那么硬膜外麻醉对胎儿的负面影响有多大？就像全身性阿片类药物一样，硬膜外药物对胎儿的影响是细微甚至难以察觉的。并没有证据表明它会长期影响婴儿智力和行为能力。而且现在麻醉师用的布比卡因（此药给母亲造成更大的突破性疼痛）的剂量要比很多新生儿研究中用到的剂量少。但这个剂量的减少也是因为在混合药物中加入了阿片类药物，也对胎儿有影响。有部分证据指出，如果麻醉师较晚给药（如在子宫颈扩张大约5厘米时），并在用力阶段前停药，硬膜外麻醉的影响可以降至最小。大部分产妇对分娩存在着恐惧，不知道有效的疼痛控制是存在的（保险公司也不限制用药），这种认识能有效减少母亲精神上和身体上的压力，对胎儿和分娩进程都有好处。

很多神经学家从这些研究得出的结论是：也许并不需要像现在这样广泛使用硬膜外麻醉。虽然大部分婴儿并没有受到明显的影响，但对于那些已经受到疾病、早产或难产困扰的胎儿，硬膜外麻醉可能会雪上加霜。因此他们鼓励更多的产妇不使用药物，不仅对孩子更好，对产妇也更好，这样她们承受更少的副作用，分娩时间更短，而且在分娩之后开始母乳喂养以及与婴儿建立亲密关系的状态会更好。

全身麻醉　在我们的母亲怀孕的年代，全麻，也就是在整个分娩过程阶段都处于"无意识"状态很常见。但现在主要是剖腹产时使用，特别是来不及进行硬膜外麻醉或脊髓麻醉的时候。硬膜外麻醉和其他区域性麻醉方式的出现对胎儿有利，因为全麻的副作用比全身性药物或硬膜外麻醉更大。

全麻至少要用到3种药物。首先，通过静脉注射巴比妥酸盐和一种肌肉松弛药物，然后通过吸入剂维持整个麻醉。胎儿通常在母体进入完全麻醉后3分钟之内就会被取出，但巴比妥酸盐药物和吸入剂能短时间内通过胎盘进入胎儿并造成影响。（接触时间越长，婴儿的症状越严重。）在母亲全麻状态下出生的婴儿比没有接触药物或使用硬膜外麻醉的胎儿警觉性和运动性更低，他们的反射和反应可能受到干扰。在出生后的头几天，母乳喂养可能有困难。这个时间已经足够对胎儿的生长造成影响。

在全麻状态下出生的婴儿无疑会受到神经方面的抑制，麻醉师认为一位无意识的母亲产出一位活蹦乱跳的婴儿是难以置信的。不用全身麻醉对母体和胎儿更好，现在的大趋势就是在局部麻醉下实施剖腹产。

客观看待母体麻醉　母体麻醉在助产方面必不可少，对产妇来说，麻醉让分娩不再是一个威胁生命的经历。从婴儿的角度来看，麻醉用得有点儿多，也许产妇分娩时不接触药物对胎儿更有益。至少，母亲应该了解麻醉对自己孩子可能造成的影响，避免用药后对她们刚出生孩子的性格或身体素质产生错误的印象。

结论

出生的过程对于胎儿的大脑来说非常重要。一方面，分娩过程的刺激会给婴儿带来非常真实的大脑损伤威胁，虽然发生的可能性不大，但严重的创伤和缺氧都会对婴儿未来大脑的发育造成破坏。另一方面，出生过程的正常刺激也有积极的一面，它可以帮助孩子适应母体外的生存环境，并准备好与自己迫不及待的父母第一次相见。对于某个婴儿来说，出生过程到底是有利还是有弊，在开始分娩时很难预测，但父母所做的选择和决定，可以帮助婴儿更健康地出生。

无论分娩过程怎样夸张，最让人惊叹的事情就是整个过程对婴儿大脑功能的影响很小。我们以为，婴儿大脑功能在出生后会随着新的环境以及独立生存需求的变化而出现很大的变化。事实恰恰相反，新生儿的精神活动并没有很大的改变。我们在下一章会了解到，大脑几乎保持着与胎儿时期一样的行为和活动规律，感觉与运动方面的发育也没有受分娩过程太大的影响。

第 5 章

亲亲宝贝:
早期触觉的影响

- 新生儿愿意用嘴和手感知世界
- 婴儿有痛感,温柔对待他
- 早期按摩:聪明宝宝养成法

有谁不想拥抱一个新生的宝宝呢？他们四肢纤细，肚子圆滚滚的，乳头浅浅的，耳朵、手和指甲小小的；还有那光滑细嫩的皮肤，柔软得令人难以置信。如果闭上眼睛，你甚至很难相信自己触摸的是皮肤。

小宝宝能感知我们的爱抚，因为触觉是婴儿刚出生时最高级的能力之一。今天，刚出生一周的菲比还看不太清东西——整个房间在她的眼中还是一片模糊——但她非常喜欢被人抱着。她能感受到妈妈的臂弯，托着她小屁股的手掌，还有那贴在她脸颊旁完美而温暖的乳房。

触觉的发育在婴儿刚出生的时候还不尽完善。宝宝要想分辨不同的触觉感受，并进行准确的定位，还需要一个很长的过程。但由于躯体感觉系统，即负责触觉的中枢神经系统已经发育，他们刚出生时的触觉比视觉、听觉，甚至味觉更加完善。根据我们对躯体感觉系统发育的了解，菲比早期的触觉体验对于她后天触觉的塑造、运动技能的形成、对物质世界的理解，以及身心健康等方面都有非常重要的作用。

触觉的生理基础

狭义的触觉指的就是皮肤觉——某处皮肤接触到其他的人或物体时的感觉，广义的触觉包括4种不同的感觉，每一种感觉都有不同的神经回路：皮肤觉、温度觉、痛觉和本体感觉——躯体位置和运动的感觉。皮肤觉、温度觉和痛觉都源自皮肤，这里有各种形式的特异性受体。而来自皮肤、肌肉和关节的信号汇集于大脑，使大脑知道肢体在任一时刻所处的位置，这就形成了本体感觉。

我们的大脑是如何知道躯体感觉的呢？以 8 个月大的杰森为例：他刚会用右手抓自己心爱的冰镇牙胶，牙胶的挤压激活了手指上的触觉感受器，即触觉的感觉神经元末梢。这些特殊的感受器将机械压力转换为长距离的电信号——动作电位，并由杰森的手指开始，沿着手臂中感觉神经元纤细的轴突一路上行，汇入右侧脊髓，最后上升至脑干。动作电位到达脑干后，初级触觉神经元与中间神经元进行第一次换元，这些中间神经元的轴突交叉至对侧脑干，终止于左侧丘脑（丘脑几乎是所有感觉信息的中转站）。当这些动作电位通过中间神经元进入丘脑之后，又会换元至第三级神经元。第三级神经元就是触觉传导神经元，它们的轴突终止于左侧大脑皮层的躯体感觉区（即包括顶叶前端在内的一个垂直的狭长区域）。躯体感觉皮层的神经元一旦被这长距离的信号传导激活，杰森就能感觉到手里的牙胶了。

目前为止，过程仅仅进行了一半。在挤压感产生的同时，牙胶也刺激了杰森右手的冷觉感受器。这些感受器有自己的一套感觉和中间神经元，它们会在脊髓交叉至对侧，并在丘脑换元，随后抵达左侧躯体感觉皮层。只有当两种感觉的神经冲动传到大脑皮层的"触觉中枢"之后，压觉和冷觉才能结合起来，让杰森完整地感受到一个冰凉的塑料环。触觉和温度觉唯一的差异就是传导至大脑的回路不同。痛觉和本体感觉也是如此。尽管感觉各式各样，但它们的传导方式却很相似，就像地铁线路图中平行的线路（见图 5.1）。

杰森真正的感觉是在两侧大脑狭长的躯体感觉皮层中产生的。每侧感觉区都井井有条地排布着与躯体表面对应的区域：受食指和拇指触觉激活的两组神经元恰好相邻，面颊区排在唇区旁边，等等。在杰森将牙胶拿到嘴里嚼得起劲时，他对冰凉塑料环的感知、对手移动位置的把握，以及柔软牙龈甜美舒适的触感，从某种意义来讲，都是大脑不同躯体感受区的相应神经元依次被激活的结果。

虽然杰森的躯体感觉分布井然有序，但这与他躯体的表面构造并不完全吻合。一方面，躯体感觉分为左右两部分，感觉通路在向上传导时会交叉至对侧，因此右侧躯体的感觉实际上激活的是左侧躯体感觉皮层，反之亦然。每侧感觉区其实都只控制一半躯体的感觉，也就是对侧的感觉。另

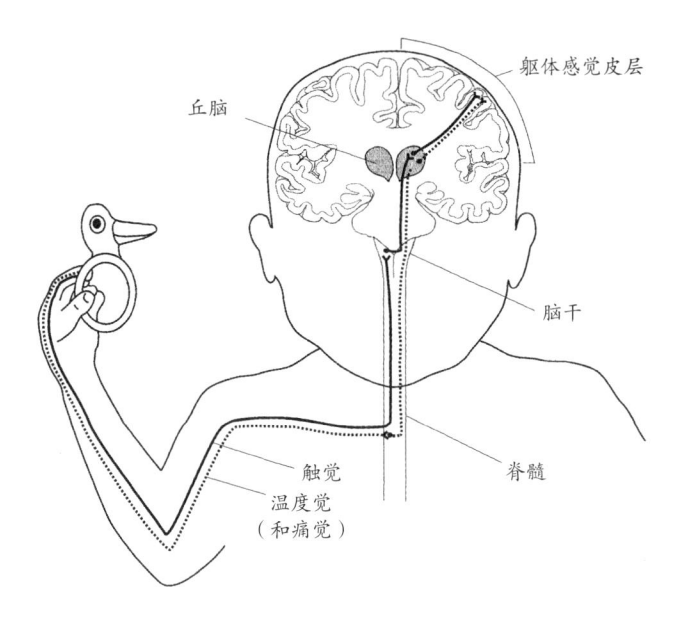

图5.1 触觉的神经回路。冰镇牙胶刺激了手指上的触觉和温度觉感受器。电兴奋沿着脊髓、脑干、丘脑一直传导到躯体感觉皮层。在躯体感觉皮层形成对牙胶的感知。突触将这个回路连接起来。

一方面，各脑区的感觉分布图也并不是严格按照躯体表面构造排布的，其对应关系实际上很不均衡。像嘴唇和指尖这样小而敏感的部位，在皮层中占据了大块位置；而像背部和腿等大面积的躯体部分，在皮层中占据的空间却相对较小（见图5.2）。

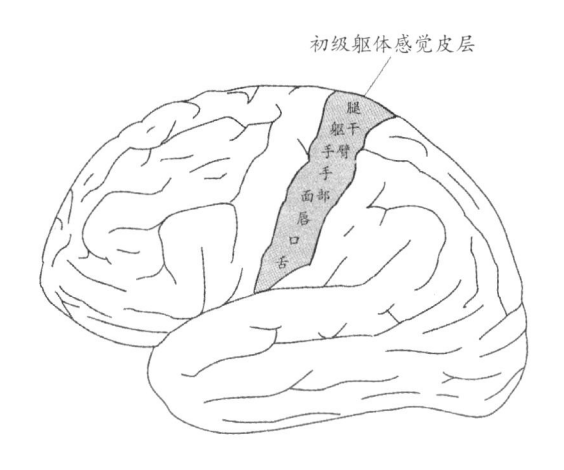

图5.2 大脑皮层初级触觉或者躯体感觉区的位置

早期经验塑造触觉

躯体感觉在大脑皮层中的不均衡分布是神经科学家们非常感兴趣的话题，因为它是解决"先天决定与后天培养"问题（基因和经验对大脑塑造的影响）的直接突破口。这种不均衡主要源于遗传物质。我们躯体的感受器大量分布在指尖等区域——这些区域需要更高的敏感性，以完成人类（及其他灵长类动物）最擅长的精细活动。拥有越多感受器就意味着形成了越多的、直达皮层的传导通路，也就是形成越粗的纤维束。而且，到达皮层的某类感觉纤维越多，就会为其代表的身体部位在大脑中占据更多的领域。

但基因仅为部分决定因素。对啮齿类和灵长类动物的广泛研究表明，躯体感觉皮层分布的形成也取决于感觉纤维传入的电活动。不同身体部位间的皮层空间竞争结果，最终还是要看感觉经验的相对多少。

以小鼠为例，它们的胡须和我们的指尖一样，对触动非常敏感。小鼠的大脑皮层中有很大一部分属于胡须感觉区，其中的神经束就像小鼠面部的胡须一样成排分布。每一组神经束都由一圈神经围成并深入大脑皮层，因而又被称为桶状皮层。桶状皮层通常在小鼠出生后头几天形成。如果早早去除其中一个胡须的毛囊，该毛囊相应的桶状皮层也就无法形成了。而附近的桶状皮层会扩展至该区域生长，并由其他胡须"占据"那些支配原来胡须的神经元（见图5.3）。

虽然小鼠皮层中胡须感觉通路形成的具体机制仍有争议，但电活动确实在其中起了很大的作用。分娩前至出生后5天左右，小鼠大脑中相应区域的正常发育需要胡须的感觉。与啮齿类动物相比，人类出生时的大脑要成熟得多，所以相应的时间段大概在孕中期前后。这表明胎儿在子宫内的触觉对其未来的躯体感觉发育非常重要。

幸运的是，这个生命伊始的关键期并不是塑造躯体感觉系统的最后机会。已有充分证据表明，我们大脑中的各种感觉分布终生可以调整。只要出生时是完整的个体，人类的感觉分布会随着技能和经验的积累而持续发展。

躯体感觉皮层内的神经纤维簇
（或"桶状皮层"）

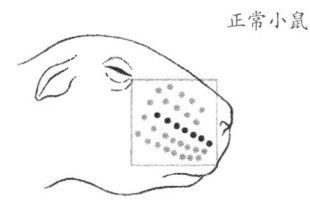

正常小鼠

出生后不久就被拔掉一排胡须的小鼠

图 5.3　大鼠的胡须排列以及大脑皮层躯体感觉区的神经纤维簇或桶状皮层。如果出生后马上拔掉一排胡须，相应的桶状皮层排列也会发生变化：引自 D. 珀维斯和 J.W. 李奇曼的《神经发育原理》。

不过，早期的触觉经验决定了我们的触觉敏感度究竟能发育到什么程度。而且这些触觉经验对于大脑的整体发育情况也有很大的影响。我们在第 2 章中已经了解到，在优越的环境中成长的大鼠与在一般实验室条件下成长的大鼠相比，大脑皮层更厚，也更聪明。前者环境的"优越"也包括丰富的触觉感受。当幼鼠有了新玩具时，它们会很兴奋地用爪子扒、用鼻子拱，甚至还会爬到玩具上面，这增强了大脑的电活动，最终也扩大了躯体感觉皮层的面积。如果将同样的玩具在笼子里放几天，大鼠就会逐渐厌倦，而它们的皮层也会缩回原状。但如果一周至少换两次玩具，皮层的面积就会持续地增加。

站在家长的角度仔细思考，我们深刻地感受到这些实验说明的问题着实令人震惊。触觉经验不仅会影响触觉的发育，而且对认知能力的整体发育也至关重要。可喜的是，玩具并不是引发这些改变的唯一触觉刺激源。对于大鼠来说，在刚出生几周内，由鼠妈妈或是实验员为它们理毛，会影响其大脑发育和心理表现。所以我们说，没有必要花大价钱买一堆玩具刺激孩子。凡是能增加触觉刺激的做法，都可以促进孩子的心智发育。

触觉是如何形成的？

珍妮特3周之前才知道自己怀孕的消息，而这个时候她腹中1.9厘米长的胚胎已经开始对触觉刺激有反应了。触觉是最先出现的感觉，5周半大小的胚胎就能用嘴唇或鼻子感受到触碰。身体的其他部位随后也会迅速地对触觉敏感起来。至第9周，胎儿的下颌、眼睑和手臂都能够感受到触摸；至第10周，大腿也会有触觉；到了第12周，几乎整个身体表面都有触觉感受了。唯一例外的是头的顶部和枕部，这两个区域在整个孕期一直处于不敏感状态。当珍妮特腹中的小女儿将头挤出产道时，她就知道这个例外的好处了。

虽然胎儿很早就对触碰有反应，但这种感觉并不是成人那种精确的触觉感受。因为最初的触觉反应都发生于最低级的中枢神经系统——脊髓和脑干。触觉神经回路和整个神经系统一样，按照一定的顺序发育，即从最低级神经系统开始，逐渐向上过渡到丘脑，最后完成大脑皮层的发育。简单反射（例如头和四肢受到触碰后的回缩反应）通常出现较早，主要因为这些反射只需要脊髓中的感觉神经元和运动回路就可以完成。而在这之后，感觉纤维会抵达脑干，使触觉信息与平衡觉、听觉等其他感觉相融合。到了孕晚期，更复杂的反射会在这种信息融合的基础上不断出现，例如觅食反射——轻触婴儿一侧脸颊后她会朝该方向转头并张嘴。

随着触觉传入神经的持续上行，脊髓中的感觉纤维也开始根据各自支配的身体部位在脑干中形成分布，随后也在丘脑的中间神经元上形成分布。早在怀孕第15周，丘脑神经元就开始在皮层中形成突触了。但在某种意义上，这些初始的连接只是练练手而已：丘脑神经元的轴突早就占好位置，形成原始神经元皮层，但这层皮层终会消失。等到胎儿发育20周后，丘脑的轴突终于结束了漫长的等待，开始在成熟的靶皮层中形成突触。这一过程会持续数周，直到孕晚期。在这之后，通路才能建立完善，胎儿才可能开始感受到触觉刺激。

这些丘脑神经元轴突可不光是向大脑传递触觉信息的电线，还肩负着将靶皮层转换成躯体感觉皮层的任务。这个皮层区原本有可能感受任何一种感觉，如视觉、听觉和味觉，但还是成了专一的躯体感觉区，这主要是因为接受了大量的触觉传入信号。在孕期的后半程，珍妮特腹中活泼的宝宝能够又踢又扭、摸摸自己的脸蛋和小腿、在子宫里来回翻腾，而这些动作为宝宝提供了充足的躯体感觉传入信号——这种电活动可以促进对触觉敏感的丘脑神经元占据相应的皮层。

当丘脑神经元在皮层中建立起成熟的连接后，胎儿就开始对触觉体验产生一些模糊的认识了。我们发现，即便是26周的早产儿，躯体感觉皮层都会在触觉刺激下产生电活动反应。但这种反应极其缓慢，且不成熟。在孕期最后几周中，反应会加速，在分娩前就已经接近成人的模式——触觉反应速度远快于视觉和听觉。的确，脑成像实验也表明，原始的触觉和运动区是新生儿皮层中唯一有明显活动迹象的区域。因而可以夸张地说：早产或新生儿大脑中的任何活动，或多或少地都与触觉相关。

但是，出生时触觉还很不成熟。脊髓内的感觉神经元轴突髓鞘直到出生6个月之后才会完全形成；而深入皮层的丘脑神经元轴突在出生前1个月开始髓鞘化，直到宝宝一周岁以后才完成。随着宝宝出生后头一年髓鞘化的进行，躯体感觉皮层的触觉电反应也在逐渐增强、变快。

珍妮特的宝宝艾莉莎满一周岁时，她处理触觉信息的速度比出生时快了4倍。等到她6岁的时候，速度还会再翻一倍，接近成人水平。完成婴儿期的发育后，她的触觉精准度也会有很大的提升。这是因为早期投射到躯体感觉皮层的回路分布较分散，控制身体不同区域的回路纵横交错、相互之间的界线也不清晰。但随着时间的推移和触觉经验的累积，艾莉莎的触觉会变得越来越敏感，她对身体触觉感受的定位也会越来越准确。

婴儿能感觉到什么？

毋庸置疑，婴儿最擅长用嘴来感受外界环境。触觉按照从头到脚的顺序发育。父母都知道，嘴是宝宝的第一个敏感区，无论东西大小如何、是否难吃、有没有危险，宝宝都会用嘴去感受一下。即便到了5岁，儿童面部的触觉还是比手部的敏感度要高。

但是，当家长们了解到宝宝能多聪明地使用嘴巴时，他们会感到很惊奇。一项实验发现，新生儿接触不同形状的奶嘴时，嘴和舌会做出不同的动作，这表明他们单靠触觉就可以分辨物体。而在另一项实验中，1个月大的孩子在用嘴触过一遍物体后，再看到同一物体就能立刻认出来。在该研究中，婴儿们要吮吸（但是不能看）两种橡胶奶嘴之一——一个光滑，一个粗糙。再给他们看两种奶嘴放大后的图片。结果宝宝们更愿意看被自己吸吮过的奶嘴，而不是那个没有碰过的。因此，小婴儿不仅可以用嘴来分辨不同的形状，还能形成对某物体的抽象概念——一个兼具触觉和视觉的形象。

新生儿的手就没那么敏感了。如果只允许菲比用手触摸一个粗糙的奶嘴而不让她看，她后来再看见这个奶嘴是认不出来的。虽然新生儿喜欢抓握东西，但他们更爱用嘴去碰，而不是用手来摸。不过菲比的小手也没闲着：在妈妈肚子里的时候，宝宝就开始用手触摸身体的各个部位，尤其是脸部；而出生10周后，菲比终于会用手来分辨不同形状的物体了；等到6个月大时，她甚至可以辨别不同物体的质地；直到快18个月，她才会分辨有细微差别的物体，比如一块完整的积木和一块有缺口的积木。

手的触觉偏好的出现是在出生后头2年内发生的明显变化之一。婴儿的左手和右手分辨物体的能力都不好。但到了2岁，他们左手的分辨力会略强于右手。这种现象看上去有点匪夷所思，因为该项研究中所有的孩子都是右利手。但实际上，大多数人，无论老幼，都很擅长以左手分辨物体，而只有婴儿没有这种偏好。大部分人都用右手写字、吃饭，但我们更倾向于用右脑，也就是左手，来处理物体的形状和立体特征等信息。显然右脑并不是生来就擅长这一功能，而是在1岁以后才逐渐具备这一优势，这也许是左脑此时正忙于语言发育的缘故吧！

触觉还有一个特点，它在男孩和女孩之间略有不同：刚出生的女孩要比男孩子的触觉更敏感，而这种差异会持续终生。女性可感知到的最轻触碰往往都在男性可感知的阈值之下。而另一方面，男孩触觉的单侧偏向性比女孩更突出。从童年中期（6~11岁）开始，男孩的非优势侧（通常为左侧）的触觉要比优势侧（通常为右侧）敏感得多，而女孩两侧的触觉比较一致。

痛觉的发育

艾莉莎好可怜！她出生才两个小时，医护人员便刺破她的脚跟取血化验，还注射维生素 K 和乙肝疫苗。眼看着针刺进宝宝的身体，爸爸和妈妈的心都揪了起来……几秒钟过后，小艾莉莎的脸开始扭曲、蜷缩着四肢，并放声大哭起来。

没错，新生儿能够感觉到疼痛。与其他几种触觉一样，痛觉是新生儿较成熟的感觉之一。痛觉大概在孕晚期前就出现了。胎儿对一些需要针刺的产前操作（比如活组织检测和输血）是有反应的。如果不注射镇静剂，他们将尽力躲避针头（但做羊膜腔穿刺对胎儿来说并不痛苦，除非他们被意外扎到）。

直到近几年，医务工作者才充分地认识了小宝宝的痛觉。尽管宝宝在受到痛觉刺激时反应很强烈，但人们一直以为他们的大脑皮层发育并不完善，不足以真正地感受到痛觉。基于这种观点和某些药品使用方面的顾虑，以往医生在新生儿身上进行创伤性操作（包括手术）时，都不会施行镇痛或麻醉。

如今，人们知道躯体感觉皮层在出生之前就开始工作了，显然，新生儿（甚至早产儿）都会有一定程度的痛觉。这种认识也促使医生们改变了对待新生儿痛觉的态度。对婴儿进行手术或较大的创伤性操作时，将不适感降至最低已经成为共识。当然，这一目标的实现也离不开新型安全镇痛剂和麻醉剂的问世。

婴儿受到疼痛刺激时到底是什么感觉？他们无法直接回答，我们只能根据他们身体的反应来猜测。感觉到疼痛时宝宝们肯定会哭泣，而且有证据表明，疼痛时的哭声比饥饿或有其他不适时音量会更大、音调也更高。他们还会表现出有特点的面部扭曲、身体姿势改变，以及生理性应激反应（包括血中应激激素升高、呼吸急促和心率加快）。这些反应在月份很小的早产儿中也会出现。

有证据显示，新生儿在出生几天后对痛觉的敏感度会明显提高。这可能只是由于母亲分娩时注射的麻醉剂的效应逐渐消退。不过还有一种有趣的可能性：婴儿娩出时会应激性地释放一些镇痛物质——β-内啡肽等内源性阿片类物质。这些物质在出生几天之后会慢慢分解，痛觉也随之出现。

但总的来说，艾莉莎对疼痛的反应在出生后第一年内不会有太大的改变。这不是她的周围感觉神经轴突没有髓鞘化造成的，因为成人体内负责将痛觉信息从皮肤传入脊髓的神经也几乎没有髓鞘包被。尽管艾莉莎在婴儿期对疼痛的感觉并没有太大的变化，但随着躯体感觉皮层中感觉区域分布的逐渐明确，她对痛刺激的定位将越来越精准。

痛感很特殊，因为它受环境的影响而变化。在某些特定情景中，比如一个人的生命安全受到严重威胁时，即使受了很严重的创伤一般也不会感到疼痛；而如果一个人情绪极度紧张，那么，即使是一丁点儿擦伤也会让他感到十分痛苦。痛觉感受之所以千差万别，主要还是因为神经系统对痛觉信息的传导有着强大的控制力。痛觉回路有自己特有的"门控"——这些门控由大脑中的情感、认知或感觉信号操纵，以决定痛觉信号能否通过。内源性阿片类物质无疑就是抑制痛觉信号传递的重要角色。这种门控机制非常有意思：在疼痛拖累我们时，它会发挥抑制作用，让我们能够忽略该疼痛；而一旦我们有机会疗伤，它又会适时地开放，让我们感受到疼痛。

婴儿的痛觉也绝非一成不变，而是随着行为阶段的不同而变化。在警觉、饥饿或疲乏的时候，婴儿对痛觉的反应会强于睡觉、活动或受到其他刺激的时候。所以说，婴儿体内调控痛觉的内源性阿片系统早在出生时就已经发育完全了。

宝宝感觉到疼痛时，貌似父母们在利用门控系统哄孩子这方面都很有一套。比如珍妮特，她在艾莉莎挨了那几针之后马上将乳头送到宝宝嘴里，很快就让宝宝安静了下来。抱起孩子、裹上襁褓、轻轻抚摸、摇晃等动作均能有效地减弱宝宝对疼痛的反应。研究表明，让婴儿吸吮奶嘴或用糖水浸湿的布条，都可以降低他们对足跟抽血和包皮环切术的痛觉反应。这些措施在某种程度上干扰了痛觉刺激的传导通路。不过，糖和奶嘴并不能避免生理性的应激反应，例如包皮环切术引起的心率和呼吸频率加快等。因此，美国儿科学会提出，若父母决定为新生男婴施行包皮环切术，推荐在手术时进行表面麻醉或局部麻醉。

疼痛心理学　生女孩的好处之一就是珍妮特不用考虑要不要给宝宝做包皮环切术。她和德里克在分娩前并不知道孩子的性别，所以他们一直在考虑如果生的是男孩该怎么办，为此纠结了好久。现在艾莉莎回到了家，他们一家三口也终于开始了全新的生活，而珍妮特却突发奇想地要给艾莉莎打耳洞。于是她又开始纠结了："打耳洞会不会很疼？会不会给她留下心理创伤？"珍妮特的耳洞就是在很小的时候打的，而且看起来对她没有什么伤害。

确实，我们小时候经历过的接种疫苗、包皮环切或打耳洞之类的事情不太可能对我们的心理产生长久的影响。虽然婴儿在很小的时候就能清晰地感觉到疼痛，但他们缺少痛觉的"心理"因素，也就是对于这种感觉的一种认知或了解。成人尽管能记住自己有过痛觉体验，但在回忆这种体验的时候并不会再次切身感受到那种疼痛。由于受到心智发育方面的限制（见第13章），婴儿甚至不具备这样的外显记忆，所以他们永远都不会回忆起那些痛苦的经历。世界上各种文化中都会在小婴儿身上进行某些引起痛觉的操作，这种幼儿期遗忘现象无疑是这些做法合理性的重要基础。

精神因素会对痛感产生重大影响。这也解释了为什么珍妮特在医生用针给艾莉莎打耳洞时，会先感受到更强烈的疼痛。而艾莉莎直到2岁时才会有这种表现——一般2岁的宝宝一见到注射器针头就会号啕大哭。所以，那些不得已需要目睹自己孩子经受这些痛苦的父母，应该感到宽慰，因为小宝宝虽然会感觉到疼痛，但与大孩子和成人不同的是，这种痛感不会给他们带来深层次心理方面的影响。

不过，虽然婴儿对疼痛并无外显记忆，但反复的疼痛经历会在潜意识层面上产生持续影响。就像早期的触觉体验有助于躯体感觉皮层的塑形一样，早期的痛觉体验同样影响痛觉以及相应行为反射的长远发展。我们知道，尽管婴儿不具备外显记忆，但他们有其他学习形式，比如通过不断的练习和重复记住熟人或掌握运动技能（见第13章）。疼痛体验同样可能会激发特定的潜意识情感，从而对心理发育产生长期的影响。

的确有报道称：新生儿的痛觉体验与后天的各种心理障碍（例如神经症或心身疾病）有关，但是并没有严格证据证明疼痛的长远影响。一组研究人员发现，在刚出生几周经历过许多医疗操作的孩子中，月份很小的早产儿与足月的婴儿相比，前者到了学龄期的疼痛忍耐限度明显低于后者；而另一组研究者则重点关注包皮环切术的影响，他们发现，对4～6个月的婴儿进行计划免疫时，做过包皮环切术的男婴比未接受手术的男婴更容易出现抵抗反应。这一发现再次激起了关于"新生男婴包皮环切术的利弊权衡"的大讨论。这两项研究均表明：在对婴幼儿施行包皮环切术及其他侵入性医疗操作时，应当尽可能地减轻婴幼儿的痛觉感受。

温度觉的发育

老人们说得对：刚出生的艾莉莎并不能像成年人一样能够很好地调节体温。虽然她幼小的身体对温度波动会有一定反应（例如，感到寒冷时，她的自主神经系统会收缩外周血管并加快新陈代谢），但处于极端环境中，她就无能为力了。基于多方面原因，比如体脂较少、表面积体积比较高、不会打寒颤，以及排汗能力不健全，新生儿在极寒或极热的环境中尚无法调节体温。

然而，她们还是有办法应对环境中的温度变化，那就是改变活动的强度。很冷的时候，婴儿会醒过来活动身体，产生更多热量。而较热的时候，她们会睡得更多，喜欢摆出晒"日光浴"的姿势——舒展四肢——以增加散热量。实际上，父母可以通过这些姿势来判断自己孩子到底是过热还是太冷。

出生一天的婴儿就可以用脸颊分辨冷热刺激：温暖的玻璃试管会激起觅食反射，而冰冷的试管则会让新生儿将脸转向对侧。小婴儿摸到非常烫或特别凉的物体时，也会马上抽开手。6个月大的宝宝可以通过温度来分辨物体；如果握住温暖的量筒太久，她们就会逐渐厌倦，反而愿意去抓冰凉的量筒。因此，婴儿在很小的时候就能感受到温度。在他们的世界里，温度是了解事物的一个重要途径。

随着温度觉神经回路的发育，最晚在出生时温度觉就可以在大脑皮层形成。与痛觉一样，温度觉的信号传导并不依赖于原始感觉纤维髓鞘的形成，因为即便成年之后，从皮肤到脊髓传导温度信息的轴突也几乎没有髓鞘包裹。

从表面上看，温度觉看起来是一种很基础，甚至是本能的感觉——我们可以很轻松地辨别冷热，因为我们生来就能做到。但实际上，两个孩子与众不同的经历表明温度觉是后天获得的。这两个孩子一个是被遗弃的法国男孩维克特，另一个是美国女孩金妮，他们几乎整个童年都没有与人接触过，历尽艰辛才得以存活。他们最严重的问题是永久的语言功能丧失。人们在他们身上还发现了另一奇怪现象：两个孩子对冷和热都很迟钝。比如，维克特会徒手从火中取土豆，而金妮完全不会选择适合气温的衣服。

我们只能猜测他们温度觉不完全发育的原因：他们基础的温度觉通路不太可能没有发育，而他们的反应缺失表明，这种温度觉意识和痛觉意识一样，有很强的认知成分；温度觉的形成有赖于他人教授和亲身体验。痛觉和温度觉信息的传导通路紧密相邻，也许二者在随后的发育中与相似的意识和情感紧密地联系起来，并受社会生活经验影响。

早期触觉益处大

触觉在小婴儿的生命中扮演着非常特殊的角色。因为触觉在出生时已经相当成熟了。相比其他感觉，触觉可以更加清晰地让新生儿认识这个奇妙而全新的世界。触觉对婴儿感觉—运动系统发育的重要性不言而喻，它在免疫功能中也发挥着神奇的作用，所以触觉对婴儿的身体发育、情感健康、认知潜能甚至整体健康等方面都有潜在的影响。

威斯康星大学的哈里·哈洛（Harry Harlow）进行了一项经典的实验，揭示了触觉在心理发育中的关键作用。他一直在研究猕猴（这是一种高级灵长类动物，通常群居生活，其群体成员数目为15只到上百只不等）母婴接触的原始状态。哈洛用两个无生命的"替身母亲"抚养猕猴宝宝：一个替身是用铁丝网编制的躯干，上面安着一张粗糙的脸，躯干上还绑着一

图5.4 刚出生几个月的小猕猴喜欢紧紧贴在母亲胸前,这样既方便吃奶,又容易被抱住和保护。(照片承斯蒂芬·J. 苏米惠赠。翻印自K.E. 巴纳德和T.B. 布雷泽尔顿编辑的《触觉:经验的基础》。)

只装着牛奶的奶瓶;而另一个替身上则没有奶瓶,但是它的铁丝网外面裹着一张毛茸茸的毯子。出人意料的是,小猕猴们都不喜欢能喂奶的替身。尽管饿的时候它们会找"铁丝妈妈"吃奶,但更喜欢盖着毯子的"妈妈",绝大多数时间都抱着它柔软的"小肚子"。实际上,小猕猴在刚出生的几周里一般都会保持这种姿势:紧紧地贴在母亲的胸前,这里既能取暖、又能吃奶,而且还不会影响母亲活动(见图5.4)。哈洛的实验表明,安抚小猴子并增进它们与母亲之间联系的并不是哺乳,而是触觉感受。

用群居猕猴进行的其他实验也证实了接触的重要性。在某种程度上,群居生活可以补偿那些没有妈妈的小猕猴。将一群没有妈妈的猕猴宝宝放在一起抚养时,它们大部分时间都会紧密地挤成一团。虽然这些群居的猕猴很胆小,但比起那些分开喂养的猕猴,它们的生活能力的确会更强。如果把它们放在同一房间分笼饲养,不让它们碰到彼此,它们也无法获得群居生活在情感上的补偿。尽管它们能看到、听到、闻到彼此,但这种缺少社会接触的早期环境也会让它们非常不安。

这一发现基本上适用于所有的哺乳动物。无疑,身体接触对幼崽的生长发育至关重要。在很多物种中,母亲会舔舐幼崽,比如母狗、母猫、母羊、母马以及母鼠,它们会马上将宝宝的全身都舔一遍。舔舐对这些新生的幼崽来说非常重要,如果没有这一动作,新生幼崽很可能会因泌尿道或消化系统功能障碍死亡。不过,如果有饲养员或兽医充分地抚摸幼崽,代替母亲的舔舐,仍可以保证它们的健康状况。

科学家近来的观察结果解释了早期接触为何有这些好处:每天受到实验员短暂抚摸的新生大鼠会表现出一系列的激素水平升高和行为优势,而且这些特征将会陪伴其一生。被抚摸的大鼠胆子更大,大脑中有更多的苯二氮卓类药物（一种抗焦虑的镇静药，它与天然抑制性神经递质GABA作用相似）受体，海马体（大脑中重要的记忆储存区）在老年期的退化很慢，并且随着年龄的增长，相应的认知功能也会渐趋完善。这些改进都可以归功于早期的接触，对新生鼠的抚摸可以永久性地降低大鼠应激系统的反应性。被抚摸过的动物在应激时会有正常的激素应答（见第3章），但它们的皮质类固醇水平并不像未被抚摸过的动物那样高，而且很快就能恢复至正常水平。由于长时间激素水平过高会严重损害包括大脑在内的很多身体器官，所以应激系统的良好调控对动物的健康和智能都是有益的。

最有意思的是，这种抚摸只在鼠宝宝出生的头10天起作用。在这段关键期后被抚摸的鼠宝宝就不会表现出这种优势了。当然，人的抚摸对大鼠来说并不是一种天然的刺激，从母鼠那里得到更多触觉刺激的鼠宝宝会获得很多与实验大鼠相同的益处。母鼠在哺乳期的舔舐越多，鼠宝宝就越可能长期受益。这些鼠崽的应激系统调节力很强，在异常情况下脑内神经化学状态会发生变化，让它们不那么害怕。

还有一些动物研究重点关注了母婴分离对婴儿生长发育和免疫功能的影响。猴宝宝离开母亲后会非常痛苦，即便是短暂的分离也会使其应激激素水平升高，而长期的分离甚至会抑制免疫系统。如果母猴和孩子能在10天之内重逢，这种抑制作用是可逆转的；但如果分离时间超过10天，这种抑制的影响将会持续终生，而且小猴子的免疫功能直到6岁都会呈下降趋势。大鼠幼崽也一样，被抚摸过的幼崽会产生更多的反应性抗体，早期的触摸对大鼠的免疫功能十分有益。与猴子类似，大鼠幼崽与母亲的短暂分离会提高其应激激素水平，还会抑制生长激素的分泌，以及细胞的生长与分化。这些不良影响仅限于幼崽出生后的前3周，并且可以通过人类的抚摸消除。这表明，是母亲的触摸促进婴儿发育，而非母亲的温度及哺乳。

触摸疗法：早期触碰和按摩会促进宝宝生长发育

和其他哺乳动物一样，缺少安抚和拥抱的婴儿十分痛苦。比如维克特和金妮，他们都缺乏与人类的接触，进而导致了严重的情感障碍（还有身心障碍）。回想起第 1 章描述的孤儿院的孩子亦是如此。尽管他们基本的饮食和医疗需求都能得到满足，但由于接触的感觉和社会生活刺激过少，存在情感、生理、认知及免疫功能等多方面的发展障碍，这一点从他们的高患病率和高死亡率不难看出。即便有个别婴儿天生体质很好，也会由于各种"非器质性"因素导致发育障碍，例如营养不良造成的生长激素和应激激素水平下降（动物实验也有相同现象）。当这些婴儿住院后，促进他们生长发育最有效的方法并不是特殊的喂养措施或医疗干预，而是温馨呵护与体贴。

幸运的是，这类极端的无人照料和营养不良的情况非常少见。但是，还有一类婴儿常常得不到父母的接触和抚摸，那就是早产儿。尽管现在只要满 16 周的胎儿便能存活，但是他们通常一出世就被呼吸机、饲管以及其他生命支持机器包围，无法享受应有的关爱与怀抱。很多新生儿重症监护室甚至有"尽量不接触"的规定，以避免过度刺激这些脆弱小生命。然而，近来有一些研究发现，触摸是哺乳动物早期抚育的重要组成部分。由此可见，温柔地抚摸和触碰或许也是早产儿必需的。

第 3 章描述了一种方法可以成功地为早产儿模拟触觉体验，即不再让宝宝平躺在宽大的保育箱中，而是将他们安置在一个保护性很好、更加密闭的环境之中，让他们四肢蜷曲，再用柔软的布料或小羊毛外套包裹全身。有时也可以将宝宝们安放在小水床或吊床里。这种所谓的"筑巢法"尽可能地模拟了母亲子宫封闭的环境，婴儿每次活动触到柔软的襁褓时都会得到相应的感觉反馈。经证实，筑巢技术对早产儿很有益，宝宝们体重增加更快、睡眠更香、呼吸更平稳，比普通保育箱中的婴儿更安静。

另一种方法是让父母介入，取代保育箱。以前的旧观念不鼓励父母与婴儿过多接触，主要是害怕早产儿受伤或感染。但现在一些医院开始鼓励父母每天都要和早产的宝宝一起待上数小时，而且最好要竖着抱孩子，胸膛皮肤与婴儿直接接触。由于这种方式与袋鼠育儿非常相似（袋鼠宝宝都是早产儿，但它们可以在母亲的育儿袋里保温和吃奶），所以人们称之为"袋鼠护理法"。

研究认为袋鼠护理法有很多优点，婴儿在爸爸或妈妈的帮助下很容易维持体温，而且不用消耗任何多余的能量。这些宝宝睡得更香、哭闹很少、呼吸十分平稳、吃奶的时间较长、体重增加很快，相比那些没能与父母有皮肤亲密接触的早产儿，他们出院的时间也比较早。这种方法对父母同样有益处，父母在"当袋鼠"的过程中会很快建立起与宝宝的联系，对抚育早产儿的信心也会倍增。袋鼠护理法最大的益处在于它可以促使宝宝接受母乳喂养——要知道，给早产儿哺乳是相当困难的一件事。母亲长时间地将早产的宝宝抱在裸露的胸前，可以让他感受到温暖、安全，以及熟悉的心跳声带来的安慰，也能让他们更早、更多的接受哺乳。

另一个增加早产儿触觉体验的方法是每天按摩。婴儿按摩在南亚有着悠久的历史，当地人认为，温柔而规律地抚摸婴儿全身是婴儿日常护理的重要环节。在印度，就连孤儿院里的宝宝都能享受到常规的按摩。最后这些孩子生长发育得都很不错，尤其是考虑到他们原本有着各种各样的缺陷。美国的几项对照研究表明，按摩确实可以使有先天缺陷婴儿（包括早产、母亲吸毒以及HIV感染）的生长发育情况有所改善。

护士每天都会用一小时按照面、肩、背、胸、臂、腿的顺序温柔地抚摸早产儿的身体，只是在转换区域的时候会稍作停顿，以防婴儿受到过度刺激（如果手法太轻，婴儿的反应也不会太好，按摩对健康的益处也体现不出来）。随后还要轻柔地屈伸宝宝的四肢，以产生本体感觉刺激。每天接受按摩的早产儿体重增加很快，在新生儿行为测试中表现更好。由于进步明显，他们比那些没有接受过按摩的早产儿更早出院。这种按摩也促进了触觉的发育：当他们足月时，接受过按摩的宝宝的触觉反应性更好（但无论是否接受过按摩，早产儿的触觉敏感度都不如足月的婴儿）。令人鼓舞的是，这种早期按摩治疗对随后的认知发育也有影响。在一项研究中，接受过按摩的6个月大早产儿与对照组相比，前者的视觉识别测验成绩更佳。

按摩不仅对早产儿有益。近来有研究表明，对足月产的4个月大婴儿进行8分钟的短暂按摩后，马上进行测试早期记忆和感觉辨别力的"新奇偏好"评估。而对照组婴儿只是由拿着红玩具的实验员逗着玩8分钟。结果发现，接受按摩的那组婴儿对视听刺激的变化，以及新事物的出现反应更佳。我们将在第13章中了解到，新奇偏好预测IQ比其他婴儿技能更准确。这说明，早期的规律按摩有助于改善宝宝的认知功能。

按摩带来的好处并不局限于婴儿期。按摩治疗可以缩短各种患儿的临床病程，包括哮喘、糖尿病、癌症、自闭症、皮肤病、少年期关节炎、进食障碍及其他精神综合征。总体来说，每天接受父母按摩的孩子焦虑和压力会减少、情绪会变好、睡眠会改善，注意力也越来越集中。特别有意思的是，按摩治疗能有效地改善遭受过性虐待或身体虐待儿童的情绪与社交能力。既然触觉对于孩子的身心健康如此重要，看来是时候反思一下不让老师和保育员触碰孩子的老规矩了。

从这些研究中我们可以得出明确结论：身体接触可以帮助孩子们茁壮成长，这种作用在宝宝出生后的前几个月里尤为明显。在许多文明中，母亲几乎全天都和宝宝保持着密切的接触，她们白天将宝宝放在背巾中、背在身上，晚上则搂着孩子安睡。传统上，西方社会的父母不会花这么多时间与婴儿直接接触。但有证据显示，如果 1～3 个月的婴儿每天能在背巾中多待几个小时，他们哭的时间也会相应地减少。

无论接触宝宝的方式是拥抱、按摩、轻拍、摇晃，还是爱抚，接触的多少都非常重要。当然，这种接触中蕴含的情感同样重要。幸运的是，大部分宝宝都能得到充满爱意的抚摸。每个做父母的都忍不住想要拥抱自己新生的宝宝，并爱抚他们的每一寸肌肤。父母呵护宝宝的行为对孩子的健康成长与发育至关重要。所以父母这种本能的冲动无疑是在人类漫长的进化中逐渐形成的。触觉大脑通路的建立远早于其他感觉，所以触觉为宝宝们情感和智力的健康发育提供了最有效、最便捷的途径。

第 6 章

摇摇乐:
宝宝平衡感与运动感的早期成熟

- 每个宝宝都爱摇晃
- 抱一抱，宝宝就乖了
- 孩子体能佳？前庭系统功劳大

在朋友家度过的那个除夕夜让我永生难忘。保罗和莎拉没有为他们6个月大的孩子请保姆,邀请我们去他们家一起共进晚餐,迎接新年的到来。那时,我已经怀上了第一个宝宝,我们了解到一个婴儿是如何顺利度过除夕夜的。

我们享受晚餐(泰国菜和香槟,我喝的是起泡葡萄汁)的时候,小丹尼尔完全沉浸于弹跳椅的上蹿下跳中。他的背带牢牢地系在走廊的门框上,他就这样不停地蹦着。他可真会玩!跳得越高,笑得越开心,而且乐此不疲。后来,他的父母就让他睡觉了。新年到来之前,我就在愿望清单中新添了一项:为我们的宝宝也准备一个这样的婴儿弹跳椅。

孩子们生来就喜欢动的感觉。无论是摇摆、晃动、蹦跳,或者只是被抱着在房间里走动,宝宝们对这些重复的动作倍感惬意,而大一些的孩子则更喜欢旋转或是翻跟头。他们容易接纳这些动作,是因为他们拥有生来就很发达的前庭系统——一个能让我们察觉身体运动和平衡程度的"第六感"系统。从进化的角度而言,前庭感觉是很古老的,因为所有生活在地球上的有机生物,都需要通过感受重力作用和身体动作来调整自己。因此,它常在胚胎发育的早期出现。和触觉一样,前庭系统为了传递感觉而尽早地成熟,这不仅让胎儿感到舒适,也对他们早期的大脑发育至关重要。

前庭系统开工了

与其他的感觉不同,我们通常意识不到自己的平衡感和运动感。这主要是因为前庭系统的功能大部分是在大脑皮层以下。然而，当我们偶尔经历一趟颠簸的飞行时，不仅能够明显地感受到它的存在，还会由于刺激过度而呕吐，这就是为什么那些清洁袋总在我们伸手可及的地方。

前庭系统在维持我们头部和身体姿势方面作用重大，在帮助我们准确地移动身体大部分部位（尤其是眼睛）上也扮演着重要角色。通过感受运动和重力的方向，前庭系统可以调整身体的姿势来保持平衡以及动作的协调性。例如，它使得你在慢跑时不会觉得天旋地转；能觉察身体的直立体位并自动引导眼部的肌肉转动眼球，从而保证视野时刻位于你的前方。

那么大脑是怎样感受平衡和动作的呢？前庭系统是由其所处的颅骨腔——前庭——命名。内耳位居其中，由一组复杂的腔室和管道组成，包括听觉器官耳蜗，以及两种前庭器官：一种是半规管，用于感受头部的转动；另一种是耳石器官，用于觉察直线运动、头部倾斜以及在重力作用下身体的姿势。半规管一共有 3 个，每一个都充满着液体，这些液体在这 3 个相互垂直相交的空间中循环，可以感受到任何可能的旋转运动。在两个耳石器官中，一个是球囊，用来感受线性运动，包括左右和上下；而另一个是椭圆囊，它会在头部位置的变化时因重力作用激活。

虽然感受运动的方式不同，所有前庭器官将动作转换为电信号的方式基本相似。在每一个结构中都存在着上千个细小的感觉细胞，这种细胞上有细小的纤毛，被称为毛细胞（hair cells）。在半规管内，这些纤毛浸润在液体中，而在耳石器官中，它们被含有微小晶体的大片凝胶状物质包围。当丹尼尔上蹿下跳时，这些动作将使前庭器官中，尤其是在球囊中的纤毛发生弯曲。根据他是向上跳还是往下落，这种弯曲会打开或者关闭球囊中毛细胞膜上的微小离子通道，降低或升高电位，使动作转换为电信号。

在前庭传导过程中，毛细胞与第一级神经元构成突触，大约 20000 个细胞的轴突从耳中发出并延伸至脑干，形成前庭神经。在脑干中，前庭纤维突触作为前庭信号传导的中心，将有关运动和平衡的信号往返运送至多个身体部位：眼球，使其随着头部位置的改变而活动（这也让丹尼尔跳动时看到的画面是稳定的）；脊髓下部的运动神经元，控制他整体的姿态和四肢的位置；小脑，将前庭传导来的信息以及视觉和触觉输入的信息整合起来，形成他的平衡感。一些前庭纤维也可以直接从耳部传导至小脑，而不经脑干，这也显示出前庭信号输入在小脑协调机体动作的过程中扮演的重要角色（见图6.1）。

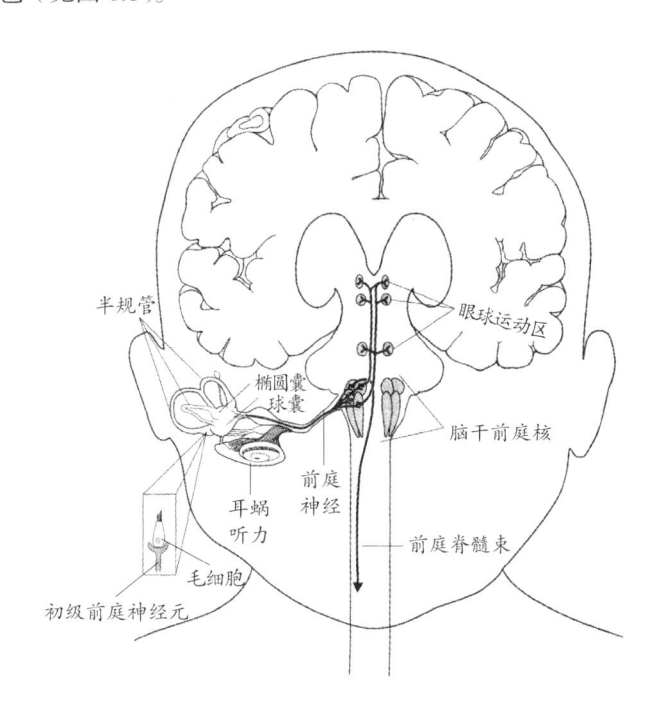

图6.1 平衡与运动是通过3种前庭器官中毛细胞的微小运动来感受的，其中有半规管、椭圆囊和球囊。毛细胞通过兴奋初级前庭神经元，将电信号输送至中脑、脑干以及脊髓的多个部位，协调多种前庭反射。

所有这些都是无意识状态下的活动。但有时当你在舞台上不慎摔倒、滑雪时冲下山坡，或是发生内耳感染时，或许会清晰地觉察到身体的运动和平衡感。正如触觉一样，前庭纤维从脑干通过丘脑，在此交换神经元后上行并直达大脑皮层，这样人就能意识到身体的动作和位置。

前庭系统的发育

在丹尼尔的前庭系统从周围组织分化出来的时候，他仅是个1.3厘米大的小胚胎。内耳的两个部分——前庭器官与耳蜗,都是从同一个胚胎结构——耳泡发育而来。虽然前庭系统和听觉系统是同时开始发育的,但前庭系统明显比听觉系统发育得更快,这也许是因为前庭功能的启动对其他神经系统的正常发育至关重要。

前庭器官和听觉器官从受孕后的第 5 周就开始分化了,此时,将形成前庭管道的 3 条脊线仍然折叠在耳泡的光滑外壁上(见图 6.2)。到了第 7 周时这几条脊线已经变细,基底部逐渐消失,转变为 3 个半规管。在第 7 ~ 14 周,所有的毛细胞形成后会立即诱导前庭神经的神经元朝它们生长,与神经元之间形成突触连接。这些初级前庭神经元也会反向生长,抵达脑干,在那里将形成最早期的突触。前庭神经也是在整个大脑中最先形成髓鞘的神经束,这个过程大概始于孕早期的最后一周。到了孕期的第 5 个月,前庭器官的大小和形状已完整形成,通往眼睛和脊髓的前庭通路开始形成髓鞘,并且整个前庭系统的功能也有了极大的完善。尽管髓鞘形成过程开始得很早,但仍有部分前庭通路的髓鞘形成得很慢,会一直持续到青春期。

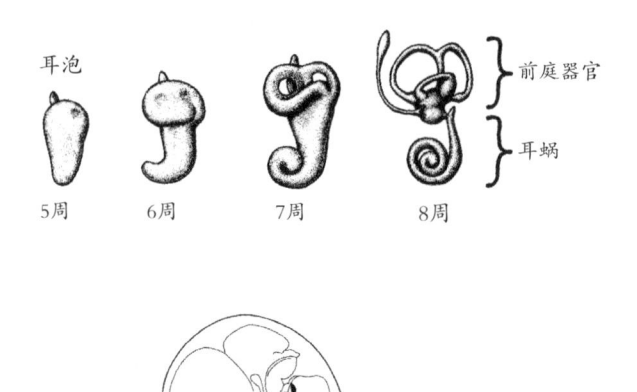

前庭器官在 8 周龄胚胎上的位置

图6.2　胚胎时期前庭器官的形成和发育

胎儿的前庭系统很脆弱

由于前庭系统早期快速发育，该系统在出生前异常的脆弱。20世纪40年代，链霉素作为一种新型的抗生素被用于治疗小儿肺结核。这种药物理论上是一根救命稻草，但不幸的是，它的副作用是会损害发育中的内耳。我们现在了解到，氨基糖苷类药物对内耳前庭器官和听觉器官的毛细胞伤害极大（对发育中的肾脏也有很大的毒性）。胎儿接触链霉素，或是其他任意一种氨基糖苷类药物（包括卡那霉素、阿米卡星、新霉素、庆大霉素和妥布霉素），都可能导致耳聋和永久性的前庭功能障碍。

而在毛细胞的快速成熟期，这些药物导致的损伤最大。最容易发生听力丧失的脆弱时期大概在怀孕的第15周左右，前庭损伤的脆弱期还会提前几周。因此，医生们建议尽量避免在婴儿以及孕妇身上使用氨基糖苷类药物。如果出于保护母体和婴儿健康的目的，必须使用这类药物，可以选用更新型的药物以及更安全的剂量来减少毛细胞损伤的风险。

由于听觉系统与前庭系统的结构相似，其他会造成耳聋的因素同样会威胁前庭感觉的形成（见第3章和第10章），比如母体感染（如风疹和巨细胞病毒）、出生体重过轻、遗传因素和甲状腺功能减退等。

通过新生儿反射检测前庭功能

幸运的是，安娜和史蒂夫的孩子的前庭系统发育正常。前庭感觉是继触觉后，第一个在发育前期成熟的感觉，这也让小胎儿有了最初的反射。在受孕后的第10周，安娜还在试着提上她那条蓝色的牛仔裤，他们的胎儿已经开始对运动刺激有了反应。到了第12周，由于头部位置的改变，胎儿眼睛的位置也开始改变。安娜怀孕8个月时，站起来或在床上翻身这类突然的位置改变可以激发婴儿的拥抱反射——向外挥动手臂，伸展腿部，又慢慢地恢复到屈曲状态。正是前庭系统的成熟使胎儿能通过重力而感知自己的方位，并且在出生前的几周或几天内调整到合适的体位。在出生时有前庭功能缺陷的婴儿,以臀位分娩的几率很大,可能是因为这类胎儿不能准确地辨识上下。

前庭功能是很多姿势反射的基础,儿科医生经常在新生儿神经系统评估时用到这些反射。其中一个是拉弓反射,简医生对安娜和史蒂夫那只有一天大的小婴儿蒂莫西进行的检查就是关于这个反射。当简将蒂莫西的头转向右边时,他伸展着自己的右手和右腿,并弯曲自己左侧的肢体——他的前庭系统感受到了这突如其来的头部位置变动,并对四肢做出合理的调整以保持站立时的平衡。早产儿在孕期第 35 周时就可以表现出这种反射,在出生后的 1 个月,这种反射已经健全,但在婴儿 7 个月大以后,就不会因为一个简单的转头动作而引发反射了。但是它不会彻底消失,成人在下落或跳起等突然发生位置改变的时候,会引发这种反向的肢体收缩或伸展动作来保持身体的平衡(见图 6.3)。

图 6.3 拉弓反射是通过前庭系统控制的,可以因婴儿的头部转向一侧而被引发。尽管这个反射在出生后的 7 个月左右消失,但这种姿势的调整会一直持续到成年之后,并可以由一些不平衡状态自动引发。(引自坎德尔等人所著的《神经科学原理》第三版,引用经出版者同意。)

另一种前庭反射是牵引反应，该反应是指将新生儿从卧位拉起至坐位的过程中，他们尝试（尽管是徒劳的）着将头抬起。前庭系统感受到头部向前的运动后会使颈部的屈肌收缩，试图将头部抬起至垂直的位置，虽然此时的颈部肌肉还不足以完成这项工作。该反射可以在第37周的健康胎儿身上出现。

最能体现新生儿前庭功能的莫过于眼球的运动。当史蒂夫将蒂莫西的脑袋转向一侧时，他的眼球仍保持向前、朝向他的父亲。这种稳定的凝视现象也被称作头眼反射，它需要灵活的眼球运动。这种反射连同其他几种前庭—眼反射，是研究者们了解前庭系统发育的有效方法。

还有一种方法很像孩子们喜欢的一种游戏：让一名同伴转圈，并在停止后观察他眼睛的运动情况（在一个方向上快，而在另一个方向上慢）。这种眼球运动被称作眼球震颤，发生的原因是神经系统已经适应了持续的旋转，并试图保持这种状态。尽管身体停止了旋转，但前庭系统仍会短暂地认为还在旋转，让她的眼球反向运动来适应。

早产儿也会出现旋转后的眼球震颤，这表明他们在受试期间处于清醒状态。为了检测这种反射，医生让家长抱着孩子并坐在一张可以旋转的椅子上，在旋转10次以后立即测量婴儿眼球的运动。婴儿不但像儿童和成人一样有眼球震颤，而且眼球转动速度更快。实际上，在婴儿期，前庭系统会过度反应，在第6~12个月达到巅峰，而从2岁半开始逐渐下降，青春期达到一般水平。这样的高敏状态可以一定程度地解释为什么婴幼儿站立时摇摆不定，当然，它还可能对其他神经系统的发育有着重要意义。前庭系统敏感性的成熟，主要是受脑干和更高级的大脑中枢中神经元突触强度和树突生长过程的影响。这与内耳中的其他改变非常不同。

前庭系统的成熟对孩子运动能力的发育有重要作用。众所周知，一个11个月大的婴儿想要独自站立并保持平衡不是一件容易的事情。这不光取决于前庭系统，还受视觉、本体感觉以及运动能力的影响。尽管如此，研究者仍将影响姿势的各种原因区分开来，他们发现，保持平衡的前庭系统功能至少到7岁，甚至是青春期才会完全成熟。前庭系统这种逐步成熟与孩子运动能力的逐步发展相匹配，可能是受一些前庭通路中神经髓鞘形成的影响。

前庭系统发育有助于大脑其他部分的发育

也许我们平时意识不到,但前庭感觉在神经系统的发育中非常重要。有一项研究显示,大部分在眼球震颤实验中有缺陷的婴儿运动发育会延迟,这样的婴儿有一半到18个月,甚至4岁还无法行走。平衡感对运动能力发育的影响不难理解。许多患有情绪障碍的儿童,比如注意力涣散、学习障碍、语言紊乱和自闭症的儿童,也常有前庭缺陷。虽然前庭功能的缺陷并不是引发这些问题的唯一因素,但这些发现确实让我们意识到平衡感和运动感比我们平常认识到的要重要得多。

精神发育是逐步积累的过程。而前庭功能作为最早发育成熟的感觉,为婴儿提供了大量早期感觉体验。这些体验对其他感知和行为能力的发育至关重要,而这些感知和行为能力会对更高级情感与认知能力的发育产生深远影响。

前庭刺激促进大脑发育

如果前庭功能缺陷会阻碍大脑其他方面的发育,那么上述观点的反向推理是否成立,即额外的前庭刺激是否能促进婴儿的大脑和思维?有证据表明这是成立的。我们知道,孩子,尤其是婴儿非常渴求摇晃、弹跳、旋转这样的重复性运动。这种冲动是如此的强烈,以至于基本上每一个婴儿都会经历一段"自我刺激"期,包括摇摆、蹦跳、摇头以及晃动身体,甚至有3%~15%的婴儿会自己撞头。这种前庭的自我刺激始于6~8个月,正是前庭感觉最敏感的时期。

一项研究为前庭刺激的益处提供了证据。这些研究员选取3~13个月的婴儿,让他们在转椅中经历16个回合的旋转:每周4次,并持续4周,每次都让婴儿坐在研究员的怀中,一起在转椅中旋转10次,每转完一次后都会突然停止。为了给3个半规管最大的刺激,婴儿会以3种不同的姿势旋转,这3种姿势分别是:头部向前倾斜30度的坐姿,以及向左和向右的侧卧位，婴儿非常喜欢这些方式。在旋转期间，婴儿们会牙牙学语或是发笑，而在旋转间隔的30秒休息期里，他们会变得烦躁。除了这组"受训"的婴儿，还有两组对照组，一组是没受训的；一组是仅仅在旋转椅中坐在研究员的怀里，没有转动的。

实验的结果令人印象深刻。与两组对照组相比，参与旋转的婴儿在反应和运动能力上发育得更快，在坐起、爬行、站立和走路这样的运动能力中，区别尤为明显。实际上，这项研究还包含了一对3个月大的异卵双胞胎，其中的一名参加了"训练"，而另一名没有。在这项研究结束时，他们都4个月大了，"受训"的那个婴儿已经可以控制头部，能自己坐起来；另一个才刚刚开始抬头。

前庭刺激对幼小的婴儿也有好处。新生儿在轻摇、抱起、晃动或突然改变姿势时会变得更加乖顺，这些动作都会激发前庭系统。在一项研究中，研究人员尝试用各种方法2～4天大的婴儿，并发现包括前庭刺激的方法比单纯的安抚行为更有效。比起仅靠近床边抱紧婴儿，不改变他们的姿势，婴儿在被抱起并直立着举过肩部（同时提供接触和前庭刺激）时啼哭更少。甚至单纯的前庭刺激，如摇晃婴儿椅，但没有任何看护者的身体接触，也比只有接触没有刺激效果更好。

前庭刺激对婴儿的整体表现影响深远。刚出生的婴儿都会经历一段"行为紊乱"期，他们会乱踢乱打，绷紧小脸，握紧小手，急切、高声地号啕大哭。（幼儿和学龄前儿童也会经历这种紊乱期，但不常见，且常被认为是在"发脾气"。）父母会使尽浑身解数安抚婴儿。当安娜将蒂莫西抱过肩膀并轻轻地拍他时，他马上"乖顺"了。哭泣停止了，全身也放松下来，并很快变得非常清醒，安静地注视安娜身后的吊灯、墙上悬挂的靓丽图片，最后，当安娜将他抱在怀里时，他会注视母亲的眼睛。事实上，通过前庭刺激安抚的婴儿确实要比用其他方式安抚的婴儿更加清醒。在这期间，婴儿能更有效地从身边的世界中汲取信息。

持续的前庭刺激还有另外一个效果，它会降低婴儿的唤醒度。在安娜抱了蒂莫西一会儿以后，他开始犯困并再次入睡了。而这对他大脑的成熟大有裨益，因为很多重要的生长过程都是在睡眠期间完成的。

新生儿重症监护室里的护士对前庭刺激的好处更是如数家珍。和抚触等其他的感觉刺激一样，每天额外接触前庭刺激的早产儿能更茁壮地成长。摇摆、晃动、放在前置婴儿背巾中来回走动，或仅仅是被放在婴儿椅中，这些方式都可以让备受煎熬的早产儿安静下来，有助于他们的快速生长。另一种很好的前庭刺激方法是婴儿水床，在那里婴儿实际上是自己在摇晃，每一次晃动就像是在母亲子宫中一样。这些改进可以帮他们更快增加体重、减少焦躁、更有规律地呼吸、动作更加自然、睡得更久，而且能够长时间地保持安静和清醒。

作为婴儿最成熟的感觉之一，前庭系统为大脑的发育提供了一个便捷通道。大部分父母将会很快地意识到这一感觉的好处：摇晃、抱着走动这些动作，不仅能够安抚孩子，还对宝宝的大脑发育有益。

第 7 章

靠"闻"认识世界:
宝宝的早期嗅觉

- 受孕第 28 周，胎儿闻到了气味
- 妈妈乳房的气味最好认
- 宝宝为什么离不开小毯子？

经过一段漫长的产程，小汉娜终于顺利出生了。她的妈妈，雷切尔，正沉浸在前所未有的幸福之中。她怀抱着女儿，将脸颊埋在新鲜而娇嫩的小身体上，婴儿美妙无比的香味让她瞬间融化了。此时，小汉娜身上已不再湿漉漉的，可她还没有洗澡，所以还留有那股新生儿特有的清香，正是这香味让雷切尔爱得无以言表。

与前庭感觉一样，嗅觉在我们的生活中也扮演着十分重要的角色，但这两种感觉却常常被我们忽略。毋庸置疑，嗅觉对我们的饮食影响很大，我们会通过气味来选择自己喜欢的，同时避免摄入那些有潜在危险的食物，一般来说，腐烂的食物或被化学毒素污染的食物气味不太好闻。上述这些例子足以说明嗅觉对我们的重要性。嗅觉还在我们的社交活动中起了很大的作用，比如亲属互认，异性相吸，甚至亲子依恋，等等，这些都离不开嗅觉。这些社交活动是双向互动的，就像雷切尔感到汉娜的气味十分迷人一样，每一个孩子也会识别并记住自己母亲身上独特的味道，这要归功于他们的早期嗅觉。这个时候，小宝宝的"远程"视觉和听觉还没有发育完全，所以更直接的感觉，如嗅觉、味觉和触觉对婴儿成长和寻求父母保护就更重要了。

我们知道，嗅觉和味觉都是"化学性"感觉，这两种感觉的产生都源于神经元受到环境中某些分子的刺激引起的兴奋反应。在遗传上，这两种感觉也都是原始的感觉，即便是单细胞生物也对不同的化学物质有一定的区分能力，这可以帮助它们找到并摄取维持生命必需的物质。但是哺乳动物的嗅觉系统更独特，嗅觉信号由鼻子直接传递至大脑皮层，这个区域的皮层比其他区域的更原始，传递过程中不需要在低级中枢进行换元。所以与那些在人类进化史上出现较晚的皮层相比,嗅觉皮层在出生时发育得更健全。对于大多数人而言,嗅觉不是最重要的感觉,但新生儿会比成年人更加依赖这种感觉。

嗅觉系统开工了

小汉娜的嗅觉系统几乎是她一出生就开始发挥作用了。雷切尔抱着刚从子宫里出来的她时,乳房会分泌一些初乳(乳房在分泌乳汁之前分泌的一种富含蛋白质的液体),初乳里的一些分子会随着乳汁溢出,通过空气扩散到小汉娜的鼻子里,在那里,它们会溶解到她鼻腔深层的黏膜中。这层湿润的黏膜含有一些纤毛,这些纤毛属于嗅细胞——嗅觉传递通路中的第一级神经元,它们可以通过相应的蛋白感受器与初乳中的气味分子结合,捕获这些分子,并将来自分子的化学刺激转化为电信号。每个嗅细胞只接受一种或少数几种分子的刺激,而气味的强度取决于气味分子引发动作电位的数量。

一经激活,嗅细胞将沿着短轴突将动作电位一路向上传递,经过颅骨上的筛孔,到达嗅球处的突触,这也是它们在大脑中的第一个中转站。嗅球是一种椭圆形的结构(左右鼻孔各有一个),位于额叶的下方,下面就是鼻腔。嗅球内包含一个小型的神经网络,来自感受器的所有信息在这里被整合。而作为输出神经元,僧帽细胞将发出其长轴突,沿着额叶底部穿行,这些神经纤维构成了嗅束,并最终抵达位于颞叶基底部最内侧膨起的初级嗅觉皮层。嗅球神经元的几个直接作用点构成了边缘系统的一部分,这部分大脑可以控制我们的情感、动机和记忆。

嗅觉对于其他哺乳动物,如啮齿类动物来说十分重要,它们的嗅觉皮层和边缘皮层共同组成了一套独立的神经系统——"嗅脑"。这个古老的区域结构更简单,相比于拥有6层结构、控制其他感觉和高级认知能力的大脑皮层,嗅脑皮层更薄。在其他动物的大脑中,嗅脑占的体积比例比人类大,这也就解释了为什么动物的嗅觉比人类灵敏得多。不论是从进化的角度,还是从事实——它与调控我们记忆和情感的神经联系如此的直接,都能证明嗅觉是一种原始的感觉。

在人类的"嗅脑"里,不同区域的皮层使用嗅觉信息的目的不同。比如,一部分的僧帽细胞上行投射至边缘区域——内嗅皮层,负责气味及它们之间关联的学习和记忆。另一个边缘区域,杏仁核,直接运用输入的嗅觉信息去调控摄食行为以及一些社会和繁殖行为。嗅觉信息将继续从初级嗅觉皮层到达脑干中调控运动反应的中枢,影响如唾液分泌、头部转动、面部表情以及吮吸等运动反射。最终,嗅觉信息抵达高级大脑皮层。来自初级嗅觉皮层的神经元可以直接或经由丘脑到达眶额皮层,眶额皮层距离嗅球不远,也位于额叶的下方,其功能是感知和区分气味。这部分皮层可能也负责整合嗅觉与味觉信息,从而给了我们味道的感知(见图7.1)。

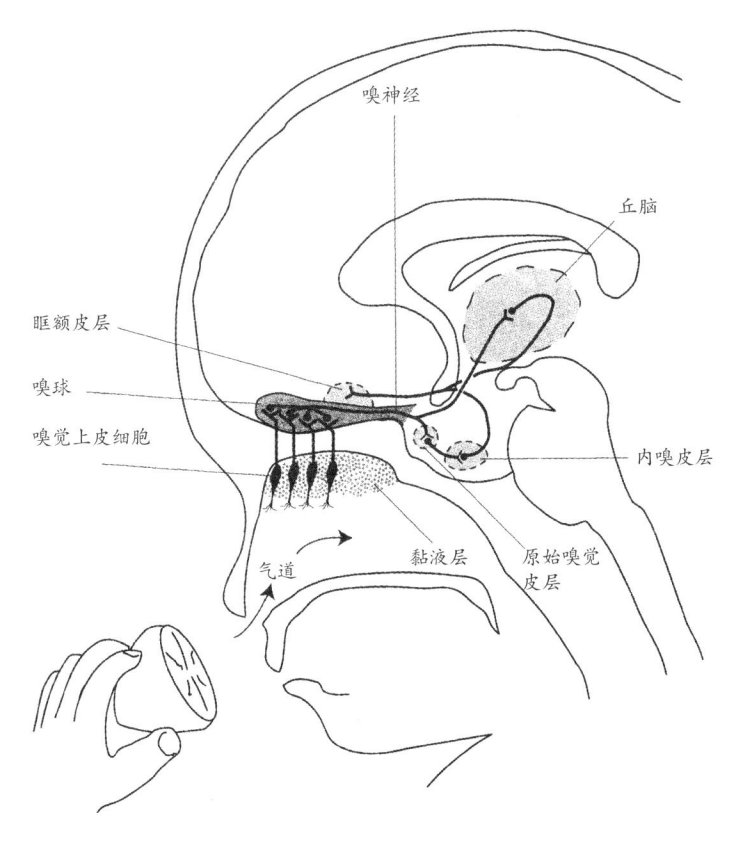

图7.1 大脑的嗅觉通路。气味分子和鼻腔内的嗅觉上皮细胞结合,激发从嗅球到某些大脑皮层及皮层下区域的电兴奋过程(这里仅显示了一部分)。其中一个是内嗅皮层,它是边缘系统的一部分,参与气味的记忆。另一个是眶额皮层,负责我们的嗅觉感知。

除了嗅觉以外，我们还可以通过另一种方法来感知环境中的化学物质，这种感知能力被称为共同化学感觉，这种感觉信号的传递始于一些游离的神经末梢，它们位于身体上直接暴露于外界环境的黏膜中，如嘴唇、眼睛、鼻子以及外生殖器。这种感觉远不如真正的嗅觉灵敏，神经系统可以通过它感受到遇到了某些有害的化学物质，却不能具体辨别究竟是哪种物质。不过，这种化学敏感性在发育过程中出现得很早，它可能在胎儿和婴儿的气味感知力中扮演了重要角色，尤其是对有害物质。

嗅觉系统的发育

小汉娜刚出生时嗅觉系统已经发育得比较成熟了。与其他感觉系统一样，嗅觉系统的发育始于胚胎早期，并按照由外到内的顺序进展。在受精后的5周，小汉娜的早期面部就出现了鼻窝，鼻窝逐渐变深并持续分化，在受精后的第7周形成真正的鼻腔。与此同时，鼻腔内层开始形成嗅细胞。这些椭圆形的细胞长出一条宽大的树突向下延伸至鼻腔表面，止于可以结合气味分子的纤毛；随后，从它们的顶端长出一条细长的轴突，这条轴突可以向上穿出鼻腔，进入大脑，形成嗅神经。到第11周，嗅细胞的数量已经很多了，从外观上看也较为成熟了。但是，离这些细胞真正行使功能还需要几个月，因为它们还要经过一些细微的生化反应才能完善。

嗅细胞确实很独特。在人体所有的神经元中，它是唯一一种一生中不断产生的细胞。虽然身体的某些器官常有新生细胞，如皮肤、血液以及小肠等，但是在神经元中，新细胞很少见。嗅细胞通常每60天左右更新一次，新细胞都是按照一样的顺序生长：长出纤毛，发射轴突，在嗅球形成突触。目前还不清楚嗅细胞为何拥有这种特殊的能力，也不清楚这种再生能力是否意味着嗅觉不会受到永久性地损伤。因为嗅细胞的增殖有前提条件，即必须要有健康前体细胞，随着时间的推移，这种前体细胞会逐渐死亡，并且不再更新。事实上，与新生儿相比，成年人嗅细胞会大量退化，这种退化最早始于儿童中期，很多因素比如感染、吸烟、污染物或有毒物质等都可以导致退化。这也就解释了为什么嗅觉会随着年龄的增长而减退。

当嗅细胞的轴突长入大脑时，它也引发了嗅球神经元的发育过程。嗅球神经元是嗅觉信息传递的第二级神经元，嗅球在胚胎发育的第8周开始形成，而作为它最主要的传出神经元，僧帽细胞最早在第10周开始形成。第13周，一块骨板把嗅球与鼻腔分隔开来，骨板上有许多小孔，孔内有多条嗅神经的分支穿行其中。到了孕中期，嗅球从外观上看已经比较成熟了，但与嗅细胞一样，直到孕晚期才真正行使功能。

我们对初级嗅觉皮层的发育所知甚少，培训位于进化史上较古老的脑区，可能比调控视觉、听觉，甚至是触觉的新生皮层成熟得更早。在出生以前，初级嗅觉通路就已经有髓鞘形成，这说明在新生儿体内，嗅觉结构已经相对发育完善了。

有意思的是，在胎儿期，还会生成一个结构——犁鼻器，这个结构在其他哺乳类动物身上扮演了重要的角色，类似于嗅觉信息的传递员。嗅觉高度敏感的动物，如老鼠、豚鼠等，可以用犁鼻器来探寻信息素——一种可远程传播的、用于传递交配及社会信号的化学物质。人类胎儿也有犁鼻器，但仅在怀孕的第7～25周，随后即开始逐渐退化并完全消失，仅在鼻中隔处留下一点软骨组织。犁鼻器存在的这段时间里，很可能向胎儿传递了母体的信息素。

嗅觉系统发育的可塑性 嗅觉系统发育得早并不意味着它不受经历的影响。比如，一只老鼠在刚出生时，一侧的鼻孔由于被堵住而失去嗅觉，那么这一侧的嗅球会明显萎缩，相比没堵住的一侧，只有很少的神经元，体积也缩小了25%。与之相反，如果将刚出生的小鼠，在最初的21天中，每天都置于气味丰富的环境里，闻不同的味道（比如香蕉、菠萝、桂皮、茴萝、草或者凤梨），它们的嗅球将会比一般小鼠多形成20%的僧帽细胞。既然这些变化发生在嗅觉信息传递通路的第一个中转站，那么就可能会影响到嗅觉信息在整个大脑的传递，从而影响嗅觉功能。

人类出生以前，嗅觉系统的发育比小鼠更完善。如果人类的嗅觉同样受到体验的影响，那么嗅觉的敏感期在出生前就已经开始。

宝宝在子宫内也能闻到气味

雷切尔曾听说辛辣的食物能够诱发分娩,所以过了预产期之后,雷切尔和约翰去了他们最喜欢的印度餐厅共进晚餐,不断地添咖喱酱。可5天过后,她仍然没有分娩的迹象。尽管这顿辛辣的晚餐没能给雷切尔带来宫缩,但它肯定逃不出小汉娜的嗅觉。

子宫内的宝宝也能感受到准妈妈们闻到和尝到的味道,准妈妈们也许很惊奇。嗅觉始于受孕后的第28周,嗅觉神经元发育得很早,但直到这时候它们才表现出生化特异性,即具备辨别气味的能力。在怀孕的第2～6个月,胎儿的鼻腔被大量的组织填充着,以阻止化学物质接触到鼻腔中的受体,这大概是为了避免嗅觉在成熟之前受到刺激。这个时候,虽然嗅觉神经元发育得较为成熟,子宫里的胎儿也闻不到气味。

28周后,胎儿开始对强烈的气味产生反应。在一项研究中,当把一小管薄荷提取物放在早产儿的鼻子周围时,不到28周的早产儿没有明显的反应,大一点的早产儿(29～32周)会有吸吮、皱眉或者转头的明显反应。

在孕晚期,胎儿的嗅觉能力会迅速提高,其嗅觉体验也出奇地丰富。羊水并不能阻碍胎儿的嗅觉,因为在与嗅觉受体结合前,气味分子通常会进入鼻腔黏液中。事实上,液态环境甚至能促进一些气味分子扩散。这一时期胎儿常常出现的吞咽和呼吸运动也会有助于气味分子的循环和受体结合。

孕晚期,汉娜几乎能闻到雷切尔吸入的所有味道:电梯里的香水味,公路上的卡车尾气,午餐的美味蘑菇汤以及晚餐的咖喱。一项来自以色列的研究甚至表示,在分娩前刚吃过中东食物的孕妇会生出"味道独特的新生儿"。随着胎儿嗅觉的进一步发育,胎盘的通透性在孕晚期也有了显著提高,更多的外界分子能够进入羊水中。

出生前的气味也有影响 假设胎儿能够闻到气味,并且受母亲的生活方式影响,他们可能在出生前的两三个月中处于一种丰富的嗅觉环境中。

这些早期经历是否会对他们的大脑发育和行为产生影响呢？

对大鼠来说，答案是肯定的。把类似柠檬或薄荷气味的物质注入大鼠的羊水中，和注射普通盐水的对照组比较，胎鼠表现出明显的兴奋：它们动得更多。如果先让胎鼠接触苹果汁的味道，随后接触一种令它厌恶的化学物质，那么直到出生后的许多天，仍会对苹果汁的味道产生反感。

关于大鼠能否在羊水中识别并记住气味，这里有一个证据。母鼠分娩后会舔舐幼鼠全身，并带着羊水的气味去舔自己的乳头，这种气味可以引导还看不见的幼崽吮吸第一口乳汁。如果将母鼠乳头上的这种味道洗掉，幼崽就不会吸吮，如果再涂上一点羊水，幼崽就能找到并吮吸乳汁。如果让胎鼠接触一些特殊的气味，比如柠檬的气味，那么这些幼崽会倾向于带有柠檬气味的乳头，其他的幼崽则会回避带有柠檬味的乳头。（虽然羊水中的味道对于幼鼠的第一次喂养至关重要，但它们后来都是通过自己吃奶留下的唾液气味来寻找乳头的。）大鼠的幼崽甚至可以把自己母亲的羊水味与其他母亲的区别开来，并且更喜欢自己母亲羊水的味道，说明这一气味可以让亲属互认。

出生前的气味体验能让幼鼠在出生后紧跟着母亲，而这显然是一项很有用的生存技能。就人类而言，气味或许没有这么重要：宝宝不会仅仅因为他不能闻味儿而挨饿。但是我们人类可能也有着相似的气味"标签"，它可以让新生儿在出生后通过子宫里的味道来辨认自己的母亲。最近有研究表明，新生儿能够对自己母亲的羊水味做出回应；他们更喜欢吮吸抹涂抹过羊水的乳头，并且闻到羊水的气味时，哭闹明显减少了。当然，女性很少会在分娩后往自己的身上涂抹羊水，但在自己帮自己生孩子（甚至是独自分娩）的年代，她们的手上往往会沾到一些，然后在尝试着初次哺乳时留在乳房上。

所有这些研究都表明，或许我们不用新生儿一出生就马上为他们清洗，羊水中的气味既能吸引新生儿又能安抚他们。有证据表明，相比被清洗的新生儿，那些未被清洗的宝宝在出生后的第1个小时内，能成功地将自己的小手放进口中的几率更大，这种行为是一种重要的自我安抚方式。幸运的是，即使在被清洗之后，新生儿也能辨别出其他熟悉的气味。受同样的饮食、环境以及基因因素的影响，母亲的乳汁以及汗液、唾液等其他身体分泌物的气味会在一定程度上与羊水相似。只要新生儿跟母亲待在一起，就会被妈妈身上散发的熟悉气息围绕。

有趣的是，最近的证据表明，不只是胎儿在出生前就有了家族气味的印迹，母亲也一样。和其他哺乳类动物一样，每个人都带有一种独特的气味，这是基因结构决定的。在怀孕过程中，母亲的气味会和胎儿的气味混合，而他们的基因信息不完全相同。对这种气味的熟悉解释了为什么大多数的母亲能仅凭气味认出自己的宝宝，甚至是在刚刚分娩之后。为了验证这一假说，研究者让产妇在分娩后的第1天，从3件T恤中选出自己宝宝穿过的一件，而另外两件是陌生的宝宝穿过的。结果发现，哪怕产妇仅和宝宝一起待过10分钟，也能准确地辨认出自己宝宝的T恤，这表明她们对宝宝气味的识别在很大程度上依赖孕期的经历。

新生儿就能区分气味

刚出生时的嗅觉相当成熟。通过观察沾有不同气味——香草、柠檬、咖啡等的棉签在汉娜鼻子下晃动时她踢腿的情况，我们发现她能够察觉到气味的不同。新生儿会通过吮吸、哭闹以及改变呼吸频率的方式来对不同的气味做出反应。有一些报告表明（尽管不是所有研究者都认同），当新生儿闻到喜欢或是厌恶的气味时会有不同的表情——闻到花、水果和香料等的香气时，是一种放松的神情，而面对鱼或者臭鸡蛋时，则是厌恶的表情。

成年人会忽略一直存在的味道，新生儿也会习惯反复出现的气味，这为评估他们的嗅觉能力提供了十分有用的方法。举例来说，为了检测汉娜能否区分两种十分相近的气味，我们会反复地给她闻其中的一种，比如绿薄荷。起初，这种气味会使她长时间、用力地吮吸一种特殊的电子监控奶嘴，但是在反复接触以后，这种吮吸减弱了。如果此时我们将气味换成鹿蹄草，她又开始了吮吸，这表明她的确能把它们区分开来。

许多类似的实验都表明，新生儿几乎能和成年人区分一样多的气味。他们可以辨别同一种气味的浓度差异并进行定位。比如，盛有氨水的开口瓶能让汉娜转头，但她会追随雷切尔乳房的味道，这表明她不仅能够分辨出这些气味的来源，还能区别这些味道的好坏。

像痛觉的敏感度一样（见第5章），嗅觉敏感度也会在宝宝出生后的几天内稳步升高。研究者曾在宝宝出生后的头4天里，每天给他们闻阿魏（一种难闻的亚洲植物），在之后的每一天里，宝宝们都能对更低浓度的这种气味做出反应。嗅觉的敏感度似乎会迅速升高，尽管这也有可能是由于母亲在分娩时传递给他们的麻醉剂在逐渐失效。

虽然汉娜能够区分不同的气味，但是与成年人有意识的嗅觉感知不同。她的反应更像是纯粹的本能，如同不论醒着还是睡着都会发生的呼吸、心跳和肢体运动一样。嗅觉信息显然可以一路传到控制这些反射的脑干，不过也许还到不了更高级的嗅觉中枢，因为嗅觉意识的发生地——额叶尚不成熟。

乳房的气味很有吸引力 在婴儿各种各样的嗅觉天赋中，他们辨认母亲乳房气味的能力好得出奇。母乳对婴儿的生长发育至关重要，这种能力很有意义。实际上，婴儿在这个方面的天赋远远出乎人们的意料：他们对不同女性乳房气味的辨别能力远超过成人。

哺乳期女性乳房的气味对新生儿来说格外有吸引力。和新生的小鼠一样，新生儿更喜欢在母亲没有洗过的乳房上吃奶。仅有2周大，且从未接触过母乳的婴儿更喜欢哺乳期女性的乳房，而不是非哺乳期女性的乳房。如果把这两类女性用过一整夜的乳垫分别放在人工喂养婴儿的脑袋两侧，婴儿会把头转向哺乳期女性用过的乳垫一侧。虽然人们还不清楚是哪些物质具有这样的吸引力，但猜测可能是母乳（或初乳）本身，或是滋润乳头的乳腺分泌物。

婴儿不仅会本能地追踪哺乳期女性的气味，还能很快学会区分自己母亲和其他哺乳期妈妈乳房的气味。把雷切尔和另一位同龄哺乳期女性的乳垫分别挂在汉娜摇篮的两侧，刚刚6天大的汉娜会将头转向雷切尔乳垫的一侧。2天大时她还不会这么做，但在接下来的几周中，她的偏好会逐步定型。与其他陌生哺乳期相比，汉娜更喜欢雷切尔脖子和腋下的气味。

早期婴儿的嗅觉辨认能力取决于父母和孩子接触的多少。人工喂养的宝宝在 2 周大时还不能辨认出母亲腋下的气味，而母乳喂养的婴儿则不能辨别父亲的气味。皮肤—鼻子间的接触可以帮助婴儿将乳汁与父母的气味充分地联系起来，所以喂宝宝奶粉时，父母可以敞开衣襟或者将孩子盖在衬衫下面，这样或许会增强孩子的嗅觉辨认能力。婴儿也可以将乳汁与其他人造气味联系起来，所以父母在孩子小的时候应尽量避免更换香皂、洗涤剂和香水等有气味的物品；如果用不带香味的当然最好，可以避免物品的气味掩盖了父母的体味。

婴儿辨认和趋向母亲乳房气味的能力在哺乳期间很有意义，甚至还有助于母乳分泌量的调节。除此之外，熟悉的母亲气味对婴儿有很好的安抚作用。出生 3 天后，研究者就发现婴儿在闻到母亲气味后会减缓无序的肢体运动。这种安抚作用就像哺乳一样可以帮助新生儿完成最重要的任务：成长。

男孩和女孩的嗅觉不一样

在观察新生儿对哺乳期妈妈乳房气味的反应时发现：这种现象只在女婴中出现，同龄男婴则没有这种反应。事实上，各年龄段女性对气味的敏感度都强于男性。例如，如果刚出生几天的宝宝闻到了一种陌生的气味（比如樱桃或姜），女婴会将头转向这种气味的方向，而男婴不会。同样地，比起没有味道的玩具，9 个月大的女孩会更喜欢玩有香味的那些，而男孩很少有这种偏好。年龄大一点的女孩在各种嗅觉辨识的测试中都比同龄的男孩表现得更好。

男性与女性嗅觉的差异可能与性激素的作用有关。睾酮会降低嗅觉的敏感度，而雌激素的作用恰好相反。因此，女性在怀孕和生理周期的中段时，对气味最敏感，因为在这期间她们的雌激素水平最高。在老鼠体内，性激素会造成雌鼠和雄鼠的嗅觉结构大小不同，也许人类在出生之前也有类似分化。

女性在嗅觉方面的优势可能意味着她们在养育中的更多付出。这种对气味的高度敏感有助于女性在怀孕和哺乳期间分辨食品是否安全，因为这个时期也是发育中的胎儿最脆弱的阶段。的确，孕期升高的雌激素水平可以缓解多数女性在孕早期经历的"晨吐"。女性敏锐的嗅觉在养育孩子的其他方面中也发挥着重要作用，有助于建立依赖感和辨识血缘关系。

分辨香臭的能力慢慢成熟

婴儿的嗅觉在出生前已经发育得很完善了，但他们有种能力却出人意料的差：辨别气味好坏的能力，即一种被称为"享乐价"的分辨能力。有证据表明新生儿面对不同的气味会做出不同的表情，自动朝向好闻的气味、远离难闻的气味，但是分辨愉悦气味能力的完全成熟需要几年。

例如，蹒跚学步的两岁孩子对悄悄释放到他们玩耍区域的气味，甚至是很难闻的气味（例如合成的粪臭味）很少有反应。他们很难将视线从玩具上移开！但是从3岁左右开始，孩子们就开始意识到有些气味可以带来愉悦感；他们可以将好闻的气味（薄荷、冬绿树、草莓和花的香味）与难闻的气味（变质的牛奶、呕吐物）区分开，会将好闻的东西给芝麻街的大鸟，将难闻的东西给奥斯卡（Oscar the Grouch）。（这种测试要比仅仅询问孩子他们是否喜欢某种气味的测试要好，因为孩子们有以肯定的方式回答问题的倾向。）最终，到6岁或7岁时，儿童对气味的好恶就和成人类似了。

早期嗅觉对人际关系很重要

生命早期的嗅觉很重要。在视觉和听觉发育完善之前，婴儿的认知很大程度上受限于周围的环境，他们用敏锐的触觉和嗅觉感知世界。嗅觉帮助新生儿找到母亲的乳房满足营养需求，实在功不可没。除此之外，嗅觉在婴儿早期的情绪发育中也发挥着重要作用，它帮助婴儿强化与父母及其他看护人之间的依恋，这对他们的生存也一样重要。

大鼠的研究为证明嗅觉的重要性提供了最有力的证据。幼鼠在出生后的几天或几周内，连眼睛都睁不开，却可以在出生后的几小时内就迅速地"印入"它们母亲的气味。幼鼠可以利用气味线索时刻紧跟着母亲，甚至仅凭气味在一群老鼠中找出自己的母亲。更令人印象深刻的是它们的嗅觉学习能力。在一项实验中，成年雄鼠更喜欢跟有母亲乳头味道（这里是柠檬味）的雌鼠进行交配。不考虑弗洛伊德学说的影响，这项研究为早期嗅觉经验的重要影响提供了有力的证据。神经生物学家发现这一现象与嗅球本身的改变有关，包括神经元数量和电反应性质的变化。因此，早期的嗅觉经历，尤其是母鼠接触鼠宝宝的方式与自身气味之间的联系，会永久地改变老鼠的嗅觉系统以及它们感受气味和做出反应的方式。

辨认气味可能是人类之间产生联结的第一步。新生儿可以很快地记住并偏爱母亲或其他看护人的气味。母乳喂养的婴儿嗅觉体验最丰富，他们每天都会不时地沐浴在母乳的香味和母亲的体香之中。如果奶粉喂养的婴儿与父母之间的接触足够多、足够亲密，他们也可以很快记住父母的气味。看护人的颈部可能是仅次于乳房的嗅觉输入源了，因为经常露在外面，并且竖抱孩子时，孩子的鼻子与颈部最接近。

一些让儿童闻T恤的实验发现，孩子们可以辨别自己兄弟姐妹的气味，并且喜欢。3岁的孩子能准确地辨认出同胞的气味，这项能力无疑得益于上述嗅觉关联的形成。

除了家庭成员的气味之外，婴儿还可以从自己的体味中得到安慰。就像小鼠喜欢沾有自己唾液气味的乳头一样，婴儿也会被自己遗留在母亲乳房上的唾液气味吸引。随着孩子逐渐独立，这种被称为"气味标记"的过程变得越来越重要。婴儿和学步期的孩子与父母直接接触时间的减少，而眼泪、唾液和其他分泌物可以给他们提供一种丰富、熟悉的嗅觉环境。这种安抚性的气味可能是这些快2岁的学步儿特别依赖自己的毯子和毛绒玩具的原因。学步期的孩子经常会将这些安抚物放在鼻子和嘴边，这样就可以闻到他们熟悉的气味；一旦他们的毯子或最喜欢的玩具被洗了，他们就会变得非常不安。这些柔软而气味熟悉毯子和玩具带来了母亲般的安抚，而且他们可以掌控，拿着这些东西在房间里四处乱跑。有趣的是，非西方文化中的孩子不会像西方文化中的孩子一样，对这些安抚物表现出如此强烈的依赖，这可能是因为前者与父母之间保持了更多触觉和嗅觉方面的接触。（非西方文化环境下的孩子在婴儿期后也经常会被父母照看，和父母一起睡。）

通过嗅觉认识世界

成年人很难意识到嗅觉对儿童和婴儿的重要性。近几天，朱莉娅告诉我她在父亲出差时特别想念父亲"好闻的味道"，我才意识到了这一点。

无论是从发育过程还是从神经回路的建立过程来看，嗅觉都是很原始的。虽然很少有人意识到，但是嗅觉的的确给婴幼儿留下了对社会和生活环境的第一印象，它还是感受刺激的重要来源。考虑到嗅觉对依恋关系和安全感的重要性，父母和其他看护人应该尽可能地为孩子创造愉悦、稳定和舒适的嗅觉环境。

第 8 章

喜欢的味道：
宝宝味觉和饮食偏好的由来

- 8周大的小胚胎,形成第一枚味蕾
- 咸味是什么?新生儿不知道
- 宝宝为什么偏爱甜食?

马太逐渐厌倦吃奶了。他出生后的 5 个月一直都在吃奶。家里每个人都能吃到美食——土豆泥、青豆还有诱人的蒜香烤鸡，他却只能坐在旁边闻着。突然，他很不合时宜地扑上去抓哥哥盘子里的食物，险些从婴儿椅上掉下来。

"哎呀！"妈妈在他一头扎进土豆泥里之前赶忙扶住他，"看来是时候开始给马太加辅食了。"

与触觉、嗅觉以及前庭感觉一样，味觉在发育早期就出现了。由于营养物质对婴儿的生存以及生长发育至关重要，所以味觉的出现意义重大。胎儿的味觉在孕晚期已经形成，在子宫中就得到了充分的锻炼。一出生，婴儿就能够区分味道。母亲的乳汁可以为他们提供充足的营养，还能给他们带来极大的幸福感，而婴儿的味觉偏好与乳汁甜美的味道尤为契合。

味觉占据了婴儿的大部分生活，不仅因为它在营养方面的重大意义，还由于婴儿的其他感觉以及运动系统的发育尚不完善。味觉是一种重要的体验方式，对情绪和幸福感的调节作用很大。

在婴儿时期，人类的味觉感受能力变化甚微，但味觉偏好却有很大的可塑性。就拿马太来说，基于在子宫中接触到的多种味道以及出生后母亲的乳汁，他已经开始形成自己的味觉偏好。在本章，我们将会详述早期味觉体验如何改变孩子的味觉偏好，以及母乳喂养对宝宝大脑发育和行为养成的独特好处。

味觉系统开工了

和嗅觉一样，味觉是另一种"化学物质感受器"，神经系统通过它感知环境中特殊的分子，将这种信息转化成电信号。但和嗅觉相比，味觉要简单得多。嗅觉的形成依赖于鼻子中数以千计的化学物质感受器，而我们的味蕾感受器只分为4类——甜、咸、苦、酸。（现在有些科学家认为，存在第五种味觉，即鲜味，它对谷氨酸钠等谷氨酸盐很敏感。）因此，要想形成完整的味觉体验需要味觉与嗅觉共同作用，这也就是感冒时吃东西常常觉得没味道的原因。

那大脑又是如何知道嘴巴在吃些什么呢？假如马太吃了满满一嘴的土豆泥，那些土豆、黄油、牛奶还有盐的分子就会接触到他的味蕾，并激活味觉感受细胞——位于味蕾中央孔隙内的高柱状上皮细胞。味蕾大多分布在舌的周边——舌尖、舌缘和舌背，共4500个左右，还有一些长在硬腭或软腭处，以及咽喉的上部。每个味蕾都有大约40个味觉感受细胞，这些细胞的微绒毛在味蕾孔隙周围摆动，并能从流过的食物中捕捉上述4种味道之一的刺激信号。例如，有些细胞能被土豆中的糖分激活，而有些细胞只能捕捉到盐离子的信号。如果土豆有部分变质了，可能还会激活感受苦味的细胞。但土豆泥一般不会激活最后一种味觉感受器，即酸味感受细胞。

味觉感受细胞把这些化学信息转换成电信号。这4种的食物分子激活位于微绒毛表面的不同受体分子，味觉细胞的电位发生改变，神经递质的释放，从而使味觉通路第一级神经元的树突兴奋。这些初级味觉神经元会将动作电位沿着轴突传导至颅底，进行第一次换元，再将信号传送至位于低位脑干或者延髓的中枢神经系统。

味觉传入信号对延髓影响很大。它可以启动一系列进食行为需要的脑干反射，包括唾液分泌、吞咽和舌肌运动等。延髓还可以在高位脑干或脑桥与丘脑之间传输味觉信号。味觉传入信号可以在脑桥传递给某些边缘结构，如控制我们进食和饮水需求的杏仁核与下丘脑，以及可以感知味觉快感的边缘皮层。这些信号会从丘脑传送至大脑皮层，形成味觉的主观感受（见图8.1）。

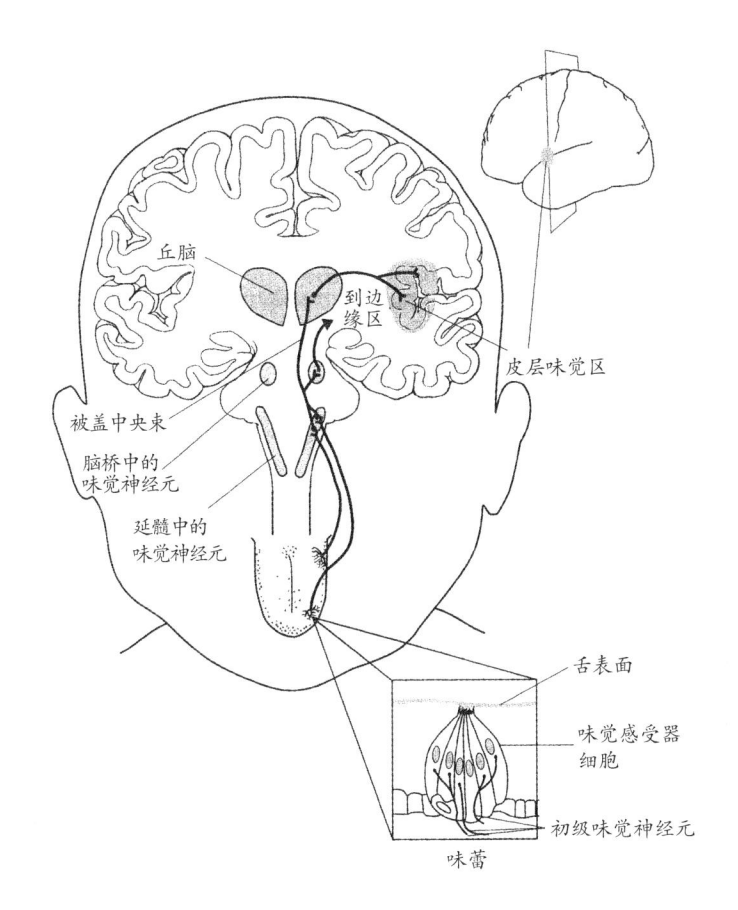

图 8.1 味觉的神经回路

味觉的主观感受是由大脑皮层上一个相对较小的区域控制的，该区域位于额叶和颞叶之间的褶皱处，在舌的触觉感受区下方（见第 5 章）。这两个区域位置的邻近或许可以使味觉更容易与食物质地的感觉整合，便于我们辨别不同的食物。但是，负责整合味觉和嗅觉并感知味道差异的大脑皮层位置却较远，大概就在负责嗅觉感知的眶额皮层。

宝宝在子宫里就有味觉

马太的第一枚味蕾在他还是个 8 周大的小胚胎时就形成了。到第 13 周的时候，味蕾已遍布他的口中，而且已经逐渐和神经进行信息传递了。尽管味蕾在孕早期就已经成熟，但由于婴儿期味觉的灵敏度会发生某些改变，所以味蕾的数目在出生之后还会持续地增加。

有充分的证据表明婴儿在出生以前就有味觉，他们对羊水中的化学物质非常敏感。当把有味道的化学物质注入羊水中后，孕晚期的胎儿会改变吞咽羊水的方式：注入糖精的时候，它们吞咽的羊水就多；而注入用于增强 X 光对比度的不透光染料等有害物质时，吞咽的羊水量就少。（这项观察是在超声波还未运用于临床时进行的，那时 X 线是胎儿检测的首选方式。）我们还知道，受孕后 35 周分娩的早产儿就能感知味道了：给他们喂糖水时喝得多，喂纯水时则喝得少。考虑到这些宝宝参加实验之前都是通过胃管获得营养，根本没有宫外味觉体验，这一结果就更令人印象深刻。显而易见，胎儿在孕晚期的最后两个月就能尝出甜味（可能还有苦味）。

出生前的味觉有什么用？ 也许味蕾在孕早期末成熟并非偶然，因为这个时期的胎儿开始会吮吸和吞咽了。这些动作可以增加流经味蕾表面的化学物质，从而以某种方式影响突触连接的形成。和其他感觉一样，早期味觉经历可能对味觉感受的形成具有关键性的调控作用。例如，孕期缺钠离子的大鼠产下的小鼠，会永远品尝不出钠盐的味道。这表明，正常的化学环境对味觉结构的正常发育是必须的。

羊水中富含兴奋味觉细胞的化学物质：可以刺激甜味感受器的糖类，如葡萄糖和果糖；可以激活胎儿咸味感受器的各种盐类，比如钾盐和钠盐。另外，整个孕期羊水的成分都在不停地变化，孕妇饮食中较重的味道以及胎儿自己的尿液（这个听起来就不那么诱人了）都会混合在羊水中，刺激不同的味觉受体以及相应神经回路的形成。

和出生前的嗅觉一样，胎儿在宫内的味觉体验可能会影响以后的行为，比如对食物的偏好。这一点在动物实验中已经得到了证明。比如说，孕期喂食杜松子的母兔所生的幼崽在断奶期的测试中偏爱杜松子口味的食物。另一个报道称，相比于在宫内注射生理盐水的对照组，在羊水中注入苹果汁的大鼠胚胎在成年后更喜爱苹果汁。令人担忧的是，如果注射的是酒精，大鼠成年以后会更偏爱酒精。如果类似的"味觉记忆"在酗酒母亲的胎儿身上出现，也许就可以从某个方面解释为什么酗酒行为有家族倾向。

胎儿在出生前就拥有的味觉对发育影响重大。它不仅能够影响味觉通路以及味觉偏好的形成，而且可能和嗅觉一样，有助于胎儿在出生后识别并找寻母亲，因为饮食中很多可以进入羊水的味道同样也可以进入乳汁。

新生儿能尝到什么？

马太现在很急切地想尝到新的味道，在过去的 5 个月中，他可没这么感兴趣。新生儿可以辨别很多种味道，但他们只关注甜味。刚开始时，一滴糖水或者母亲洛娜的乳汁就能对马太产生巨大的影响：他的表情会很放松，开始吸吮，心率也会慢下来。

基于类似的观察，人们认为甜味本身就可以使人产生愉悦感。在出生后的几个小时内，甚至在第一次哺乳以前，新生儿对糖的反应都很积极。他们不仅能识别甜味，还能分辨出不同的糖以及同种糖水的浓度差异。每个新生儿都喜欢高浓度的糖水，他们最喜欢的就是蔗糖，或普通的白糖，这种喜爱的程度超过水果中的果糖；而他们对果糖的喜爱要胜于葡萄糖；至于乳汁和配方奶粉中富含的乳糖，受欢迎程度还不如葡萄糖。有趣的是，女婴和较重的婴儿更喜欢甜度高的糖水。

马太刚出生时的反应很特别。一天晚饭后，哥哥偷偷拿了一片柠檬沾了沾刚出生的弟弟的嘴唇。尽管这种强烈的味道勾起了马太的好奇心，但当他第一次尝到这么强烈的酸味时还是感觉很不舒服。酸味和苦味都会引起新生儿强烈的反应：受到酸味的刺激时，他们会皱着鼻子，撅起小嘴，不断地流口水；而尝到奎宁这样的苦味时，会张大嘴吐出舌头，甚至会有一些愤怒的表现。

新生儿已经具备了 4 种基本味觉中的 3 种。但他们对第 4 种味觉——咸味却并不敏感。尽管对心率、吐舌和吮吸方式的研究都提示他们能够感知咸味，但新生儿对这种味道没有好恶。盐水并不能使他们出现特殊的面部表情，他们甚至会自如地喝下让大多数成年人都感到不适的浓盐水。正因为新生儿对咸味不敏感，导致了 1962 年纽约北部一家医院发生惨剧。几个新生儿因某配方奶中的糖被误换成盐而死亡。发现错误的时候，在14名误服配方奶的孩子中，已有6名严重中毒。

婴儿有味觉意识吗？ 婴儿可以感受到大多数的味觉刺激，但很难知道他们是否能真正地意识到味觉。婴儿对味觉的反应（吮吸、吞咽、分泌唾液和面部表情等）都受脑干特有的反射回路支配。这些反应告诉我们，味觉信息在低级大脑中枢整合，但没有告诉我们这些信息能否上传到大脑皮层。事实上，大脑皮层严重缺陷的无脑畸形儿，对甜、酸和苦的面部反应没有区别。这些低级大脑中枢的本能反射当然是有益的，它们可以帮助婴儿咽下乳汁和拒绝有异味、有潜在毒性的物质，同时是一种与医护人员进行交流的有效方法。但是，关于婴儿是否有味觉意识这个问题，这些反射并没有提供任何有效的信息。

在婴儿时期，味觉信息通向大脑皮层的通路有可能仍在建立中。我们已知有两条通路将味觉信息从脑干传导至大脑皮层。第一条是从脊髓到丘脑的通路（也被称作脊丘系）；第二条是丘脑到大脑皮层的通路，在出生前此通路的髓鞘就已开始形成。此外，因为口、舌部的味觉与触觉密切相关，所以味觉传导通路的皮层感觉形成可能和触觉传导通路同样早（见第5章），使婴儿很早就有味觉意识。

对咸味和苦味的感受会变化

新生儿自出生就具备了味觉，但味觉的发育却一直持续到幼儿时期。变化最大的就是对咸味的感觉。马太刚出生时对咸味不太敏感，但现在他更喜欢喝咸水，而不是白开水。婴儿在4个月时，对咸味的偏好会突然转变，这是因为在这个时期，他们味觉感受细胞的细胞膜上首次出现了对钠离子敏感的受体。在这种受体出现之前，这些细胞可以对其他的咸味做出反应，而对食物中咸味的主要来源——钠离子却没有反应。接触食盐可以使孩子喜食咸的食物，但这种偏好的产生是有生理学基础的，依赖于味觉细胞和通路的自然成熟而非孩子的早期经历。

是什么原因减慢了咸味敏感性的发育？这可能与肾脏的发育有关。在稍大一点的婴儿和成年人体内，肾脏利用钠离子来浓缩尿液，但是小婴儿没有这种能力，所以他们不需要摄入食盐。此外，母乳中钠的含量很低，所以小婴儿没有感觉咸味的生理需求。

两岁的时候，幼儿对咸味液体的反应又有了变化，他们会像成年人一样拒绝摄入盐水。这种情况的发生可能是受经验的影响：孩子们感受咸味的能力并没有改变，只是随着他们的生长，逐渐知道了什么应该是咸的，什么不是。例如，2～6岁的孩子会拒绝喝盐水，但和清淡的食物相比，他们更喜欢像胡萝卜和炖菜这类有咸味的食物。

孩子们对苦味的感觉也是逐渐形成的。新生儿可以明确地感受到苦味，但婴儿能尝出更多苦味物质，到两岁时，对苦味的敏感性会和成年人一样。因此，有学者曾尝试研制安全的而带有苦味的合成物，把它们添加到家庭用品之中，避免孩子误食。

幼儿早期对甜和酸味的感觉较稳定。学龄前儿童更喜欢吃甜食。这并不代表饮食经历和味觉体验在甜味的偏好中没有发挥任何作用。像咸味一样，孩子们对什么甜、什么不甜的逐步认识，确实会影响他们对甜味的偏好。但总体来说，他们天生就喜欢吃甜食，并且父母很少能阻止。

婴儿已经具备感受味觉的能力和对味觉的偏好，但幼儿还会经常吞下蜡笔、硬币、纸币、颜料、玩具零部件、清洁剂甚至更糟糕的东西，就有一点令人费解了。为了研究这个问题，研究者对1～5岁孩子可食用物质的判断能力进行了一项专门的检测。所有的孩子都存在把不恰当的东西放入嘴里的行为，例如纸、树叶、彩泥和海绵。然而，总的来说，只有年龄最小（16～25个月）的孩子才会把危险的东西放入嘴中——在这项实验中使用的是模拟洗涤剂。这种行为在孩子3～4岁时会显著地减少，把恶心的物品（蚱蜢、干鱼和假便便）放入嘴中的倾向也会降低。所以，味觉感受会在婴儿时期显著发育，但对可食用物质的理解很大程度上要通过学习获得。只有通过父母逐步地引导和亲身体验，儿童才能知道什么可以吃，什么不可以吃。

为什么孩子（和成年人）喜欢甜食？

终于，马太得到了一次尝试辅食的机会！他喜欢大米，尤其是混有一点配方奶或是苹果汁的米饭。但他不喜欢蔬菜泥，吃绿豆和菠菜时常常吐出来，胡萝卜还比较合他的口味。不过水果泥就另当别论了。对于梨、桃子和香蕉泥，他好像总也吃不够。

每位父母都知道孩子们喜爱甜食。我们认为通过给他们吃大量的水果以及一些甜的蔬菜（豌豆、胡萝卜和甜的土豆等）可以控制这种欲望，在增加糖类的同时补充维生素。可孩子们在这方面却更聪明。他们用不了多长时间就能发现，饼干和冰淇淋中的蔗糖才是他们的最爱。父母们考虑营养，会和孩子"斗争到底"。但是，让孩子们吃甜食真的有那么糟糕吗？

为什么孩子（甚至很多成年人）那么喜欢吃甜食呢？科学家给出了一个很好的解释：甜食可以增加愉悦感，而不仅是给我们很多能量。吃甜食时，我们不需要等到糖类被消化，就可以很快产生愉悦感。研究表明，口腔中的糖类受体与大脑中释放内源性阿片类物质的区域相关，这种天然的吗啡类化学物质可以使人产生快感和舒适感，甚至会阻断痛觉刺激向大脑的传递。所以，甜味本身就可以激活大脑中的愉悦中枢。

当一个人处于压力中时，甜食在改变情绪方面尤为奏效。对婴儿来说，这种情况时常发生。哭泣是一种压力大的状态，研究者发现饮用糖水或吮吸甜味的奶嘴对婴儿有很强的镇静作用。糖类可以使婴儿不再哭闹，降低婴儿的心率以及减少婴儿那些不协调、耗能的身体运动。这些发现可以解释为什么新生男孩在进行包皮环切术时，如果吮吸一块沾有糖水的布，看起来疼痛感会缓解（见第 5 章）。除了镇静作用，糖还可以提高婴儿的清醒度，并促进他们的手与嘴之间的协调运动。

动物实验提供了很多糖类激活内源性阿片类物质通路的证据。当小鼠被隔离时，它们会大哭——释放超声波让母亲找到它们。研究者发现给隔离幼鼠的嘴里输注糖水会减少这种痛苦，并降低身体对疼痛的敏感性。然而，如果预先给幼鼠注射了抑制释放内源性阿片类物质的药物，糖类的镇静和镇痛作用都会被抑制。

对婴儿来说，机制也一样。尽管我们不能在新生儿体内注射抑制内源性阿片类物质释放的药物，却存在一些因为母亲在孕期间服用美沙酮，体内阿片类物质水平很低的新生儿。美沙酮是一种用来治疗海洛因成瘾的药物，本身是一种阿片类药物，会极大地抑制胎儿自身内源性阿片类物质的合成。出生后，在内源性阿片类物质恢复到正常水平之前，这些婴儿会有美沙酮脱瘾症状。在此阶段，婴儿会像注射了阿片类物质阻断剂的小鼠一样暴躁，吮吸糖水或带有甜味的奶嘴对他们的镇静作用有限。因为这些婴儿的阿片类物质系统没有功能，所以不会感受到甜味带来的愉悦感，尽管他们在吮吸奶嘴时有口部的舒适感。

糖水不是最有营养的物质，但值得注意的是，阿片类物质和甜食之间的联系可以运用到新生儿的喂养中。母乳比牛奶的甜度要高很多，并且为婴儿提供了几乎全部的营养物质。这也是新生儿感受甜味唯一的自然途径。我们的祖先自然倾向于将母乳作为婴儿期的首选食物，也就适应了甜味。断奶（他们可能学步期以后才断奶）之后，甜食仍然是一种重要的能量和维生素来源，并且是自然界中能找到的最安全的食物之一。因此，甜食就成了受人喜爱的食物。但今天我们在糖的精炼过程中抛弃了它的天然营养价值。

母乳好处多 糖类并不是在母乳中唯一令人愉快的物质。母乳中还含有大量的脂质，与糖类一样具有镇静作用。脂质也能引起内源性阿片类物质的释放，使肠道释放促胰酶素，这种激素对实验室幼鼠同样具有镇静作用。

和小鼠一样，人类在压力之下也会有暴饮暴食的倾向。事实上，压力可以增强对甜食、高脂饮食的食欲，因为这些食物有明确的镇静、调节阿片类物质的作用。这种倾向在人类进化的早期是有用的，因为这个时期最大的压力是应对生命威胁，需要大量耗能。然而，在当今社会，我们大多数的压力都是心理上的，所以暴饮暴食通常会导致体重的不健康增长。

幸运的是，乳汁中的脂肪和糖类对婴儿来说是有益的。很明显，它们所含的高热量是婴儿生长必需的，并且通过阿片类物质产生的镇静作用，帮助婴儿保存能量和集中精力熟悉环境，促进婴儿的生长和发育。事实上，乳汁本身就含有一种天然的吗啡类物质——β-酪蛋白吗啡。我们还不知道这种广泛存在于母乳和配方牛奶粉中的化学物质是否能够被肠道吸收并作用于大脑，但已经知道，当这种物质被注射入幼鼠的大脑中时，会发挥与阿片类药物一样的镇痛作用。

哺乳能为婴儿提供包括味觉在内的多种愉悦感。第5章中讲到，哺乳时的肢体接触也有镇静作用。哺乳能够为婴儿提供他能感受到的最丰富的触觉刺激：在母亲怀抱中的安全感、与母亲亲密的肌肤接触，以及吮吸时强烈的口腔刺激。单单是吮吸这个动作就可以对婴儿产生镇静和镇痛作用。与味觉不同的是，触摸和口腔刺激带来的舒适感并不是由内源性阿片类物质充当中介的。通过一些还不清楚的大脑功能，抚触与阿片类物质充当中介的味觉系统共同作用，给婴儿带来愉悦感，并具有镇静和镇痛的效果。

母乳对大脑发育有特殊益处

到现在，"母乳最好，母乳最好，母乳最好"这句话，洛娜已经听了100遍了。她的确打算母乳喂养到马太至少1岁。但有时候她很累，感到精疲力竭，甚至怀疑自己还能坚持多久。

自从配方奶粉出现后，母亲们就面临着如何喂养孩子的选择。母乳及其喂养体验带来如此多的好处，很少人会认为配方奶更好。但这并不是说母乳喂养没有缺点：乳头疼痛、乳房感染、疲劳、咬伤以及母亲受到的时间束缚，母乳喂养也使婴儿暴露于母亲接触的药品、感染以及环境毒素当中。在一些情况下，例如收养和母源性HIV传染，母乳喂养要么无法实现，要么有危险。早产会导致另一个问题，由于早产儿太小还不能吮吸，即使母亲能够坚持为孩子母乳喂养，这些孩子依然需要额外的营养来维持正常生长。

母乳喂养可以很好地满足大多数婴儿的需求。最近的研究发现了母乳优于配方奶的原因。令我们吃惊的是，在这个生物技术时代，配方奶生产商仍不能复制出母乳中的所有成分。因为母乳不仅仅是营养物质、维生素和矿物质的复合物。它还包括酶、免疫因子、激素、生长因子，和其他一些尚未被发现的物质，这些物质可以帮助婴儿吸收营养、抵抗感染、促进其器官发育。从某种意义上，乳房可以被看作是胎盘功能的延续。现代科学离构建人造子宫和模拟乳房的功能，还有很长的路要走。

现在大部分父母都知道母乳对机体免疫的好处了。它能给婴儿提供大量的抗体、酶，甚至所有的免疫细胞（巨噬细胞、中性粒细胞、T细胞，B细胞），这些细胞可以在母体受到感染时，保护婴儿免受其害。相比人工喂养的婴儿，母乳喂养的婴儿发生呼吸道、耳和尿道感染的几率更低。由于消化系统接触母乳中免疫因子最多，所以母乳喂养在减少腹泻等胃肠道疾病的发病率方面，作用尤为明显。

同样，许多研究者也认为母乳对宝宝大脑的发育格外有益。这种观点源于一个复杂却吸引人的发现：母乳喂养的孩子比配方奶喂养的孩子更聪明！在数十项的研究中，母乳喂养的孩子相比配方奶喂养的孩子表现出明显的认知优势；不论是在 1~2 岁的智力发育测试（比如语言、社交、精细运动和对事物的反应能力）、学龄前的各项智力测试，还是 10 岁时在校考试之中，他们都能得到更高的分数。此外，很多研究表明，在婴儿出生后的第一年里，母乳喂养时间越长，配方奶吃得越少，宝宝的智商或者学习成绩就越高。

没有人会否定母乳喂养和智力之间的联系，但关键在于，要弄清为何二者之间有联系。母乳喂养和配方奶喂养的孩子除了喂养方式不同之外，在很多其他影响儿童认知功能的因素上也存在着差异。选择母乳喂养的妈妈一般年龄更大，受教育的程度更高，物质生活更富裕，抽烟和吸毒的可能性更低。因此，有可能母乳本身与智力并没有什么关系；母乳喂养的孩子表现得更聪明可能仅仅是因为他们比配方奶喂养的孩子家庭条件更优越，父母更聪明，或者父母"更好"——母乳喂养的女性往往都不辞辛苦、自我牺牲。

研究者们深知这些社会因素的差异，几乎在所有研究中尝试着修正。大多数情况下，研究者们会通过统计方法来调整孩子们的测试成绩，考虑父母的受教育程度、社会经济地位、母亲的智商和吸烟吸毒史、家庭环境、家教方式等不同。然而，即使提取了这些相关变量并缩小了差距，大多数研究仍旧认为，母乳喂养和配方奶喂养的孩子存在着明显的认知差异。

1992 年，英国的一项研究采取了一种方法避开了这个问题。这些研究者们研究了两组早产儿的认知发育情况,孩子们的母亲都有着相似的受教育水平和社会经济地位,并且打算母乳喂养。由于早产儿刚出生时大多很虚弱或者发育不全,必须通过胃管摄入营养。因此"母乳"喂养需要母亲们每天分几次挤出乳汁——这是一种很难的哺乳方式。尽管她们都尝试母乳喂养,但不是所有的母亲都能坚持下来,所以只有一部分早产儿接受了母乳喂养,而另一部分则通过胃管摄取配方奶。(这种喂养方式消除了母乳喂养和人工喂养的不同照料方式带来的影响,比如身体接触的多少。)

这项研究的结果令人吃惊。在 8 年以后的智商测试中,那些接受母乳喂养的孩子明显要更聪明,得分比喝配方奶粉的孩子高出 8 分。也许是两组母亲在一些我们还没有认识到的方面有差异从而导致了孩子们认知能力的不同,但是同一组研究者在更早的研究中发现,由于母亲不愿哺乳而完全靠馈赠的母乳长大的早产儿,在 18 个月大的时候比配方奶喂养的宝宝发育得更好。

这些数据引人注目。看来母乳确实能够促进孩子的智力发展。整体来看,虽然哺乳的母亲给孩子带来了其他的遗传和环境优势,但乳汁本身也是一个重要的方面。从这个角度来看,20 世纪初期的一系列关于母乳喂养和认知能力的初步研究就显得很有意思了,那时候人们的观念不同于今日,只有那些生活得较为富裕,接受过良好教育的阶级才有能力进行配方奶喂养。即使是在那样的情况下,母乳喂养的宝宝仍然发育得更好。

那么到底是母乳的什么成分促进了认知发育呢?毋庸置疑,研究者和配方奶粉生产商都在迫切地探其原委。要知道宝宝的大脑从孕晚期开始直至出生后的 18 个月,会经历喷涌式的发育过程。大量的髓鞘形成和突触重组都是在特定营养物质的推动下进行的。这些营养物质只存在母乳当中,而作为大多数婴儿配方奶粉主要成分的牛乳中并没有。下面来介绍一下这些营养物质。

牛磺酸 牛磺酸是一种促进宝宝发育的成分。虽然这个分子最初是从牛的胆汁中分离出来的(因此而得名),但是再高品质的牛奶中都没有这种成分。不过,母乳中富含牛磺酸,而且牛磺酸也大量存在于新生儿的大脑和眼睛里。我们并不很清楚牛磺酸在大脑中发挥了什么样的作用。(它并不是参与蛋白质合成的 20 种基本氨基酸之一。)有证据表明牛磺酸能降低神经兴奋性,并且可能减少新生儿高热诱发癫痫的几率。新生儿大脑中的牛磺酸水平是成人大脑中的两倍以上,这表明它在神经发育的过程中扮演着重要角色。此外,猫或灵长类动物缺乏牛磺酸时会发生严重的视网膜退化,而视网膜和大脑中的神经元结构相似。

人类自身并没有足够的能力来合成牛磺酸,婴儿更是如此。牛磺酸必须通过饮食摄取。虽然牛磺酸在子宫中的水平较高,并且可以在母乳喂养的宝宝体内储存,但是那些用未添加牛磺酸的配方奶喂养的宝宝,出生两周内其牛磺酸的储备就会耗竭。

基于这些发现,牛磺酸在 1984 年首次被添加到婴儿配方奶粉中,并且现在北美所有的配方奶粉中都含有牛磺酸。不幸的是,我们不知道这些添加物对孩子的智力发育是否有影响,因为几乎所有比较母乳和配方奶粉喂养对孩子认知影响的研究(包括那些在 20 世纪 90 年代中期发表的)中,研究对象都是 1985 年以前出生的婴儿。但是不论对智力发育到底有没有影响,牛磺酸在机体中还有很多其他用途,因此在配方奶粉中添加牛磺酸毫无疑问是个好主意。

脂质 最近,人们关注的焦点已经转移到乳汁中的脂质在大脑发育中扮演的角色。大脑富含脂质,其比例约为 60% 左右。神经组织中的脂质含量仅次于脂肪组织。但是在大脑中,脂质越少并不意味着越健康。大脑内有着长达百万公里的轴突和树突,它们的细胞膜需要特定的脂质分子来构成。(由于神经元狭长且有膜包裹,和其他细胞相比,它们需要更多细胞膜。)婴儿大脑喷涌式发育的时期格外需要新生的细胞膜,因为在这一时期,神经元会生长出大量新的树突并进行突触连接的形成和重组。

另外,脂质对髓鞘的形成也很重要。髓鞘结构致密,是由 30% 的蛋白质和 70% 的脂质组成的厚隔离层,它可以防止水溶性离子从神经细胞轴突膜外漏(见第 2 章)。出生头两年形成的大量髓鞘需要一些特定的脂质。

尽管机体可以产生多种不同的脂质用于细胞膜和髓鞘的合成,但仍有少数几种非常关键的脂质只能从饮食中摄取。其他可以在机体内合成的脂质,因为必需的酶类在婴儿期还不活跃,所以生成量很少。脂质对大脑发育至关重要,而大脑发育在很大程度上可以决定人的认知潜能,所以研究者开始对不同乳汁中精确的脂质成分产生兴趣也就不足为奇了。

总之,好消息是母乳、牛乳以及市面上各种婴幼儿配方奶粉中脂质的含量相似:按重量来说大约是4%。由于乳汁中的脂质含量会随着哺乳过程(在后乳中含量高)、昼夜规律(午后含量高),甚至是随着母体脂质水平的波动而发生改变,所以这个比例只是达到了母乳中脂质的平均含量。(较胖的女性乳汁会含有更多脂质,但在产后6个月左右才体现出来。)坏消息是,无论是牛奶还是大豆配方奶,都无法完全提供对大脑发育至关重要的特定类型的脂质。

脂质在乳汁中主要以甘油三酯的形式存在,与机体储存能量的形式相同。顾名思义,甘油三酯是由3个脂肪酸分子——由碳原子和氢原子构成的结构多样的长链——组成。母乳中含有至少167种脂肪酸,其类型和比重与牛奶中的有很大不同。比如,母乳中有一种很重要的不饱和脂肪酸——亚油酸,在牛奶中的含量就很低。因此,美国食品药品监督管理局现在要求在婴幼儿配方奶粉中添加最低水平的亚油酸。在母乳中含量最多的脂肪酸是油酸,也是在髓鞘中最常见的不饱和脂肪酸之一。目前很多配方奶粉中都添加了含有大量油酸的植物油。尽管有了这些添加物,婴儿还是不能像利用母乳中的脂质那样,有效地利用配方奶粉中的脂质,这是因为人乳中还含有一种酶,叫"脂肪酶",可以帮助甘油三酯降解为脂肪酸,而这一过程是脂质吸收必需的。(有趣的是,牛磺酸在小肠吸收脂肪酸的过程中扮演了重要角色。)

另一种母乳中含量明显高于市面上配方奶的脂质就是胆固醇。虽然在谈及成人营养的时候,胆固醇是个不受欢迎的词语,但是它在母乳中的大量存在却合情合理。胆固醇是髓鞘中脂质的主要形式,在这个脂质极其丰富的结构中占了全部脂质的1/4以上。(它既可以阻塞动脉,也可以成为很好的神经隔绝物。)尽管婴儿可以像成年人那样合成足够的胆固醇来弥补他们饮食中的不足,一些研究者仍然建议:早期从饮食中摄取的胆固醇可以促进一些降解胆固醇必需的酶产生,有助于日后保持胆固醇水平。

在对配方奶粉的研究中,最热门的话题总会涉及两种特殊脂肪酸:

二十二碳六烯酸（DHA）和花生四烯酸（AA）。这两种长链多不饱和脂肪酸都存在于母乳中。这两种脂肪酸孕晚期都会在胎儿体内快速积蓄。然而，依赖配方奶粉喂养的婴儿出生后的几个月里血液中 DHA 的水平会大幅下降。虽然成人和大一点的孩子都能合成 AA 和 DHA（假设饮食中含有足够的前体物质：亚油酸和亚麻酸），但是婴儿合成 DHA 的能力很有限，这就解释了为什么母乳中会包含 DHA。

DHA 和 AA 家族之所以如此受到关注，是由于它们在大脑和眼睛内的含量极为丰富。一些研究者认为，母乳喂养的孩子认知能力更好的原因或许是他们在婴儿期摄取了更多的长链脂肪酸。实验发现，胚胎期和婴儿期缺乏 DHA 及其前体物质的的大鼠或猴子会发生永久性的视觉功能损伤，这一结果恰好支持了我们的观点。

现在有许多研究评估 DHA 对人类视觉发育的影响。这些研究很有前景，但得到的数据却大相径庭。在澳大利亚的一项研究中，足月分娩的婴儿被分为 3 组：一组母乳喂养，一组用标准配方奶粉喂养，还有一组用同样的奶粉辅以鱼油（富含 DHA）和月见草油（是 AA 前体的来源）喂养。正如预期的，单纯用配方奶粉喂养的婴儿 DHA 水平稳步下降，而母乳喂养的和那些有添加物的配方奶喂养的婴儿，在出生后几个月内都能维持稳定的 DHA 水平。更重要的是，DHA 水平与婴儿在 4 个月大和 7 个月大时的视力检测结果相匹配：母乳喂养和有添加物配方奶喂养的婴儿明显比那些标准配方奶粉喂养的婴儿视力更敏锐。在其他研究中也有类似的报道。但也有研究并未发现母乳和标准配方奶粉喂养，或者标准配方奶粉和富含 DHA 的配方奶粉喂养的婴儿视力有明显差异。

研究者把注意力集中在视觉上，主要是因为视力容易检测。但是 DHA 对大脑发育有什么影响呢？它是母乳喂养的宝宝具有认知优越性的根源吗？有团队发现宝宝的 DHA 水平与 4 个月大时的智力发育测试成绩有关；喝富含 DHA 的配方奶粉的婴儿要比喝标准配方奶粉的婴儿得分高，并且可以和母乳喂养的婴儿持平。另一项关于早产儿的研究发现，喝富含 DHA 的配方奶粉的宝宝处理视觉信息比喝标准配方奶粉的宝宝快。而还有一项关于早产儿的研究则表明，DHA 的添加能提高宝宝在 12 个月大时"婴儿智商测试"的得分。

母乳喂养的婴儿情况怎么样呢？他们是否也能从长期的 DHA 补充中获益呢？母乳中的 DHA 浓度随着母亲的饮食而变化，美国女性体内的 DHA 浓度是全世界最低的。长期吃素的母亲，乳汁中 DHA 浓度也很低。因为在孕晚期和分娩后的前几个月，胎儿经常通过消耗母亲的 DHA 和 AA 来迅速增加自身的储备，所以建议母亲在孕期和哺乳期增加长链脂肪酸的摄入。鱼类、贝类、蛋黄、肝脏以及其他内脏都富含有 DHA，有两种植物油（大豆油和菜籽油）也是合成 DHA 的原料。母体摄入量的增加会提高母乳喂养的婴儿血液中 DHA 浓度。有一项研究甚至发现：如果母亲在哺乳期前 12 周补充 DHA，孩子在认知发育上会表现出一些优势，尽管这种优势仅能持续到孩子 2 岁左右。

母乳中的非营养成分　虽然大量研究关注了母乳中营养物质对婴儿大脑发育的作用，但我们要认识到：母乳特有的一些非营养物质，也可能是母乳喂养和配方奶喂养的婴儿在认知能力上产生差异的原因。比如在婴儿大脑快速成熟的时期，一些酶类、生长因子、激素等物质会直接影响神经元的发育。以甲状腺素为例，它存在于母乳中，并且在神经元的存活和成熟中扮演了重要角色（见第 3 章）。乳汁中的免疫因子也可能对大脑的发育有积极作用，它既能使大脑免受感染进而促进其成熟，也能使婴儿保持健康的生活状态以完成婴儿期重要的学习。

要完全阐明乳汁中促进大脑发育的成分可能要花费几十年的时间。但是母亲们已经有了一个理想的喂养方式。母乳是婴儿最好的食物，不仅仅有益于他们的营养和健康，而且有益于他们思维的发展。

爱上母乳的味道

研究者之所以难以探明母乳的成分，是由于母乳的成分并不固定，没有两位母亲的乳汁是完全相同的，同一位母亲的乳汁成分也会随着时间的推移而改变，适应婴儿在不同时期的营养需求。甚至在同一天内也会发生改变，早上的母乳较为稀薄（脂肪含量最低），而夜晚的最香浓。母乳的口味也会因为母亲的饮食而发生变化。

婴儿显然喜欢这种口味的变化。一项对 3～4 个月婴儿的研究发现,与无味的安慰剂对照组相比,服用了大蒜片剂的母亲,乳汁更受欢迎。这种偏好在服用大蒜片剂 2～3 小时后尤为明显,而这时也是母乳中蒜味最浓的时候。尽管带有蒜味的母乳听起来不怎么美味,却是宝宝们的最爱。如果母亲经常服用大蒜片剂,乳汁对婴儿的吸引力也将降低。像成人一样,宝宝也会对重复单调的味道感到厌烦,而喜欢品尝不同的口味。幸运的是,有很多东西可以改变母乳的味道,如香草、薄荷、奶酪,等等。

乳汁口味的变化对味觉的发展至关重要。在宝宝开始吃辅食之前,他已经通过母乳尝过了很多种口味,并偏爱后期的口味。研究发现:如果大鼠、牛、羊的幼崽通过母乳接触到不同的口味,那么它们更偏爱断奶时的那种口味。

很多动物,包括人类,都倾向于排斥某种新的口味,这种排斥使我们免于接触自然中不安全的食物,而食用熟悉的食物可以避免这种风险。母亲通过母乳喂养将多种口味带给婴儿,使他们知道哪种食物是安全的,解决了婴儿在开始接触辅食时的抵触行为。最近,一项关于婴儿饮食偏好的研究发现,与配方奶喂养的婴儿相比,母乳喂养的孩子在初次吃豌豆或青豆等食物时,更容易接受。可能是因为他们早已通过母乳熟悉了这些蔬菜的口味,或者他们丰富的味觉体验使他们愿意去尝试新的食物。

因此,母乳对于拓展婴儿早期的感觉体验非常重要。如果母亲分娩后的饮食习惯没有太大的变化,婴儿也可能通过母乳来识别他们的母亲,在孕期中,母亲的饮食味道会进入羊水,哺乳时婴儿早已熟悉了母亲乳汁中的绝大部分味道。如同气味一样,母乳的不同口味会使新生儿与母亲之间形成更加紧密的纽带。

酒精能进入母乳

味道能够进入母乳这一现象值得重视。酒精能够自由地从母亲的血液进入乳汁当中。一位母亲在饮酒 30 分钟后,乳汁中就可以检测到酒精,并且在1小时后达到峰值。当乳汁中有微量酒精时,闻起来会更加香甜,所以婴儿会喝得更多。另外,母亲喝过酒后,婴儿吃奶时也会更加卖力,但实际上吃到的奶反而减少了,可能是因为酒精会干扰母亲排乳反射。

进入乳汁的酒精量很少,即使在母乳中酒精含量达到峰值时,婴儿摄入的酒精仅相当于一瓶啤酒的4%(经过体重矫正后,不到母亲摄入酒精的3%)。尽管微量,但这已经足够影响婴儿的行为和发育了,婴儿的睡眠会减少。研究发现,如果母亲在哺乳期每天都喝1~2杯酒,他们的孩子在1岁时在运动能力测试中较其他孩子要落后4分左右。(然而智力发育的分数却不会受母亲喝酒因素的影响。)我们不知道这样微量的酒精是怎么影响神经元发育的,但可以肯定的是,婴儿尚不成熟的肝脏不能像成人那样有效地代谢酒精,势必会累积在身体里。

我们还不知道这种差异是否在1岁以后仍然存在。但谨慎起见,哺乳期的母亲还是应该节制饮酒。彻底戒除是最好的选择。如果迫不得已,可以选择每隔一天的饭后,慢慢地饮用1~2杯酒,在此之后的几小时内不要哺乳,这样就可以最大限度地减少婴儿摄入的酒精。

早期的味觉体验会影响将来的偏好吗?

在幼儿开始吃辅食以后,味觉的世界变得生机勃勃。尽管马太已经从洛娜的乳汁中尝到了不同的口味,但相比现在的体验,那只能算九牛一毛。谷物、水果、土豆泥,尽管这些都不算是奢华大餐,但这些食物的味觉体验的确令人激动。就像母乳中的味道能够塑造味觉偏好一样,早期接触的食物也会对今后的饮食习惯产生巨大甚至终身影响。

味觉有很强的可塑性。实际上除了我们天生喜欢的甜味和咸味,其他味觉偏好都是体验的结果,或者叫作"后天味觉"。观察发现,同卵双胞胎间味觉偏好相同的概率并不比异卵双胞胎大,这也说明了基因的影响并不显著。我们的味觉偏好是由我们的食物决定的,并非天生。

如果味觉偏好是体验的产物,那就不难理解,童年早期的味觉学习最有效。接触了多种不同口味的幼鼠将比饮食品种受限的幼鼠更容易接受一种新的食物——巧克力。但这种情况对体验丰富的成年大鼠不适用。早期接触可能只是减弱了大鼠对陌生食物的本能恐惧，而人亦然。虽然幼儿一般都很挑食，但根据与大鼠同样的道理，两岁的孩子也可以培养新的口味，如果让刚会走路的孩子在几周之内反复地接触进口水果、奶酪之类的食物，孩子会由最初的抗拒转变为明显的喜欢。

许多父母意识到早期的食物体验对孩子有持久的影响，已经在尝试通过丰富的味觉体验来塑造孩子的味觉偏好，无论是减少盐和精制糖的摄入，还是丰富蔬菜和蛋白质的摄入。有健康意识的父母相信，通过控制孩子的早期饮食，能够让他们养成良好的终身饮食习惯。然而这样真的有效吗？也可能家长非但没能阻止孩子吃甜食，还造成他们长大后非常渴求甜食。

很少有家长能够改变幼儿对盐和糖本能的渴求，就像我们看到的那样。然而证据表明，早期的饮食至少可以影响孩子对甜味和咸味的渴求。6个月大的婴儿接触了咸的食物以后，对咸麦片的喜爱程度比没有接触过的婴儿要强烈很多。同样，接触过糖水的6个月婴儿，比没有程度喝过糖水的婴儿更喜欢喝糖水。这种影响持续的时间很长，即使父母不再给6个月大的孩子喂糖水，她们对甜水的喜爱也会持续到两岁。

这意味着低糖低盐的饮食并不能消除孩子对它们的渴求。无论孩子尝过什么，他们依旧喜欢甜食或咸食。（实际上，这种偏好比成人的还要强烈。）但饮食体验可以影响他们对食物甜咸的判断，略微降低他们的期望。让一个刚会走路的孩子接受一种清淡的食物也许需要很长的时间，但在多次接触以后，对它们的熟悉可以让它们变得可口。幸运的是，儿童食品生产商已经发现这个问题，并且不再往产品中添加盐和糖。（另一方面，如果快到学龄期的孩子很挑食，你可以时常在蔬菜或肉中加入糖或盐来"诱惑"他们。）

低盐饮食对孩子很好，食物中天然存在的盐类很容易就能满足最低的需求。但现在流行的低脂饮食就另当别论了，这关乎孩子大脑的发育。正如我们所知，脂肪对新生的神经回路至关重要，我们没有理由在孩子大脑快速发育期限制脂肪的摄入，这种快速发育期将持续到大约两岁。婴幼儿需要多种来源的脂肪，包括动物性的和植物性的，并且从膳食中摄入的脂肪量（总热量的30%～54%）要远高于大一点孩子或成人（小于或等于总热量的30%）。家长用低脂饮食喂养孩子对他们没有什么好处。幸好味觉的偏好终身都有很强的可塑性，所以在孩子大脑的快速发育完成后，仍有很长时间让孩子慢慢适应成人的脂肪摄入模式。

味觉意义非凡

味觉对幼儿来说意义非凡。它们是婴儿早期愉悦感的主要来源。对大一点的婴儿，是一个充满探索乐趣的王国。对蹒跚学步的孩子，是一种叛逆的新途径。对学龄前儿童，味觉仅仅很有趣罢了。

味觉在出生时已经发育得相当完善，并且对婴儿的生长尤为重要。而味觉对情感的发育也有着惊人的影响。如甜食或脂类食物实际上可以改变情绪，使婴儿镇静，延长注意力集中时间，最终也有助于睡眠。除此之外，用婴儿喜爱的食物喂养他们，会在婴儿和养育者之间形成牢固的纽带。母乳熟悉的味道为婴儿搭建了一座舒适的桥梁，使刚出子宫中的他们更加适应外界的生活，并且塑造了他们将来的味觉偏好。断奶以后，他们小小的脑袋会受益于母乳体验，开始学习食物的口味和质感。这些体验会使他们养成营养均衡的饮食习惯。

第 9 章

迅速清晰:
宝宝视觉的建立

- 新生儿看世界：中间看不清，周围很清晰
- 面部识别：妈妈的脸最好认
- 为什么婴儿玩具大多是黑白的？

与我们前面认识的触觉、嗅觉、味觉等感官不同，出生的时候视觉仍然很原始。新生儿，比如红头发的小金纳，还不能调整自己集中注意力，也无法对看到的世界做出具体反应。金纳只能清楚地看到自己面前大约20厘米的地方，妈妈的脸或婴儿床移动的情景对她来说也是模糊的。在这样一个模糊的世界中，她是怎样开始逐渐看清简单的东西，用手抓住它们呢？

由于大脑视觉中枢神经元的快速连接，在短短的几个月里，金纳的视觉发生了戏剧性的改变。在6个月之内，她的主要视觉能力如深度知觉、色觉、眼球运动控制力会不断涌现。在1岁之内，这些能力都会发育完善，小金纳的世界将变得五彩缤纷、立体可感。

为什么宝宝刚出生的时候视力这么差呢？我们已经了解到婴幼儿会受益于他们成熟的感觉，如气味和触觉等。视觉对生物如此重要，为什么不在出生之前就建立起来呢？

事实上，可能正是因为视觉功能特别重要，才在出生之后开始完善高级功能，发挥重要作用，并形成大脑的视觉中枢。

金纳有限的视觉能力是必需的，她靠着这些能力来了解世界的主要特征，比如哥哥的脸，妈妈的乳头，自己挥舞在面前的小手。这视觉能力允许适量的视觉信息在大脑中渐渐地累积，不至于太多或太少。一次性接受太多的视觉信息对婴儿来说是很大的负担。

正如我们将在本章看到的，适时适量的视觉体验对我们大脑视觉回路的正常发展至关重要。的确，在所有的感觉之中，视觉是唯一一个不会在子宫中表现的感觉，婴儿出生时视觉能力特别弱也就不足为奇了。金纳的眼睛刚刚睁开，接下来几周中，她眼前的讯息将会对她产生持续的影响，逐步建立成熟的视觉。

视觉原理

从表面上看，视觉似乎很简单：我们看看外面的世界，就会立刻知道，我们看到的是一个建筑、一棵树、一个房间还是一个人。但就像大多数伟大的技术一样，这种看似简单结果的产生过程相当复杂。与其他感觉相比，视觉的产生需要大脑完成更多的工作。只有拥有大规模处理的模式和视觉组件特殊的连接方式，大脑才能胜任迅速和复杂的计算，完成简单的日常视觉任务，如阅读、驾驶、看电视等。如果涉及如识别面部或复杂场景中的物体等任务，现在最先进的计算机都远远不如哺乳动物的大脑。

这样强大的计算系统，是怎样从一个小胚胎的神经组织发展而来的呢？多亏了近40年的深入研究，我们知道更多视力发育的知识。事实证明，这些知识有极大的价值，不仅有助于提高视觉能力，而且阐明了一些重要的大脑发展规律。

视觉从眼睛开始。光线透过角膜，经过晶状体聚焦，再射到视网膜上。视网膜由三层神经元构成，覆盖在眼球背面。光线汇聚在视网膜上后，神经系统就会将光信号转化成电信号，标记看到的一切。这个过程和电视机或显示器完全相反，它们是将电信号转换成不同颜色的点图像。我们的视觉比显示器复杂得多，不仅仅需要在大脑中映射出图像的色彩以及强度，还必须解释看到的东西并做出判断：事物出现的顺序如何、是什么、位于何种三维空间、接下来运动的方向和速度，等等。当你看着一个物体，比如一篇文章的时候，页面反射的光线投射到视网膜内的第一层结构——光感受器上，即视网膜上的视杆细胞和视锥细胞。视觉信息的收集从这里开始。光感受器是一种特殊的神经细胞，含有能捕获光的色素分子，能将光中的能量转化成化学反应。（维生素A是色素分子的主要成分，所以吃胡萝卜对视觉有好处。）这些色素分子交替产生化学信号，开始了视觉信息的传递（见图9.1）。

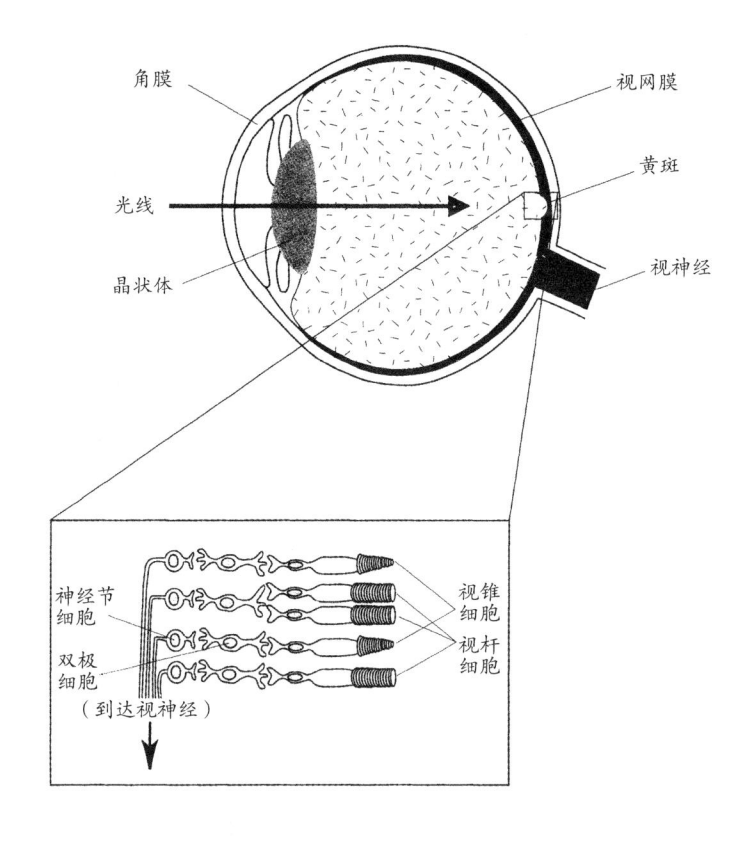

图 9.1 成熟眼结构，图下方为视网膜的主要细胞

视杆细胞比视锥细胞含有更多色素分子，对光线更敏感，尤其在夜晚等弱光条件下。它们的位置远离视网膜中心，在周边视觉中发挥着重要的作用。视锥细胞致密地排列在名为"中央凹"的视网膜中部，对光不是很敏感，但能够辨别颜色，产生清晰的视觉。

3 种视锥细胞含有 3 种色素分子，分别擅长吸收蓝光、红光和绿光。通过不同视锥细胞的组合，神经系统可以识别所有颜色。这就类似于电脑显示器通过混合简单的 3 种颜色产生数以万计的颜色。

位于第二层视网膜上的细胞是双极细胞，第三层上的是神经节细胞。神经节细胞发出长长的轴突，是眼发出的主要神经纤维。这些纤维分成两支，一支通向脑干，在这里视觉信息被用来控制眼球的运动和反射。另一支到达丘脑的视觉区域——外侧膝状体（LGN），再将视觉信息传递给大脑皮层。

在这两支中，通向脑干的一支较早完成进化并且成熟。最终到达中脑的上丘区域。孩子出生后两个月内，这个区域都掌控着婴儿的视力。它虽然能够处理一些相对复杂的视觉任务，但不产生视觉意识的，并非我们通常说的"看"。

第二支则创造了视觉感知。各层视网膜上的数以万计的神经节细胞发出长长的轴突，在外侧膝状体形成突触。外侧膝状体神经元又将轴突延伸到大脑皮层枕叶的初级视皮层或者 V1。在 V1 中，丘脑轴突与第一级视皮层神经元形成突触，激发皮层功能，形成我们复杂的视觉能力（见图 9.2）。

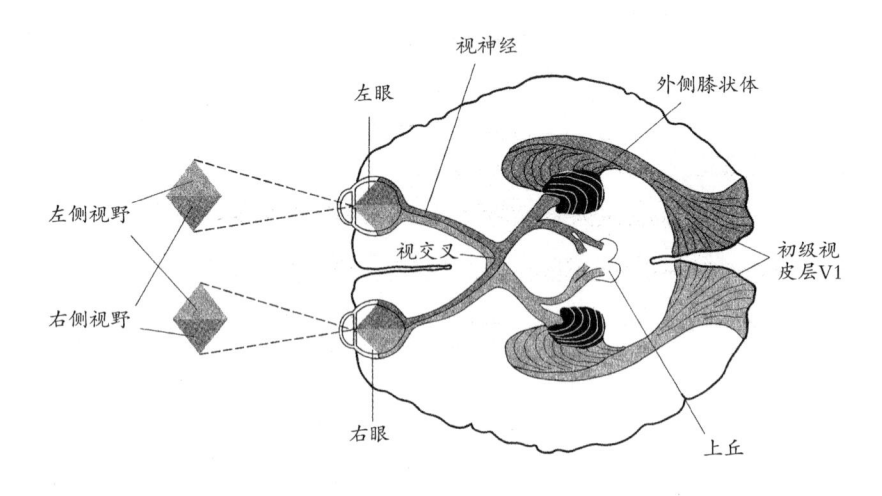

图 9.2　从眼球到中脑（上丘）以及皮层的视觉回路。深色部分显示视野信息是如何传达到对侧大脑的。

左侧和右侧的分离　和大多数的感觉及运动能力一样，视觉感知也分为两部分，左脑接受右半边视野传来的信息，右脑接受左半边视野传来的信息。因为每个眼睛都会同时接收左视野和右视野的信息（你可以闭上一只眼睛，然后将另一个眼睛转向鼻子来体会这个现象），要完成这种功能需要视网膜神经节细胞的一些特殊结构。神经节细胞轴突到达两个视神经的交叉点——视交叉的时候，会自动分成两支：无论起源于哪个眼睛，"看"右侧视野的轴突终止在左外膝体，左外膝体神经元的冲动投射到左侧视觉皮层，反之亦然。这样一来，视觉的每一侧皮层都处理着对侧视野的视觉图像。

从另一个角度看，大脑的每一侧接收的信息都来自两个眼睛。左右两眼神经节细胞的轴突在视交叉处混合，但突触泾渭分明。膝状体由几层细胞组成，每层只接收一个眼睛的信息。V1也类似，每个神经元只负责某一个眼睛的信息。因此，膝状体和大脑皮层的第一级神经元都被认为是"单眼"的。而在皮层处理的下一个阶段，神经元接收两只眼的信息，因而被称为"双眼"的。原始视觉信息的左右分离以及重新汇合对深度知觉和其他能力至关重要。这些双眼神经元的功能在出生时还不明显，受孩子早期视觉体验的影响不断加强。

"内容"和"空间"：视觉工作的大脑分工 当你走在街上，看到一辆红色轿车飞速驶过，你不会注意到大脑如何分工处理颜色、形状、位置和运动方向等信息。大脑根据视觉信息的输入，利用不同的区域和模块分析左右侧视野的信息。研究人员已经确定了大脑皮层每个半球有32个不同的视觉区域。每一个区域负责的视觉信息都不同。一些区域负责检测物体的形状，另外一些负责颜色、细节、运动、位置和深度知觉等。这种分工非常有用，它允许我们同时分析多个视觉特征（也称为平行处理），加快了视觉感知的速度。

这些模块可以简化为两个基本通路。第一个通路在发育过程中出现较早，称为"空间"通路。它关注视觉空间，并检测物体的速度、运动方向、位置，也可以引导眼球运动来跟踪视觉目标。另一个是"内容"通路。我们用它来识别物体特征、检测颜色、形状和细节。这两个通路从视网膜开始分离，但直到皮层才完全分开。当它们到达后V1后，"空间"通路穿过几个视觉区到达顶叶，而"内容"通路向下延伸，终止于颞叶（见图9.3）。

"内容"和"空间"通路功能上的差异在中风患者身上得到了很好的验证。一个人在后顶叶区域病变后，仍然能够识别物体，但将物体捡起来却很困难。"空间"通路出现障碍后，人不能将手伸到正确的地方，或使用适当的动作抓住物体。另一方面，颞叶受损的人仍能精确地跟踪移动物体并

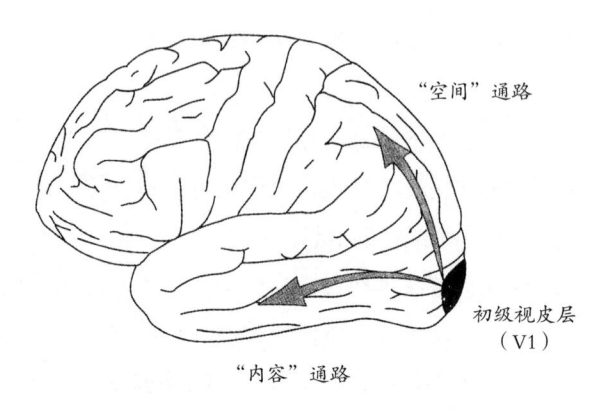

图 9.3 在 V1 经过初步加工后，视觉信号被分为两个平行通路：通往颞叶的"内容"通路和通往顶叶的"空间"通路

把它捡起来，却不能认出它是什么。跟颞叶有关的视觉缺陷可能非常具体，例如无法识别颜色、动物或熟悉的面孔。这些症状在奥利弗的《错把妻子当帽子》(*The Man Who Mistook His Wife for a Hat*) 一书中有很好的描述，书中讲到一个音乐家能很好地分辨物体的视觉特征，如大小、形状和颜色等，但失去了识别熟悉物体的能力，认不出妻子的面孔。

视觉系统怎样形成？

考虑到其巨大的规模和复杂性，视觉系统发育需要很长一段时间显得理所当然。这并不是因为视觉系统的产生不够早，事实上，它开始于胚胎的第 4 周。眼睛首先形成，然后按照从外向内的顺序依次形成神经元和突触、皮层下视觉区域、V1 区、颞叶和顶叶的更高级视觉中枢。尽管视觉系统产生较早，但出生后几个月，视觉系统才开始发挥功能，视觉系统各通路的建立则需要好几年。

第一个视觉组织在受精后 22 天出现。神经管的前部形成两个大泡，经过 5 周的时间，这些泡折叠成两个杯形结构并分化成视网膜和晶状体。每个眼杯都通过宽大的柄附着在大脑的两侧，占据了原始大脑的很大一部分。从外面看上去，它们只是两个朝向外侧的小斑点，就像小鸟或者蜥蜴的眼睛。第 8 周，这两个斑点已经移到前面，在外观上和人的眼睛类似。此时，正是胎儿期的开始。上下眼睑开始折叠并融合在一起，直到孕中期之前都不会分开。

视网膜来源于外胚层，最终发育得就像一个微型的大脑。它的神经元逐步迁移到各层，并在那里发挥各自的功能。首先出现的是神经节细胞，它们在孕期的第 6 ~ 20 周产生。在孕期第 8 周，神经节细胞发出它们的轴突，这些新的神经纤维会在眼柄外部形成视神经。

视网膜的第二层从中央凹朝着外围区域缓慢成熟。所有的中央凹细胞都是在孕期第 14 周形成的，而视网膜边缘的一些视杆细胞和双极细胞在出生后几个月还在不断产生。考虑到新生儿视网膜边缘的视力比中间好，它发展得这样慢实在令人惊奇。在出生后的几个月内中央凹视觉会显著提高，这是因为视锥细胞会发生一些变化，具体情况后文将会提及。

神经元首先在视觉中继站（LGN）形成，然后也在视网膜上形成，整个过程很快。在孕期第 11 周，所有的 LGN 神经元已经形成，头 3 个月，他们接收来自视网膜神经节细胞的突触。一直到出生，LGN 中都在不断形成突触。但这些较晚形成的突触连接来自大脑皮层，并负责建立大脑对皮层下视觉功能的控制。

接下来的 3 个月是视觉皮层大量增长的时期。初级视觉皮层中的 1 亿个神经元在孕期 14 ~ 28 周全部形成。在孕期第 5 个月，V1 突触形成。接下来的 1 年时间，突触以每天 100 亿个的惊人速度不断产生。

最近的证据表明，"空间"通路形成比"内容"通路早。出生前，和运动处理有关的突触比参与感知能力的突触多。在 4 个月的时候，"空间"通路中的第一中继站已达到其最大突触密度，而"内容"通路直到 8 个月时才达到这一水平。"空间"通路的较早成熟解释了为什么年幼婴儿在运动感知方面的视觉能力比其他方面好。

出生 8 个月后，V1 的突触密度达到了峰值，在接下来的童年时光中渐渐下降。这是一个漫长的突触精简过程：约 40% 的视觉皮层突触被淘汰，余下神经回路的增长更高效，配合许多视觉能力的细化。在后面我们也会看到，这与视觉发育关键期的外在限制相符。

细胞和突触的产生是由外向内的：眼、LGN、V1、更高级皮层，轴突髓鞘化也遵循类似的规律。因此，视神经髓鞘在出生前两个月产生，并在出生后的7个月继续发展。然而，LGN神经元在出生后7周才开始髓鞘化，并进行到8个月的时候。在V1中，各层细胞髓鞘化的顺序和它们神经突触形成的顺序一致。最后，高级视觉区域的髓鞘化晚于V1，有一些甚至持续到了童年中期。

正确建立连接：先天和后天各司其职

我们可以通过神经元和突触的数量描述神经发育，但也得搞清楚整个系统如何正确连接。单就V1而言，就有1亿个神经元突触，接收无数神经元的信息，建立成千上万的连接。这些突触怎样在正确的位置形成，规避每一个可能的错误，最终建立起处理颜色、形状、细节、空间位置、深度等的通路？这是一个很复杂的问题。我们的大脑得好好组织这一团神经突触。

尽管这个问题很复杂，神经生物学家已经取得了实质性的突破。我们现在知道，神经系统连接分两个阶段完成。第一阶段是在基因控制下成功建立一个大概的神经线路。在此期间，设定好的分子线索指导大量神经元的轴突延伸到正确的位置。如果把整个过程看作是一次长途旅行，这个阶段类似于乘坐飞机，飞机搭载着乘客到他们要去的地方，让他们在机场下飞机。可是机场并不是他们的"最终目的地"。

先天因素将他们载到机场，但是后天因素帮助他们完成这次旅行。第二阶段的视觉神经连接是由经验控制的，具体来说，是受婴儿看到物体后引起的电活动影响。在这个阶段，相邻的轴突在抢夺空间，要么失去突触，要么连接到特定的目标，这取决于电活动的时机和强度。这种优胜劣汰的突触精简完成了视觉连接的过程，将粗糙的视觉地图细化、精确，形成准确的视觉表征。

剥夺视觉与小猫皮层错接 视觉体验实际上决定了大脑视觉连接——这也许是神经发育科学最重要的发现。它由神经生物学家大卫·休布尔和托尔斯坦在20世纪60年代发现。这为他们赢得了诺贝尔奖。他们的研究从一个简单的实验开始：缝合刚出生不久的小猫或者猴子的眼皮，剥夺它们的视觉体验。这样的处理对视觉皮层的结构和功能产生了深远影响。更神奇的事情是：缝合小猫的一只眼睛对大脑的损伤甚至比把两只眼睛都缝合更严重。休布尔和托尔斯坦从这一现象推测有某种竞争性相互作用影响着神经选择性连接的过程。两个眼睛都闭着的时候，视觉系统的电活动减少，但仍然是对称的。（即使眼睛闭合，也会有一些神经电活动。）相反，只有一只眼睛闭合的时候，闭合的那一只眼的神经电活动相对于睁开的那一只实在是微不足道。这会导致它失去大脑皮层中应该有的空间。

记住，大脑的每一侧接收双眼视觉输入。在发育过程中的第一阶段，两只眼睛内的轴突生长、发出分支，并趋向于形成互相重叠的突触区域。在精简阶段，电活动使这些通路分离：比如说，从右眼发出的突触电活动强劲而同步，逐渐趋于稳定；而左眼的突触处在一堆右眼的视觉信息中，因为活动不同步而被迫缩回。

最终，这个过程导致了左右输入信息完全隔离。正常情况下，每个眼睛缩回一半的轴突分支，视觉皮层呈现出条纹状：1毫米组织代表左眼，另1毫米代表右眼，整个V1区都是如此。将一只眼睛的通路皮层用特殊的颜料染色，可以看到视觉输入区域呈现出醒目的斑马条纹状（见图9.4）。

缝合了一只眼睛的动物皮层看起来和正常皮层不同。睁开的眼睛赢得了左右视觉竞争，最终占据更多的皮层空间。它的每一个条纹要比由闭合眼的神经支配的条纹宽大约4倍。这种差异对视觉能力影响很大。因为几乎没有信号进入大脑皮层，弱势眼睛很难获得高级视觉通路。即使它被重新打开，也将功能性失明。

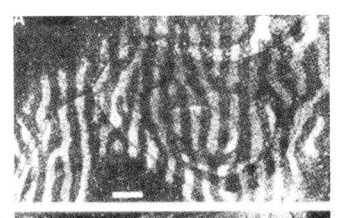

图9.4 猴视觉皮层中条纹状的轴突传入状态。A图是正常猴子的视觉皮层。黑色条纹接受左眼的神经传入，宽度与接受右眼神经传入的白色条纹相等。B图为左眼缝合的猴子的视觉皮层。代表右眼传入的白色条纹占据视觉皮层的主要部分。（引自T.N.威塞尔《出生后视觉皮层发育及环境的影响》。）

视觉发展的关键期　　发现视觉体验和突触竞争是视觉通路连接的根本机制之后,休布尔和威塞尔想弄明白这一过程会持续多久。皮层上视觉条纹一旦出现,能否被逆转?我们都知道,成年人就算患了白内障或者长期戴眼罩,也不会失去视觉。在早期视觉体验的发展中是否有一个关键期,如果有的话,这个时期有多长?

这一次,休布尔和威塞尔等到小猫三四个月才缝合一只眼睛。不同于早期的缝合,这对视觉的剥夺不再是毁灭性的,并未消除大脑皮层信息输入的视觉条纹。大脑需要视觉经验来正确地进行连接,但只是在一个特定的时期——混杂的突触联系正在完善的时期。这个时期过后,无论视觉体验是否正常,视觉神经都不会重新连接。

了解视觉系统如何发展解释了为何发生在婴儿时期的视觉问题,如交叉眼,会长期伤害他们的视觉。我们现在知道,视觉系统的正常发育有几个关键期。一般来说,一个视觉技能第一次出现是在基本回路初步形成时。此时回路还是可塑的,也就是说在突触精简阶段都能被经验修改。视觉系统的不同部分进行精简的时间不同,在此期间,它们对视觉输入的敏感程度也不同。所以视觉的不同功能如视力、双眼视觉之类的,会在婴儿发育的不同阶段受特殊体验的影响。幸运的是,婴儿的视力发育周期比小猫长,突触的修剪会持续到童年。两岁时高级视觉能力逐渐建立,一直完善到八九岁。

早期经验引导视觉能力的发展　　神经科学家相信:视觉经验,或者突触竞争,引导着视觉皮层的发展。例如,如果小猫或猴在出生不久被人为地变成交叉眼——眼睛不能协同工作,那些双眼神经元正常电活动必需的大脑视觉皮层就被剥夺了。这些细胞在深度知觉和高灵敏度方面发挥着重要的作用。

另一个例子是关于检测空间线和物体运动的大脑皮层神经元。如果把小猫饲养在只能看见一个方向的环境中:让它们在一个画有垂直条纹的房间里保持头直立。此时,很大一部分对方向敏感的神经元都接受垂直方向的刺激,而水平方向的刺激很少。类似的情况也发生在人身上。虽然人类所处的环境不会这么极端,但住在公寓——所谓的"直线直角"环境里的人，往往在横向和纵向上比斜向或者对角线上视力更好。一项研究表明，一直住在传统帐篷里的加拿大印第安人看夹角比住在"直线直角"环境中的人视力更好。

很有可能童年早期每一个细微的变化和视觉体验都对视觉回路和知觉能力有着长远的影响。尽管遗传在视觉质量上作用重要，早期的视觉体验在孩子的视觉技能、空间知觉、手眼协调等方面影响也很关键。在这个特定的阶段看到更多，接受的视觉输入更多，后来的视觉依赖任务表现就越好。说不定这甚至能决定一个人是否会成为艺术家、博物学家，或是专业网球选手。

如何改善视力

虽然有那么多基本视觉能力出生后才产生，但新生儿已经可以看到。小金纳的视觉皮层刚刚开始形成，但视觉皮层以下结构已经发育得很好，能够满足出生后两个月的视觉需求了。孕期 24 周的胎儿已经能够观察移动，改变心率以应对来自母亲腹部的强光。脑干控制的这种反射回路比连接 LGN 和皮层神经元更快髓鞘化。这个过程出生前就开始了，在出生后 3 个月完成。脑干通路还负责大部分其他新生儿视觉技巧，包括简单的眼部运动、眨眼、和跟踪运动物体。这些回路在孕期 32 周的时候就开始建立并且发挥功能。利用这一点可以诊断胎儿是否早产。

孩子一出生，视觉体验就对视觉的发展和皮层视觉中枢的形成至关重要。后者是负责有意视觉的结构。一开始，视觉发展得很缓慢，但在两个月左右，婴儿的大脑皮层开始接手视觉任务。2～8 周的时候，视觉皮层突触爆炸式增长，新视觉技能出现并迅速提高。这样的过程一直持续 1 年，1 年之后，宝宝的视力几乎和成人相当。

新生儿能看到什么？ 金纳的父亲亚历克斯是验光师，他很好奇女儿刚出生时能够看到什么。在出生后 3 个小时，他在摇篮边挥舞着一个红色的袜子试图吸引她的注意力。在摇篮上方移动袜子不会引起她的注意，但是当他把袜子移动到摇篮一侧时,她突然转动了眼睛,然后慢慢地沿着袜子移动目光。"这真是个好消息"亚历克斯对疲惫的妻子萨莉说,"看来我们的女儿已经能够看到了"。

是的,新生儿可以看到,但视力不好。金纳的视觉世界就像是你我长时间盯着一个窗户看到的景象一样。虽然光线能够通过他们的眼睛,但是他们的视网膜和大脑还不能处理复杂的信息,比如物体、形状和颜色等。她的视力很差,这意味着只有当两个物体相隔很远的时她才能辨别,距离较近的东西看起来都是模糊一片。她的视觉对比灵敏度很弱,只能看到大致的轮廓,无法分辨细微的结构。她只能关注一个狭窄的范围——面前18~76厘米的区域,她的眼睛倾向于识别在这个范围内的物体。她可以看到某些颜色,而不是全部,看红色、绿色比蓝色清楚得多。她的世界只有两个维度,因为她的深度感知尚未发育。她的空间视觉很奇怪——对视野边界看得更清楚一些。成年人会移动头和眼睛把他们要看的东西移到视野的中心,新生儿则分辨视野边界的物体能力最强。他们不会注意直接出现在面前的物体。

金纳能看到什么?显然她能看见这些:粗大的物体,黑白相间的东西,颜色鲜亮的玩具,爽朗的笑脸——就像大哥哥布拉德,徘徊在摇篮边兴奋地看着他的小妹妹,笑得很开心。运动也能够抓住她的注意力,比如她的父亲挥舞着红色的袜子。确实,新生儿看运动比其他任何视觉特征都清楚,这多亏了视觉神经元的"空间"通路发育较早。这些神经元追踪缓慢运动物体的能力都很强。小金纳甚至会对长时间盯着同一个物体感到厌烦。她专心看了明亮的袜子一会儿后,就把目光挪开了,并且在几分钟内都不会对这个袜子表现出兴趣。

虽然能力有限,但是小金纳的视觉已经足够让她做一些很重要的事情了。她能看到的所有东西都在她能够到的范围中。这种视觉焦距的限制使她能够更容易地用手移动或者触摸物体。通过熟悉家人的模样,她的视觉得到最大利用。我们会发现,新生儿对脸或者脸形的物体有一种与生俱来的偏好。小金纳吃奶的时候,眼睛处在最适合看妈妈脸的位置。妈妈们似乎也本能地意识到宝宝焦距有限,总是把宝宝放在离自己眼睛20厘米的地方。

金纳的视野足够敏感,为她快速生长的大脑提供了足够的刺激。物体的粗细和颜色吸引她，给她的皮层神经元输入视觉信息，帮助她完善监测边缘、对比度、色调、运动，以及所有的视觉感知基本要素的能力。这些技能将提供正确的视觉刺激完善更高级的视觉器官及复杂的功能，如深度知觉和精细视觉。

眼运动和视觉注意力的成熟 我们怎么知道宝贝能看到什么呢？这不容易，但有科学家通过研究眼球的运动来探索视觉系统的发育。观察一个婴儿的眼运动使我们了解了许多视觉成熟机制的相关知识。因为不同的眼球运动由大脑的不同区域控制。我们可以通过观察一个婴儿正在看什么获得他能看见什么的大量信息——图案、颜色、形状等是最容易辨别的信息。婴儿的视觉器官还不完善，他们不得不盯着所有能够看到的东西，特别是那些从来没有见过的东西。

出生后到半岁，眼球运动的控制大部分从皮层下结构转移到了皮层，婴儿眼球运动能力也相应成熟。新生儿有能力跟踪缓慢移动的物体，但是他们的眼睛只能以快速、规律的方式移动，也就是扫视，跟踪物体时视线总落后物体运动半拍。扫视是眼球运动的一种反射性的形式，由脑干控制，不需要大脑皮层的参与。出生两个月后，皮层开始参与感知物体运动的过程。婴儿这个时候可以平稳、精确地跟踪，不再是扫视。最后，在3~6个月，婴儿已经开始能够预见一个物体移动的位置了，而不再是简单的追随。这种提前跟踪的功能由在额叶皮层的眼动控制区控制，是认知发展过程中的一个重要里程碑。它表明婴儿开始可以选择看哪里。

视力稳步提高 视觉发育过程中最惊人的进步是婴儿开始觉察细节。视力在生命的头6个月进步明显，然后逐步提高，直到孩子5岁的时候。婴儿出生后视力约20/600，这只有正常成人的1/30倍。但眼部和大脑皮层的改变会使视力快速增长。

眼睛的中央部分，或者视网膜中央凹，视力最佳，这也是视网膜成熟最慢的部分。新生儿的中央凹视锥细胞短粗，对视野中大部分区域有反应。出生之后，视锥细胞会变长变细，周长减了约2/3，每个视锥细胞只能对视野中更小的区域做出反应。这种缩小为其他视锥细胞提供了空间，视网膜外围的视锥细胞会源源不断地迁入。结果是，婴儿中心凹视锥细胞的密度显著增加，视力提升，就像计算机打印机通过增加每英寸的点数来提高其分辨率。

视锥细胞形状的逐渐改变还能通过另一种方式提高视力。因为视锥细胞变得更长，所以它在光入射的方向会堆叠更多的色素分子。这增加了视锥细胞由单个光子激活的可能性，每个视锥细胞也变得对低亮度的光照更敏感。对宝宝而言，这意味着对比分辨率的提高：新生儿需要非常高的对比度——像黑色白色这样对比鲜明——才能看到很多东西。而大一点的宝宝开始分辨更细微的亮度差异，比如灰色或蜡笔印刷物的细节等。对比敏感度在出生后10周内显著提高，1岁之前都在逐渐完善。

视网膜的变化很重要，但视力的改善不完全由它决定，皮层发育也起着重要的作用。出生时，只有很少的一些初级视觉皮层神经元能够对视觉刺激做出反应，大多数细胞需要非常高的对比度才能被激活。随着皮层突触的快速增长，起作用的神经元数量急剧增加，每个神经元的反应也增强了，分化成不同类型来处理不同视觉输入。就像视锥细胞一样，皮层神经元最初响应大面积的视野，但渐渐地通过突触竞争性细化作用，反应被限定在更小、更精确的范围内。

出生后4个月左右，细节感知力随着超锐度的出现产生了一次飞跃。超锐度是一种辨别事物特征的能力，效果比按尺寸计算的光感受器理论值好10倍。举个例子，这种精细的分辨力使我们能观察直线附近的细微扰动，即便这种扰动超出了我们的视觉分辨率。目前为止，我们还不知道大脑是如何执行这项了不起的功能的，但通常认为必要的处理过程发生在大脑皮层。孩子在10~18周的时候超锐度发展很快，这也是视觉皮层快速成熟的时期，二者保持一致。

视网膜和大脑皮层的变化对视觉的提高都很重要，它们中间也存在差异。皮层发育受宝宝视觉体验的影响，而视锥细胞的发展并非如此。不论婴儿是否具有正常视力，视锥细胞结构和分布的变化都是一样的。相比之下，如果宝宝的视力变得模糊的话，那些由大脑皮层控制的视觉会被严重扰乱。正如我们在缝合小猫眼睛的实验中看到的，视觉输入是在视觉皮层中建立正常的视觉神经回路的基础，对婴儿时期视觉能力的提高也有很大作用。

从某种意义上说，所有新生儿的视觉都不正常，所以，我们会好奇他们的大脑在只能接受模糊的视觉输入的情况下，如何建立起初期连接。实际上，在出生几个月后视觉经验才在视力的发育过程中扮演特别重要的角色。因此，只有当婴儿能够很好地看到细节并且大脑视觉皮层完全参与视觉过程之后，他们才会进入主要依赖正常视觉输入完善视觉的关键期。视觉问题，如白内障、斜视或其他的一些疾病，如果出现在出生后的6～12个月内，会极大地损害视力。超锐度尤其容易受到不正常的视觉体验的影响，因为它完全由大脑皮层控制。

外围效应 也许新生儿视觉最奇特的地方就是他们的外围视觉更清晰。当小金纳转动眼睛，她能够瞥见在一旁的红袜子，但是当父亲在她正上方舞动袜子的时候她却看不见。我们把这种奇怪的现象称为外围效应，是中央凹视锥细胞成熟较慢的结果。由于出生时外围视网膜比中央凹更加成熟，它们承担了更多视觉任务。另外，外围视网膜的信息总是优先传送到视觉皮层下回路，所以它能更好地与出生时较成熟的一部分视觉系统建立联系。

由于中央凹发展的滞后，与成人或年龄较大的儿童相比，新生儿更多依靠外周视觉。比如一张1寸照片吸引婴儿的是照片的框架而非内容。同样，小金纳很快就能识别出亚历山大的脸，但她认出的是他的发际线和浓密的胡须，而不是他的鼻子、眼睛和嘴巴等五官。

这种奇特的视觉形式一直持续到宝宝两个月左右，那时，宝宝的中央凹变得更加成熟，她的大脑皮层开始接管视觉工作。在此期间，如果你想让婴儿看什么东西，最好把它们挂在婴儿床的两边而不是婴儿头部正上方。

为什么宝宝盯着我看？ 在出生后第2个月，婴儿表现出另一种和外围效应相关的视觉行为，这就强制性观察。顾名思义，宝宝在这个时候能注视一个物体，有时达30分钟以上。他们的目光之所以能够固定下来，是因为当视觉皮层开始控制脑干视觉中枢时，抑制眼球向外周视野的习惯性运动。即便金纳已经6周大了，她不想看面前亮着的灯，但在她的皮层下视觉中枢和皮层进行激烈的斗争阻止她这么做。可怜的小家伙！她被迫一直盯着灯看，直到莎莉解救了她。

当然，有些时候，这种强制性的观察非常有用。每天，小金纳都盯着妈妈看，这融化了母亲莎莉的心房。很多家长说，这个时候他们才爱上了自己的孩子。长时间的眼神交流也与这种强制性观察有关。

色觉 你最近买过什么婴儿玩具吗？你可能已经注意到，婴儿用品上有很多黑白图案，比如玩偶、手机、彩旗、毛毯、枕头、玩具等。制造商们终于知道了新生儿能看见什么。这样对比鲜明的设计不仅最符合新生儿有限的视力，还符合他们极差的色觉。

婴儿最早的色觉检测是在3周大时，此时他们的表现并不让人满意。大多数新生儿没有能力辨别颜色。在亮色背景上放一个对比鲜明的色点都不能引起他们的注意。限制色觉的因素很多，但其中一个重要因素是视网膜的不成熟：视锥细胞既负责检测细节又负责检测颜色，此时它们又短又粗，并且相距很远。在头几个月里，在中央凹附近的视锥细胞继续生长，增强了捕捉光线的能力。所以当一个婴儿的视锥细胞成熟的时候，他识别颜色的能力也就成熟了。

到第8周时，只要东西很大很亮，小金纳就能够分辨不同的颜色了，例如一个苹果和一个橘子。红色和绿色也能区分。但是他依靠蓝色视锥细胞分辨颜色的能力却很弱，很难分辨出粉色和黄绿色。

正如前面提到的，分辨颜色是基于3种不同的颜色感受器：红色、绿色、蓝色的视锥细胞。（黄色是由绿色和红色结合产生的。）除此之外，中枢神经系统通过颜色拮抗作用来强化对颜色的感知，例如红色和绿色的反差最明显，黄色和蓝色同样如此。我们还不知道两个月以下的婴儿识别蓝色的视锥细胞或者处理蓝黄色差的神经回路是否较弱。但不管怎样，在3个月的时候绿蓝系统赶上了红绿系统的发展进度，这个时候婴儿的颜色识别能力已经几乎能达到成人的水平了。

到4个月的时候，在早期视觉皮层中负责处理颜色信息的特殊区域已经完全成熟了，开始与高级视觉区域连接，这些区域也称为色斑。这就解释了为什么这个时候的婴儿在识别颜色方面特别聪明。他们可以看见、分辨，甚至简单地记住主要的色彩。

习惯化实验是研究人员测试婴儿色觉的一种方法。向婴儿重复展示一种颜色，比如一个蓝色的大圆圈，直到他明显地厌倦或"习惯"这种颜色。观察他注视这个颜色的时长来判断他是否习惯。接下来，展示另一种波长较长的颜色的圆圈。如果这种颜色对他来说更像蓝色，他还是会提不起兴趣来，但如果这种颜色属于成人认为的"绿色"，他会重新表现出极大的兴趣。通过这样的实验，研究人员发现，婴儿的色彩分类大致和成年人相同，这表明这种分类是我们的视觉系统与生俱来的。

习惯化实验还表明，婴儿十分擅长记住颜色。他们似乎更容易记住颜色而不是形状。色觉概念也许是他们最早的抽象观念之一。

因为我们的视觉系统沿红、蓝、绿、黄4个通道处理颜色，较大的宝宝都能很容易地捕捉到这些颜色，尤其是那些纯净明亮的颜色。如果让他们选择，他们更钟爱明亮的红色或者蓝色，而不是像黄绿色或紫色这样的中间色。（成人也同样被纯正的色彩强烈地吸引，尽管我们可能没有将这些颜色作为"最爱"。）这些偏好可能是因为这些颜色对膝状体和皮层的4种颜色处理细胞的强烈刺激；那些越纯洁明亮的颜色，如消防车的红色等，对神经元的刺激越强烈。这种强烈的电刺激反过来又能直接刺激控制婴儿注意力的神经元。制造商已经利用这些知识，在玩具店里摆放鲜亮的玩具来吸引孩子的注意力。

双眼视觉和深度知觉突然发展 双眼视觉需要两只眼睛互相配合。一般来说，两只眼睛的功能要比单个眼睛好，在视力、对比敏感度、颜色检测、位置感知等方面都有体现，而深度知觉最需要两个眼睛合作。两只眼睛处于头部的不同位置，我们的层次感或立体视觉，由于每只眼睛看到的场景稍微不同而被强烈增强。视野中的这些不同点被我们的大脑翻译成立体视觉，即三维感知。立体视觉不是我们感知深度的唯一线索，许多其他单眼视觉线索也会用到：远处两条平行线看起来交汇在一起；两个物体相比一个有点模糊，看起来更大，或是一个比另一个运动得快等。但全面的深度知觉依赖双眼视觉的差异——两只眼睛空间视野的细微区别，为我们提供了真实的立体感。

双眼视觉完全是大脑皮层的功能。正如之前所说，一旦视觉回路有效连接起来，两个眼睛的视觉输入在膝状体和初级视觉皮层的第一层突触中完全隔离，然后又汇聚于皮层神经元，混合起来产生双眼视觉。双眼视觉只有在两只眼睛的突触在皮层分隔后才会出现，也就是说，要等到这些条纹状的突触连接完全建立，这个过程发生在 2~6 个月。在此之前，两个眼睛的输入信息都在争夺新生儿的大脑皮层，更高层次的细胞无法知道哪个输入信息来自哪个眼睛，所以双眼视觉无法比较。换句话说，皮层必须先分离两个眼睛的信息然后才能够重组它们。因为双眼视觉和神经突触精细化之间的这种关系，婴儿双眼视觉的产生被视为大脑皮层足够成熟去完成复杂视觉任务的重要标志。

我们可以用 3D 眼镜和特制的成对图像检测婴儿的双眼视觉。单独看这些图像时，每个都是一列垂直的条纹，但是用 3D 眼镜看成对的图片时，有正常双眼视觉的人会将两个眼睛的图像融合在一起，看到有些条纹似乎从屏幕上浮起来（见图 9.5）。另一个经常使用的测试是随机点立体图，当把两列看起来似乎没有意义的点融合在一起之后，就会出现一个在屏幕内或浮出屏幕外的正方形。

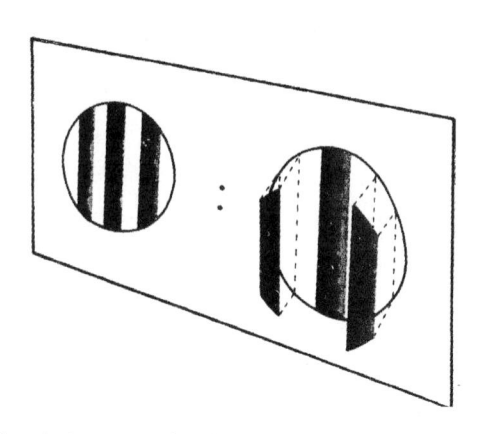

图 9.5　用来评价婴儿立体视觉发展的一种刺激方式。大多数年龄小于 4 个月的婴儿不能接收右边的 3D 立体图像。（引自 1980 年《美国科学院院报》的《人类婴儿的立体视觉》，引用经 R. 赫尔德等人同意。）

对成年人实施这样的检测很容易，他们看到三维效果时可以直接告诉我们。测试婴儿更难一些，我们可以展示多组图片，屏幕的一侧是可以产生 3D 效果的一对图片，而另一侧是没有 3D 效果的一对图片。在 8 周大时，小金纳做了双眼视力的测试，她看屏幕两边的图像花费的时间是一样的。然而，6周以后她就变了，目不转睛地盯着右边的3D条纹，几乎不去看左边的二维图像。在这短暂的时间内，她的皮层建立了立体视觉回路。

就像金纳一样，大多数婴儿双眼视觉的发展非常迅速。2～5个月大的婴幼儿几乎没有双眼视觉，但在短短几个星期内，他们的双眼视觉就能达到接近成人的水平。双眼视觉产生的平均年龄是3岁半。诱发电位测量确认了这种迅速出现的双眼视觉。随机点立体图诱发的电位也同时出现在婴儿的后颅。

婴儿立体视觉发展得太快也有不好的影响。大脑皮层回路连接必须有正常的视觉体验，所以任何干扰双眼视觉的因素，如交叉眼等，都可以损害婴儿的双眼视力发展。正如前文所述，双眼视力发展是脑功能发展的关键期之一。当孩子有眼交叉或其他眼部问题时要及时治疗。

面部识别　新生儿的视力微弱，但令人惊奇的是新生儿在出生几个小时后就能认出妈妈。在婴儿出生一天的时候给他们看两张不同的图片。一张是妈妈，另外一张是与妈妈发型和穿着相似的陌生女性。通过吮吸特制橡皮奶嘴的频率来检测新生儿的反应。他们的吮吸频率可以控制照片的投射。加快吸奶嘴的频率就能够固定屏幕上出现的照片。几乎每个宝宝都能够通过加快吮吸奶嘴来维持屏幕上自己母亲的照片。有些宝宝甚至表现出偏爱父亲的脸，而不是陌生男性的脸。当然，在这之前宝宝要和父亲有一定的接触。

面部特征强烈地吸引着新生儿，不管是真实的还是虚拟的。面部符合他们有限视力的许多要求：明亮的眼睛和深色的嘴唇形成了鲜明的对比，发际线提供了一个明显的外部框架，刺激婴儿的外围视觉。除了这些脸部特征之外，带有面部特征的刺激，即在正确位置有两个眼睛、一个鼻子、一个嘴巴的椭圆形物体，对新生儿都有一种天然的吸引力。婴儿出生不到一小时就会转动头和眼睛追随一张有简单脸部轮廓的图像，却不能追随一张脸部特征缺失的图像。从进化的角度看这种偏好是有道理的，意味着像金纳这样的新生儿都倾向于看着自己的父母，这能提高他们之间的亲密感。

成人研究表明，颞叶的一个特殊区域负责人脸的识别。此区域的病变可摧毁一个人的脸部识别能力，连最熟悉的面孔也认不出来。但是，新生儿的这个区域还没有成熟。此时，人脸识别功能由皮层下视觉中枢负责。慢速移动的脸部最容易吸引新生儿。有事实证明，早期人脸识别发生在上丘。

大约两个月大的时候，大脑皮层开始承担面部识别的功能。此时，婴儿可以利用独特的脸部特征——鼻子、嘴巴和眼睛——来区别不同的脸。他们识别静止脸部的能力也有了很大的提高。这种提高可以归功于其他基本视觉技能如视力、双眼视觉和色觉等的迅速提高，也可能是因为两个月时颞叶的面部识别区域开始发挥作用。最新的大脑扫描实验已经表明，两个月大的婴儿在看脸部图像时颞叶皮层有电活动。

在婴儿大概1个月的时候，从皮层下到皮层的转化对他们产生了一个奇怪的影响：他们似乎失去了对面部特征刺激的偏好。这时候，皮层下处理过程正在减弱，而皮层功能还未建立，婴儿对正常的和模糊的脸部图像反应一样。（这种临界状态与同时期的"强制性观察"有些相似。）尽管他们对普通面孔的兴趣正在逐渐消退，但一个月大的婴儿还是偏爱母亲的脸。

男孩和女孩视觉发育不一样

和大多数能力的发育一样，男孩和女孩的视觉发育速度不同。新生儿的这种差异不是很明显，大约6个月的时候就会完全消失。但是在3～6个月，也就是大脑视觉皮层突触正在快速发展的时候，女孩的很多视觉能力都超过男孩。女孩出现双目视觉的时间要比男孩早3～4周，4～6个月时的感知能力也比男孩好。一些证据表明，这些差异是由男婴在孕早期和出生后的前几个月里睾酮含量激增造成的。睾酮可以抑制出生后早期皮层突触的形成和精简，这两种活动都在刚出生时非常活跃。

另外一种性别差异的出现要晚得多，7～10岁开始，一直延续到成年。男性倾向于锻炼空间视觉技能，比如想象物体在空间旋转，而女性更倾向于感知整个视野，比如记忆一个庞大阵列中的某个元素的位置。因此，童年后期是视觉性别差异最大的时期。这些差异由基因或激素导致，还是男孩和女孩在儿童时期练习不同技能的结果存在很大争议。因为这个问题更多涉及的是认知能力而非视觉，我们会在第 16 章做出讲解。

出错了

像大多数的婴儿一样，金纳的视力发育正常。现在她 6 个月了，她看得更清晰了，能看到颜色、有立体视觉，并能很好地注意不同距离；她可以区分不同的面孔，并能清楚地说出熟悉和不熟悉面孔的区别；她的眼睛可以流畅地跟踪运动物体，甚至以毫秒级的反应速度预见它们的位置。总之，她已经有了真正的视觉，眼睛和大脑在出生后的短短几个月已经变得相当成熟了。

可是她的表哥詹森就没这么幸运了。约 6 周大时，他的视觉开始发生交叉:左眼向鼻子的方向下垂。虽然他比金纳大 8 个月，但他没有双眼视觉，而且左眼视力非常差。他的父母很早就发现了这个问题，但直到最近才到儿科寻求治疗。幸运的是，他还来得及恢复左眼的大部分视力，但立体视觉恢复的可能性几乎是零。

视觉问题在儿童中很常见。多达 5% 的新生儿在出生时或是在出生后的前几年中会出现视觉问题。因为视觉经历对视觉皮层的发育至关重要，所以任何干扰婴儿视觉的因素都能影响视觉回路连接，永久地损害孩子的视觉能力。但幸运的，不是所有的视觉能力都受视觉体验的影响。比如色觉和周边视觉，都相对免疫。但是，精细视觉和双眼视觉对早期的视觉体验都很敏感，因为它们都由大脑皮层控制。

视觉问题出现的时间影响很大。双眼视力产生得又快又早，发育关键期在出生后不久就开始了。如果婴儿眼位不正（视交叉或者视线在垂直方向偏差）或视力模糊，并持续 6~8 个月大就会无法形成双眼视觉。视力发展比双眼视觉发展缓慢，所以婴儿可以更久忍受不正常的视觉，而不影响视力的发展。视力发展的关键期开始于约 4 个月，在 9~11 月的时候发展最快，两岁之前都在不断完善。然而，当双眼视觉和视力建立起来之后，只要突触仍在精简，还是很容易出问题，这种现象持续到 8 岁。

视物不清以及双眼正常协作受到干扰都会影响孩子的视力发育。孩子的视觉剥夺程度越大，持续时间越长，就越容易造成永久性视力缺陷。幸运的是，一些问题，如近视和散光（由于眼球曲率不正常导致的视物不清。在年龄较大的孩子身上比较常见，通常需要镜片矫正，否则会影响学习。）不一定会影响视力发育，因为婴儿的视觉在它们造成伤害之前就已经建立起来了。有两个问题会带来严重的威胁。一个是白内障，这并不是很常见，但是婴幼儿患白内障可引起严重的后果，包括失明。另一个是交叉眼或弱视，表现为视觉混乱，两只眼睛看不同的方向。医学术语将眼位不正的现象称为斜视。很不幸，这种疾病比较常见，但比白内障危害小。

先天性白内障 白内障是眼球晶状体表面的一层浊状物。白内障常见于老年人，通常只要将其移出并用人工晶状体置换后，就不会破坏视觉。对婴儿来说情况完全不同。当婴儿的晶状体出现明显的浊状物时，我们称之为先天性白内障，会对婴儿的视觉产生永久性和毁灭性影响。如果不治疗，孩子将失去受损眼球的部分或全部视力，这取决于浊状物的密集程度。

造成先天性白内障的原因有许多。约 1/3 的是由于产前感染（弓形体病、水痘，特别是风疹），另 1/4 体现出遗传倾向，1/10 是与某些代谢病或先天性疾病相关，大约 1/3 病因不明。先天性白内障虽然罕见（新生儿发病率是 0.01% ~ 0.04%），却是工业化国家儿童失明的最常见原因。幸运的是，在新生儿出生时和出生后的第一年的体检中时可以用红光反射测试较容易地测出。

先天性白内障对视觉的巨大影响是视觉体验影响视觉皮层大脑发育的最好证据。因为白内障阻止了婴儿看见任何东西，所以视觉皮层没有受到建立细节感知和双眼视觉神经回路所需的电刺激。另外，就像休布尔和威塞尔实验中的小猫一样，当婴儿双眼都有白内障时，他们恢复视觉的可能性比只有一只眼睛有白内障时大得多，因为受损眼睛与皮层回路的接触不会被另一只眼睛破坏。

大多数的孩子都会将白内障清除掉，但这个时机至关重要。如果 6 个月之后才清除，那么孩子恢复正常视觉的机会就很渺茫了，尽管双眼白内障恢复的概率大一点。现在儿科医生尽可能早地清除先天性白内障，经常会在出生后的几天或是前两个月内。

清除白内障就意味着摘除眼球的晶状体，手术之后婴儿会戴矫正镜片，通常是一个软性隐形眼镜，这样他就能看东西。（现在也可以移植人工晶状体，但两岁之后才行）。如果只有一只眼睛发生了白内障，术后视野遮蔽也很重要。在婴儿醒着的一半时间都要将正常的眼睛遮盖起来，防止它与受损眼睛竞争。遮蔽要持续到8～9岁，以防在视觉发展关键期的后期丧失视觉。有了早期手术、适当的镜片矫正并且经常遮蔽正常眼睛，儿童的受损眼睛可以恢复很好的视力。如果婴儿的两只眼睛都有白内障，术后效果会更好一些，并且不需要修复。即使这样，有白内障的孩子还是几乎不能建立有效的双眼视觉。

斜视 斜视指的是两只眼睛不能正确对齐的情况。它比白内障更常见：大约有2%的足月婴儿被这种疾病折磨，早产儿中比例高达10%～20%。现在还不能准确知道斜视的成因——曾经认为是眼肌无力，现在认为是神经系统问题。斜视如果没有早早矫正，视力会很弱。它会影响孩子的双眼视觉，并降低视力。

斜视带来的危险不在眼睛，而在大脑。为了发展双眼视觉，视觉皮层必须从双眼接收全视野各个部分的信息。也就是说，两只眼睛必须聚焦于同一个地方。很明显，当婴儿斜视时，他的两只眼睛不能一起工作，所以皮层中接收双眼信息的神经元不能正确地建立连接。即使在孩子建立起双眼视觉之后（5～6个月），在关键期——从18个月到8岁——出现的斜视还是会损害视力，因为双眼的联系维持得不好。

双眼视觉丧失与斜视有关，更严重的问题是视力丧失。因为詹森的眼睛不能很好地对齐，他的大脑同时接收到视野的两个不同信息。经历过复视的人都明白这种体验多么令人不安，所以我们的大脑往往会抑制一只眼睛的视力（即使它看得见），把注意力集中在另一只眼睛的信息输入上。最好的情况是，斜视的婴儿会轮流抑制双眼的信息，同一时刻只有一只眼睛工作，但都会提供足够的电刺激，适当调整皮层的视觉回路。但是，如果像詹森一样，一只眼睛强，另一只较弱，受抑制的眼将无法提供足够的电活动，其皮层电路的灵敏度会降低。因为问题发生在皮层，而不是眼睛，所以这种视力衰退无法通过戴眼镜或隐形眼镜纠正。

斜视在刚出生的时候往往看不出来。事实上，大多数新生儿的眼睛在出生时都有偏差。如果宝宝有斜视，常在2~4个月的时候表现出来，这时正常婴儿往往已经纠正了偏差。看混合双目图像能帮宝宝校准目光。斜视的症状偶尔会在半岁前自行修复。但是因为临时性的斜视也可能损害视力发育，一些研究人员认为眼位不正严重的宝宝应该及早治疗。

治疗斜视有两个目标：第一是矫正眼睛，使它们一起工作；第二是加强较弱的眼睛。有时可以使用眼镜或眼药来矫正；暂时麻痹好的眼睛，强迫婴儿使用较弱的眼对焦。大多数情况下，矫正视力的唯一方法是手术处理眼睛的肌肉，这种情况并不少见，约占30%。这些孩子在眼睛充分矫正之前要接受两次手术。治疗的时间非常重要。现在实施手术的年龄是6~18个月，有的眼科医生希望更早一些。

治疗的第二个目标同样重要。为了防止较弱的眼睛失去视力，需要每天遮盖较强的眼睛好几个小时。这样，较弱的眼睛不再被抑制，就能接管移动和聚焦的工作，并且它的视觉皮层电输入不再受到抑制。遮盖应在婴儿被诊断出斜视后尽早开始，手术后往往需要继续遮盖。不过分遮盖也很重要，因为好眼的视力也可能由于遮盖而变弱。每一天应该都有几个小时两个眼睛共同工作，否则双眼视觉不会发育。

基于我们对早期视觉可塑性的了解，斜视的治疗在过去30年有了长足的进步。不幸的是，斜视的婴儿仍然无法拥有完美的视觉。相对而言，视力比双目视觉更容易保留。通过早期矫正和精心修复，孩子的两只眼睛都可以恢复很好的视力，但是他们很难建立起空间视觉。大多数孩子也仅仅使用一只眼睛来完成精确的视觉活动。视力比双眼视觉修复得好的原因很可能是关键期的不同。双眼视觉发展早，速度快，几乎没有时间矫正。相比之下，视力是逐渐提高的，在较长时间里都保持着可塑性。在尝试改进斜视婴儿立体视觉的过程中，一些眼科医生提出要在10周时做手术。13~19周婴儿的手术初期效果比较好，但是很难保证这种效果能够延续。

幸运的是，对于处理日常视觉任务，视力比双眼视觉更重要。一个缺乏立体视觉的人不能开飞机或者看3D电影，但他感知深度、开车、打网球都不会有任何困难。立体视觉真是一种感官奢侈品,没有它,人们的视觉功能还是很强大。

视觉发展依赖大脑、改变大脑

我们对视觉发展丰富的认识,不仅拓展了斜视或者交叉眼的婴儿视觉矫正的前景,也告诉我们大脑发育的机制。我们现在知道那些看似无形的"视觉经验"是怎样永久地改变着大脑结构。如果同样的原则也适用于大脑其他部分的发展,并且证据确实,那么认识视觉发展就为理解智能发展的其他方面起了重要的指导作用,包括更高级的功能——情感、语言和智力等。

不过话说回来,视觉发展不仅仅是一个例子,还是影响其他智能发育的关键因素。视觉发展得这么快,主导着人类的感官经验,它很快就成了孩子了解人类、了解世界的主要手段。人类是视觉动物,所以在生命早期获得的视觉体验对思维形成极其重要。

第 10 章

缓慢成熟:
听觉的发展

- 胎儿在子宫里也能听见声音
- 说话很温柔？新生儿可能听不见
- 宝宝喜欢"妈妈语"

孩子们喜欢音乐。每当看到我们两岁的女儿一边在一堆书或玩具盒里乱翻，一边唱着她的儿歌，自娱自乐 20 分钟以上时，我总是感到惊讶。这种现象并不局限于刚学会走路的孩子。从出生开始，音乐对婴儿们就有极大的吸引力，这就是为什么催眠曲和托儿所的音乐能让一个紧张不安的新生儿冷静下来。

音乐如此有吸引力的原因是婴儿的听觉很发达。就像触觉、嗅觉、味觉和前庭感觉一样，听觉的神经结构早早就开始在子宫里构建，出生前便已基本完善。出生时，婴儿便已拥有了大概 12 个星期的实际听觉经验了，甚至有了辨别自己喜欢声音的能力，其中，妈妈的声音位居榜首，尤其是她们那柔和、歌唱般的"妈妈语"。相比在视觉方面，新生儿对简单刺激的偏好，他们在听觉方面表现不同。比起单纯的音调和简单的声音，他们更喜欢复杂的音乐或抑扬顿挫的语调。

与视觉相比，听觉的发展截然不同。视觉出现得晚并且迅速成熟，听觉出现得早却成熟缓慢。人类婴儿在出生时，听力比许多哺乳动物幼崽要好，但是他们的听觉技能还要发育很长一段时间，直到学龄前。听力的逐渐形成与儿童掌握语言技能的过程一致，并非巧合。

听觉与视觉有一个共同点是：它可以被经验塑造。听力活动影响着听力发展的质量。从怀孕的第 3 个月开始，孩子们听到的所有声音，都对构建处理复杂声音的大脑回路影响重大，这影响并不仅仅局限于听觉系统的发展。孩子早期的演讲与音乐经历对许多大脑高级功能如情绪、语言和其他认知能力的塑造影响极大。

听觉原理

"飞机！"提姆斯听到头顶上呼啸而去的声音大叫道。尽管只有20个月大，提姆斯对一切有引擎的机械着迷，最近"飞机"这个词也加入了他的运输工具词汇中。提姆斯的大脑是如何发现并分辨出那遥远的声音来自喷气式飞机的引擎的呢？

听力起始于耳，经过脑干的许多部位到达提姆斯的听觉皮层。总的来说，所有这些结构被称为听觉系统，功能是收集音波并转换成电信号，然后根据提姆斯已经熟悉的信号进行辨认。

所有物理震源都会产生声波，比如小提琴弦、人类声带或者喷气式飞机的引擎，在周围的介质中（空气或水）产生一定范围的压力改变。声音的特性由振幅（振动的峰值）和频率（每秒钟波震动的次数）决定。声波振幅的大小与声音的强度有关，音调与频率有关。人类对每秒震动 20～20000 次的声波敏感，频率越低的音调越深沉。响度的单位是分贝，是对数尺度。因此，响度增长20分贝对应声音强度增长10倍；40分贝对应声音强度的增长100倍；以此类推。下面代表着不同声源的声音分贝等级：

分贝	声音类型
0	人类听力极限
20	微弱的耳语
40	家里的一般声响
60	正常交谈
80	繁忙的交通，电话铃响
100	地铁，割草机
120	雷声
140	距头顶300米的喷气式飞机（引发痛觉与损伤）

耳朵分为3个部分：外耳、中耳、内耳。当声波敲击提姆斯的外耳皮瓣，即耳廓时，它们漏进耳道并敲击鼓室。声波引起鼓膜的震动，进而引发他

中耳三个听觉小骨——锤骨、砧骨、镫骨的震动。这些小骨扩大震动并且把它传递到卵圆窗——内耳和中耳的边界膜。一般来说,外耳与中耳之间充斥着空气,内耳中充满液体(如果提姆斯耳朵受到了感染,他的中耳会暂时充满液体)。

内耳的听觉器官叫作耳蜗,负责把震动转换为电信号。耳蜗是一个长而卷曲的纵管腔,包含3个部分,因为和蜗牛壳惊人的相似而得名。中部腔的毛细胞和前庭系统的极其相似(见第6章)。声音的震动诱发毛细胞顶部纤毛弯曲,这细小的移动(仅仅亿分之一厘米)足够打开细胞外膜的离子孔。带电荷的钠钾离子迅速通过打开的离子孔,改变毛细胞的电位,然后引起一系列的突触兴奋,把声音信号传递到大脑(见图10.1)。

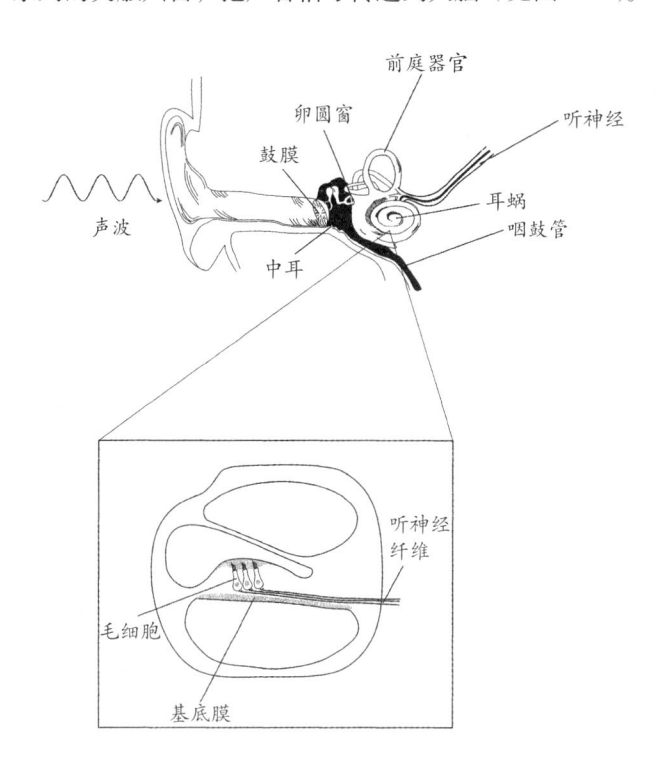

图10.1 耳的结构。插画显示了耳蜗中毛细胞和初级听神经纤维的位置。

这就解释了飞机的声音如何转换为电信号。但是,提姆斯的大脑如何把这种声音跟其他声音区分开来呢?这个过程也发生在耳蜗,并且可能要归功于一些功能高度进化的基底膜,即毛细胞附着的组织。基底膜的宽度和灵活性会沿着提姆斯的耳蜗连续性改变。卵圆窗附近的膜是狭窄又紧绷的，而耳蜗最里面的膜是宽阔且灵活的。正如不同长度和松紧的钢琴弦会与不同频率的声音共鸣，在不同频率的声波下，提姆斯不同部位基膜产生共鸣。高音调的声音改变狭窄端基膜的形状，而低音调的声音，如飞机，使宽阔端的基膜变形。因为基膜的运动最终引起毛细胞纤毛的弯曲，这种分布意味着不同音调的声音在耳蜗的不同位置转换为电信号。为了放大这种频率差异，提姆斯的毛细胞也沿着耳蜗改变形状。在卵圆窗附近的纤毛更短更僵硬，对高频率反应很好，同时卷曲末端的纤毛长而灵活，更易感知低频率的声音。

之后，耳蜗会通过声音的共鸣位置来辨别它们。大脑听觉传递的每一步，包括大脑皮层，都重复着相似的过程。就像我们头脑里有钢琴键盘的所有琴弦，琴弦连在一起，敲击一个键会引起一连串相关区域的共鸣。

提姆斯是这样感知到声音的：耳蜗毛细胞的突触延伸到基本听觉神经元。神经元细胞的轴突从内耳出发，汇成听觉神经到达脑干下部的耳蜗核。然后，从耳蜗核出发，一部分听觉纤维向上到达脑干更高部位——上橄榄核，它对声音的空间定位极其重要。下一个中转站在中脑，即下丘——正如它的名字一样，下丘坐落于视觉系统的上丘之下。到达皮层前的最后一站是丘脑，一个被称为内侧膝状体（MGN，紧贴着视觉系统的外侧膝状体）的区域。最终，内侧膝状体的纤维到达了大脑皮层颞叶顶部的基本听觉区。高级听觉区域分布在这个基本听觉皮层附近，但并不是所有都在颞叶顶部（见图10.2）。

单看这些部位的名字就可以发现听觉与视觉系统通路有很多平行的地方。但是听觉、视觉系统的发展有两方面的不同：第一，听觉信息在到达大脑皮层前，在脑干中转站中的传递是连续的，而视觉系统被分为皮层下和皮层两种路径。这样的结构有利于追踪听觉的发展，我们会发现，只要运用简单的婴儿头皮电极，就能测定这些中转站中的电信号。

听觉系统与视觉系统的另一大区别在于，来自两个耳朵的信息没有严格的区分，而眼睛不是。离开耳蜗核后，听觉信息向脑干传去，在那里与另一耳朵的输入信息交换或结合。两耳信息的第一个结合点在上橄榄核。基于两耳信号的时间或强度差异，上橄榄核的神经元能计算出发出声音的

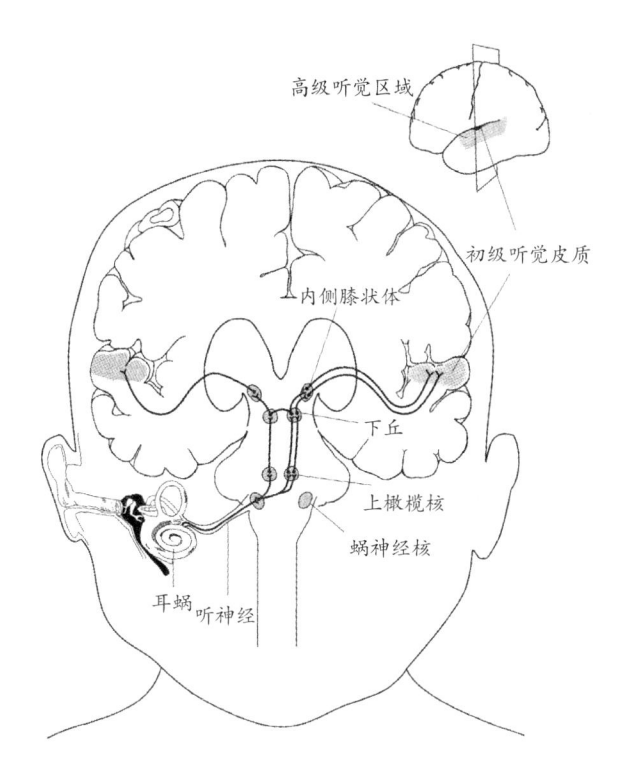

图 10.2 听觉的神经通路。听觉信息在到达大脑皮质之前，依次穿过了脑干、中脑、丘脑中的中继核团。

位置。橄榄核上的每一个中转站都会处置来自两耳的信息。因此，大脑不会像处理触觉与视觉信息一样把两侧的听觉信息分开处理。

听觉信息的主要处理器官是脑干和丘脑，在听觉信号没有抵达颞叶以前，提姆斯不会清晰地感知到。在视觉系统中，复杂的信息会被分为各个元素来认知，比如颜色、形状、运动、空间，然后它们组合成可辨认的物体。听觉信号被处理成音调、音量和位置，然后由听觉皮层的高级区域翻译为一段熟知的音乐旋律、短语或者从头顶呼啸而去的喷气式飞机。

听觉系统的发育

在安娜发现提姆斯对引擎的喜爱之前，他的听觉已经开始发展了。在安娜子宫中的第4个星期，两个消防栓一样的结构在胚胎头部的两端显现出来——那是原始的听泡，未来的前庭和耳蜗（见图6.2）。在第5周到第10周之间，前庭管道的肢芽从听泡的顶端生出，两个耳蜗管也从底部延展出来并且弯曲生长。到了第11周，他的耳蜗已经看起来极像成人蜗牛壳般的耳蜗，但怀孕中期之前直径还会继续变大。在第10到第12周，所有毛细胞（每个耳蜗中16000个）成熟了，长出它们特有的纤毛并且开始和听觉系统的第一个神经元形成突触。

毛细胞不是随意地沿着耳蜗生长，而是从基底到尖端（卷曲末端）依次生长。这种生长次序似乎与胎儿先能听见低频声音的事实有些矛盾。因为低频声音是由尖端的毛细胞感知。对这个矛盾的解释是：个体毛细胞会在发育过程中改变它们的感知频率。基底附近的细胞首先成熟，并对低频的声音有反应，但是当基底膜的性质改变后，这些细胞开始对高音调的声音敏感，而此时耳蜗另一端的毛细胞才刚刚开始成熟，接管了感知低频率声音的任务。这就是一个逐渐变化的过程，逐渐由耳蜗远端的毛细胞负责感知低频率。

在耳蜗差不多完全形成时，胚胎的脑干中开始形成听觉神经元。最早的听觉神经元在发育的第3周便出现了。到了第6周，听觉神经、耳蜗核和上橄榄核已经区别明显。第13周，高级脑干听觉中心便显而易见，而内侧膝状体也在第17周左右如成人一般分化了。此后不久，皮层神经元也出现了。总的来说，听觉皮层比触觉区域之外的任何大脑皮层成熟得都要早。在听觉系统的所有区域中，轴突一旦到达靶点便开始形成突触，但它们会有一个较长的突触精简期，从而确定音频定位方式。

髓鞘的状态反应听觉系统的发育情况。就像脑干中的其他组织一样，听觉系统中许多部位早早就开始形成髓鞘。怀孕后的第24周，从提姆斯的耳朵到上丘脑的所有中转站开始形成髓鞘，到了出生时已基本完成。听觉系统的高级中转站髓鞘形成较慢。提姆斯的丘脑听觉纤维髓鞘直到两岁也未能完全形成。

利用电子示踪反映听觉系统的成熟情况　我们通过直接测量婴儿大脑的电活动了解听觉系统的发展，这就是我们所说的听觉诱发电位。这种方法尤其适合研究听觉，因为听觉信息的传递是连续经过脑干中的各个中转站到达大脑皮层的。

安娜有家族耳聋史，所以提姆斯做听力测试时，安娜非常想知道结果。当提姆斯5周大，他的父母便带他去做了一个简单、无痛的听觉诱发电位测试。先在他的耳朵里放一个小型耳机，然后在头皮上贴3个小电极：两个在耳后颅骨小凸起处，第三个在头顶最高处。耳机播放点击声时，电极会反映出提姆斯脑干中的电流活动。每一声敲击都会产生一系列细小的电波（振幅只有百万分之一伏特），这些电波正是他听觉系统每个中转站动作电位的反映，第一个波代表着他听觉神经的活动，第二个波与他延髓的耳蜗核相关，第三个波反映上橄榄核，以此类推，在到达大脑皮层前总共有第7个波。幸运的是提姆斯的两耳听觉经过检查都是健康的；所有的7个波都显示出合适的振幅与速度，在脑干中传导听觉信息仅需百分之一秒。安娜和史蒂芬也放心了。

同样的测试也运用到早产儿身上，评估怀孕的最后3周中听力发展是否正常。在怀孕的第6个月，胎儿的大脑对声音的刺激仅有微弱的电信号响应，只有很响的声音才可以引起一些微小而迟缓的波。但从27周开始，因为突触效能的提高和脑干听觉回路髓鞘化过程，响应的幅度和速度都发生了戏剧性地改变。

从电位反应图像上可以清晰地看出听觉系统的成熟是由下到上的。代表耳蜗到脑干传输的1号波在出生后第5周达到最快速度，代表上丘脑神经元发育的5号波学龄前都在持续增长。电位同样反映出大脑皮层比起脑干成熟得慢，尤其是产前，并且直到少年期都没有完全成熟。

胎儿可以听到什么？

早产儿可以对声音产生电信号反应，并不能证明同样年龄没有出生的胎儿处理的声音信息方法是一样的，也不意味着他们有声音可听——虽然他们可以听见。婴儿的耳中充满液体，可以阻止声音传递。而母亲的腹部也充当了屏障，掩盖她体外的声音。

因此研究者们开始用不同的方法测验胎儿能否听到声音。在一些研究中，他们运用超声波观察对孕妇腹部受到声音刺激时胎儿的运动。对于高音量或者突如其来的声音，胎儿们会眨眼睛，就像成年人一样，而眨眼睛可以被超声波测量。其他一些研究则利用胎儿的心率来研究胎儿怎样处理声音信息。

通过这些方法可以看出，23周的胎儿已经对声音刺激有反应了。其中，莫来妮是个早熟的胎儿。她的妈妈卡瑞亚很喜欢在超声波下观察女儿发育。当莫来妮第一次听到腹外一声巨大、低频的声音时，突然反射性地动了一下头。她的反应令人惊奇，说明在此阶段她的耳蜗和下级脑干听觉区域已经发育得很好了。并不是所有5个月的胚胎都对这个测试有反应，莫来妮也仅仅对很响的、低频或中频的声音有反应。当研究者们播放高频率或很低频率的声音时，她并没有察觉。随着时间的推移，莫来妮对越来越小的声音刺激有反应，能听见的频率范围也稳定地增宽。

尽管早在怀孕的第6个月许多胎儿就可以听见了，但他们慢慢才能学会分辨不同的声音。为了测试他们的分辨能力，研究者们为孕晚期的胎儿们提供了两种在他们听力范围内的声音。首先，让他们不断重复听中央C。刚开始，许多胎儿充满活力地用头部或手臂的运动响应着，但他们逐渐习惯了声音，反应减弱，最后几乎不再做动作。之后，研究者们把声音刺激换成高音C。25周的胎儿在音调转换后又继续活力满满地动，而孕周较小的胎儿对新的音调毫无反应。由此证明25周的胎儿可以分辨两种不同的声音。在怀孕的第6个月，由于耳蜗的"键盘"——响应频率的毛细胞——不断地延展，声音的分辨率提高了。

这一类实验证明了至少在孕晚期，子宫里的胎儿是可以听见的。然而，在那个充满液体的世界中听觉刺激到底是什么样的？为了研究这个问题，一组研究人员研究了几位同意在产程的第一阶段配合宫内声音测量的女性。当孕妇的羊水破了以后，研究人员从宫颈向子宫中放入了细小的微型电话，用来检测声音从腹外到子宫的穿透效果如何。

总的来说，声音在外界的传播效果非常好，但在妈妈的子宫里却不是这样。低频率的声音比高频率的声音穿透效果更好，如果邻居家开派对，中低音部的拍子比高音部的旋律更易穿透墙壁。同样，研究者们发现外界男性的声音比女性的声音更易穿透子宫。妈妈自己的声音是一个例外，胎儿听到的声音比外界的听众更大，因为声音是直接通过母体传递的。

实际上，莫来妮的听觉环境充满了卡瑞亚身体的声音：她的心跳和血流，提供了一个持续的、低频的背景节奏，再加上偶尔的肚子咕咕声，还有她的说话声。同时，莫来妮也接触外界环境的声音——爸爸的声音、电视机、经过的火车、剧院的一夜。怀孕第 6 个月以后，任何大声刺激都能进入卡瑞亚的子宫，给莫来妮带来她从未有过的听觉体验。

所以，胎儿不仅仅能听见，而且在子宫中有大量的听觉经历，也许这些听觉刺激在出生前就开始影响大脑发育了。也许莫来妮能听到的第一个的声音正好是低频声音，因为只有低频声音才能很好地穿透卡瑞亚的腹壁。听觉系统则利用所有刺激稳定突触并调整音频定位。

不仅听觉系统可以从出生前听力中获益。胎龄稍大一些的胎儿可以分辨不同的说话声音，比如"巴"和"比"，或"咿"和"啊"，证明出生前听力也在塑造大脑的语言区域（见第 14 章）。胎儿甚至可以通过听妈妈的声音得到情感上的滋润。我们将会看到，胎儿不仅在出生前就可以听见，还可以记住他们听过的声音。他们熟悉着环境中的声音，就像熟悉气味和味道一样，准备适应出生后的世界。

任何对胎儿精神发育有影响的出生前听觉刺激，都叫作听觉输入。因为听力发育开始得如此之早，并且声音能很好地穿透子宫，它们或许是刺激胎儿神经系统快速发育的最好工具。幸运的是，你不需要买任何特殊的"胎教磁带"或其他吹嘘对听觉成熟有益的产品。每一个胎儿都会自然地沉浸在丰富的听觉环境中，通常出生后也会处在这个熟悉的环境中。

噪音伤害胎儿或早产儿的耳朵　这里对早产儿的听觉保护有个建议。现在我们知道胎儿可以听见从母体传来的声音，一些研究者开始警惕孕妇暴露于过多噪音中的危险。动物实验证明高强度噪音可以毁坏耳蜗的毛细胞，进而引起一定程度上的听觉永久性丧失。动物幼崽的毛细胞在听觉刚刚开始形成时极其脆弱易损。人类对噪音损害最敏感的时期在怀孕的第 6 个月到出生后的几个月。

噪音带来的听力损失对早产儿危害极大。早产儿在关键期不仅缺少母体的庇护，还处于有60～80分贝杂音的保温箱里，忍受着许多警报和新生儿监护设备的嘈杂声音。早产儿最易发生听觉损伤，尽管还有其他因素的影响（见第230页），但比较普遍的看法是，降低新生儿监护设备的噪音可以提高早产儿的听力。

婴儿在子宫内也会被噪音影响。有证据证明，暴露于高强度噪音子宫里的胎儿，比起正常环境下的胎儿更易永久性损失听觉。比如，一个研究测试了妈妈在怀孕期间在高噪音环境下工作（如纺织工）的6～10岁儿童的听力，发现出生前经受的噪声强度越大，听力损失的机会越大。

这一类问题引发了产科医生在怀孕后期对胎儿进行听觉刺激测试安全性的争议。这个测试是在腹外释放听觉刺激，然后利用胎儿的心跳和运动判断胎儿健康与敏感性。尽管声音是短暂的（一般不会超过5秒），但经常音量会很大（91～129分贝）。虽然不知道这种测试是否会给子宫中胎儿造成长久的听觉缺陷，但是这个范围的声音对幼嫩的耳朵是有潜在危险的。

有希望的是，对未成熟的听觉系统敏感性的新认识，会让我们在不久的将来提高早产儿与孕妇的安全标准。美国儿科学会最近建议将保温箱的噪音控制在45分贝以内。研究者们还建议孕妇不要暴露在超过85分贝噪音的工作环境中。

宝宝能记得在子宫里听见的声音吗？

我的朋友安德烈娅认定她的第3个儿子艾格，在子宫里学会了赛茨第一小提琴协奏曲。他10岁大的姐姐露西，在安德烈娅怀孕的第6～9个月都在练习这段旋律。艾格出生不久的一天，当安德烈娅带着昏昏欲睡的艾格经过露西的房间时，很惊奇地发现艾格因为听到露西拉小提琴而突然兴奋起来。这仅仅是一个巧合，还是艾格真的回忆起他在子宫里听到的曲子了？

观察力敏锐的父母们很早就怀疑他们的孩子可以记起出生前重复听到的旋律，如一首歌、一段故事或特别的声音。胎儿们能听得清楚让这个说法似乎很可信，但是这同样也要求他们能分辨出不同的声音并且记很长一段时间。很多父母愿意相信他们未出生的孩子有这样的能力，但还没有严格的实验来研究到底是什么给新生儿留下深刻印象。

研究者们通过强力吮吸反射实验来测试新生儿的听力学习能力。在医院里，2～3天的婴儿穿着带有耳机和特殊假乳头的全套装备来测试他们的吮吸强度和频率。他们会听两段不同的录音，一段是他们的妈妈读苏斯博士的《桑树街漫游记》，另一个是其他女性读同一篇文章。婴儿可以通过改变吮吸速率来控制录音播放。

实验结果极其明显，几乎所有的婴儿都会调节他们的吮吸速度来多听妈妈的声音。所以，新生儿们不但可以分辨不同女性的声音，并且更喜欢自己妈妈的。但是这个学习过程真的是在子宫里完成的吗？有没有这种可能：这些婴儿们在出生后的几天内记下了妈妈的声音，正如他们在24小时内学会辨认出妈妈的脸（见第9章）。新生儿们或许只是擅长吸收妈妈的信息，就像孵化后的小鸭子马上去找妈妈一样。

另一个实验证明了婴儿子宫里的听觉经验的确很有影响。实验要求母亲大声朗读某个故事，在怀孕的最后6个星期内一天两次。这次是苏斯博士的《戴高帽子的猫》。婴儿在子宫里总共听了这个故事5个小时。出生后不久，测试他们究竟是喜欢妈妈读这个故事还是另一个故事——《国王，老鼠和奶酪》。这些新生儿们听到《戴高帽子的猫》时吮吸次数增多，表明他们记住了并更喜欢在子宫里听到的故事。此外，另一项研究表示比起子宫外听到的母亲声音，新生儿们更喜欢他们在子宫里听到的妈妈的声音——经母亲身体传递的沉闷、低沉的声音（研究者们通过滤掉高于500赫兹的声音来模拟这种效果）。

胎儿们不仅仅在出生前已经有很好的听力，在子宫里听到的声音对他们也有惊人的影响。除了妈妈的声音外，新生儿们也喜欢其他出生前听到的声音。他们的最爱之一就是妈妈的心跳声——从有了听力直到出生都稳定而又舒适地伴随着他们。我们知道，妈妈的心跳可以安慰新生儿。还有一个研究甚至发现，在保温箱中重复播放妈妈的心跳声可以让婴儿的心理成熟程度达到两岁的水平。

如果子宫里的婴儿可以通过重复听《戴高帽子的猫》记住它的话，我们可以很容易地猜想他们喜欢的其他声音——每晚都会为年纪稍大孩子播放的摇篮曲，收音机上的流行歌曲，或（正如我的第二个孩子一样）台式机的风扇声。一位英国研究者发现在怀孕期间看过一部肥皂剧母亲的孩子，在听到该剧主题曲时会停止哭泣，而妈妈没有看过该剧的婴儿对此无反应。明显新生儿偏爱出生前的听觉经历，听这些熟悉的声音也可以帮助他们顺利适应出生后的生活。

不幸的是，胎儿似乎不怎么记得父亲的声音。测试中，新生儿似乎没有能力把父亲与其他陌生男性的声音分开。这个结果十分令人震惊，因为正如前面所说，低频率的声音比高频率的声音更易穿透腹壁。或许胎儿无法听见父亲的声音是因为声音被母亲体内其他响亮、低频率的声音掩盖了，如心跳声、血流声、胃肠蠕动声。这些声音连同新生儿对妈妈声音的强烈熟悉感，让新生儿普遍地更喜爱女性的声音，甚至比起父亲的声音来，更喜欢一个陌生女性的声音。

但是父亲们也不必失望。出生后的几星期，婴儿会熟悉父亲的声音，并且喜爱父亲的声音。如果父亲做出特殊的努力，在孕期的最后一两个月里每天对着他妻子的肚子大声说话，他的孩子很有可能在出生的那一刻认出他的声音。虽然这个实验还没做过。

新生儿可以听见什么？

出生显然给婴儿的听觉环境带来了巨大的改变。卡瑞亚舒服的心跳声和胃肠咕咕声消失了，没有了妈妈腹部的杂音和中耳外耳充斥的液体，外界环境的声音对莫来妮来说更加清晰。因为她的视觉依然不是很好，听觉为她降生后接触外界提供了一个机会。

但出生时的听力完全没有成熟。新生儿最大的限制就是他们对轻柔的声音不敏感。他们的听力范围要比成人高40~50分贝，意味着莫来妮几乎听不见轻声的音乐和对话，而只能注意到那些成人觉得很大的声音。幸运的是，许多父母似乎直觉地意识到这一点，卡瑞亚需要和莫来妮交流时便会靠近她的脸并大声说话。

新生儿可听到的音调范围也很有限。在子宫里，比起高频率的声音来，他们对低频率的声音分辨率更高。幸运的是，人类的声音刺激频率很宽，涵盖着许多不同的频率。相比纯音，年幼的婴儿更能分辨宽频率的声音。所以尽管她的听觉频率敏感性有限，莫来妮区分话语不同成分的能力并不差。

实际上，新生儿记忆语言时非常精明。莫来妮不但可以分辨女性的声音，甚至在生命的第一天，她就可以随着成人说话细微地移动身体，而对其他旋律刺激没有反应。虽然她还不能区分每一个单词，但对语言的韵律和语调极其敏感。正是这些"韵律学"上的不同成为新生儿分辨声音的基础。

年幼的婴儿甚至可以通过韵律来分辨不同的语言。在一个研究中，4天大的法国婴儿听到同一个女性说法语时吮吸次数增多，说俄语时吮吸次数少。当研究者们将腹腔杂音混入录音，让每个单词不再容易分辨后（就像在水中听声音的效果一样），婴儿仍然更偏向于他们的母语，这证明婴儿的确是靠韵律分辨声音的。

新生儿的另一项能力是分辨声源位置。在合适的条件下（在一个昏暗的房间里，半卧位），莫来妮可以很准确地把眼睛转向声源，如嘈杂的拨浪鼓。她在声音从脑袋两边传来时比从上下传来判断得更好。声音必需持续几秒，因为婴儿反应很慢。听声辨位的能力从早期脊椎动物中进化而来，明显很有生存价值（如发现捕食者）。但对人类婴儿来说，则更多用来定位他们的看护者，以便更好地明白他们说了什么。

从5个方面提高听力

尽管新生儿某些方面的听觉已经发育得很好了，但还有一部分完全没有成熟。听觉的发育是脑干至皮层结构的髓鞘化和突触细化过程，在这个过程中，儿童的听力逐渐变得敏锐。下面详细地叙述了从婴儿到儿童早期，孩子听觉提升的几个重要的方式。

频率敏感性 听觉成熟的第一个特征是频率敏感性。尽管新生儿很难感知高频声音，但 3 个月后情况会迅速改变。到了第 6 个月，他们对高频率的敏感性反而比低频率更好，并且，他们辨认全频率范围的能力基本上成熟了。孩子的听觉诱发电位也反映出听觉系统的成熟：从电活动来看，在新生儿期对低频率声音的辨认能力已经达到最大了，而对高频率的辨识能力在第一年增长到最高水平的一半。这个结果显示了脑干高级神经元和听觉皮层的频率响应移位。（这不是由耳蜗的改变引起的，因为耳蜗在出生前就发育成熟了。）

声音定位 在前 6 个月中另一个显著提高的能力是听声辨位。虽然新生儿擅长水平方向的声音辨位，但在 4 或 5 个月大前他们无法辨认垂直方向的声音。前 6 个月里婴儿的听声辨位精确度也在稳定增长。之后这个能力会继续缓慢提升，直到 7 岁。

大脑分辨声音位置的方法之一是比较它到达双耳的时间。比如，一个位于你右耳处的风铃发出的声音到达右耳的时间会比到达左耳的时间早几毫秒，大脑会利用这小小的时差来精确计算出这个风铃在你右边的什么位置。研究者们可以充分地利用这个时差来测试听声辨位的能力，实验方法就是利用优先效应：两边的话筒播放相同的声音，两个声音间有略微的时差，两个话筒分别位于受测者的左边和右边，使得受测者产生声音位于左边或右边的感觉。当年纪较大的孩子和成人听到这些声音序列时，会说右边的话筒比左边的要快几毫秒，他们认为声音来自右边。而优先效应对新生儿并不适用。在 3 或 4 个月前，他们没有能力运用时差来计算声源位置，因为他们的大脑皮层还没有完全参与到这个过程中。（但新生儿可以通过比较两只耳朵音量的大小来进行水平定位。）

有趣的是，新生儿在第 6 周会经历一个短暂的能力恶化时期。这个衰退很容易让我们想到在大概相同的时期，视觉能力，如辨认脸庞，也会下降（见第 9 章）。正如视觉系统一样，听觉系统处于一种临界状态，当时声音定位能力已经转移出脑干，但没有在皮层完全建立。这个转换一旦完成，就代表着婴儿取得了巨大的飞跃。尽管婴儿或多或少反射性地向声源处转头，但年龄大一些的婴儿似乎真的知道声源的空间位置。

就像其他能力一样，男婴和女婴的优先效应表现也有差异。在 3～5 月，女孩更早发现两个话筒的时间差异。和视觉皮层一样，睾酮会对听觉皮层突触的完善和神经元髓鞘化有轻微的抑制作用。

阈限 和听觉的其他特征相比，婴儿的整体听觉灵敏性成熟很慢。正如我们所见，尽管新生儿的听觉灵敏性在前几个月里已经有了引人注目的提高，但他们几乎仍听不见轻微的声音。在第 6 个月婴儿依然处于听觉困难的状态，那时他们的声音阈值比成人高 20～25 分贝。在青春期之前它会持续增高。所以刚会走路的孩子和到上学年纪孩子的听觉阈值依然比成人高，但是青少年的听觉比成人敏锐（至少在不损害人体的音量范围内）。

听觉灵敏性很大一部分的作用是测试声音的频率。尽管成人对大多数频率的声音阈值相似，但孩子对高频率声音更敏感，如烧水壶的哨声。这种现象看上去和新生儿高频率声音听觉还未完全发育的事实有些不符。但是在 3～6 个月，一旦新生儿的高频率听觉开始发育，比低频率听觉成熟得更快。到了 7 岁，儿童的高频率听觉比成人要灵敏。遗憾的是，在 10 岁左右他们开始丧失这种特殊的灵敏性，因为耳蜗基底膜上对高频率声音敏感的毛细胞，比起卷入里面的细胞更易被破坏，开始死于噪音和其他方面的环境破坏。

时间分辨力 孩子分辨声音的能力是逐渐提高的。例如，成年人可以分辨周期为 1/100 秒的声音，而 6 个月大的婴儿则长达 1/50 秒，6 岁儿童分辨声音的能力居于二者之间。类似的，孩子分辨距离相近声源的能力在 3 岁到青春期之间会有提高。尽管我们还没有直接的证据证明背后的原理，但似乎听觉的逐渐发展与听觉皮层髓鞘化和突触完善有关。

在嘈杂的环境中分辨声音 对婴儿和年幼的儿童来说，最后一项发育缓慢的听觉能力就是在嘈杂的环境中分辨声音的能力。研究者们用"掩蔽现象"来描述背景音遮蔽语言或其他与背景音频相近的声音的方法。在掩蔽测试中婴儿的表现比成人差很多。尽管孩子们的分辨能力两岁时已经提高了很多，但 10 岁之前他们在嘈杂环境中分辨声音的能力依然没有完全成熟。

正常环境下，掩蔽现象不会带来很大的问题，因为父母为了照顾孩子不敏感听觉，会本能地对他们大声说话。不幸的是，现代社会存在许多破坏孩子听觉环境的因素：交通、电视、收音机，还有电动玩具，这些都是潜在的背景噪音源，这些噪音会干扰孩子获取重要听觉信号的能力。尤其是在孩子们学习语言的细节时，只听一个声音比在持续的刺耳噪音中搜寻声音的效果要好得多。

宝宝喜欢妈妈语

我的前同事，瑞克，一位四十多岁的未婚科学家，第一次见我把朱莉娅带到实验室时，发誓他绝对不会使用"那种人人都对婴儿说的愚蠢婴儿腔"。不过，虽然瑞克很聪明，他对这个问题的看法可不对。婴儿的确很喜欢"妈妈语"，一种看护人对婴儿、孩子普遍使用的缓慢、大声、高音调的说话方式。

妈妈语正好能够很好地刺激小婴儿的听觉。妈妈语缓慢而又抑扬顿挫的语调很适合孩子听，正如我们所见，婴儿神经系统处理听觉信息的速度最多只有成人的一半。妈妈语的高音量和简单直接可以帮助婴儿将声音从背景音中区分出来，并且克服听力远不如成人敏感的局限。妈妈语简单的用字和抑扬顿挫的语调让婴儿更容易分辨出话语中的每一个音节。而且妈妈语的音调正好和3个月左右大的婴儿最敏感的频率区间相符。在许多方面，特别是在刚出生的那段时间，妈妈语都是最佳的听觉刺激，并且对婴儿开始掌握母语尤其有利。

不仅仅是妈妈会说"妈妈语"。爸爸、哥哥、姐姐和其他人见到婴幼儿时也倾向于说我同事反感的"婴儿腔"。来自不同文化的看护人都会用这种语言形式。现在还不清楚我们的这种使用究竟是出于本能，还是出于孩提时期的经验。但不论父母用妈妈语对婴儿说话的原因是什么，他们用下去的理由就是婴儿对这种语言方式的反应比普通语言要好。例如，让4个月大的婴儿听说妈妈语或说成人普通语言的陌生女性录音，用婴儿转头激活每一个录音的次数来判断他们的喜爱程度,发现他们更喜爱前者。婴儿大概5星期时就能分辨出妈妈语,比起他们的妈妈用平坦单一的语调说话的录音,他们在听妈妈高昂而富有感染力声音的录音时吮吸的次数更多。

或许婴儿对妈妈语的喜爱从子宫中就开始了,在子宫中妈妈声音的语调和音量会比她具体的语言内容传播得更好。婴儿出生后这个喜好会加强,因为此时的妈妈语一般都伴随着许多的情感和高度的注意。被赋予感情强烈和听觉特色鲜明的妈妈语是对婴儿听力最好、最有效的刺激形式。

听觉系统的可塑性和关键期

对刚刚过了两岁生日的小提姆斯,妈妈语很好用。他兴奋地大声说话,听力也好到能听出许多有趣的新单词,如百吉圈、电扶梯、短尾猫、渡船。他所有听力能力——敏感性、音频分辨率、声音定位、语音感觉——的提高可以归功于大脑接受和处理听觉信息方法的改变:随着听觉神经回路逐渐完善,他的神经元对声音的响应越来越出色。但是,在这种成熟过程中,基因调控的作用有多大,从子宫里就开始的两年听觉经验作用又有多大?

显然,提姆斯的听觉系统不是凭空发展而来的。尽管听觉发展的整体过程是由基因组决定,但也有很多外部因素的影响。我们已经知道暴露在高噪声环境的经历是如何破坏内耳的。在本章的最后,我们还会了解其他有害的影响——药物、感染、先天性的创伤——可以在听觉发展的关键时期对听觉造成永久性的损伤。

动物实验为我们理解听觉经历如何塑造听觉系统提供了更详细的信息。和视觉系统一样,改变动物生命早期接触声音的数量与类型,都会永久性地影响它们听觉系统的结构。最极端的操作——一出生便摘去一侧耳蜗——会产生极大的影响,使脑干两侧的听觉神经元数量和大小都减少。如果仅仅在生命早期填塞一侧或两侧耳朵的话,也会有很小但是重要的影响。采用以上方式喂养的动物会有永久性的听觉缺陷,如没有分辨声音频率的能力、对声源位置的判断失误等。

一对研究人员采用了另一种方法来研究听觉可塑性。他们没有剥夺动物的听觉输入,而是把动物放于高度清晰的听觉环境中。和只在一种类型的视觉刺激(垂直条纹,见第192页)中长大的小猫类似,小老鼠被放在只有一个单一、持续的听觉刺激(键盘敲击声)的环境中培养。在这单调乏味的声音下抚养几个月后,这些老鼠的神经回路有了特殊的构建方式。一个成熟的听觉神经元不只对特定频率声音有响应,而能响应一个宽广范围的频率——和敲击声的波段一样——因此干扰了动物分辨不同音调的能力。

如果特定的经历可以塑造特定的听觉回路,那么就不难想象孩子早期听觉经验中每一个细小的方面,都会影响听觉系统的发展。正如第14章讨论的,我们知道婴儿早期的语言经历会深刻并且永久地影响他们听音、说话的语音范围。提姆斯已经接受过的音乐或自然声音,也许会对他将来是拥有完美听力还是仅仅能听懂"鸟语"有重要影响。

尽管听觉在出生前和婴儿期极具可塑性,但是从学龄前到小学低年级只要突触回路依然还在完善,听觉也会保持一定的可塑性。与视觉系统相似,简单的听力能力,如分辨频率的能力,比起更复杂的部分来说更早进入关键期。例如,在探察嘈杂背景音中的声音时扮演着关键角色的两耳互动能力,是孩子出现较晚的能力之一,该能力在儿童期的较长时间里都保持可塑性。

耳聋儿童的听觉皮层塑形 听觉系统塑形最有戏剧性的例子,竟然来自根本无法听见的儿童。通过研究先天性耳聋人的大脑,研究者们发现:某些不利因素会在其他地方变为有利的因素。尽管严重先天性耳聋人的听觉皮层无法用于听力,但他们会使用这部分区域处理视觉信息。例如,一个先天性耳聋受试者的周边视野出现了一道闪光,会在他的听觉皮层检测到电流活动,而听力正常的受试者大脑这个区域不会检测到电流活动。就像一侧眼睛视力受损的小猫,它们的另一只健康的眼睛最终会占用更多的大脑皮层共用空间,耳聋儿童会用他们"额外的"皮层空间来锻炼其他区域的能力。在这种情况下,出现了一个完全不同的感知模式。

推测可能的原因是:在孕中期,当丘脑的轴突和大脑皮层正在建立联系时,或许偶尔会有几支视觉纤维"错误"地伸入听觉皮层。正常情况下,一旦胎儿开始听见并且通过电流活动来完善丘脑和皮层神经元间的联系，这些视觉纤维就会在竞争中被听觉纤维淘汰。而耳聋儿童的这些视觉纤维不会面对竞争，突触得以保留并且完善，以便在视觉中使用。的确，先天性耳聋受试者比起听觉正常的受试者，在周边视觉相关测试中表现得更好，这些额外的视觉连接可能发挥了作用。

小心听觉损伤

听觉发展的可塑性太强意味着任何干扰儿童听力的因素都可能影响他们未来的听觉技能。此外，因为听力是语言学习的基本路径，所以这个领域的早期问题会严重威胁儿童多个方面的发展。由于无法理解他人或表现自己的想法，有听觉缺陷的儿童经常很冲动，富于攻击性，情感上难以满足，许多认知与学业技能落后于正常人。

先天性听力缺失是指出生前或出生不久后的任何听力损伤。大概有0.1%的婴儿出生时耳聋，而有轻微永久性听觉损伤的儿童比例达3%。其中有一半是因为遗传，即家族性耳聋或者有基因上的缺陷——如唐氏综合征，耳聋是它的常见症状。其他的情况或多或少可以预防，可以分为如下3个方面：

出生前感染 正如我们在第3章提到的，耳聋是出生前感染造成的常见缺陷之一。最具破坏性的原因是孕期妇女的风疹（德国风疹）和巨细胞病毒（CMV）感染。弓形虫病、生殖器疱疹和梅毒也是造成未出生婴儿耳聋的原因。

风疹病毒可以攻击正在发育中的内耳和中耳。在怀孕前期感染风疹的婴儿大多数会有极重的听觉损伤，但在怀孕后期感染，这个概率可以降低到20%。孕期风疹造成的耳聋一般很严重，尽管它的发病可能延迟。幸运的是，由于儿童时期的免疫接种，多数孕妇已经对风疹有免疫能力了。

CMV是最常见的先天性耳聋成因，一来因为很少有女性对它免疫，二来就算之前的感染已经消退了，病毒还可以重新被激活并感染胎儿。尽管复发比起初次感染对胎儿产生的危害要轻一些，但听力缺陷仍是最常见的结果。大概有12%的先天性耳聋是出生前CMV感染造成的。避免感染的最好方法就是注意卫生，尤其是当周围有年幼小孩时——他们是主要的病毒传播者。

药品和化学试剂　超过100种已知药品和化学试剂会损伤发育中的听觉系统。包括许多药物（某些种类的抗生素、抗惊厥药、利尿剂、抗甲状腺剂），娱乐性药物（尼古丁和酒精），还有一些环境毒素（汞和铅）。在怀孕时期正在发育的听觉系统对这类药剂极其敏感，所以对孕妇或早产儿施用这些药物时，尤其是氨基糖苷类药物（链霉素、卡那霉素、丁胺卡那霉素等抗生素，见第6章），髓袢利尿剂（如呋塞米），要特别谨慎。

围产期因素　因为在出生后的前一两个月听觉系统仍然处于高速发育时期，所以婴儿离开子宫后的一段时间内听觉系统仍然脆弱。因此，在出生前对婴儿有威胁的药物和感染在出生后也会有影响，尽管影响的程度轻一点。另一个重大威胁是出生窒息：婴儿在出生时或出生后短时间内严重的缺氧（见第4章）会带来很大的听觉损伤风险。大约有5%的新生儿会遭遇一定程度的窒息，但只有极其严重的情况——那些可以引起精神发育迟缓、癫痫、运动缺陷、脑瘫等其他神经系统的问题病症——可能会造成听觉丧失。

另外两个新生儿期的状况与听觉丧失相关：黄疸和细菌性脑膜炎。黄疸是由胆红素含量升高引起的新生儿常见疾病，胆红素是一种血液分解产物，它的浓度过高时可以破坏神经纤维。幸运的是，用光线疗法治疗新生儿期黄疸有很高的的治愈率，并且发达国家新生儿因黄疸造成听力损失的情况已经很少了。细菌性脑膜炎是另一个因素。有5%～27%的先天性耳聋是由这种疾病造成的。感染可以破坏听觉系统的每一个部分，从内耳到听觉皮层。治疗需要用到抗生素，而抗生素又经常是氨基糖苷类药物，因此这个问题变得更加复杂。脑膜炎造成的听觉损失一般会牵涉两耳，程度也比较严重。

听觉损失的最后一个主要致病因素是早产造成的低体重。仅由早产造成的耳聋到底有多少很难计算，因为早产儿更容易暴露在其他危害听觉的因素中：他们在子宫中更易受到感染，胆红素水平更高，为了治疗感染或呼吸问题而用到的氨基糖苷类药物或呋塞米，经历严重的窒息，还待在嘈杂的保温箱里。以上种种因素都让早产儿比正常出生的孩子有更高的几率受到听觉损害，并且出生越早、出生时体重越低，风险越大。

听觉损失的检查 埃玛出生时看起来十分健康。她的妈妈薇姬顺利地将她生出来，刚出生时就很漂亮。她的阿普加评分也很好，儿科医师对她基本的身体状况和反射情况做了彻底的检查，明确地表示她状态很好。埃玛是一个很乖的婴儿，与她3岁的哥哥杰夫比起来很少哭闹，不论她的微笑还是嘟囔声都让父母着迷。

因为她太乖了，所以好几个月之后本和薇姬才发现小埃玛几乎是全聋的。是的，薇姬发现她不像杰夫一样对摇篮曲有反应，但摆动或摇动可以轻易安抚她，薇姬抱着她说话或唱歌时，她看起来注意力很集中。所以本和薇姬仅仅把这归因于两个孩子的性格差异，在头几个月中并没有想太多。

到了埃玛一岁时，他们开始担心了。她不像杰夫在他的第一个生日时已经可以说"妈妈"和"爸爸"了，埃玛的咿呀语似乎一个月比一个月少。到了第20个月，她依然无法说出一个单词，他们认为埃玛肯定在某方面出了问题，最终让儿科医生对埃玛做了一个听力测试。的确，埃玛的左耳被证实是完全聋的，她的右耳仅仅能听到很大的声音。更进一步的测试证明埃玛患了感觉神经性听力丧失——是听觉系统本身的损伤——不是可以很容易治疗的耳阻塞。没有一个医生可以解释为什么她的听觉系统没有正常发育，但既然问题已经确定了，现在的任务是让埃玛接受对她这个年龄极其重要的足够的语言刺激。

在婴儿时期没有及时发现孩子耳聋的现象很常见。细致的父母会发现孩子对很响的声音没有反应，如关门声或雷声。常常到孩子一岁半或两岁时才发现他耳聋，这期间缺乏足够的听觉刺激。听力的最重要的功能之一——语言感知——在出生前已经开始，耳聋的孩子只要在3岁之前没有接收到任何有用的语言输入，语言的缺乏便会严重的影响他们的社会关系、情绪健康和智力发展。因为听力发育在许多方面都扮演着至关重要的角色，所以尽早发现耳聋极其重要，以便孩子接受治疗（通过助听器或耳蜗移植）或学习手语。

理想的状况下，正如美国国家健康研究所要求，所有婴儿都需在3个月的时候检测有无听觉损伤。尽管有许多切实可行的方法，但全面检测支出很大，最近的几年很难执行。（这一点存在争议。因为如果用总支出除以发现病例数，全面听力检测的成本还不如其他新生儿疾病，比如苯丙酮尿症。）节约成本的方法是检测高风险婴儿（家族性耳聋、头面部畸形、出生窒息、感染、早产或经历过新生儿重病特别护理的孩子），并且许多州都已经创立了机构来确诊这些婴儿是否有听力损伤。但这种方法依然会漏掉50%先天性耳聋的婴儿——如埃玛。他们无法听见交流信号或没有做出合适的反应，被认为是安静、不爱与人交往、迟缓或难以相处的。由于缺乏普遍的检查，父母和儿科医生们必须格外重视、尽早发现听觉问题，发现越早意味着孩子的损伤越少。

中耳感染要注意

耳朵感染是影响儿童听力与语言发展的另一威胁。尽管不像先天性耳聋那样严重，但中耳的感染，或中耳炎（OM）十分常见。80%的孩子在3岁之前都会至少得一次中耳炎，并且在最近的10～20年里中耳炎的发病率持续升高。发病率升高一部分是因为儿科医生检查更仔细，另一部分是由于更多的儿童待在耐药菌大量聚集的托儿所和幼儿园。

事实上，耳部感染本身并不传染。中耳炎是中耳充满液体、利于病毒或细菌生长时的二次感染。正如我们所知，中耳正常情况下是充满气体的，保证从中耳一直延续到喉咙后部的咽鼓管可以保持中耳的骨质与外界之间的畅通，从而使他们能够正常地振动。但是当孩子感冒或过敏时，咽鼓管可能会堵塞，使中耳充满液体。这容易导致严重的感染，使婴儿或年龄小的孩子有过敏、疼痛或发烧的症状。

尽管中耳炎的症状令人不快，但这并不是人们极度重视中耳炎的原因。

最令人担心的是感染消除后会发生什么。一般来说，液体会在儿童的中耳里留好几个月，这种现象被称为渗出性中耳炎或分泌性中耳炎。这种现象没有症状，但滞留的液体会干扰儿童的听力，将患侧耳朵听力阈值提高 10～40 分贝。当然，损失 10 分贝的听力没有什么显著的影响，但两耳都丢失 40 分贝听力的话意味着只能听见十分巨大的声音。因此患渗透性中耳炎的儿童正好徘徊在因缺乏重要的听力输入而造成听觉损失的边缘。

大概有 60% 的案例中，初次感染的渗出液可以在 4 周内清除，偶见有短暂而不易察觉的轻到中度听觉损失。但有大概 10% 中耳炎患者的渗出液会存在 3 个月以上，足够给儿童造成听觉损伤。临床医生也担心 15% 复发性急性感染（在 6 个月内复发 4 次以上，或一年中复发超过 4 次）的孩子。就算每次感染后他们的耳朵能在几周内清理干净，但这些儿童也会积累好几个月的听觉损伤。

慢性渗透性中耳炎一般不会造成长时间的听力缺陷。因为中耳炎患者的年龄大都在 6 个月到 3 岁，听力发展最重要的时期已过，并且中耳炎对听力的影响相对来说不是很严重。尽管如此，仍有证据证明患过中耳炎的儿童在嘈杂环境中分辨声音的能力较差，这种能力是一种双耳协作的听觉能力，在发育中出现得比较晚。他们也可能会损失一部分高频听力。

最让人重视的是慢性中耳炎对语言学习的影响。我们已经知道有严重听觉损伤的孩子学习语言极其困难，这个障碍同样也会损害他们的认识和情绪的发展。所以，我们需要弄清楚，中耳炎在孩子 3 岁以前造成的轻微听觉损失是否会带来语言或智力上的障碍。

这个问题是在 40 年前提出的，已经有许多的研究试图解决这个问题，但我们仍然没有得到答案。有些研究已经发现，有慢性中耳炎史的儿童在语言技巧与学业表现上不如其他孩子，但是也有相仿数量的研究没有发现这之间的关系。

尽管现在做出结论还为时尚早，但数据也允许我们得出一些暂时的看法。其中之一就是不论慢性中耳炎对语言发展和学业表现有什么影响，影响都是相对小的。有严重听力损伤的孩子，尤其是 3 岁之前生病的，也许的确在语言学习和学业技能方面有困难，这一现象在学龄前孩子中很明显，但一般到上小学时他们的听力和表现都已基本恢复正常。

直到今天大家仍在激烈讨论着这个问题，因为它的解决方法是耳道感染治疗的基础。也许是19世纪70年代的第一波关于"慢性中耳炎和语言与学业缺陷的关系"的报道带来了在刚学会走路的儿童的中耳内安放内置管的热潮。这些管子可以把中耳内的液体引流出来，也的确可以提高孩子的听力并降低6～12个月大时复发感染的风险。在1982年，大概有上百万的儿童进行了内置管植入手术。但现在中耳炎对发育的影响不是很确定，内置管的广泛使用开始遭受严重的批评。它的使用有风险：要在全身麻醉的条件下安放，可能造成一系列的并发症，如感染、中耳损伤和持续性中耳穿孔。另外，尽管有一大批刚学会走路的儿童在过去的20年里经历过内置管移植手术，但是没有研究证明这个治疗方法能够显著地提高他们的语言能力与学业表现。

在1994年，这种过度治疗的流行促使美国卫生保健政策研究所制定了处理慢性中耳炎的方针政策。由儿科医生、家庭医师、耳科专家组成的专家组建议：只有当一个孩子的双耳有积液达3个月或以上，且确定双耳都有听力缺陷、无法察觉20分贝的声音时，才能进行内置管植入手术。对有轻微听觉损失，或者只有一个耳朵有听力损失，但是中耳积液已经持续了3个月以上的孩子，专家组建议使用抗生素治疗或根本无须治疗。（耳朵有65%的机会能在3个月内或80%的机会能在6个月内自发清理积液。）有长期持续性积液或复发感染的儿童应该在考虑移植内置管前，先接受至少一种抗生素的治疗。最重要的是，最新的方针政策强调，关于治疗慢性中耳炎的任何决定都必须基于对两耳实际听力损失程度的测试，而不能仅仅只看积液的时间或感染的程度。

几乎所有孩子都可能急性感染，目前美国依然建议使用抗生素治疗。这些药物的确可以防止一些罕见的致命并发症（如脑膜炎或乳突骨感染）。这样的治疗既便宜又易掌握，但也有争议。抗生素其实只对1/7的患有急性中耳炎的孩子有效；大部分（81%）急性中耳炎患者会靠自身机制恢复，不需要治疗。另外，从急性中耳炎的患病率来看，抗生素的广泛使用极大推动了耐药菌的出现，这些耐药菌现在是中耳炎的重要病因。

最后，明白为什么有些儿童易频繁地患中耳炎很重要，这样我们就可以预防这个问题。婴儿和刚刚会走路的儿童极其易感，因为他们的咽鼓管很短，口腔的细菌很容易侵入耳朵。他们的咽鼓管也更柔软，更易萎陷，让中耳内的液体无法流出。高易感性的儿童可能咽鼓管部分畸形，这种情况会有家族性。男孩患慢性中耳炎的几率更大，占所有患者的60%～70%，但这是否反映了男女之间耳朵结构的差异、激素的不同或男孩免疫系统比女孩要成熟得晚，仍然无法确定。

尽管基因决定的中耳炎易感性不可改变，但父母们仍然可以做很多事提高婴儿对中耳炎的抵抗力，其中之一就是母乳喂养。喝母乳的婴儿比起奶瓶喂养的婴儿来说，感染多种耳道炎的几率只有一半，这种保护可以持续3年。母乳喂养的优势体现在乳汁本身的有益因子上，而非喂养的姿势或吮吸的方式。准确地来说，母乳应该是4个月以内宝宝主要的营养来源；对6个月或更大的宝宝而言，应当是唯一的乳制品来源。

另一个危险因素是去托儿所。当幼儿互相接触时，他们更易患感冒和感染其他呼吸系统疾病——可以引发二次中耳感染。许多研究表明很小就去托儿所的孩子更易患中耳炎。其中一个报告显示，上托儿所的18个月或更小的婴儿与家庭抚养的相比，植入内置管的机会高7倍。相似的，后出生的孩子比起第一个出生的或唯一的孩子更易患中耳炎，因为他们更易被自己的同胞传染。

最后一个风险因素是二手烟。父母或保姆抽烟的孩子比没有暴露在二手烟环境中的孩子患中耳炎的几率要高40%。二手烟会降低孩子对感冒和其他造成中耳感染疾病的耐受性。

似乎每个孩子小时候都会患至少一种耳道感染疾病，但在6个月内就第一次感染耳道疾病的婴儿更易患慢性中耳炎。这些孩子或许有遗传的易感性，但是感染早也可能是他们易复发的原因。所以父母可以做一些降低婴儿感染风险的事——长期母乳喂养、戒烟、延迟日托——或许可以提高孩子对中耳炎的抵抗力。

听力刺激宝宝的智力和情感发育

毫无疑问，听力是婴儿最重要的感觉。通过它，孩子可以感受语言和音乐，这两种经历都可以刺激孩子们的智力与情感发育，而其他感觉则不会。婴儿的大脑在出生前就准备好接收语言了，在出生后几年中一遍遍地重复听到语言，便足够完善理解和产生复杂语言必需的神经元结构。因为语言是我们教导孩子最原始的方法，所以听力也许是对智力增长最重要的感觉。

听力对情感发育也极其重要。尽管触觉、嗅觉和视觉在架起父母和孩子之间联系的桥梁的过程中发挥了重要作用，但只有听觉可以让他们充分地交流。新生儿听到熟悉的声音和摇篮曲都会感到很放松。我们在第17章将会看到的，音乐是巨大的快乐源泉，也是促进孩子认知发展的有效途径，这也许是我们为什么喜欢音乐的原因。

第 11 章

一座座里程碑：
运动技能的进步

- 发展运动能力，宝宝有自己的"时间表"
- 学步车不能帮助宝宝学步
- 1岁的左撇子？可能只是暂时的

这种场景很常见：你带着小宝宝正自顾自地玩儿，忙着装满玩具翻斗车；这时，另一个妈妈带着孩子走了过来，打断了你们的游戏。

"你家的小宝贝真可爱，"她说道，而她的宝宝正蹒跚着向儿童滑梯走去。"他多大了？"

"14个月了，"你回答，然后又礼节性地反问道："你家宝宝呢？"

"他明天正好满一岁。这短短一年里孩子的变化实在太惊人了，你说是不是？"她问道。

"当然啦，"你也抬高了音调赞同道，"但咱们也该关心关心孩子什么时候走路了。"

你当然知道孩子迟早会走路，但做父母的难免会为孩子运动发展焦虑。运动技能发展是宝宝出生第一年里神经系统发育过程中最明显的特点，各式各样动来动去的孩子满操场都能见到。要不是我认真总结了这些特点，曾经为宝宝发育状况的时喜时忧，我根本不会和其他父母聊起这类话题。

运动技能可以按参与肌肉种类的不同划分为两种形式：大运动和精细运动。大运动有赖于躯干和四肢大块肌肉的协同，包括姿势维持和活动（从一处移动到另一处）两种运动形式。精细运动技能则需要手臂和手部小块肌肉完成，主要涉及操作活动。宝宝的大运动是从学习转头开始的，随后还有翻身、坐、爬行、站立，最后在一岁左右学会行走。而精细运动从整只手臂简单的拍打动作开始；随后逐渐演化为关节的运动，也就是伸手抓物品的动作——这种抓握逐渐变为由拇指和其余几个手指共同完成。同样是在一岁左右，像钳子一样仅用拇指和食指完成的精细抓持动作也出现了。当然，新的运动技能还会不断出现，并且运动速度和准确性的不断提高也会贯穿整个儿童期。鉴于新生命最脆弱，所以宝宝们在第一年里运动技能的进步就显得别具意义了。

有研究者认为，运动技能发育最令人吃惊的特点就是它的可预测性。无论哪种文化背景下出生的孩子最后都会拥有相同的精细运动和大运动技能。当然，不同的孩子之间在运动发育水平方面存在差异，发育快的孩子新运动技能出现的时间甚至比发育慢的孩子早好几个月。就平均水平而言，所有文化背景下出生的健康宝宝都差不多在同样的时间点达成了同样的"运动技能里程碑"，例如6个月大的时候学会伸手和端坐，一岁的时候学会走路。

下面的表格列出了婴儿主要的运动技能里程碑，以及掌握该技能时宝宝的平均年龄。这就意味着有差不多一半的孩子会在平均年龄之前达成目标，而另一半则或多或少会晚一点，如果有孩子发育速度比表格提前或者落后几周甚至几个月都是正常的。例如，宝宝在2～7个月时能够伸手够物，5～9个月能独自端坐，9～15个月能走路都是正常的。

如果宝宝运动发育迟于平均年龄，那么我要告诉你一个好消息：运动系统发育速度的快慢对孩子日后的生长发育几乎没有影响，也不能预测他的IQ或者认知表现。如果一个宝宝15个月大的时候还不会走路并不意味着他高中学不会微积分，也不意味着他不能在篮球队当前锋。只要掌握运动技能的时间仍属于正常范围内，就没有必要担心他以后的成绩。（但需要强调一点，这份发育情况量表是为了分辨宝宝是否有智能或运动缺陷，如果宝宝的运动技能的掌握速度特别迟缓——也就是说，属于最慢的5%——那么这个孩子就会被认为有患认知能力障碍的风险，他或她也许需要一些特殊训练来弥补潜在的神经系统缺陷。）

开始的月份	大运动技能
1～2	能稳定抬头
2～3	用手臂撑着肚子能挺起头和胸膛
2～3	有支持物情况下能端坐

续表

开始的月份	大运动技能
3～4	能从俯卧位翻滚到仰卧位
6～7	能从仰卧位翻滚到俯卧位
6～8	能独自端坐
8～9	能扶着东西站起来
9	能爬行
9～10	扶着东西能走路（摇摇摆摆）
11～12	能独自站立
12～13	能独自行走

开始的月份	精细运动技能
出生	抓握反射
1～3	有伸手的意向（但是够不到）
3	主动抓握
4～5	能伸手并成功抓住
6～7	可以控制地伸手和抓握
9	能捏东西（仅用拇指和食指）
10	拍手
12～14	粗鲁地扔掉东西
18	可以控制自己放下东西

　　与此同时，运动技能并不是与智力发育完全无关。特别是在婴儿期，孩子还不会说话，运动技能就是他了解社会生活环境的重要手段。例如，一旦宝宝能够成功够到并抓住一个东西，他就能开始探索诸如形状、重量、质地等物理特性了。爬行让他能四处探寻，遇见新鲜的人和物。每一个运动技能里程碑都拓展了孩子的阅历，改变了他看世界的角度，创造了一个

对情感和认知功能发展意义重大的不断变化的环境。

运动技能发育本身也很重要。随着肌肉越来越结实，神经回路越来越复杂，每一项新技能都在原有技能的基础上发展起来。每当婴儿掌握了一种新技能，他们会分外高兴，所以这些能力的不断进步有助于孩子自尊心和自主性的不断成长。

什么促成了运动技能的不断发展？大脑是怎样支配运动的，又是如何不断改变，完成几乎每周都有的新任务呢？练习在运动技能的发展过程中扮演了怎样的角色，刺激机体运动系统发育是否可行？接下来，我们一起探索婴儿期运动技能的基本发育过程。

运动原理

伊桑的妈妈斯蒂芬妮早就听说过新生儿特别柔弱，但直到真的有了自己的孩子才深切体会到这种说法是多么准确。斯蒂芬妮是位理疗师，在她看来，刚出生的小宝贝就像那些来接受理疗的脊髓损伤患者一样，没有多少肌肉力量和身体控制力。当然，伊桑和这些患者不同，他不是瘫痪，全身都有感觉，身体能向各个方向伸展和蜷曲。但话说回来，他还是不会做任何有用的自主运动。为什么会这样？婴儿在运动系统的发育上花费这么长时间究竟有何意义？

运动技能成熟过程缓慢的原因之一是运动神经回路实在太复杂。感觉系统的信号传导基本上是单向的——从外界环境直接传入大脑。而运动系统恰巧与之相反，运动回路的建立涉及了很多反馈机制，即便一个最简单的动作也需要信息经神经回路在大脑与外界环境之间循环往复。

拿收缩右侧肱二头肌的过程举例。这是一种自主运动，由专司运动的大脑皮层——左侧额叶运动区发出指令。（和感觉传入一样，传导运动信号的神经在从大脑延伸到脊髓时会交叉到对侧，大脑左半球负责支配右侧的运动，反之亦然。）大脑皮层上有3处运动区，全部位于额叶背侧，包括：初级运动皮层、补充运动皮层和前运动皮层（见图11.1）。初级运动皮层直接发出自主运动，而其他两个区域作为更高级的运动中枢，负责形成并发出更复杂的运动。

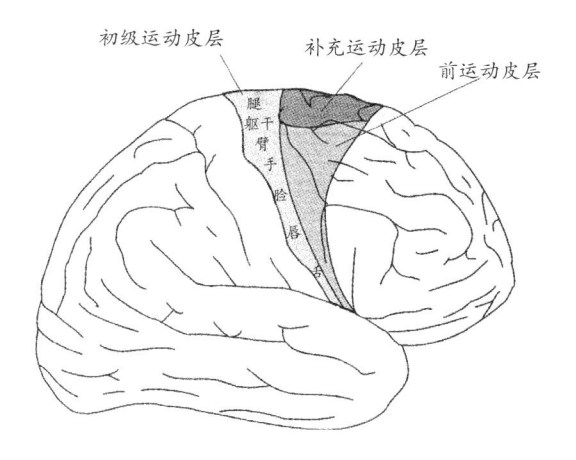

图 11.1　大脑皮层主要的运动区域和他们各自控制的身体部分

初级运动区位于触觉感受区前方的脑回上。和躯体感觉皮层一样，运动皮层内也有一个扭曲倒立的人体分布图：靠近颞部的较低处脑回控制头面部的肌肉；而位于头顶较高处的脑回则控制腿和足；中间部分的脑回控制手和手臂。这份分布图之所以这么扭曲，是因为手和面部肌群丰富，有更多高级关节活动；而躯干和腿部肌肉数目少，不主管精细运动；因而前者比后者需要更大面积的功能区。

当你决定收缩肱二头肌的时候，大脑左侧运动皮层负责"手臂"的神经元就会发出运动电位，通过一条重要通路——皮质脊髓束——下传至脊髓。（还有一些信号会经一条平行的间接通路传递，在脑干形成突触。）传入脊髓后，皮质脊髓束轴突就会活化运动神经元，这些神经元的轴突延伸为周围神经，将信号传导至肱二头肌的神经纤维。最终，受到电刺激的肱二头肌就可以收缩了（见图 11.2）。

这听起来很简单，但仅仅是开始。当肌肉开始收缩时，张力和长度都会改变。这些变化被称作本体感受器的特殊感觉神经元检测到，这些神经元的工作是将所有的肌肉活动通知大脑。本体觉信息反馈给脊髓，引起二头肌运动神经元兴奋，通过脊髓传到大脑皮层，使你产生手臂部位的感觉。因此，本体觉传入通路可以使你在瞬间感知到肌肉收缩并微调。

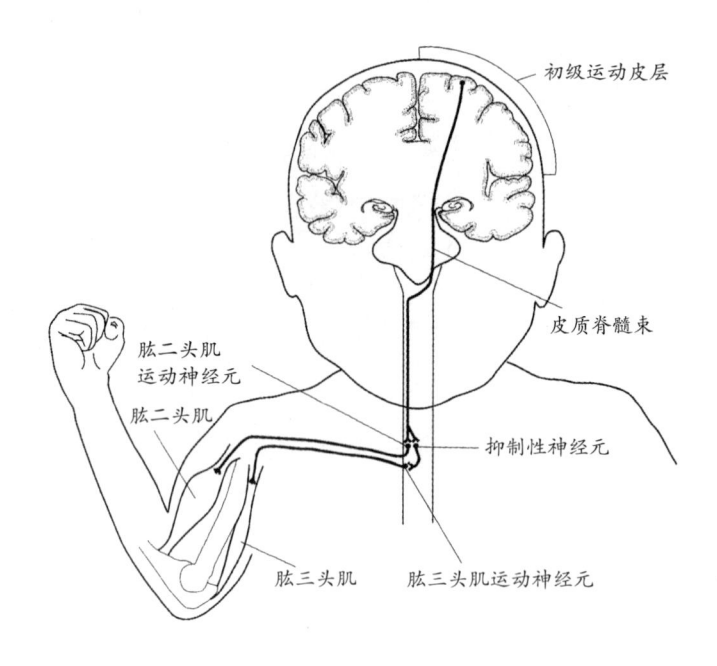

图 11.2　简单动作剖析。大脑皮层启动自主运动，电信号经皮质脊髓束传导，控制特定的运动神经元，抑制伸肌运动神经元（通过兴奋中间抑制性神经元），使得屈肌收缩、伸肌舒张。

当以上控制二头肌收缩的机制发挥作用的同时，拮抗肌——三头肌中发生着相反的过程。它的运动神经元兴奋减少，肌肉舒张，减少了三头肌本体感受器的兴奋度，并将信息回馈给脊髓和大脑皮层。你的神经系统会根据手臂弯曲的程度，协调其他控制手臂及手部肌肉回路的活动。最后，视觉也发挥了重要作用，因为你肯定会看着你的手臂，这种视觉信息会用来调节运动回路，从而协调每块肌肉的收缩。

因此，即使是一个很简单的动作也需要相当复杂的神经处理过程。想想那些更加精巧的动作，例如走路，需要很多肌肉参与并不断调整身体的姿势。对于神经系统来说，控制运动显然是一项很复杂的工作。完成这项工作需要大量复杂的神经元回路，这些神经元以一种十分精确的形式互相影响。

为了保持运动的协调和时间的精确，需要一个特殊的脑部结构——小脑。这个充满皱褶的球形突出物位于大脑的背侧、皮层的下面、脑干的后方（见图1.2）。小脑是有效控制神经系统活动的"空中交通管理员"。它由密集的神经元网络组成。尽管小脑的体积只有整个大脑的1/10，却包含大脑一半数量的神经元。小脑既接受运动皮层传入的信息，告诉它要进行何种运动，也接受各种感觉信息，例如视觉、听觉、平衡觉和本体觉，以清楚正在进行哪种运动。通过比较这些传入信息，小脑也可以在运动指令的传递过程中进行修正，从而使其更好地匹配动作，就像空中交通管理员一样，小脑确保身体所有的运动都按照计划进行，而不会被其他运动干扰。

基底神经节也是在运动处理中发挥重要作用的脑部结构。它包含几个皮层下核团神经元。基底神经节位于大脑深处，脑叶的下方，脑干的上方，与丘脑毗邻，并与其联系紧密。只有当基底神经节受损伤，它们在运动中的作用才凸显出来，例如帕金森病和亨廷顿舞蹈症患者。基底神经节受损的人在自主运动方面有很大困难。他们要么不能说话、走路和握手，要么反应很慢。但他们并没有瘫痪。他们能做很多动作，只是运动不由自主，例如震颤、扭动或甩打。基底神经节对进行自主运动、抑制非自主运动，有很重要的控制作用。

图 11.3 显示了大脑运动皮层、基底神经节、小脑、脑干和脊髓联系起

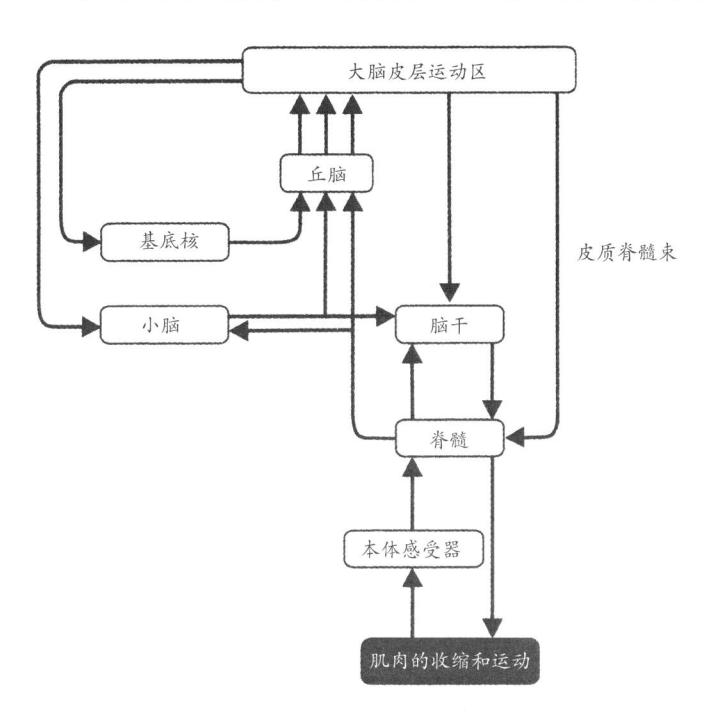

图 11.3 执行自主运动时涉及的复杂回路的概述（引自坎德尔等人的《神经科学原理》中 C. 盖孜的《运动控制》一文。）

来的精确反馈回路。想想进行一个简单的自主运动需要的神经元数量，不难发现婴儿为什么会如此不协调。换句话说，在发育过程中，他们的动作要变得协调需要一个漫长的过程。伊桑的大脑刚刚开始形成运动回路并渐趋精确，这个过程会持续整个儿童时期。难怪他还需要很长时间才能学会自己系鞋带。

胎儿如何运动

这些复杂的回路是怎样连接在一起的呢？是随着时间推移就会形成，还是伊桑的经验——那些简单、看起来很随意的手臂和腿部的动作在连接形成中发挥了重要作用？

就像大脑所有的发育一样，先天和后天因素都在运动发育中起作用，前者是指神经元按时成熟，后者则是婴儿日常活动训练。这个过程不是出生后才有的，在怀孕早期，当伊桑只是一个小胚胎的时候就开始了，原始突触在他微小的脊髓中已经形成。

由于超声波图像的广泛使用，我们现在比较详细地了解了婴儿运动。怀孕6周后胎儿开始有动作，整个身体会无意识的扭动和屈曲，这时他们的身体只有0.8厘米长。一周或两周后，胚胎开始启动全身动作。手臂或腿部的单独运动在8周左右开始，手指的运动在此后2周开始。到第9周，大多数的胎儿可以慢慢地用手去触碰脸部，但到第5个月才能吮吸手指。还有其他在孕早期出现的协调动作包括打嗝、伸展、打哈欠、吮吸、吞咽和抓东西。在母亲能够感知胎儿运动之前，胎儿已经在忙着训练他身体的大部分肌肉。

胎儿运动的数量在孕中期达到高峰，随着空间变少和一些无意识动作开始受大脑高级中枢的控制，运动逐渐减少。但是怀孕后半段，更加精细的动作出现了，其中的许多运动对胎儿在子宫外的存活都是必需的。例如，在发育的27周左右胎儿开始持续地"呼吸"，意味着他们充满液体的肺部开始随着膈肌和肋间外肌的节律性收缩而有节奏地扩张和收缩。吮吸和吞咽的能力在28周左右变得协调。但直到33周胎儿才能同时进行呼吸和吮吸、吞咽的动作。在这个时间之前出生的胎儿不能用奶嘴喂养，只能用静脉注射或胃部插管的方式获得营养。

胎儿频繁的活动并不是毫无意义。这对锻炼肌肉和完善发育中的运动回路很重要。小鸡实验证实，如果在胚胎发育时期固定它们的一只腿（通过注射麻醉药）一天，这条腿就会永久地保持这个姿势，就像人类的畸形足。除了神经和肌肉外，胎儿时期的运动也会影响其他组织结构。例如，胎儿呼吸对肺组织的发育是必需的，吞咽羊水可以促进胃肠发育。

在出生之前，婴儿就已经在子宫内锻炼了7～8个月，而这种锻炼对于帮助他们适应宫外环境非常重要。临床医生尤其注意胎儿的活动，因为胎动是婴儿状况良好的表现。我们知道，神经活动对树突和突触有着强大的塑造作用，所以稳定而连续的胎动可能是胎儿大脑最重要的刺激形式。

运动系统的发育

直到最近，科学家才开始意识到婴儿早期运动的重要性。在20世纪初，大多数研究者都拥护这样的观点：运动系统发育的进程很大程度上是由先天因素决定的。当他们意识到人类获得技能的过程有着高度的一致性，又解释说运动技能的发育仅取决于一个叫作"神经肌肉成熟化"的固定发展进程，锻炼和练习都不重要。

一项1940年的研究经常被用来证明"神经肌肉成熟化"的理论。这项研究分析了印度赫必族婴儿的行走能力。通常，赫必族婴儿出生后第一年在母亲的背篓中度过，几乎不能动弹。尽管运动受限，但研究者发现用传统方式抚养的赫必族婴儿与西方不用背篓抚养的孩子相比，发育过程并无分别：他们都在15个月时开始走路，虽然有些晚，但依旧在正常范围内。当然，传统的方法也不是用襁褓将婴儿一直裹在背篓里；在婴儿出生的头几个月，他们会被从襁褓中抱出来洗澡、换尿布；后几个月，他们每天都会有几个小时的时间在背篓外面玩儿；9个月以后就几乎没有哪个孩子会整天待在背篓里了。但是，这项研究还是让很多研究者相信，练习和肌肉锻炼对运动技能何时出现并没那么重要。

如果限制运动没有什么影响，那么婴儿早期的强化锻炼会有影响吗？20世纪30年代，研究者们为了检验这样的理论，在同卵双胞胎身上完成了一些重要的训练实验。在每项实验中，他们都会帮助和鼓励双胞胎中的一个练习一些特殊的技能——翻身、坐、站立、爬楼梯、搭积木、骑车、使用便盆等，而另一个孩子没有专门的训练。抛开长远影响，在运动技能方面，训练过的孩子和他们的孪生兄弟（姐妹）相比，并没有明显优势。尤其在行走和站立等基本能力方面更是如此。所以，研究者们再次得出结论：婴儿的运动能力发展是一个固定的神经肌肉成熟的过程；如果孩子的大脑和肌肉还没有发育成熟，任何训练都不能加速运动技能的获得。（这项关于双胞胎婴儿的研究存在一个问题，那就是两个宝宝并没有完全分开。因此，也许训练的确有效果，但没有接受训练的宝宝通过模仿自己的孪生兄弟姐妹也学会了这些技能。）

大脑的成熟与髓鞘的形成　如我们所见，大多数婴儿在非常相近的年龄段取得了差不多的运动技能。这些时间点已经准确到我们无需知道宝宝的身长、体重，只要看看宝宝会做什么就能猜出他有多大了。他只会坐不会爬吗？那大概7个月了。只能摇摇晃晃地溜达还不能自己行走？那可能有11个月了。

我们目前对于大脑运动区发育的了解从某种程度上支持了神经肌肉成熟理论。毫无疑问，越高级的运动区在出生时发育得越不完善。尽管运动皮层是新生儿最早显示电活动的脑区之一，但对于婴儿来说，这些皮层还有很多地方需要完善。这种成熟过程由基因决定，包括产生神经元、迁移到合适位置、发出轴突和树突、形成突触以及形成髓鞘。最后一道工序——髓鞘形成——是最慢也是最易观察的，因而它成了科学家了解大脑成熟和行为发育的首选标志。

运动系统成熟过程符合3个顺序。第一个顺序是从低位脑区到高位脑区；在出生前，脊髓中的运动回路就已经先成熟了，随后成熟的是脑干、初级运动皮层，最后是远在额叶前部的更高级的运动区。因此，在怀孕中期，从脊髓投射至大脑的运动神经纤维是大脑中最先开始形成髓鞘的纤维之一，而孕晚期时，脑干的运动区也开始髓鞘化。初级运动皮层神经回路的出生后开始形成髓鞘，并且至少要两年。最后，额叶也开始了极其缓慢的髓鞘化过程；而前运动区和补充运动区的髓鞘化直到出生后半年才开始，持续几年。

随着大脑中更高级区域运动回路的逐渐成熟，它们控制的运动也越来越协调、有目的性。因为所有胎儿的运动都仅由脊髓和脑干控制，他们的运动是无意识的、反射性的。出生后，低位脑区仍然主导着婴儿的运动。实际上，在儿科医师为新生儿做的常规检查中，所有神经学方面的检查都是对低位脑区功能的评估：如觅食反射（触摸婴儿的面颊会使婴儿转动头部，张开嘴准备进食）；对光反射（亮光照射单侧眼睛会使双侧瞳孔收缩）；头眼反射（婴儿转动头部时眼睛依然会朝向前看）；拥抱反射（当使婴儿的头部突然轻微下降时，婴儿会四肢伸展，双手张开，之后又慢慢恢复蜷缩的姿势）；拉起反射（从仰卧位将婴儿拉起时，婴儿呈现上肢屈曲，用力抬头的动作）。甚至连新生儿的吮吸和吞咽功能都是由脑干和脊髓回路支配的反射性活动。但是在出生后一年里，随着运动皮层的成熟，这种反射逐渐被自主运动取代。

运动技能发育的第二个顺序是脑干的成熟顺序，即由中枢到周围神经系统。在学会四肢和双手的运动前，宝宝已经能控制躯干和头部的肌群了——这种能力可以帮助他们维持坐姿。这是因为颈部和躯干的肌肉大部分都是由脑干中的运动回路控制的，而四肢的肌肉更多受到皮层运动回路的控制。

成熟过程的第三个顺序是初级运动皮层的发育顺序。这块区域的发育是依照从下到上的顺序进行的；如果按其支配肌肉的顺序来说，就是从头到脚。因此，婴儿最先学会了头面部的运动（微笑、咀嚼和控制脖子的活动），之后是上肢的运动（伸手、主动抓取东西），最后才是腿部的运动（爬和走）。这一阶段对运动技能发育影响重大。

这个皮层发育阶段发生的变化可以通过脑回中神经元的结构观察到，但在运动皮层的主要传出纤维（也就是皮质脊髓束）中尤为明显。皮质脊髓束是大脑控制自主运动的主要通路，尤其是那些精细、快速、高技巧性的动作。每侧大脑半球发出的皮质脊髓束都有上百万根神经纤维——这些纤维是由运动皮层（和其他地方）发出的轴突构成的。这些轴突下降到脊髓，并与控制全身肌肉的前角运动神经元形成突触。从进化的角度来讲，皮质脊髓束是一个先进的回路——它仅存在于哺乳动物身上，在灵长类动物的进化过程中逐渐增强，而人类的皮质脊髓束是最强大的。因此，这也是儿童最后成熟的神经回路之一。

最先与皮质脊髓束纤维建立突触联系的是头部的肌肉，接下来是上肢和上半身，最后是腿部肌肉。它们形成髓鞘虽然时间很长，但也是按这个顺序进行的。我们知道，髓鞘的主要功能是提高神经纤维的传导速度，神经纤维越长，髓鞘提升传导速度的效果越明显。因为在皮质脊髓束中存在着一些体内最长的神经纤维，所以髓鞘的形成对于一些自主运动回路的开启尤为重要。测量结果表明，运动皮层和脊髓运动神经元之间的冲动传导速度在宝宝出生的头两年里会迅速加快，随后增速逐渐缓慢，直到青春期。正是由于皮质脊髓束传导速度的增加，才使得运动的速度也得以稳步提高，所以孩子们才开始能够做一些简单的重复性动作，比如用手指敲桌子；而儿童期孩子反应速度和灵活性的提高或许也得益于此。

有一项可以用来检查宝宝皮质脊髓束早期成熟情况的简单反射叫巴宾斯基反射。当你用一个带尖的物体（如钢笔帽）从小婴儿的脚底划过时，他的脚趾会张开伸长。这种反应只出现在出生后头4个月；之后再触碰脚底就会出现相反的反应——脚趾的卷曲。这种变化与低位皮质脊髓束的原始功能相关。由于疾病或者外伤导致的皮质脊髓束损坏而瘫痪的患者，会出现像新生儿一样的反射，也就是脚趾伸长张开。如果婴儿的巴宾斯基反射延续到6个月之后，就有可能是神经发育迟缓的表现。

自主运动并不是只由皮质脊髓束控制。基底核、小脑和高级运动皮层的成熟速度也会严重影响宝宝运动技能的发育。小脑是脑部最后有新神经元产生的地方，这一点非常引人注目。事实上，小脑中很多基本的细胞发育开始于产后，这就使得小脑成熟尤其容易受环境因素损害，比如营养不良。小脑和基底节运动回路髓鞘的形成其至要比皮质脊髓束慢得多。运动前区和补充运动区这两个高级运动中枢髓鞘化也很慢，这也就部分解释了幼儿在掌握图形搭配、画圈或者骑车等复杂的、有计划性的技能时，往往会花费更多的时间。

环境的作用 显而易见，运动回路的建立需要很长时间，我们也很清楚神经肌肉的成熟严格限制了各种运动技能出现的时间。但那并不是全部的真相。早期的研究者主要关注婴儿的相同点；但近来的研究多集中在细微的特殊行为差异上，并且研究发现运动技能的成熟并不是按照基因的蓝图被动等待神经回路的建立的过程，许多其他因素也参与其中，包括感觉的发育、身体生长、力量、营养、兴趣、健康的情感以及坚持每天锻炼。

在第1章中我们提到，如果婴儿在被极度忽视的环境中成长，包括运动技能在内的各项身体发育都会相对迟缓。这些婴儿在认知和情感发育的方面出现障碍不足为奇，但其运动技能发育的延迟——有些孩子一岁以后还坐不起来，或者两岁了还不会走路——说明除了神经成熟外还有其他因素影响运动技能发育。鼓励、关爱以及启发性的环境也很重要。

另一个例子是关于先天失明的宝宝的，他们的技能水平与正常婴儿有显著差异：先学会翻身、后学会平躺时挺胸（与正常婴儿的顺序相反），他们较晚才学会爬行和行走，但在正常的月龄就学会坐了。因为无法看见有趣的人和物，先天失明的婴儿的运动技能发育不易激发。他们学会伸手够东西的时间也会滞后，因为这些婴儿无法被激发去探索周围的事物，也不能通过视觉来指导手的运动。

最近流行让婴儿采取仰卧位的方式睡觉，而这种睡眠的方式也会影响婴儿掌握各种运动。仰卧已被证明有助于降低婴儿猝死综合征的发生率，但对于颈部以及手臂肌肉的锻炼要比俯卧位睡眠少一些，因为俯卧位睡眠的婴儿如果想要看一看周围的环境，就必须抬头或是用四肢支撑身体。最近有一项研究表明：儿科医生发现与采取俯卧位睡眠的婴儿相比，仰卧位睡眠的婴儿翻身、爬行以及坐立都明显比俯卧位睡眠的婴儿晚，幸运的是，这种晚是可以接受的，也就是说在正常范围内，而且也没有必要因为晚这一小段时间就否定仰卧睡眠。毕竟，前已述及，这种姿势已被证明有助于减少婴儿猝死综合征的发生。尽管如此，父母也应该牢记早期上身运动的好处，并尽可能在婴儿清醒的时候多让他们"俯卧"。

这些事实都说明：各种技能的掌握不是规定好的，不完全由基因决定。就算基因起一定的决定作用，也要充分考虑婴儿早期的生活方式，以及经验在婴儿各种生活能力的发生发展中的重要作用。之前，一些研究人员曾经在大量种族相同的婴儿中做过该方面的调查，结果与他们设想的刚好相反。尽管种族相同，但受了不同文化的影响，不同婴儿在发育的时间以及速度上确实存在一些细小却不可忽视的差异。最著名的例子要数"非洲婴儿早熟现象"了：不管是哪组，只要所处地区盛行非洲文化，那么婴儿在坐或走等运动技能方面发育较一般要比工业化的国家的婴儿早几个星期。在某种程度这些差异也会反映出遗传方面的差异，同在美国，黑人就比白人在运动技能方面发育得更早。运动技能早发育的现象多出现在印度、拉丁美洲等未工业化的社会，所以很多科研人员相信婴儿的环境也有一定的影响。

有一些原因可以在一定程度上解释为什么不发达地区的婴儿在运动方面发展得更迅速。其中的一种就是：在这种相对落后的社会中，母亲会倾注更多的精力使孩子学会某些技能，比如坐或行走等。因为如果自己的宝宝掌握了这些技能，那么对妈妈们日常做家务是有好处的。与之相对，处在比较发达的社会中的父母会更依赖家中的现代设备带宝宝、做家务，所以在这种社会，培养婴儿的独立运动能力也就不那么必要了。另外，在落后的社会，父母倾向于白天大部分时间把婴儿安置在吊床上。这一习惯可能也对于婴儿运动能力的发展有积极的影响，待在吊床上的婴儿需要保持平衡，并使头部保持在一个舒适的位置。这些都需要通过婴儿自己的运动来调整。同时，把婴儿放在吊床上能刺激前庭以及本体感觉，而且这些刺激能够促进运动神经的发育（见第6章）。还有一个因素就是母乳喂养，一些研究已经发现母乳对婴儿运动能力的发展有一定促进作用。而在不发达的地区，几乎不太可能有人用配方奶粉来喂养婴儿（见第8章）。

实践的作用　踢腿、踢腿、踢腿、踢腿、出拳、出拳、连击、踢腿、连击……8周大的小伊桑看起来还不知道自己是多么的无助，清醒的时候，他可能会动一动，抬着大而圆的头跌跌撞撞地爬行，两只手不停地找自己的嘴巴，抑或是用自己动来动去的小短腿把玩具弄得沙沙响。

伊桑的动作看起来好像完全是随机、没有目的的，偶尔才能成功地把手放到嘴里，或是用脚把玩具弄出响声，但很难想象这样强度的运动都是没有目的的。对于成年人来说,练习是多么重要啊,尤其是当他从事一项新的运动时——比如滑旱冰,那么对于小孩子和婴儿来说,不断练习的作用怎么可能不重要呢?

事实上婴儿与成人一样,也要通过不断练习才能提高运动技巧。像独立行走这样的新技能,并不是一下子突然出现,而是要逐渐掌握。首先是一些简单的基础运动,比如踢腿、站立,以及借助上肢的支撑行走等,然后由简到繁,最终学会行走。一般来说要经过几个月的练习。婴儿与成人在学习新运动本领时的唯一区别(婴儿看起来可能比我们中的大多数人都更渴望训练,但这里对这种现象不予讨论)就是只有当大脑发育到一定程度时,练习才对婴儿有用。练习是必要的,但也必须得在适当的时候才会有效,如果练得早了,许多必要的神经回路还没有形成,练习就没用。(确切地说,一些研究人员认为过早的练习反而会阻碍一些技能的掌握,可能是因为这种练习建立了错误的神经回路,也可能是因为总做一些没有希望完成的工作,一次次的失败使得婴儿越来越沮丧,甚至绝望。)

归根结底,还是得理解大脑回路如何形成并完成各种动作。与每一个感觉系统的发育相同,运动神经系统回路的发育最早也都是受基因调控的。基因可以通过在高级神经元表达某些信号引导大脑皮层的神经元轴突生长,比如延伸至脊髓、到达合适位置、支配控制手部运动的颈椎运动神经元。通过这种方式,神经元之间的联系会高度特化,但还是不够精确无法完成许多需要技巧的精细动作。随着不断的成长,小伊桑会有能力完成越来越多的动作。当然,对于小伊桑而言,随着不断地练习或使用某一动作,用到的运动回路也会得到进一步的强化与巩固;因此,对于某一特定运动回路而言,长期刻意激活它的次数越多,建立稳定回路的可能性就越大。

就算已经成年,也可以通过训练完善运动回路,最近的一些研究已经提供了影像学的证据。当人们熟练掌握某项运动,比如按某一特定顺序活动手指,那么与未练习之前相比,他们活动手指时的运动皮层激活区更大一些。与此同时,我们还发现不断重复练习后再做该运动可以减少小脑的激活。尽管小脑对于某一运动或动作的学习至关重要,但一旦该项运动被熟练掌握,小脑也就不再对该运动起作用了。

这种影像学的研究不能在婴儿身上做，但不难推测：每当小伊桑学习并掌握了一个新的运动技巧，他大脑内影像学的变化也是这样。运动学习包含了一系列神经选择的过程。同样一个动作可以由好几个神经回路以及活动模式支配，但只有一小部分是最简洁高效的，训练就是把这些高效的神经回路以及传递模式筛选出来，并进行强化与巩固，所以每当小伊桑尝试一次某一动作，他就离最快最高效的那条传递通路更近了一步。

练习还有其他好处，还记得那些双生子研究吗？尽管刻意训练并没有加快婴儿行走、爬楼梯等技能的掌握，但长期训练下来，与他们未受过训练的兄弟相比，他们对运动更有信心，也更有兴趣了。所以尽管训练可能不会缩短运动能力发育发展的进程，但训练时的动作本身确实对孩子日后体育运动有所帮助，如果有一个充满激情的成年人引导的话，效果会更好。

综上所述，运动能力的发展是一个综合的过程，既有内在的本质原因，也有外在的培养因素，基因作为内因只是简单地限定完成某一运动的神经回路的出现时间，而一旦婴儿具备了完成该运动的神经系统，练习的影响就开始体现了。通过练习婴儿才能将原始、笨拙的尝试优化为富有技巧的动作。通过观察婴儿最明显的两个里程碑式技能——伸手和行走，可以对这一复杂的过程有更好的理解。

伸手运动的发展

他终于做到了！经过好几周的努力，4个月大的伊桑终于可以抓到头顶上垂下来的彩色吊环了。这可是很大的进步，当他还是一个柔弱的新生儿的时候，基本上是趴在富有弹性的座椅上，当时的他看起来几乎不会注意到垂下来的吊环。过一阵子，大概在他有10周大的时候，他的手有时会朝着吊环的方向拍过去。3个月大时，时不时地可以看到他成功地抓到吊环，不过也可以很明显地发现他为这种不稳定能力很沮丧。但已经4个月的他现在可以伸手跟上吊环的运动，甚至是抓住正在摆动的吊环了，而且几乎每次都能成功。

伸手抓东西这种能力可能看起来没有什么特殊之处，但想想婴儿一直对环境多么无能为力，这种能力的产生会在一定程度上改善婴儿这种被动无助的情况，所以在成长发育的过程中是一个重要的里程碑。第一次，伊桑可以在一定程度上支配自己并做出一些简单的选择；他现在可以决定自己要不要抓起响环、安抚奶嘴、玩具等小东西。对于这刚获得的控制力，他很兴奋。另一方面，伸手也标志着宝宝探索物质世界的开始，通过一些成人参与的研究，我们知道仅靠握着物体不能完全辨认其性质。感受物体某些特点时，光抓住物体不行，手还必须动：掂量一下才能感受重量、抚摸一下才可以知道质地，还有一些其他的特点，例如硬度等，都需要动动手才能感受到。所以只有当婴儿能主动伸手抓东西时，他们才有可能感受到这些特点，也才可以更好地认识物质世界。

会伸手还只是"万里长征走完了第一步"，距离熟练地完成各种动作还有很大差距。会伸手一般是在 2～7 个月，但最典型的是在出生后 4 个月。刚会伸手时，动作比较生硬、笨拙，但到了 6 个月的时候，就自然多了，也更精确了。6 个月以后婴儿手腕部与手指处的关节开始不断发育、强化，这种强化会一直持续，直到婴儿的双手可以像钳子一样紧紧握住东西，即在出生后 7～12 个月。发育至此就进入下一阶段——放开物体。十分令人吃惊，这是一个比较难的动作，一般要在出生后 13 个月才可以掌握。从现实的角度讲，孩子只能先掌握最基础的自我照顾技巧，渐渐地由简到繁，再掌握其他的能力。一般的小孩子大概在 8 个月左右会用勺子，28 个月大时会用叉子，3 岁会扣扣子，4～5 岁会系鞋带，然后大部分得到 6 岁左右才会用刀。

从某种程度上来讲，伸手动作早在子宫里的时候就出现了，通过对母亲斯蒂芬妮进行孕中期超声波检查，我们可以看到伊桑在子宫中做着胡乱出拳的动作，这些动作对做伸手动作的运动系统起到了初始优化作用。胎儿手臂运动，比如出拳等，一般在怀孕 7 周以后出现，而这些动作的出现也说明脊髓的运动神经回路已经开始发挥功能。另外，虽然只是纯粹的反射现象，但是抓握动作也是在胎儿出生之前就已经出现了。这些无意识的反射性活动在出生后还要持续好几个月，也正是通过这些活动伊桑才可以从众多神经回路中筛选出最简洁高效的一条进行强化和巩固，建立稳定的突触连接，并选择最合适的运动模式供日后大脑皮层支配。

　　出生后不久，伊桑第一次看到东西，这时伸手能力又有了很大的飞跃。能看见东西后，动作不再那样漫无目的了。有人经过仔细分析发现，一周大的婴儿中，盯着玩具的个体更倾向于做伸手臂的动作，而且伸手的方向总是向着玩具的大体方向（尽管很少能够到玩具）。一些研究人员把这种伸手现象称为前伸够阶段，而且这一动作还需要肩、手、肘等部位的协调运动才能完成。在做这种动作时，婴儿的手都是张开的，就好像是要抓东西一样，不过婴儿还无法抓住什么东西。另外，新生儿在盯着自己手臂或手臂图像的时候会更趋向于运动手臂。所有的这些事实都说明尽管小婴儿的动作看起来是毫无目的随机运动，其实很可能有蓄意为之的成分。

　　前伸够阶段大概要持续到两个月大，之后婴儿进入下一阶段，我们称之为"拳伸阶段"：在这一阶段，婴儿确实会有伸臂的动作，不过在伸臂时，小手是紧紧地攥成拳头的。小伊桑这段时期时的动作就好像一个正在为比赛作训练的拳击手。不过几周之后他再伸手臂时，手就是张开的了。为什么会出现这样的变化呢？原因是：当伊桑最早具备伸臂能力时，他只能整体支配全部上肢，因此，臂、前臂，以及手掌处的肌肉只能同步兴奋，只有经过进一步的发育，手掌的运动才能从伸臂运动中独立出来。一般3个月左右的婴儿在伸手时，手掌就是张开的了，因为他们已经成熟到可以将手部运动和伸臂运动区分开来，也正是这个时候，婴儿能够做出第一次真正意义上的伸手尝试，而抓握东西的动作也不再是反射性活动了，大脑皮层对该动作有一定的支配作用。

　　最终在4～5个月的时候，宝宝们就可以比较自如地伸手抓东西了，而且他们很愿意将放在面前的物体抓起来。处在这一阶段的婴儿，从伸手到抓物体，这一系列动作的成功完成需要几个方面的条件，其中一方面就是支配手掌和手臂肌肉的皮质脊髓束初步成熟。尽管简单粗糙的伸臂动作可以通过其他回路完成，但任何一种手部动作的精细化都需要大脑皮层以及皮质脊髓束的功能为基础。大脑皮层支配手部运动的那部分区域也会随着时间推移不断成熟，大概要到出生后6个月才告一段落。同时，手部运动能力也会得到进一步的优化——获得像钳子一样紧紧抓住物体的能力，而这些优化与皮层脊髓中突触的优化是同步的。在3个月时，皮质脊髓束的轴突上会长出髓鞘，髓鞘的生长将持续到3岁。因此，在髓鞘形成的这段时间内，即从婴儿出生3个月到3岁，婴儿手部运动的速度、精度和协调性也将会不断提高。

开始抓握的另一项重要条件是视觉。大家可以回忆起：大概在婴儿3个半月时，深感觉的关键组成部分——双眼视觉出现了。而深感觉对近距离物体的定位十分重要。（你试着闭上一只眼睛触摸一个物体，你就会发现这一点。）视敏度也在4～6个月显著改善，这样宝宝能更好地看到他们抓握的目标和手臂的位置。对于新生儿来说，视觉是抓握至关重要的因素。直到第9个月，本体感觉逐渐取代视觉，使宝宝不论看不看目标都能精准地抓握。

像边缘系统和运动支配区发展等其他大脑区域的成熟，毫无疑问也对抓握起很大作用。但是，经验也在这里扮演了一个重要的角色。一个宝宝不得不为了抓一个东西练习好几个小时（回忆盲婴抓握延迟的经历），提前抓握也有助于建立适当的运动回路。甚至有一些证据表明，活跃的婴儿比不常活动手臂的婴儿会提前几周抓握。

右撇子还是左撇子？利手如何形成

随着伊桑抓握能力的提高，斯蒂芬妮注意到他好像更喜欢用自己的左手。10个月大的他，几乎能立即握住所有东西，比如妈妈的手指、他的床栏、一个最喜欢的摇铃或是硬板书。他甚至能自己吃东西，比如喝带把手的果汁杯里的麦片或者直接用手捏一小撮吃。他一拿到这些东西，就会毫不犹豫地放进嘴里。尽管还很不协调，但是好像在表现这些"壮举"时，使用左手次数更多。

"哦，不！"斯蒂芬妮想起了自己小时候挣扎着用右手使用剪子和学校的课桌，告诉她父亲，"看起来我们家又添了一个左撇子。"

事实上，现在断定伊桑更喜欢用哪只手还为时过早。尽管宝宝通常在一岁以内会暂时偏好使用某一只手，但是这种偏好很不稳定，直到学龄前都可能发生改变。

令人惊讶的是，研究者仍不能判断利手出现的确切原因。人群中的右撇子占大约85%～90%。不同文化背景下这个比例不同，并且女性比男性大约多2%。在这个问题上，遗传至少占一部分原因，因为左撇子父母远比右撇子父母生左撇子孩子的可能性高。但是双亲都是左撇子的孩子中，只有一半是左撇子。仅母亲是左撇子比起仅父亲是左撇子的孩子，最终更有可能成为左撇子，直到目前还没有能解释这个事实的简单遗传模型。非遗传因素也扮演了重要角色。

举个例子，我们都知道即便有遗传倾向，用手习惯仍是可以改变的。左利手往往在中国或者穆斯林社会文化中不被接受的。这些文化背景下，左利手仅占很少的一部分，但在西方国家长大的相同人种，左撇子比例会高一些，因为现在西方很少歧视左利手。事实上，在英国、美国等国家，左撇子比例在20世纪已经稳定地增长，老师和父母也已经停止去尝试"矫正"他们。

从某种程度上讲，即使父母不是故意去教孩子该用哪只手，孩子好像也会主动学习、模仿周围的人。这种模仿就可以解释为什么孩子会学习母亲而不是父亲的用手习惯，因为在刚出生时他们和母亲接触时间更长。同样，模仿也可以解释为什么女性左撇子更少（我们将会在下一章提到），因为女孩小时候和周围环境相处更和谐。

不管遗传和学习哪个作用更大，更精巧自如地使用某只手最终会导致两个大脑半球的结构产生区别。已经有研究表明，右撇子成年人左脑脑沟更深，且左额叶比右额叶灰白比高；这些变化都有利于神经功能定位，有助于执行精细运动。超声波检测显示13周大的胎儿更喜欢吸吮自己的右拇指，并且这一偏好会持续整个孕程，而大脑半球间的不对称在怀孕第29周就已在语言区域出现（见第14章）。因此，可能初级运动区和身体感觉区在胎儿期已经分化。事实上，那些将来会成为左撇子的新生儿与右撇子的皮层电活动已经有了区别、将来左撇子的孩子仅对来自左臂刺激产生皮层电活动，而未来的右撇子对两臂的刺激都有反应。

胎儿的发育十分迅速，所以大脑的不对称性大部分是天生的。但是，环境因素也可能在出生前就开始起作用。有一个假说这样认为：右手之所以更加灵活是因为它在子宫中活动更自如。大概有3/4的胎儿在孕程的最后几周右手朝着他们母亲的腹壁。于是右臂就会比朝向妈妈的脊背侧的左臂移动空间更大。这就会导致支配两侧手部生长和电传导的运动皮层产生区别。但是，还没有相关研究能够验证这个产前手臂位置的假说。

另一个导致右手更熟练的可能原因是头部先天的定向偏好。原来，大多数的新生儿都喜欢把头转向右侧。因为在新生儿中，转头会触发拉弓反射——与转头方向相同的肢体伸展，另一侧肢体屈曲（见图6.3），因此宝宝看右臂就会比看左臂的时间更长，这个姿势将优先促进右侧手眼协调的形成。事实上，研究表明婴儿已经随着头的转向产生了相同方向的用手喜好，尽管他们不需要一直保持这种偏好。不知为什么宝宝喜欢把头转向右侧，但是可能和大多数父母不论利手如何，都喜欢左臂托抱孩子有关。

还有一种观点：右利手是"正常的"或者默认的发育方式，所有的左撇子都是某些病理导致的。具体说来，胎儿的大脑已经在遗传上决定他是右撇子，但是产前或出生时任何的左半球病变都会把利手切换到"右半球－左手"。而事实上，在颅脑病变人群中左利手也的确更普遍，比如癫痫或者智力发育迟缓的患者。一些研究也发现经历分娩困难婴儿可能会改变用手方式。但是所有左撇子都在经历了一些不明显的右半球病变后，没有认知方面的损害，这好像就不太可能了。另外，大多数研究者认为有两种类型的左撇子存在：大部分左利手是遗传性的，少数则是由产前或产时的病理因素造成的。

不论伊桑的用手习惯是什么原因造成的，要在他大脑中完全留下痕迹，都得几年时间。一般情况下，一个孩子得反复几次才能最终确定利手。两个半球的优势交替增长，直到一侧占据主导地位。事实上，这样的机制十分有用，可以确保在大脑回路形成能力最强的阶段，双手都能掌握基本的操作技能。

任何一个儿童都会存在这种变化，但观察一组婴儿可以看出逐渐增长的右利手优势。这种偏好从他们生命的第一天就在抓握方面表现出来，当把一个物体放到右手的时候，大多数的宝宝会握得更紧，抓握时间也更长。右撇子婴儿的抓握出现得更慢。甚至有一些报告指出宝宝最早更喜欢用左手抓握。但是7个月的孩子大多数用右手，并且这种右利手趋势会逐渐增强直到1岁。1岁时，宝宝的双手也开始分工：左手趋于起支撑作用，例如端着一杯酸奶；右手则变得更灵活，例如尝试把勺伸进嘴里。

1岁之后，孩子开始掌握和利手相关的典型技能：吃、指、扔、画，以及操作物品。在18个月时，约有一半的孩子已经有固定的用手习惯。这个比例在4岁时能增长到接近90%，但是有的孩子则会花费7年的时间来确定自己的利手。不论什么时候固定，孩子都不会像成人那么强烈地偏好一只手；他们会继续尝试用两只手，在双利手和单利手之间交替，一直到童年期结束。

"学会"走路

终有一天，令人感动的事情发生了！你的小家伙自己迈出了第一步。当你认为他会永远黏着你时，他竟走到了咖啡桌旁，并且一步又一步地走下去。他兴奋地咧开嘴笑、激动地尖叫一声，一次次尝试重复他14个月的生命中这激动人心的时刻。

第一步很重要。就像开始抓握一样，它也标志着孩子和环境之间相互作用的一个重大改变，增加了探险机会，增强独立意识和自信心。事实上，许多研究已经记录了随着独立行走的开始，宝宝的认知和交往能力显著提升（包括爬行和步行）。

大多数的婴儿能在1岁末的时候开始走路。和其他物种相比，这个年龄非常晚。但那是因为我们的行走方式是直立行走，只用两条腿是一个极其艰巨的任务。孩子必须先有足够的力量和稳定能力，还要掌握单腿平衡能力，这是独立行走的必备要素。

虽然步行出现得非常晚，但是与它相关的基本神经机制却成熟得很早。步行是受中枢模式发生器的神经回路控制的，它是中枢神经系统中一个能激发肌肉节律收缩的神经网络，影响基本的呼吸、咀嚼或者任何形式的移动。行走的中枢模式发生器位于脊髓，并且像其他脊髓回路一样，在进化上历史悠久。无论天上飞的、地下跑的还是水里游的动物，大部分的神经回路工作模式都很相似，即支配两侧的四肢肌肉交替屈伸。

与其漫长的进化史相符，行走中枢模式发生器成熟得很早，可能在怀孕24周之前就已经成熟。因此，很小的婴儿就能表现出步行反射：当被垂直抱起、脚接触到台面的时候，他们会交替高高抬起两个膝盖试着走路。所有的新生儿甚至早产儿都能表演这种漂亮的小把戏，但当他长到6～8周时反射就消失了。虽然这种表现看起来十分复杂，却不是自主运动，甚至大脑皮层不健全的新生儿也能完成它。动物实验也证明：大多数基本运动并不需要使用大脑皮层。

为什么"行走"消失了呢？难道这不是婴儿大运动发育的最终目标？很长时间里神经生物学家相信，大脑皮层的活动增强是主要原因。目前普遍认为，婴儿2个月以后，皮层开始抑制行走中枢模式发生器的反射活动，准备接管其控制。诚然，皮层成熟是真正开始步行必需的，但这直到婴儿期末尾才会发生，而步行反射在婴儿期早期就消失了，更现实的原因可能是：宝宝太胖了，抬不起他的腿。

一些以2～6周大的婴儿为研究对象的实验巧妙地证实了这一点。研究者按婴儿在桌面上是否有步行反射将他们分为两组。第一组婴儿在桌面上并不会走路，但在没过躯干的水中时却会出现步行反射；第二组婴儿虽然有步行反射，但只要在脚踝处增加一点重量，步行反射就消失了。出生后的头几周内婴儿体内的脂肪迅速增加，所以他们的双腿虽然变得很胖却没有力量，要想站起来很费力。事实也正是如此：身材矮胖的宝宝——也就是说他们在同等身长下体重更重——要比瘦小的宝宝更早失去步行反射。

既然步行反射早在宝宝开始自主行走之前就消失了，它的存在又有什么意义？就我们目前所知，步行反射本身对新生儿并没有什么实际价值。然而，宝宝们醒来躺在床上最喜欢的蹬腿动作恰好和步行反射有着相似的肌肉和关节运动模式，这表明两者有相同的中枢模式发生器参与。与步行反射不同，蹬腿时宝宝圆滚滚的小腿并不需要克服太大的重力。宝宝在3个月大时会开始有意识地蹬腿，4～7个月时达到顶峰，在满一岁之前，随着蹬腿动作逐渐减少，宝宝也开始真正学会走路了。蹬腿似乎是这种中枢模式发生器更有意义的表达方式，它让宝宝无须克服自身重量就能够进行关节锻炼，也可以称得上是衔接"行走反射"和"直立行走"的桥梁！

然而，从脊髓中枢模式发生器工作到独立行走机制形成还有很多环节。

真正的行走依赖于神经系统的进一步成熟——特别是控制腿部运动的脑区，以及维持姿势和平衡的感觉、运动系统。此外，身体比例的改变也是重要环节之一：腿会变长、肩会变宽、头部占身体的比例会变小。这些都能降低身体重心，以便宝宝在直立时保持平衡。而最关键的一点就是，只有通过练习才能学会走路。不论早期的研究人员秉持了怎样的观点，事实就是：宝宝只有在花费很长时间练习站立、挪步和在各种外力辅助下行走之后，才能拥有独立行走所需的力量和稳定性。

首先，让我们看看步行必需的神经成熟过程。与步行反射不同，真正的行走是一种自主运动，要求大脑皮层活动。尽管脊髓中枢模式发生器能够产生步行反射，但是只有皮层能决定什么时候该行走，也只有皮层能调整中枢模式发生器以适应宝宝接触的环境，比如避开地板上的大堆玩具，或者是根据他的开心的程度改变行走的速度。脊髓中枢模式发生器就像是一台机器——汽车或割草机——必须有人启动并驾驶它驶向正确的方向，才能让这台机器发挥作用。

因此，只有等到控制腿部运动的皮层运动区成熟，宝宝才具备真正的行走功能。由于运动区的发育顺序是"从头到脚"排列的，所以腿部控制区最后才成熟。即使到了15个月，这块区域的发育也比其他基础运动区缓慢。与之类似，控制腿部的皮质脊髓束髓鞘化的速度要远比控制胳膊的慢，并且这一状态将持续到学龄前。

皮质脊髓束的成熟对于后期宝宝行走能力的完善尤为重要。当他们刚开始走路的时候，婴儿会表现出与他们刚出生时步行反射极为类似的关节屈曲和肌肉激活模式，他们迈步时会把膝盖抬高，而且会前脚掌先着地。然而，在开始独立行走后不久，他们就会像成年人一样行走了；到两岁的时候，他们已经完全掌握了"先脚跟后脚掌"等成熟步态特征。人们认为，皮质脊髓束的成熟之所以能带来这样的转变，主要是通过抑制婴儿蹒跚步态中某些腿、足反射来完成的。的确，那些脑瘫的孩子能够行走，但由于皮质脊髓束中控制腿部活动的神经受损，他们永远学不会"先脚跟后脚掌"的着地方式以及其他的成熟步态特征。

真正的行走需要大脑中许多运动感觉系统依次成熟才能完成。与此同时，练习和锻炼也很必要。在宝宝学会走路之前，长达几个月的踢腿、站立和助力行走都是必需的，这些锻炼有利于加强腿部和躯干的肌肉力量，还能帮助大脑选出保持姿势和平衡的最佳神经回路。当真正开始行走的时候，最初那些摇摆的步伐会帮助稳定皮质脊髓束和其他传导通路，进而完成向成熟步态的转变。

事实上，与那些声称练习不影响行走的论调相反，一项严谨的对照研究表明，专业训练的确能加速行走的学习过程。在这项研究中，一组新生儿每天练习 10 分钟行走：在出生后 9 周的每一天里，宝宝都会由他们的父母支撑着站立在桌子上，练习步行反射。而另外两组的宝宝没有进行锻炼，一组每周要接受步行反射测试，而另一组由父母给躺着的宝宝做四肢的被动运动。与行走反射在 8 周中逐渐下降的两个对照组相比，进行积极运动的宝宝们很好地保持了步行反射，甚至每周都能多走几步。不仅如此，实验组的宝宝们开始独立行走的时间比那两个对照组提前了至少一个月，而比起连步行反射测试都没做的附加组要早两个月。

早期练习究竟是如何加速行走的学习呢？考虑到皮质脊髓束的发育成熟比较晚，新生儿阶段的锻炼应该不起什么作用。这种现象更可能是由于早期练习加强了宝宝的肌肉力量并且协调了早发神经回路，例如参与直立平衡的回路。而基础神经和身体发育是孩子开始走路的基础。实际上，宝宝学习行走的速度虽然可以有所提升，但仍是有限的——这项研究中的宝宝在大概 10 个月的时候（仍然属于正常范围）开始学会走路，而不是在两个月、5 个月，甚至是 8 个月——这表明运动技能发育的可塑性并不大。总而言之，和学习其他运动技能一样，学走路一样需要练习；即使是在生命早期，运动也能对宝宝的大脑和肌肉发育产生长远的影响。

学步车不能帮助宝宝走路 尽管学步过程中练习很重要，但是有一种形式的锻炼非但不能帮助宝宝，还会带来危险，那就是使用学步车。有研究者发现，从 4 个月大开始每天在学步车里待 1 小时左右的宝宝不比不用学步车的宝宝更早学会走路；而另一些人发现宝宝每天使用两个半小时学步车会使他们学会走路等大运动行为的时间延迟。学步车的问题大概是它们让宝宝的运动变得太容易了。他们不需要过多平衡力或运动技能就能四处探索并满足好奇心，这些运动能力也就出现得较晚。另一个问题是学步车阻碍了宝宝看自己双脚的视线,这一视觉反馈在宝宝开始进行独立行走时很重要。

现在许多父母都了解到学步车的危害:学步车内的宝宝摔下楼梯或撞到障碍物后可能发生骨折、严重烧伤,甚至更严重的后果。很多宝宝喜欢站在学步车里到处走动,而这些学步车更像是无意中扮演了保姆的角色。这种工具远不能代替看护人对孩子们饱含热情的陪伴。

促进宝宝运动发展的措施

显然,大脑发展基础运动回路的时间表是固定的,这就解释了为什么大多数宝宝的运动技能都是按照相似的顺序发展的。基因在婴儿运动发育差异中发挥了一定作用。宝宝是否天生活泼好动、身体强壮、好奇心强或者发育较快,都将影响他何时能成功地抓到东西、坐起或是走路。从某种程度上来说,父母们可以放心了——宝宝会根据自己的"时间表"来完成"抓—坐—爬—站—走"的过程,即使他晚了一两个月也不会对他的整体发育造成任何影响。宝宝们总是在获取新知识,如果他们在运动方面较为落后,可能通过其他技能的提早发育来弥补。

但是我们也不能太掉以轻心。神经肌肉的发育成熟有局限性,经验在运动发育过程中扮演着关键角色。一旦基础的神经回路发育完全,其最终功能完善与否就取决于练习的多少了,而练习就相当于通过具体的活动来选择并强化这些通路。只有反复锻炼才能从这些复杂的运动回路中挑选出能够完成流畅、高效运动的精确模式。当然,也有人提出或许并不存在运动神经回路优化的关键期。但观察从小开始练习的高尔夫球手或小提琴手的流畅自如的动作,我们很难不觉得:婴幼儿期的练习确定对运动回路最有效,因为此时正值运动神经回路的强化阶段。

幸运的是,大多数宝宝对于锻炼都有非常强烈的主动性。我的第二个孩子萨米第一次能拿到玩具以后,就变得好像必须得时刻拿点什么——杯子、玩具、太阳镜或是他最爱的汽车钥匙。与此同时,新的运动技能也在不断加强。有哪个刚学会爬的宝宝能长时间安坐不动呢?婴幼儿期的孩子比任何一个年龄段都更热衷于锻炼不断发育的肌肉和运动回路,这有力地推进了他们运动系统的发育进程。

尽管如此,父母和看护人仍可以做很多事帮助宝宝。最重要的一点就是为宝宝的探索提供一个安全且没有限制的环境。有关猴子的研究表明,饲养在小笼子里并且鲜有活动的猴子与经常跑跳嬉闹的猴子相比,小脑神经元体积更小、功能更粗糙。

家里的安全保护工作要尽早尽快完成,这样你的孩子就能自由伸展肌肉,找出新鲜有趣的东西来玩耍,怎么摔都不会伤到自己,也不会总听到"那边不能去"。正处于技能掌握巅峰的宝宝能从每个小小的挑战中有所收获——抬头、翻滚、抓握、端坐、站立等。尽管锻炼很有效,宝宝也必须有合适的心情——不累、不饿,也不烦躁。锻炼多是在看护人严密地注视和殷切地关怀下进行的,但锻炼本身必须要由宝宝自己完成。这类锻炼的优点是:大多数宝宝本身就很喜欢。早期的锻炼可能并不能明显提升他运动发展的进程,但可能会有效提高他的运动质量,尤其是他在体育活动中的兴趣与信心。

锻炼并不是促进运动发育的唯一途径。在前面的几章中,我们了解到许多已有的方法是利用感觉刺激促进运动技能掌握。前庭刺激——比如简单的旋椅实验(见第142~143页)——就是一个例子。另一个是婴儿按摩(见第131页),这种方法在婴儿身上效果尤为明显。由于感觉反馈在每一种运动的控制过程中都发挥着至关重要的作用,所以在锻炼宝宝新运动技能的过程中,感觉系统至少与运动回路同等重要。

最后,不要忘了母乳喂养。母乳对于宝宝的生长发育益处很多,帮助宝宝早早获得精细运动和大运动技能,还能降低长期神经系统疾病的发病率。再强调一次,无论是身体上还是心理上,母乳喂养对宝宝都是最好的。

第 12 章

建立幸福之源：
宝宝情感的发展

- 出生后 6 个月，宝宝开始建立依恋
- 妈妈工作对宝宝情感发育有影响吗？
- 敏感的父母能养育出心理健康的孩子

宝宝刚出生的时候，情绪的支配力很强大。前一分钟，他会笑得很灿烂。下一分钟，假如我们要去上班，他会突然号啕大哭，脸上的表情像一支箭一样射入我们心中，让我们非常痛苦。婴儿可以转眼间从大笑到焦躁、哭泣，然后微笑，再尖叫。初学走路的孩子和学龄前儿童不满意和发起脾气来差不多。虽然孩子随着年龄的增长会有更好的自制力，但几岁婴儿的情绪真像过山车一样，而且父母"有幸"一路陪伴。

我们往往把孩子的情感发展看成自然而然的事。我们会留意孩子的每一个新动作或新词汇，但很少去关注他们的情感能力是如何快速发展的。实际上这部分的发展在很多方面都很重要，奠定了其他精神能力发展的重要基础。在孩子们掌握语言之前，他们主要用表情与外界沟通，而且就是通过这种互动，让自己更有安全感、自信和动力去掌握更高级的行为、语言和认知能力。

确实，我们经常会更强调智商（IQ）的重要性，但孩子的情商（EQ）（意识和控制自己的情绪，以及对他人情绪的反应和认识的能力）在后来的成功之路上扮演着更重要的角色。来看一项在一群4岁的孩子中进行的研究。他们每个人都收到一颗棉花糖，可以马上吃掉，或者等15分钟，再得到第二颗棉花糖，在那时吃两颗。实验者一出门，有的孩子马上就把棉花糖吃下去了；有的则坐立不安、唱歌或自言自语；有的甚至捂住双眼不去看棉花糖，以便能获得接下来的奖赏。这个棉花糖测试明显比4岁时的IQ测试更好地预测了这群孩子到高中时的表现。那些对冲动控制力更好的孩子比控制力稍差的孩子有更高的SAT得分。他们能更好地适应社会，顺利地与同龄人交往而且与成人互动更理性。这项实验说明了情绪调控（集中注意力、延迟满足和在一个团队里工作的能力）的重要性。如果没有成熟的情感能力，再聪明也很难获得成功。

情感和智力一样，都是大脑功能的一部分。我们的情感和社交生活受一种被称为边缘系统的神经元结构控制。正如大脑其他部位一样，大脑边缘系统的塑造，受先天和后天两个方面影响。每一个孩子出生时都有着自己独特的感情，我们称之为"气质"。但是这个天生的倾向会受孩子成长的环境影响，包括父母、兄弟姐妹、同龄人和其他看护人，以及他们经历过的温暖或粗暴、接纳或批评、关注或忽略、约束或放纵，也受他们周围人的情感表现和社会互动的影响。由于基因和经验的混合影响，边缘系统会形成一个独特的性格，这也是每位父母会思考的问题：不知道自己的孩子长大后会是什么样的人。

神经科学家最近在大脑怎样形成情感，以及与情感有关的神经回路是如何影响沟通、智力、决策以及身体健康等各个方面有了很大突破。基于他们的研究，我们可以揭开婴儿情感世界的神秘面纱，了解在边缘系统发育的关键时间里怎样更好地培养孩子。

情感原理

边缘系统（The limbic system）这个词源于拉丁语中"边界"（border）一词，它是我们丰富情感的源泉（包括长期记忆的能力，见第13章）。边缘系统的结构多样，坐落于大脑皮层和脑干交界处。如果我们考虑情感的两个层面，这个位置很合理。低级边缘结构——位于大脑皮层外的部位——给我们原始、自发的情绪表现，包括在我们经历激动、害怕、兴高采烈或恐惧时的肾上腺素升高、心跳加快、双膝发软等身体反应。这些反应是本能的，是神经系统的固有功能，因而具有普遍性。世界各地的人面部表情基本都一样，比如恐惧时扭曲的表情或迎接他人时的微笑，我们甚至与狗和猴子之类的哺乳动物部分表情相同。这些都在比较低级的神经系统完成，它们会在婴儿早期生活中自动呈现。

低级边缘系统掌握身体的情绪表现，高级边缘系统掌握有意识情感表现。无论是琐碎的还是崇高的，情感会占用我们很大一部分意识，因为有很大一部分大脑皮层参与这些情感的产生。这些区域，统称为边缘皮层，包括额叶、顶叶和颞叶中心部分的一圈脑回。正是这片皮层让我们意识到自己的感觉，也是这里让我们对情绪有一定控制力。所以，低级边缘系统通过最原始的形式来表达情绪，而边缘皮层会通过个体经历的不同文化氛围和受教育程度来调节这些情感。和大部分脑功能一样，婴儿的情感生活还要走很长的道路才能发育完全。

杏仁核：情感大脑的守门人　在边缘系统中心，在两侧大脑的皮层和皮层下结构交界处，有两个杏仁状的结构叫作杏仁核（见图12.1）。每个半球都有一个杏仁核，坐落于颞叶前方最内侧。虽然周围都是皮层，但杏仁核并不是皮层结构，它是从大脑更古老的部位分化来的较原始结构，比多层细胞构筑的大脑皮层发育要早得多。

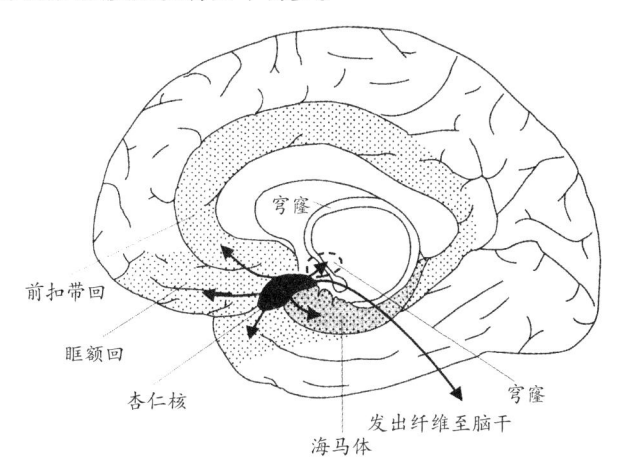

图12.1　边缘系统的结构。阴影部分为大脑皮层中的边缘系统区域。杏仁核与高级和低级的边缘系统均有广泛的联系。

杏仁核损伤的患者会在情感和社交反应上有极大的变化，他们对他人和自己的情感视而不见。正如一个神经学家描述病人："如果有人用枪抵着他的脑袋，他理智上认为这很危险，但并不会像你我一样感到害怕"。无法理解他人的情感让这些患者与家人、朋友或同事无法正常交往。杏仁核损伤或功能障碍是现在对自闭症（早在婴儿期就能表现出来的社交能力重度缺陷）最有可能的解释。

杏仁核刚好位于大脑皮层和多个皮层下结构之间，可以追踪到正在进行中的神经活动，并在某些重要情感事件发生时及时对上层和下层大脑发出信号。它包括很多皮层区域，可以接收各种感觉信息，可以被各种事件激发，无论是真实的还是想象的——迎面开过来的车、婴儿的啼哭声或突然想起的截止时间。尤其在恐惧时会被极大地激发，在整个边缘系统产生一个快速、大范围的应答。例如，当我们看见一辆迎面而来的车时，杏仁核首先激活下丘脑——大脑中分泌激素控制诸多身体基本活动的脑区，分泌一连串激素，最终形成急性应激反应（见第80页）：我们的心率会加快、血压会升高、瞳孔扩大外加皮肤变得苍白和冒冷汗。杏仁核也与控制运动反射的基底神经节和脑干核团相连：我们会马上踩刹车并且出现恐惧的表情。你可能还会无意识地尖叫，因为杏仁核与中央灰质（一个主导非自主发声的脑干区域）也有联系。最后，杏仁核会激活重要的脑核，释放去甲肾上腺素、多巴胺和乙酰胆碱等神经递质（这些激素会让感官敏锐并让我们精神亢奋）。

边缘皮层：产生感觉的地方　杏仁核可以产生情绪，但大脑皮层才是我们真正感到高兴或悲伤、紧张或冷静、爱与恨的地方。情绪信息从杏仁核开始，传到皮层的大部分区域并在此转换为情感、动机或社交意识。尽管我们幻想存在纯理性，但这种广泛的分布展现了情感在影响思想的方方面面。它甚至会扭曲视觉感知这样简单的过程，制定计划和做决定等复杂活动也不例外。没有情感，我们无法欣赏艺术，无法保持长久的友谊，甚至无法决定在超市应该买哪盒麦片。

大部分皮层都受情感影响，但有两块区域尤为明显，也就是眶额回和前扣带回（见图12.1）。这两个区域位于额叶的中下部，眶额回紧靠底部，就在眼窝上面。前扣带回位于背面，在额叶弯曲的最深处。杏仁核通过它们将低级结构产生的情感状态传输到意识中。杏仁核损伤或任意一个额叶结构的损伤都会改变一个人的情感反应和社交表现，让人觉得他完全变了一个人。眶额回的损伤尤其会影响社交判断；这些患者会变得冲动和无礼，并且失去一般人的自制力。前扣带回前回的损伤会抑制动力；一个很有野心的人会因此变得平静、冷淡或懒散。（一种让人变得沉默的手术就是损毁额叶的中部，被称为额叶白质切断术，被用于根治一部分精神性疾病，幸运的是这种方法从20世纪50年代起就很少用了。）

杏仁核向额叶皮层的信息传递很重要，与之一样重要的是皮层的信息反馈。大脑纤维会对杏仁核和其他皮层下边缘结构进行信息反馈，抑制一部分低级边缘活动。这也是我们控制情绪的方法。它会阻断一些能破坏我们周围人际关系的本能反应，如恐惧、愤怒、嫉妒或贪婪。正是这种负面情绪的反馈让那些孩子忍耐，在实验者们回来之前不吃掉棉花糖，或是在做完作业前不看电视。这里面包含了取得社会成功必要的自制力，这部分系统是发育成熟最慢的系统之一。

情感大脑的左右不对称　在对情感的分析中还有一个有趣的发现：像大部分神经功能一样，左右两个大脑半球的情感处理是不对称的。一般来说，右脑的情感处理更重要。右脑比左脑的边缘系统结构有更高的基础代谢率，而且右脑损伤更容易带来情感缺陷。右脑还会对善于分析的左脑给予一些很有意思的"支援"。例如，我们理解和说出语言是左脑完成的，但右脑会帮我们理解其中的情感。因为区域功能不同，右脑中风的患者即便仍然会说话，但没有任何语调和情感，无法理解他人的面部表情，或者无法欣赏一首动听的音乐。右脑还控制着左边肢体的感觉和运动技能，我们的左耳能更好地听出语言中的情感，而且左半边脸表情更丰富。

大脑额叶中也存在这种不对称，右侧眶额回明显比左侧大，但这并不意味着左侧缺乏感觉。两侧在人际交流和情感生活中同等重要，只不过扮演了相反的角色。举个简单的例子，左内侧额叶皮层是我们感觉快乐的部位，而右边是我们感觉痛苦的部位。通常情况下，两边相互制约，某些时候痛苦或快乐一边会完全掌控我们的情绪。左额叶损伤的患者会变得非常失落和忧虑，而右侧损伤的会莫名其妙地高兴，他们并不知道自己大脑的功能紊乱。在健康人中，不同的活动左右额叶强度也许能解释一些基本性格的不同，比如一些人总是很消极，而另一些人积极向上。这个不平衡也会在人际关系中显现出来，左撇子会相对更害羞、更内向，右撇子相对开朗、更有进取心。在我们慢慢深入了解婴儿性格之后，会发现这种差异可能很早就会显现出来，而且很大程度上是基因控制的，但后天的生活经历会帮助我们平衡这种左右的差异。

考虑到左右脑两边功能的不同，两者发育就不同步。整个童年，两侧大脑的快速发育会交替进行，每侧都有发育程度超过对侧的时候。对于大脑整体而言，这个循环需要好几年，但我怀疑额叶区域的这种交替更加频繁——也许只有几周或几个月。这可以解释为何一个3岁的孩子在一周前表现非常完美，而现在却不可理喻！

情感大脑的发育

和大部分脑发育一样，边缘系统的发育顺序是从下到上的。出生前，一半的情感大脑已经出现，也就是低级边缘系统。尤其是杏仁核，在孕期结束时就基本上发育完全，而且与下丘脑和脑干部分的联系已经完全建立。这些回路的早期成熟，也就意味着再小的婴儿也会有某种情绪化验；当面临痛苦、愉快或惊讶的刺激时，他们也会经历与成人相同的生理变化，如呼吸、心率、循环、瞳孔、运动变化等，并且与你我一样产生相应的面部表情。

但这并不意味着婴儿能像成人或较大的儿童那样体会情感。有情感意识需要边缘皮层发挥作用，这一高级结构需要很长时间发育。眶额回的发育较为缓慢，因为它位于比较先进的前额叶区域。前额叶的神经元在出生时非常不成熟，要花大概两年时间才能完全伸展树突，达到预定突触密度。出生后前额叶有很小的电信号活动，但大脑情感中心直到6～8个月后才开始工作。再过6个月，眶额回开始逐步掌控孩子的情感，孩子可以真正感受到一些情感，而且对低级边缘系统施加控制。两岁左右，前额叶皮层的细胞（包括眶额回处）进入一段很长的突触精简期，一直持续到青春期。这段长时间的精简（毫无疑问会受环境和外界的影响），正是"成熟"之前必经的历程。

尤其值得注意的是边缘系统极其缓慢的髓鞘化过程。出生9个月前，连接额叶边缘区域与颞叶的主要纤维束基本上没有什么髓鞘。边缘皮层内的纤维髓鞘化也很慢。其中最慢的要属传输信号到海马体（一个位于颞叶皮层下的结构）的几束纤维。这一点解释了为什么我们在婴儿期，即便有很大的情绪冲击发生，也很难形成记忆。

也许父母在知道宝宝在对滑稽动作傻笑时并不能真正感到高兴后，会觉得失望，但好消息是，他们也不知道我们怎样把他们弄哭。虽然宝宝在这些情况下会很兴奋，但他们确实不会受伤，也不会记得。只要我们倾注大量的爱，总体来说还是会对他们的边缘系统发育起积极作用。

情感和记忆 边缘系统并不是只管情感，很多边缘结构在记忆储存方面也扮演着重要的角色。这种解剖学上的联系也解释了为什么情感与记忆在心理学上是密切相关的：我们更容易记住有强烈情感反应的事件；强烈的情感帮助生动回想起那些平时不容易记起的事件。

然而，婴儿并不能形成有意识的、长久的记忆，具体原因会在下一章讨论。婴儿可以形成较简单的记忆，比如认出熟悉的脸，意识到如果自己哭就能引起关注，或与特定的人、物、场所形成一定情感联系。这些记忆或习惯的行为模式储存在较低级的大脑结构中，经历一次还不能形成记忆，需要多次反复刺激才能留下印象。

这种反复说明了为什么婴儿对重复持久的照顾有良好的反应。通过反复的经历，婴儿意识到自己的需求会被满足、自己可以掌控周围的环境，而变得有安全感。偶尔一次让孩子哭个 15～20 分钟不理睬，也不会对接受了许多爱与关怀的孩子造成太大影响。另一方面，如果给予的关怀是断断续续的，婴儿无法预测下一刻会发生什么，他就很难建立自信和精神上的安全感，这些对于婴儿心理的健康发展至关重要。如果婴儿受到虐待，情感和记忆之间的联系可能会非常具有破坏性。尽管孩子在意识层面上记不住任何东西，但他的低级边缘系统（尤其是杏仁核）会将特定的人或场景与特定的情感状态（如恐惧和痛苦）紧密相连，这些联系无法抹去。

前 6 个月边缘系统的发育

婴儿前 6 个月的情感主要由低级边缘系统控制，婴儿生来就拥有一套本能的情绪表达方式，也对他人情绪有本能的理解。虽然边缘皮层没有发育完全，但婴儿有着丰富的情感生活。毕竟，他们大部分的行为就是想满足某种需求，而情感的作用也是驱动大脑其他部分寻找食物、保护和安抚。婴儿与人交流的渴望尤为强烈，而这些渴望的满足几乎完全依赖于他人。

新生儿的社会情感生活　仅仅出生后几分钟，纳塔莉已经是一个适应环境的交流者了。护士刚把她从妈妈伊娃的怀里抱出，她就开始大声啼哭，表情痛苦扭曲，下巴颤抖，那哭声好像是她费尽全身力气发出的一样。可怜的伊娃第一次当母亲，分娩的痛苦还没完全平复就感到了母性本能的焦虑。从此，母亲和女儿一生的交流就开始了。

出生时，婴儿的低级边缘系统就具备表达基本情绪的功能。纳塔莉的面部肌肉和运动回路基本建立，不久她就可以在适当情景下表现出高兴、悲伤、恐惧、恶心、兴趣、惊讶、愤怒。她的社会生活也早早开始了。纳塔莉的那些哭声明显对表达需求很有用。啼哭本身不需要脑干以上的回路参与（无脑儿也会啼哭），但正常的婴儿会发出几种不同的啼哭声：饥饿是有节奏和反复的，生气是大声而长时间的，而痛苦是突然爆发并带有吸气的停顿。发出这些特殊的哭声就需要杏仁核、下丘脑和其他边缘系统结构的参与。

刚出生不久的婴儿也能识别他人的情绪。婴儿的感觉虽然微弱但已经可以感受他人的情绪；纳塔莉的视线转向周围人的面庞，而听觉也会在人发声的频段内变得灵敏。出生后几天内，她就能通过视觉、听觉尤其是熟悉的、安抚性的气味分辨出伊娃。这种感觉启动让纳塔莉将更多的注意放在父母身上，而父母对她来说是世界上最重要的人，因为他们不光养育、保护她，还教会她一生都适用的情感技巧。

确实，情感的学习一出生就开始了，首先是以模仿的形式。刚出生几个小时婴儿就已经能模仿一些面部表情和手部动作。一项研究指出，新生儿可以模仿抱着他们的演员做出的各种表情，包括高兴、悲伤和惊讶。虽然并不是每次都会模仿，但他们倾向于别人高兴时跟着咧嘴，悲伤时跟着噘嘴，而惊讶时跟着张大嘴巴。

新生儿能模仿不同的面部表情，说明他们可以分辨不同的表情，如果考虑到他们那微弱的视觉，这种能力就更值得称赞了。这也说明，即便刚出生不久，情感交流也是双向的。在潜意识中，婴儿也可以感受到外人对他们的关心。

模仿的重要性在于它是共情的基础，而共情就是感受他人所感。尽管真正的共情需要在意识水平上认识他人情感，出生后几个月或几年后才出现，但新生儿貌似对这项技能有初步了解，因为他们听到其他婴儿啼哭后也会放声大哭。这样看来，我们一出生就可以把他人的情绪传入低级边缘系统并产生自己的情绪。（患有自闭症的孩子的边缘系统有缺陷，这就会使他们在模仿方面也存在巨大缺陷。）

纳塔莉的表情和与人互动都反映出她很擅长外在表现。但她内心是否真正感受到了情绪？这些情绪有没有进入她的高级边缘系统？一个课题团队想通过检测刚出生 2~3 天婴儿的额叶活动来研究这一问题。他们给每个婴儿一小份糖水或醋来引出正面或负面情绪。喝糖水的婴儿表情放松，而醋则使婴儿出现厌恶的表情。虽然存在着这些面部表情的变化，但大脑检测显示新生儿高级边缘系统几乎没有活动。婴儿的额叶活动中表现出一定不对称性，左脑被糖水激活，但右脑对醋并没有反应，这些活动也不像成人一样局限在额叶区域内。似乎已经有一些情感信息传入了婴儿大脑的边缘皮层，但想要体会真正的心情起伏还有很长一段路要走。

社会性微笑 纳塔莉的第一个情感发育里程碑出现在出生后 6 周左右，她开始对周围人微笑。一出生她就会有短暂的咧嘴动作，但那些表情大多是随机的脑干神经回路自发放电，与情感状态无关。胎儿从 30 周左右就开始自发地微笑，在睡眠中最明显，这主要是因为控制脸部肌肉运动的神经元与脑干负责快速眼动睡眠的区域毗邻。

但现在纳塔莉会以微笑应对一些事物，比如妈妈的声音、爸爸的眼神以及姨妈的温柔抚摸，大家都很喜欢逗她开心。很多父母在这个年龄段时都会开始感觉到对孩子的深爱。

社会性微笑也许是发育中最普遍的里程碑。不同文化背景下的婴儿都在出生后 4~8 周开始微笑，而早产儿会在原来预产期之后的 6 周左右开始微笑。针对双胞胎的研究发现，婴儿之间的差异主要还是天生的。即便失明的婴儿，在这个年龄段听到或触到他人时也会微笑，这种发展的确是一种本能。

为什么婴儿都在出生后两个月左右会微笑呢？一种理论认为，这是由于基底神经节的髓鞘化。我们或许还能回想起，髓鞘对运动系统至关重要。动物实验显示，一些基底神经节负责一些特定的行为表现：交流地位信息、挑战、竞争、结盟以及求偶。微笑在人类中有类似的作用，是一个通用的打招呼方式，而且大概也是由同样的基底神经节激活。这些结构的髓鞘化在出生时就开始了，且在第一周快速进行。

哪些东西不会触发微笑？这个问题也很有趣。微笑，像前一章讨论的所有运动发展里程碑一样，是一种动作，却不能促进运动皮层的成熟，因为微笑并不是自主的。我们可以让自己的面部展现微笑，但这种出于礼貌的微笑仅仅动用了嘴部肌肉。然而，真正的微笑需要动用眼轮匝肌，而这个肌肉的运动是完全非自主的。我们从大脑受损的患者了解到，眼轮匝肌是单独由边缘系统控制的。运动皮层损害的患者并不能故意微笑，但有趣的事物却能让他们自发微笑。另一方面，边缘系统损害的患者，可以自主咧嘴，但不能微笑，即便他真的想笑。基底神经节比运动皮层成熟得早，所以我们确信孩子的第一次社会性微笑是自发的而非刻意的。

牙牙学语　我们的第一个孩子朱莉娅，正是用微笑抓住了我们的心。第二个孩子萨米的牙牙学语让我们喜欢上了他。萨米在 8 周大的时候会突然看着我们，斜着头，扬起眉毛，开始发出长长的"啊"音。他的声音起起落落，舌头在嘴中来回摆动，感受不同的发音方式。他看起来非常渴望"说话"，我会以各种回应鼓励他。

继微笑之后，婴儿下一个重要的发展里程碑是强烈的交流意愿。研究员用"前言语"来描述 6 周到 4 个月婴儿与他人面对面的语音互动。他们腔调各异的牙牙学语声经常伴随着手和手指的动作，以及微笑和兴奋的面部表情，只要跟婴儿交流的人一直在视野内，他会一直保持这个状态。

对话需要两个人才能完成，父母貌似本能地知道怎样与孩子交流。研究显示，他们会很自然地轮流说话。母亲会先听宝宝的言语，表现出惊奇、赞同以及称赞，然后在宝宝停顿时做出回应，这样也不打断宝宝的言语。母亲也会做出大量的模仿，主要是与宝宝的面部表情、手势以及他们"言语"的步调保持一致。这样的模仿也是一种情感交流，帮助宝宝形成对自己动作和表情的意识。（父亲肯定也可以，但还没有相关的研究。）这些对话虽然也影响语言掌握，但基本上是情感交流，主要由大脑的情感中枢激发。

这些前语言的出现反映了前扣带回活动的开始。这片脑回可以激发情感性发声，像人们在厌恶、愤怒、温柔或欢呼时的发出的各种声音。虽然前扣带回在出生时不如边缘系统成熟，但比起眶额皮层要成熟得多。扣带束是前扣带回的主要传出通路，直到出生后第7周左右才开始形成髓鞘，而且速度很慢，需要近一年才能完成。我们并不确定为什么3~4个月后，这类对话会慢慢减少，可能是因为负责语言的大脑皮层的活动增加。

6~18个月：依恋、抑制和情感意识

尽管刚出生的宝宝与外界有一定的交流，但6个月大时，高级边缘系统开始发挥作用，宝宝的情感生活有了巨大的飞跃。我们在萨米7个月大时发现了他的这种改变，那时他变得很有趣。那些令人烦躁的日子过去了，他对每一个细小的注视都会回报一个大大的微笑。他开始像一个真正的家庭成员：开心地抱着姐姐的积木，在餐桌边兴奋地乱跳，细心感受着每一个人的动向，尤其是我的动向。

婴儿的交流和情感生活从出生后第12个月开始呈现，此时额叶开始工作。我们从PET扫描中了解到：在出生后第8个月第一次检测到额叶中部的眶额回处的代谢活动，4岁左右逐渐稳定。这片区域活动度的增高意味着同时期内额叶神经元轴突和突触的大量生长。很多边缘回路在此时也开始了漫长的髓鞘化过程，可能会花好几年时间。

这些成熟意味着6~12个月时，情感信息终于开始从低级边缘系统向上传输，慢慢成为宝宝意识的一部分。我们从脑电图中可以看出，虽然新生儿的额叶对情感刺激只有微弱反应，但10个月大的杰西，已经可以产生成熟的电信号。看搞笑录像这种愉悦刺激，会优先激活左额叶；而看同一个人哭泣则会激活右脑。

一旦高级边缘中枢参与进来，宝宝的情感和社交互动就真正开始了，这也是他们真正感受到与表情相对应的情感的时候。额叶的参与也意味着宝宝终于开始理解自己的情感，理解自己所处的环境，并运用这些知识。例如杰西非常擅长吸引妈妈的注意力，并能准确表达自己的感受，无论是累了，还是饿了，或者是因为够不到桌上的盐和胡椒调料瓶而不满。吃零食的时候，他不光自己享受，还会给妈妈桑迪分一些，仿佛终于明白妈妈也很喜欢吃。杰西甚至表现出了初级的行为抑制，能控制自己的情感和行为。正是这个抑制作用让他在摇篮中安静下来，并且可以听从警告不再往外面爬。6~12个月的孩子逐渐有了自控力和自我意识，就像杰西和萨米，这会给家长带来许多欢乐。

依恋和怕生　在婴儿社交以及情感的发展过程中，依恋的产生是最重要的环节，宝宝与最初的看护人形成有力的情感纽带，那个人通常是母亲。（无论是谁，只要给婴儿提供持续的照顾，能满足婴儿身体上和情感上的需求，就会成为宝宝最初的依恋对象。如果母亲亲自照看，她在这方面最有优势。婴儿一样可以依恋父亲或祖母，只要他们能担任这个角色。此外，婴儿看起来像是天生只对个别人形成最初的依恋，但他们可以同时与其他家庭成员或看护人形成纽带。只是他们更喜欢母亲，尤其是面对陌生或痛苦的环境时，这一直会持续到至少18个月。）虽然父母在刚出生几天或几周内就可以与宝宝建立纽带，但宝宝的边缘系统还不成熟，他们与父母建立联系的过程要慢得多。一旦纳塔莉的额叶开始工作，她将感受到真正的依恋，并对妈妈——那个一直喂她、为她换尿布、安抚她、抱着她的人，产生真正的爱意。

8个月的纳塔莉，似乎总是黏着伊娃不放。当伊娃每次进入房间时，纳塔莉都会期待地伸出头或露出迷人的微笑。现在纳塔莉依靠自己的交流能力（包括啼哭、微笑和咿呀声）让伊娃陪伴身旁，不久后她就会爬着追伊娃，而伊娃也乐此不疲。

伊娃非常喜欢这些，但这样也会有一定问题。这意味着平时的分别，会让双方极度痛苦。每天把纳塔莉放到托儿所后，伊娃就会感到不安，工作时仿佛都能看到女儿的眼泪和不满。纳塔莉也开始认生——恐惧陌生人，即便是对超市里一位想逗她笑的友善老太太。纳塔莉可以开始意识到自己喜欢的人，也开始对没见过的人产生警惕。她甚至会因为这位善意的老太太接近而大声哭起来。

大部分心理学家认为依恋的产生是一个人情感发育的重要事件，是孩子的安全感、自尊、自制力以及社交能力的最初来源。通过这种神奇而亲密的关系，婴儿学会了辨别自己的感情，以及体会他人的感情。如果这种关系是健康的，像纳塔莉和伊娃那样，纳塔莉就会有被爱和被接纳的感觉，并开始学会依恋和共情的价值。同时，这样的关系不可避免地会给她一些打击、冲突和羞耻，这是情感教育必不可少的一部分。快一岁时，宝宝开始认真地探索外界，依恋会从一个重要的方面完善他们的独立发展。伊娃成了纳塔莉的情感港湾，让她既可以尝试探索这个大千世界，可以随时回到温暖安全的怀抱。而伊娃也开始对一些危险的尝试做严格的规定。

依恋和对外界的恐惧是人类社会的普遍现象。无论宝宝是在美国郊区、以色列集体农场、危地马拉偏远地区，还是在非洲原始部落，全世界的婴儿都在 6~8 个月出现依恋和对外界的恐惧，这种现象随着年龄增长而增强。即便是每天与母亲分离 8 个小时待在托儿所中的婴儿，在这一年龄段也会表现出这种特质。而我们在下文会看到，双薪家庭婴儿的依恋质量存在争议。依恋这种情感就好像预装在边缘系统中的程序一样，只有那些被遗弃的孩子才没有这种情感，当然，那些由于边缘系统障碍（比如自闭症）无法与其他人沟通的孩子也不例外。

人类的这种依恋与其他动物的本能有很多相似之处。小鸭子孵出蛋壳之后会把第一眼看见的生物当作父母并紧跟其后。小猴子在出生后就会抓着母亲不放，母亲放下它们时就会大声啼哭，这些行为是为了让母亲留在身边，并形成一个对小猴子情感健康和社交发育必要的纽带关系。所以，依恋行为在脊椎动物进化过程中是有迹可循的，这一行为深深地根植于我们的基因中。

如果依恋如此重要，为什么婴儿在出生半年后才开始与父母建立这种联系？纳塔莉为什么不像小鸭子那样，在一出生最脆弱的时候立马黏住伊娃，这样不是更好？看看不同的物种，你会发现依恋行为建立的时间都与一个特定发育里程碑有联系，那就是独立运动的开始。不同物种的幼崽，都在行走之后才开始有依恋行为。按照这个逻辑，婴儿在会爬之前并没有依恋的必要。

然而，婴儿在依恋产生之前有其他方式确保看护人待在身边。哭、咿呀乱语以及微笑都是婴儿用来表达他们的需求、想与看护人亲近的方式，他们能很精明地辨认自己的母亲。我们已经知道，婴儿在出生几天后就能分辨出母亲的声音、面容以及气味，而且很快就会认识家里其他人。这些能力让婴儿的感知集中在最初的看护人身上，并为接下来的依恋做好准备，但不会积累为将来的联系。实际上，刚出生的婴儿对任何接近行为都有积极反应，即便是陌生人。到 5 个月大时，他们会因为母亲离开房间而变得烦躁，但可以被其他人安抚。

依恋这么晚才出现的一个可能原因，就是额叶发育缓慢。依恋与另一个高级认知行为——意识到物体恒常性相关联，就是物体或人在看不见时依旧存在。如果我们不能在一段时间内记住人或物，那么我们也不可能对其产生依恋。这个短期记忆需另一片额叶皮层的工作，而这片区域也是在 12 个月大时开始发育（见第 15 章）。

关于依恋出现是基于额叶发育这一观点最好的证据，就是婴儿脑活动的测量。10 个月大的杰西感到愉悦时，她的大脑左侧额叶会有很强的活动，看到桑迪向她靠近的身影，会让她的左额叶皮层兴奋。但不幸的是，今晚可没有一直开心。桑迪因外出把她交给我时，杰西的右额叶电活动一下子爆发出来。脑电图记录的数据指出只有在婴儿的额叶足够成熟后，他们才会有依恋行为，这时他们真正能因看护人在身边感到高兴，因陌生人在场而感到痛苦。

关于依恋与陌生人焦虑的脑电图提示了一个有趣的现象。10 个月大的孩子偶尔还是会对陌生人露出一抹微笑。然而，研究人员发现这不是由边缘系统发出的微笑，这些微笑并不会使眼轮匝肌运动，也不会伴有左额叶的活动。所以在这个年龄段，杰西也可以露出这种不真诚、出于"礼貌"的微笑，掩盖他在陌生人面前的不安和警惕。相反，真正愉悦的微笑是给她最喜欢的人们留着的，尤其是爸爸和妈妈，只有这两个人才能激活左侧额叶的活动。

妈妈工作对宝宝情感发育的影响

如果婴儿生来就会随着额叶的成熟对他们的最初看护人产生依恋，那么他们清醒时，长时间与父母分离会造成什么影响？难道会无法产生对将来心理健康很重要的原始人际联系吗？目前大部分母亲在孩子出生第一年中都会回归工作岗位。有人开始详细地调查这个问题，我们养育的这一代是否会面临很大的行为问题风险？对托儿所和保姆的质疑仅仅是强加于工作母亲的枷锁，只是为了让她们感到内疚？

好消息是，无论母亲的工作情况怎样，大部分婴儿都会与自己母亲培养出很好的感情。依恋是一个强大的本能，一旦婴儿形成了必要的神经基础，有工作的父母在工作以外花大量时间与孩子相处，就可以保证让工作的母亲每天有足够时间（包括晚上、周末、节假日和产假）成为孩子生命中最持久、最关心和最爱他的看护人。如果孩子对其他看护人产生依恋，而她/他是一个沉稳、负责、有爱心的人，那么对小孩来说也不是一件坏事。孩子们在一岁以内可以对好几名成人产生依恋，只要这些关系是安全和健康的，就会有积极影响。

尽管依恋不存在争论，但仍有许多关于母亲工作的孩子的依恋质量问题的争辩。研究人员根据婴儿在陌生情境中对母亲的反应，将婴儿分成几类。这个实验把12～18个月大的婴儿置于实验活动室，进行20分钟的评估。过程中，母亲和一名友善的陌生女人来回走动8次。根据孩子与母亲再会时的表现评估依恋的质量。那些能寻找自己母亲（尤其在痛苦时）、极力反对她的离去、在母亲归来时得到极大安慰的婴儿会被评为"安全型依恋"。而那些避免与母亲亲近和接触，甚至在母亲归来后哭得更凶的婴儿被评为"不安全型依恋"。

以这项测试作为评估标准，在20世纪80年代的好几个研究中，都得出了工作母亲的孩子比非工作母亲的孩子更难形成"安全型依恋"的结论。

数据各有不同，其中一项显示，在第一年经常接受母亲以外的人看护的婴儿有37%是不安全型依恋，而母亲看护的只占29%。这个差异很小，但也有意义，因为大部分发展学家认为依恋在未来的情绪调节中非常重要。但一些批评者认为这些发现实际上没有意义，因为陌生情境法是20世纪60年代为母亲不工作的孩子设计的，对母亲工作的孩子可能无效：他们已经对与母亲分开习以为常，在陌生情境就不会那么沮丧。

于是，研究者又开始在孩子的其他行为表现中寻找母亲是否工作的影响，结果更是五花八门。一部分研究结果让人担忧，那些从一岁就开始接受其他人看护的孩子，会更具攻击性、不太听话、在学前班和小学与老师和同龄人相处不融洽，而另一些研究结论不同。有报告显示，那些在小组看护（家庭或育儿中心形式的托儿所）中待过的婴儿会有明显优势：能更好地与他人交流、更好地合作玩耍，并且在同龄人中比在家长大的孩子更受欢迎。

考虑到所有的争论以及该问题的重要性，美国国家儿童健康与人类发展研究所（National Institute of Child Health and Human Development，NICHD）在1991年启动了一项大型的全国性研究项目。15个州参与其中，1300多名来自各民族和社会阶层的孩子，从出生开始接受这项关于早期托儿所对孩子情感和认知发育影响的长期研究。除了有庞大的样本，这项研究还有两项值得注意的特点：一是该研究不光考虑孩子是否有其他人照顾，还考虑到照顾的质量和数量，众所周知，这也会影响到孩子们的情感发育。二是它控制了选择效应的影响。选择效应就是工作母亲与非工作母亲其他方面的不同（包括性格、育儿方式、教育和配偶的支持等），对孩子们发展造成的影响。选择效应在家庭层面上也存在，所以说这项研究也尝试控制因家庭收入、教育、育儿方式以及其他类似因素对儿童看护质量造成的差异。

目前为止的主要发现都是鼓励早期儿童看护的。在各个分析中，家庭因素比托儿所因素对孩子们依恋的最终形成作用更大。所以，与之前的研究相反，15个月大的婴儿无论日常看护方式如何（不论是只有母亲照看、父亲照看、保姆照看，还是家庭式或育儿中心式托儿所），都会与母亲形成同样紧密的依恋关系。而真正决定依恋紧密度的，还是妈妈对宝宝需求的敏感性。换句话说，无论母亲工作与否，如果她们不够敏感，就不会与婴儿形成紧密的依恋。

对 2～3 岁幼儿的研究也有类似结论。决定幼儿是否会出现行为问题的因素，大部分都与家庭有关，尤其是母亲的心理调节和敏感性。这项研究发现："与之前的研究相反，几乎没有找到关于早期、大量、持续的其他人照顾与孩子行为异常相关的证据。"尽管其他人照顾本质上只有很小的影响，但是这些照顾的质量却会影响幼儿的行为表现。孩子接受小组看护，并且看护人－儿童数量比更高，看护人更积极、更负责，会比处于很差育儿环境中的孩子有更好社交能力、更听话。

最新的研究发现，如果母亲在孩子一岁时返回工作岗位，不会影响孩子的情感。在大部分情况下，工作父母对孩子发育的影响与非工作父母差不多。但这些数据也提出一些重要的警示，一方面是 NICHD 的研究依然在进行中，一些儿童看护的负面影响可能会在学龄前或童年中期出现。另一个结论是，虽然儿童看护对孩子的情感调节只有很小的影响，但可能会与糟糕的育儿方式相互作用，加大孩子面临严重情感问题的风险。例如，NICHD 研究发现不安全型依恋更可能在那些母亲不敏感并且长期处于低品质托儿所的孩子中出现。另一个值得注意的是其他人照顾对男孩和女孩影响不同。好几个研究，包括 NICHD 的研究都发现：母亲在孩子幼时工作，对女孩情商发育有益，而对男孩有害。关于为什么男孩更脆弱，有各种各样的推测（包括成熟度更低，其他人看护注意较少，或是工作母亲比不工作的传统母亲对儿子的疼爱更少）。这项发现有助于人们更明智地考虑给男宝宝找看护的问题。

尽管有很多分歧，但有一点是所有研究人员都赞同的，那就是托儿所质量的重要性。高质量的照顾可以保障孩子们的情感健康，改善他们社交能力，特别是促进他们的认知发育（见第 17 章）。根据最新的一项评估，美国大部分入托的孩子都达不到这个标准。大部分托儿所，都是孩子多、看护人少、环境沉闷、缺少有利于儿童发育的玩具、语言刺激不足、看护训练不恰当、看护人更换频繁，这些都会给婴幼儿带来情感不稳定。父母显然应该在选择托儿所时更谨慎一些，而社会应该努力提高托儿所质量标准。在欧洲已经证实：高质量的日常看护对孩子的情感与认知发育有很大益处。

应激、依恋和脑部发育

依恋与大脑发育之间的关系是双向的，正如额叶的成熟是依恋的重要先决条件，宝宝与看护人之间稳定、牢靠的关系对大脑正常发育很重要，尤其是对边缘系统的健康发育。

在这个情况下，应激是重要的一环。一项关于身体生长发育的证据证实应激激素水平升高危害大脑，尤其是边缘系统器官（如海马体、扣带回和杏仁核等）。在成熟大鼠中，大量的应激激素使海马体神经元更脆弱、更易损伤。人类也会表现出这样的脆弱性，这一发现主要来自对抑郁症患者或外伤后激素紊乱患者（他们的应激激素皮质醇会升高）的观察。一项研究还发现，一岁的婴儿如果皮质醇水平升高，海马体发出的电信号会受到抑制，婴儿的大脑在压力的影响下可能也同样脆弱。

虽然婴儿无法表达，但幼年生活确实非常紧张。新生儿的皮质醇特别容易升高，甚至像脱衣和称重这些看似影响很小的行为都会引起其大幅升高。幸运的是，他们的应激反馈系统很快会成熟，而这与有一个良好的看护人关系很大。例如大鼠幼崽的应激系统在其出生后4～14天经历一段很难激活的阶段，而这是接触母体的结果。猴的幼崽只要与它们的母亲或一名敏感的代看护人接触，就会在皮质醇大幅度升高的过程中出现一个平台期。

婴儿在出生两个月后应激反应会稳定地降低；到15个月大，他们的皮质醇水平都不会因为接种疫苗而升高（但这并不意味着他们不会哭：啼哭与皮质醇水平并不总是相关）。正如小鼠和猴，依恋似乎能调控应激系统，安全型依恋的婴儿，在面对陌生或恐惧事件（像接近的小丑）时，比不安全型依恋婴儿的应激激素升高水平要低。幸运的是，母亲并不是唯一能为婴儿提供这种缓冲的人。有陌生保姆参与的一项研究发现，只要看护人友善、爱玩耍并且敏感，婴儿即便是第一次与她相处，皮质醇也不会升高太明显。但是如果看护人冷淡、疏远，又不热心，那么婴儿的皮质醇的确会明显升高。（同样，婴儿在与母亲分离时，不适和啼哭程度与皮质醇水平没有多少联系。）我们又一次发现，托儿所的质量（以及亲子教育的质量）是保证婴儿大脑和情感发育的关键因素。

男孩和女孩的社交和情商发育有差异

拿这个问题问任何一对有儿有女的父母，你一定会得到一长串关于男女先天差异的回答。男性与女性存在差异，尤其是在情感模式和待人接物上，这几乎没有争议。女性会更明显地表露自己的情感，包括在语言和表情上，而且能更敏锐地通过他人的面部表情和行为察觉情感，所以说她们更感性。而男人虽然看起来缺乏感性，但实际上情感的生理表现更多，比如出汗和心率改变，而且更强烈地表达攻击性。像大部分性别效应一样，这种性别间差异与性别内差异相比小很多。换句话说，很多女性比男性更具有攻击性，而很多男性比女性更敏感。虽然如此，性别差异依然让我们觉得神奇，因为他们直捣先天/后天这一问题的核心。这样的情感差异是基因决定的吗？还是在社会化过程中习得的？

父母更倾向于男女天生有差异，大概很少有家长会承认自己养育男孩和女孩的方式不同。实际上，也确实有证据说明情绪差异是天生的，在出生几天之内就会有一些表现。例如，刚出生1～3天，女孩比男孩对外界交流刺激（如人的声音或脸庞）反应更强烈。她们会保持更久的眼神交流，更可能展现出第一种形式的共情——对其他婴儿的啼哭做出哭的回应。到了4岁左右，女孩能更好地辨认他人的面部表情，并且能真正感受到表情包含的情感。

虽然女婴有交流回应上的优势，但男婴感情更丰富。他们确实更烦人！新生男婴会扮更多鬼脸，更容易受到惊吓，更容易急躁，并且更难哄。情感不稳定性也能解释为什么男孩在母亲工作时，比女孩更容易形成不安全型依恋。

这些发现存在一个问题：观察者主观偏好的影响。例如，在一项研究中，评估人员在给男女婴儿面部表情评分时，就会受性别猜测的影响：穿着偏粉色系、名字女性化的孩子，更容易被描述为开心；而穿着偏蓝色系、名字男性化的孩子，更多会被描述为生气、悲伤或痛苦。

根据这个结论，父母对待男孩和女孩的态度有所不同就不奇怪了。例如，母亲会向女孩露出更多的微笑，而更留心儿子生气的表情。父亲则会更多地与儿子而不是女儿打闹。总的来说,父母双方都会对与自己性别相同的孩子给予更多的关注。这一早期分离现象促进了性别认同的进程,在出生后18~30个月,幼儿就能分辨出自己是男孩还是女孩。不久之后,他们会从同龄人、电视、广告等非常敏感地认识到文化对不同性别的行为要求。如对男孩来说,哭泣不可接受,但霸道是可以的;对于女孩来说,霸道不好,有教养、有爱心才是好的。

为什么即便是最"开明"的父母,在对待自己的儿子和女儿时也会男女有别呢?毋庸置疑,性别刻板印象负有一定责任。即便我们认为自己可以接受孩子的任何情感特点,但因为自己的文化观念会自然而然地期望男孩和女孩有所不同,双亲的这种期望伴随着孩子成长。但我们也应该意识到,双亲对待男孩、女孩态度的不同也受他们本身差异的影响。例如,母亲对女儿笑得更多是因为女孩更有反应并且闹得更少,而父亲与儿子玩耍更多也是因为男孩体格更健壮。换句话说,先天区别造成了不同的后天养育方式,这也使解开问题变得更困难。

一个更好的方法是直接研究一下大脑,特别是早期发育中的边缘系统,尝试理解情商性别差异的根本原因。近期PET研究证实,成人边缘系统功能存在性别差异;女性展现出了更强的眶额皮层静息活动,而男性大脑皮层边缘系统展现出了更多的不对称活动(右半球主导)。对婴儿不可能实施相同的PET实验。但研究揭示了两个关键边缘区域发育的性别差异,给男孩和女孩的边缘系统发育提供了一个直接的参照。

雄性猴的眶额叶回比雌性猴发育要早,通过幼猴在一项特殊任务——反向择物中的表现就可以判断这一点,而这一行为由该边缘系统区域负责。相对的,雌性猴的颞叶中部会更早成熟,这一区域包括杏仁核和海马体体,而它们的功能是通过另一项任务——同时辨别来评估。雄性眶额叶回的早熟和颞叶中部的晚熟都是因为睾酮的存在。雌幼猴在运用雄性激素处理后,与雄性猴表现一样。所以说,不同性别幼猴的边缘系统发育存在差异,而这种差异有激素基础,可能由遗传决定。

近期有证据显示,在人类发育中也存在这种性别差异。研究者让1岁到4岁半之间的孩子参加实验。像雌幼猴一样,女孩能比男孩更好地进行同时辨别任务:要求他们去学习几组不同的物品,辨别正确即可得到果脆圈；但女孩却在反向择物任务中不如男孩。尽管这些任务牵涉另一个边缘系统功能——记忆，多过情感进程，但还是支持了两性之间负责情商的脑区发育存在差别这一观点。

颞叶的早熟可以解释为什么女孩的社交能力更强，因为杏仁核以及其他颞叶结构主要任务是识别面部及情感表达。另一方面，男孩的眶额早熟可以解释为什么他们表达情感那么含蓄，眶额皮层的一项功能就是抑制低级边缘系统的活动。无论边缘系统与情感的关系是什么，父母是正确的，两性之间的情感差异确实与生俱来。虽然社会有一定影响，但这也只是进一步扩展男、女之间边缘系统本来就存在的差异而已。

气质的神经学基础

父母喜欢详细叙述儿女之间的不同，但事实上所有的孩子，不论性别，情感上普遍存在差异，这是基因决定的。心理学家用气质一词来描述一个人特有的情感和社交方式。我们也经常用性格一词，但气质特指某些天生的情感特质，一出生就带到这个世上的。（孕期因素也会影响气质，因为我们知道像母体应激和药物使用等会影响新生儿的应激性和活动水平，见第3章。）气质是遗传特质，它会随着孩子的生长发育发生一定改变（就像身体一样），但对大部分人而言，其核心一生都会保持基本稳定。

有多个孩子的父母都知道，每一个孩子从小就很不一样。对于我们而言，朱莉娅照顾起来更简单，她睡得香、很少哭，也一直很独立。而萨米更难照顾些，他爱哭、睡得轻、独立性差，基本上在出生后的6个月里大部分时间都需要抱着。朱莉娅照顾起来很容易，我们能带她到任何地方；相反，萨米出生后，我们的生活就有了一定限制（有两个孩子也是原因之一）。好的方面是，萨米没有朱莉娅肢体活动丰富，也更喜欢让人抱；在相同的年龄段，萨米可以长时间被抱着并保持安静，而朱莉娅更喜欢踢我。

气质并不是唯一决定孩子最终性格的因素。正如精神分析学家首先提出并由神经学家现在证明的那样，情感方式也可以由个人生活经历塑造，尤其是其监护人的价值观和性格。另一方面，一个孩子的特质也会以某种方式影响其早期人际关系的形成。父母受孩子的敏感性、社交性以及身体活跃度差异的影响，对待和回应他们的方式也不同。我知道我抱萨米的时间要比朱莉娅长，喂奶的次数更多。因为他不太容易适应新环境和陌生人，我在送他去日托班时更加谨慎。这些都意味着，虽然我们很想平等对待孩子，但每个孩子会把自己独特的情感方式带入人际关系中，使自己所处的情感环境不同。

为什么人们的气质如此不同？孩子们大脑中的什么使他们谨慎或冲动？叛逆或随和？适应性强或敏感？害羞或健谈？好动或安静？感情丰富或感情淡漠？快乐或悲观？遗憾地说，我们对这些人际间差异的神经学基础所知甚少。神经生物学家在人类气质的一个维度上有了很大的进展：当面对新事物时的内向还是外向。

害羞还是大胆？气质领域中的两个极端　　安德鲁今天过得很不开心。妈妈帕特里夏为他报名参加了一项关于幼儿行为的研究。妈妈把他带到实验游戏室，觉得对他来说应该很刺激，但这个 21 个月大的孩子明显很难受。他没有任何兴趣探索，一直抱着帕特里夏的腿，完全沉默，即使一个友善的研究人员拿着一个五彩丛林拼图过来跟他一起玩时也是如此。

对于那些回放录像带的科学观察者而言，安德鲁很明显是一个内向的孩子。他对接近的陌生人和事物表现出强烈的厌恶，紧靠母亲，并且一言不发（他在家说话很流畅）。这些都显示这个孩子高度内向——15% 的幼儿具有这种气质。当然，即使已经过了严重的陌生人焦虑阶段，很多幼儿在最初接触新环境时都会害羞，但像安德鲁这样内向的孩子似乎从不会熟络起来，无论陌生人多么友善、玩具多么诱人。

还有 15% 左右的幼儿是另一个极端，他们明显很从容自如。这些孩子在实验室的游戏室中表现完全不一样。例如艾利森：他看都不看妈妈一眼，直接跑进这间新房间，快速地看过每一个玩具，甚至和不熟悉的研究生说话。内向的孩子会对任何新事物（无论是人、地还是物）感到恐惧，而外向的孩子会被这些新事物吸引。研究员们通过观察孩子们在这种实验环境中的退缩或趋近情况，客观地评价内向程度。

双胞胎研究发现，一个孩子在内向量表上所处的位置主要取决于基因。

尽管一些内向的幼儿到上学年龄时差不多都能"克服"这种气质，但还是会偏向趋近或是退缩，即在其气质中比较稳定的一面。在幼儿园，大概有60%在幼儿时内向的孩子依然在陌生人或其他孩子周围极度的害羞或压抑。他们很少对陌生人笑，在新的环境中需要更长时间才能放松，而且做任何事都会非常谨慎。这些孩子也会更倾向于有强烈的害怕，大一点儿后，可能会极其担心旅行或失去自己的双亲。

这可能听起来不是一件让人高兴的事，但内向气质并不意味着孩子的未来希望渺茫。内向的孩子经常都是好学生，也许因为他们更害怕失败，也许因为他们觉得独立的学习要比承受社会挑战更好、威胁更小。如果有机会，许多人都会在学术方面造诣很高，并最终有满意的工作和家庭。

大部分外向的孩子在幼儿期到幼儿园时期性格都保持不变；只有大概10%左右会在这个阶段变得孤僻。（这也显示西方文化更推崇勇敢、外向的性格；而亚洲文化推崇沉默是金，更多孩子会保持内向。）外向气质有一定的优势（容易与人交往，并通过自信地探索能学到更多），这有时也会是一个问题。尤其是非常外向的男孩子，如果他们充沛的精力缺少一个正确的渠道释放，可能会变得太有攻击性。

羞怯的生理学基础　根据哈佛大学心理学家杰尔姆·卡根的说法，内向的孩子更容易感到恐惧。要知道，恐惧是一个非常有用的情感（尤其是对我们那些自然选择出的脆弱祖先来说），是一个非常复杂的生理学现象，与杏仁核紧密相关。卡根认为，内向的孩子其实只是杏仁核活跃。一旦监测到危险，内向孩子的杏仁核会更容易激发恐惧的肢体表现，让他们很容易离开不舒服的新环境。外向的孩子情况刚好相反，他们的杏仁核很少能激发恐惧反应。缺乏这种内部约束，这些孩子更多会被自己本身的能量和好奇心驱使，偶尔会造成骨折或违法乱纪。

卡根的理论在一项家猫实验中得到了很有意思验证：猫的气质类型和孩子一样多。像人类一样，约15%的猫很胆小；在新事物前会犹豫，缺乏好奇心，甚至不敢攻击老鼠。它们的防御行为在出生后一个月会第一次出现，此时猫的杏仁核会接替下丘脑进行控制。对这些害羞家猫的电信号检测发现，确实是杏仁核，而不是其他边缘系统结构如此敏感；害羞家猫的杏仁核神经元比那些自信家猫的杏仁核神经元更容易被感觉输入信号激活。

杏仁核将恐惧转变为肢体反应的一个途径就是激发交感神经，这也是调节我们身体急性应激反应的自主神经系统的一部分。（见第80页和第272页。）卡根和同事的研究表明，内向的孩子交感神经活动确实更多。他们普遍静息心率更快，应激环境下瞳孔更大，声调可变性更小，听起来更紧张。他们的皮质醇和去甲肾上腺素水平较高。相反，外向孩子的这些交感神经反应水平都很低。也就是说，孩子们对轻微压力的生理反应有本质区别。

当然，恐惧不仅仅只是一组生理反应，也是一种支配我们行为的强大意识状态。正如我们看到的，情绪的理解发生在额叶，而大脑左右半球处理两种不同类型的情绪。恐惧、痛苦和焦虑的情绪是退缩行为的基础，通常会包含右脑的活动。相反，左额叶是快乐、兴趣和爱慕的情绪发生的部位，也是接近新环境和人的情绪基础。我们仍不知道这种左-右情感分离的神经学基础，但卡根推测大脑的两个杏仁核与左右脑额叶边缘区域连接的紧密程度并不相同——右脑比左脑紧密，而它们的初级功能是侦测并对恐惧做出反应。

近期的研究也证实，内向的孩子右脑活动更强，外向的孩子左脑活动更多。4岁孩子中，看起来高兴并能很容易与同龄人玩耍、交流的孩子左额叶皮层活动明显更强，而那些非常孤僻的、喜欢独自一人看别人玩耍的孩子右额叶区域活动相对更强。

一个孩子是左脑还是右脑主导，10个月左右就会显现出来，这也是额叶边缘系统功能的开端。这种不同是通过孩子与母亲分别时额叶活动度的脑电图监测实验发现的。几乎所有婴儿在看到母亲离开时都会有一定程度的右额叶活动，但在实验开始的"静息"状态中——母亲静静坐在婴儿面前并微笑，婴儿的大脑就会不同。静息态左脑活动较强的婴儿在母亲离去时很少会哭，而右脑活动较强的婴儿明显相反。换句话说，右额叶刚刚开始参与情感活动时，婴儿的焦虑水平就有了差异。

在婴儿早期预测气质 10个月时社会抑制的差异有可能因后天养育造成，而不是真正的气质差异。不难想象，出生后持续300天的某种养育方式会影响孩子的额叶。例如保护欲极强的母亲，会因为常常有惊恐的表现而促进婴儿右侧额叶发育。

为了解决这一问题，研究员开始从不足 10 个月的婴儿身上，寻找可以预测孩子内向程度的标志物。在婴儿早期，大脑皮层还不足以识别内向行为，卡根和同事找到了两种由低级边缘系统主导的特质。二者一起出现时，好像确实可以预测之后的内向程度。它们就是敏感性和身体反应，尤其是面对新奇感官刺激时。哭闹、焦虑、烦躁、行动剧烈（看到一个五颜六色的手机或酒精棉球就会抽出胳膊或者弓起后背）的 4 个月婴儿日后胆小的可能性更大。敏感、身体反应较小的 4 个月婴儿一般不会内向。身体反应较大但并不敏感的 4 个月婴儿，也就是那些爱笑、爱牙牙学语的孩子，更有可能成为勇敢的人。

早期身体反应与将来恐惧感的关系可能看起来很奇特，但这与内向孩子的杏仁核活动阈值很小这一事实相符。杏仁核可以影响宝宝的运动控制回路，尤其是那些运动皮层还不能自主控制四肢和躯干的婴儿。杏仁核也与支配哭泣和痛苦发声的下层脑回路相连。因此，那些身体反应强且频繁啼哭的婴儿，杏仁核很容易被激发。一旦皮层参与进来，这个刺激会转变为更强的恐惧感，研究人员发现在 4 个月时表现出上述性格的婴儿长到 9 个月大时，右半球就已经占据主导地位了，而 4 个月大时很好动且积极情绪较多的婴儿，则会表现出更强的左额叶皮层活动。

早期行为规律可以预测日后的气质。这个事实暗示：趋近或退缩都是有遗传学基础的。尽管外界经历也会部分塑造气质，但对新事物积极或消极反应的神经基础早已由基因决定了。

利用边缘系统的可塑性：育儿方式如何塑造孩子性格

帕特里夏非常清楚安德鲁的胆怯。在他一岁生日后不久，帕特里夏回去工作后，他连续好几周都非常沮丧，无论去哪儿被黏着帕特里夏：操场、医生办公室，玩游戏时。他会待在房间一角，看其他孩子玩，没有任何加入的意思。他甚至对大一些孩子递给他的玩具都抱有怀疑。

帕特里夏承认她很担心安德鲁的沉默寡言，难道这意味着他注定是一个局外人吗？有没有什么方法可以帮他变得外向？孩子的性格，特别是在早期脑发育时，到底有多大可塑性？

基因无疑是决定我们成为怎样一个人的重要因素。每个人在生命伊始都有一个天生气质，决定我们将发展出哪种性格。虽然气质很大程度是由基因决定的，性格却不是。基于同卵双胞胎和异卵双胞胎成年后对比的评估显示：遗传在决定各种性格特点（如情绪性、社会性、攻击性、谨慎性和保守程度）时，只起一半的作用。剩下的性格塑造当然要靠后天经历了，帕特里夏决定尽最大努力。

性格比气质更具可塑性的原因就是性格由大脑多个部位控制。气质大部分是低级边缘系统产物（其兴奋程度全部由杏仁核控制），而我们生活中丰富多彩的情感生活，则是由高级边缘系统——发育较慢的额叶主导。和其他皮层一样，额叶具有显著的可塑性，它们可以根据个人情感经验塑造自己。这在婴儿期额叶前部突触刚刚开始成形时尤为明显。它们会一直以惊人的速度成形，一直持续到学龄前早期，才能完成与边缘系统的联结。就像安德鲁的视觉经历塑造了视觉皮层看东西的方式一样，他整个童年的情感和社交经历会决定大脑皮层的边缘系统区域如何相互作用。

显然，孩子最重要的启蒙老师就是父母。每一次互动的瞬间（无论是分享食物、挠痒，还是严厉批评）都会激发他大脑边缘系统的一组特定突触，并以牺牲其他突触为代价稳定它们。父母拥有某种情感回应和社交互动的方式，他们的孩子（甚至新生儿）会模仿这个方式，并重演双亲的行为。这会激活特定的神经回路，并固定在边缘系统回路中，受用终身。这种强烈的边缘信号传递解释了为什么我们（尤其当我们成为父母时）与父母的反应模式惊人的相似。父母与孩子分享的上百万个瞬间，有好有坏，创造了可以代代遗传的边缘系统。

社交丧失与猴大脑的错误构建 对猴的研究证明父母的确改变了边缘系统的发育过程。像婴儿一样，幼猴也非常依赖自己的母亲，而这种依赖已经超越了普通的保护和养育。出生时就与母亲分离、与猴群隔离喂养、只接触有限人类的幼猴们，会有明显的情感混乱。不像普通幼猴那样喜爱玩耍和探险，单独喂养的幼猴们会缩在一个角落，满脸悲伤或落寞的表情。因为缺少与母亲的接触，这些幼猴会尝试通过抱紧或吮吸自己的身体作为补偿，有时甚至撞墙自残。当把它们领入一个正常喂养的猴群时，它们会明显地躁动不安。隔离喂养的幼猴缺乏正常的社交能力，除了一些突发的进攻行为，总是畏首畏尾。它们几乎不交配，即便有雌猴人工受孕，也不能履行母亲的职责，会拒绝或虐待自己的孩子，有时甚至虐待至死。

在很多方面，这些隔离喂养的幼猴与慈善机构抚养的孤儿和弃婴相似（见第1章），这些研究让我们理解社交缺乏如何影响大脑发育。例如，隔离喂养幼猴的额叶前部皮层神经元树状分支更少，突触传导程度更低。它们的大脑中多种神经递质失调，去甲肾上腺素永久性减少，这会影响边缘系统回路的发育和稳定，并且可以解释为什么这些动物（就像不是紧密依恋自己父母的婴儿一样）应对压力的能力很弱。有趣的是，几乎没有发现杏仁核和下丘脑受影响，这提示社会经历可能有选择地只影响高级边缘系统结构，可能是因为这些结构出生后才发育。

社会隔离无疑会扭曲孩子的大脑，任何人如果面对那些幼猴经历的孤独环境都会发疯。但是令人惊奇的是，这种扭曲只在特定的一小段时间里形成。与母亲相处3个月后再分开的幼猴比刚出生就与母亲分开的异常行为要少得多，而6个月后才分离的幼猴几乎没有出现长期情感缺陷。所以，猴有一段很重要的情感教育期，贯穿出生后的前6个月。相应地，这段时期也是高级边缘系统结构快速发育的阶段。对人类而言，这段重要时期可能一直持续到3岁左右，第一年缺少接触问题最严重。

虐待儿童对边缘系统的影响　几乎没有孩子会像那些幼猴一样孤独地长大。但是有很多孩子确实在情感发育的重要时期受到某种程度的忽视，也有一些孩子是虐待的受害者，在暴力和恐惧的环境下长大。直到近些年，我们才警惕儿童虐待的现象。虐待是很多心理疾病以及攻击行为、药物滥用以及少年犯罪等社会问题的潜在诱因，它们会永久改变人情感大脑的构造。

神经科学家刚刚开始研究忽视和虐待如何影响孩子的边缘系统。一项最近的研究发现：被严重忽视孩子的大脑 MRI 显影比对照组孩子小了 30%。在另一项研究中，研究员比较两组年轻的精神病患者，一组患者有身体、心理或性虐待史，而另一组没有这种经历。受虐待的孩子脑部发生异常电信号的可能性是没受过虐待孩子的两倍，尤其是在边缘系统最活跃的额叶和颞叶区。他们的左额叶区域（也就是"感觉好"的一边）也更容易出现异常。最后，有部分证据显示，如果一个人在孩童时受过虐待，负责长期记忆的边缘系统结构——海马体就会萎缩。这种海马体损伤大概能解释为什么受过严重虐待的人很少能记住这些受虐事件，即便这些事件在童年晚期才发生。

这些发现显示了儿童虐待和忽视伤害了孩子的大脑，尤其是决定他们性格、主宰他们情感走向的边缘系统。被虐待的孩子不仅在充满恐惧和痛苦的世界中长大，也缺少帮助他们年幼大脑缓冲巨大压力的健康依恋关系。这种伤痕会在他们心中萦绕一生。

育儿方式 幸运的是，大部分孩子不会受到虐待，但这些发现无疑会让我们想到：其他早期外界刺激方式也会影响孩子的边缘系统发育。孩子们在各种环境中成长，每一种变化都会在情感大脑留下一个特定的印记。例如，一个双亲都要上班、存在很多看护人的孩子，边缘系统会受什么影响？出生顺序、有无父亲、是否接触同龄人、双亲性格与育儿方式有什么影响？父母紧张或放松、耐心或急躁、热情或冷漠、谨慎或无忧无虑，对孩子的边缘系统发育又会有哪些影响呢？

要理解每一个因素如何塑造一个孩子的边缘系统，还有很长的一段路要走。神经科学家通过一种特定母亲（有抑郁症的女性）着手研究双亲性格的影响。之所以选择抑郁症母亲，主要是因为我们都知道有抑郁症的母亲与没有抑郁症母亲在对待孩子方式上有很大不同。与对照组母亲相比，她们对孩子笑得更少，也更少逗孩子。她们很少和孩子交流感受；更倾向于随自己的心情进行互动，而不是为了满足孩子需求而调整自己回应。

华盛顿大学的研究员思索这些差异是否会影响孩子的边缘系统发育，他们对比了抑郁母亲与非抑郁母亲孩子的脑电图。抑郁症母亲的孩子一岁时，与对照组的神经反应方式确实不同。在玩耍互动（像躲猫猫）中，他们的左半球（"感受好"的一边）活动比对照组孩子更弱。另一方面，在一个不愉快事件中，比如看着自己母亲从房间离去，他们会有很强的左脑活动，而对照组孩子的右脑活动更强。

这种反应或许能解释为什么抑郁症母亲的孩子也容易抑郁；与正常孩子比起来，他们更敏感、孤僻，很少表现出快乐的表情。当然，婴儿与母亲的感情一致有可能是因为抑郁的遗传；这也反映了一些孕期因素对孩子气质的影响（如激素）。但是根据经历如何影响皮层发育的知识，很有可能婴儿的边缘系统确实是以母亲为模型形成的。

育儿的关键：敏感 如果一位母亲的抑郁会改变孩子边缘系统的构成，那么很容易想象到双亲的其他行为，也会对孩子的大脑发育产生影响。每一个父母都可能在孩子的边缘系统中留下特殊的印迹。这（正如遗传一样）就是其他人所说的"有其父必有其子"，或"她跟她妈妈一个样！"运气好的话，孩子很有可能会继承父母、兄弟姐妹、老师和同龄人优秀的情感模式，而不是坏的。

但父母是否可以做一些积极的努力，而不仅仅是寄希望于运气呢？有没有方法能打破平衡，保留一些"积极突触"，然后剔除孩子气质中的消极部分？毋庸置疑，有。心理学家认为：培养孩子心理健康的重点在于敏感的育儿方式。这意味着，首先应当意识到孩子发出的信号，并迅速、合适地回应他们对食物、睡眠、安抚或慈爱的需求。即便是在纠正或惩罚孩子时，孩子也需要感到自己被认可和尊重，无论你多么忙碌，孩子们需要觉得自己能随时接触到双亲，而不是被忽视（当然，短暂的忽视是可以的）。而到了3岁左右，他们已经足够大并开始懂事时，要与他们谈论感受和关系，你可以帮助锻炼他们额叶的一项重要功能——反省。

和所有事物一样，双亲的敏感程度应该有一个限度。研究员很惊讶地发现，母亲关注力很强（对每一次的咯咯声、呱呱声或打嗝都反应迅速）的婴儿比回应稍少的婴儿依恋安全感低。换句话说，婴儿期的孩子不喜欢被过度关注。这会阻碍他们走向独立，阻碍情绪调节能力的发育。无论是帮助一岁的孩子走出房间，还是帮助10岁孩子的植物学课程，他们需要觉得我们是在与他们合作，而不是干涉他们的努力。

通过正确的平衡，父母可以改变孩子最难缠的气质。例如，15%像安德鲁一样内向的孩子，当遇见新的人或环境时，他们的右脑就会爆发一阵焦虑情绪。大部分孩子不会改变，但还是有 40% 左右会在幼儿园时不再极度害羞。研究员观察到，这些孩子的父母虽然也敏感，但会尝试以温柔的方式挑战他们，鼓励他们正视自己的恐惧并学会怎样处理小的压力，从而建立起左脑连接。

帕特里夏就是一位决定尝试更多挑战的家长。她给安德鲁报了一所学校，鼓励他在操场上更有冒险精神，并开始带他旅行——他能尝试在外度过一个夜晚。至今为止，安德鲁并不觉得高兴，但是他开始慢慢适应，可以完成父母给予的一些挑战。不久后，他也许就会真的喜欢学校并交到几个朋友。虽然他可能一直会是一个十分谨慎的孩子，但在父母一步步有意识地帮助他重塑边缘系统后，肯定会有一个更开心的童年。

第 13 章

形式多种多样:
宝宝记忆的出现

- 女孩的记忆发育比男孩早
- 胎儿在子宫里就有"记忆"
- 8个月大的宝宝,会自己找藏起来的玩具

2月,我们在墨西哥度过了一个完美假日。朱莉娅还只是一个11个月的婴儿,不过她看起来和父母一样享受那段美好时光。我仍清晰地记得她绕着盛开的紫茉莉走路时的蹒跚步态,还有在温暖的潮汐地里踩水花的幸福神情,她还会开心地骑在高高的背包上随着我们在银白沙滩上漫步,看着一朵朵浪花打碎,享受海风拂面的温润感觉。

可是,朱莉娅却永远都不再记得那段时光了。她对旅途中的美好,甚至是出生后3年里的所有事情,都不会留下任何记忆。依个人经验来看,成人通常都无法记起早年的事。心理学家们把这种复杂的记忆缺失称为幼儿期遗忘,但该现象会持续到幼儿期以后。有个别成年人可能会记得两岁左右发生的一些大事,比如说住院或是弟妹出生,不过我们大部分人都对3岁半以前的事没什么印象。甚至等到五六岁,幼儿期遗忘现象已经明显减弱的时候,我们的记忆仍不完整。

为什么我们幼年的记忆如此之少呢?所有的记忆都会随着时间的流逝而淡化,但是幼儿期遗忘可不是记忆随时间淡化这么简单。70岁的老人时隔50余年仍能认出当年的高中同学,但是10岁的孩子却很难记起六七年前没上学时的小伙伴。正如我们在本书中所见,早期经历对孩子的神经和心理发育的各个方面影响重大,这样看来,此种早期记忆的缺失就更反常了。

心理学家们针对幼儿期遗忘提出了一系列解释,但经排除后只剩下两种:要么是早期记忆根本没有被储存;要么虽然这些记忆被储存了,但后来由于某种未知原因不能再现。西格蒙德·弗洛伊德支持第二种解释,一代又一代心理治疗师坚信没有任何一段记忆会真正被遗忘,只不过是被意识抑制了而已。弗洛伊德认为,早期记忆在大脑中掩埋得极深,但它会从潜意识中不断渗透出来，对成人的个性塑造产生重大影响。现在有许多心理学家认为，幼儿期遗忘其实是一个记忆提取的问题，这种现象与儿童存在某些特定的认知功能（尤其是语言）缺失有关。

人类的记忆其实并非真正丢失，仅仅是难以再现而已。这种观点很吸引人，但按照已知的记忆神经机制来看，这个观点站不住脚。就我们目前所知，大脑中存在一些负责存储永久记忆的特殊回路；幼儿期遗忘之所以会出现，其实单纯是因为这些回路在出生头几年并未完全形成。因此，幼儿期遗忘应该是记忆存储的问题，而非记忆提取受阻。早期的经历无法形成长期记忆，主要是由于大脑的录入机制仍未完善。

但是，这并不意味着幼小的大脑无法储存信息。我们观察到，再小的婴儿都能通过学习（即在经验中获取信息）和记忆（即存储信息一段时间）来掌握各种技能。4个月大的梅根都能认出熟悉的人和玩具、掌握新的运动技能，并能通过多种方式适应周围环境。等她到了快上学的时候，就能够复述过去的事了，甚至可能回忆起过两岁生日时的情景。不过，她长大以后还是记不起过去的事情。

记忆并不是一个简单的实体，而是多种信息存储形式的集合——这些存储形式会随着不同大脑回路的成熟逐一出现。婴儿一出生就拥有一套原始但实用的记忆技能；低级大脑结构会自动存储一些信息，而且这种信息的存储时间相对较短。等到了八九个月的时候，宝宝们会拥有更加灵活、复杂的信息存储形式，这也就是我们所说的初级记忆雏形。在学龄前期，记忆逐渐变得持久和清晰；而到了小学初期，孩子们对自己的记忆技能已经有了认知，而且开始以成熟的方式运用记忆力——进行有目的的学习并获得新的信息。

记忆的发育既是认知发育中奇妙的一部分，也是认知其余各方面能力形成的基础。之所以说记忆很奇妙，是因为我们从本质上来说都是记忆的集合体；记忆让我们拥有了思维的连贯性，让我们有条理地认识到"我们是谁""我们有哪些特别的经历"。眼看着孩子的记忆逐渐完善，就像在幼年的"迷雾"中看到了意识的曙光。大脑强大的信息存储能力为学习创造了可能，所以记忆的发育至关重要。无论是记住妈妈、认出贝茨阿姨、学会爬行、能对应单词和物品，还是明白水是湿的，智能的每一点进步都有赖于大脑存储经历、适时提取，然后以一种更智慧和高效的方式加以运用。记忆是智力发育的基石，也是大脑获得知识的唯一途径。所以我们不难理解，记忆力也是婴儿后天智能的重要标志。不过，记忆同时也是一项可以通过练习得到提高的灵活技能。通过了解大脑各存储系统发育机制，我们或许能够完善某些有助于智力发育的记忆技能。

记忆的类型：有意 vs 无意

为了全面理解儿童的记忆是如何出现的，我们最好先来了解一下大脑能存储什么样的信息。电脑会根据不同目的将信息存入不同的载体，同样，人类大脑也会按性质将记忆存为不同的形式。大部分人都熟悉短期记忆与长期记忆的区别；你对一个7位数电话号码的记忆可以持续几秒钟——这足够你合上电话簿拨出电话了——但要想过较长一段时间后还能记得，就需要更多注意力和重复记忆了。这种短期回忆类似于电脑的内存信息，只能现存现用，一旦机器重启就消失了。而长期记忆指的是除上述临时记忆以外所有形式的回忆，它相当于电脑的"硬"记忆——在磁盘或硬盘中存储信息——这种记忆更持久，而且可以随时回忆（暂且忽略我们人类的记忆经常会出错，不能与电脑数据相比吧）。

记忆也可以用另一个方法进行分类：有意和无意。事实表明，弗洛伊德有一点没说错：大脑确实在无意识层面上存储了大量信息。尽管"记忆"这个词通常意味着我们可以复述或回忆事件——有意识地或"明确"地回忆，但我们的大脑其实也装满了另一类完全不同的信息。这就是"内隐记忆"——通过经验习得，但我们通常却意识不到的所有技能、习性、条件反射和习惯反应等。内隐记忆也包括我们将在最后一章中描述的各种情绪反应，以及引导骑车、驾驶或阅读等运动、知觉、认知技能的各种神经模式。有意记忆体验一次就能将信息存储下来，而无意记忆则不然，它通常需要更多的练习和重复才能掌握。可一旦无意记忆被存储，这种内隐记忆将会比外显记忆更加可靠，这也解释了为什么你或许记不住学习骑车的日子，但却永远忘不了如何骑车。我们还是以电脑类比，内隐记忆就好比是存储在电脑硬盘中的程序——它知道我们如何完成一件事——而外显记忆则更像是文件夹——它可以让我们明白我们是谁、我们经历过什么，以及我们知道些什么。

成人和幼儿的失忆症 失忆症最生动地解释了内隐记忆和外显记忆的区别。大脑的某些特定区域严重受损后，人类会永久丧失存储新的有意记忆的能力。最有名的例子就是一名叫H.M.的男性，他在1953年接受了一次缓解严重癫痫的手术，清醒后就患了失忆症。（尽管这个手术很好地控制了患者的癫痫，但鉴于此手术对记忆力破坏性的影响，主刀医生后来针对此案例进行了广泛宣教，以免他人重蹈覆辙。）H.M.可以回忆起术前的事情，但他在随后的50年里都不能学习或记住新事物。每一天、每一小时对他而言都是全新的。他认不出明星的面孔（除非他们1950年以前就出名了），记不得早饭吃了什么，也描述不出他连续干了数月的一项工作的任何细节。尽管有着严重的记忆丧失，但H.M.仍有学习新技巧的能力。通过重复练习，他轻松掌握了一项背向绘画技术，可以只通过镜子看到自己的手就能操纵设备复制物体。他玩智力拼图也一次比一次好。不过H.M.从来都不承认自己熟悉镜像绘画，也不承认曾经见过那些拼图！

近来对大脑损伤病人的研究，发现了多种不受失忆症影响的无意记忆技能。比如说，这些患者都在启动效应中表现良好。在一个典型的启动效应实验中，受试者首先会看到一组单词，转移注意力一段时间后，再要求他们根据前三个字母写出映入脑海的第一个单词。失忆症患者能像正常受试者那样准确地补充出开始看到的那组单词，例如只要给出"org-"，他们就能填出"organ"。如果接受了大量的重复训练和反复学习，他们甚至有能力掌握抽象化和分类等其他认知技能。（这类研究非常有趣，不仅是因为它们可以展现出失忆症患者的记忆能力，更是由于它们能反映出我们这些正常人意识以外的复杂学习能力究竟能达到何种惊人的程度。）

人们将童年早期记忆的缺失也称为"失忆"并非巧合。婴儿也可以学习各式各样的运动、知觉和认知技能，但是他们基本意识不到自己的收获，也没有外显记忆。孩子甚至可以在启动效应实验中表现熟练，当然前提是他们中接受的不是书面文字刺激。婴儿与成人失忆症患者记忆的高度相似性表明，失忆症患者受损的大脑结构就是童年早期发育最缓慢的部分。

记忆如何存储

在外科医生切除了颞叶内侧或近中侧部分后，H.M. 就失去了记忆。现在我们知道，该区域是大脑存储长期、有意记忆的重要部分。颞叶的近中侧构成了边缘系统的核心，即皮层和皮层下结构密集网状系统的枢纽。正如上一章所述，该脑区控制着我们丰富的情绪活动。记忆是边缘系统的另一重要功能。位于颞叶前方的小卵圆形的杏仁核负责控制情绪，而位于杏仁核后方的海马体则负责控制记忆——海马体是一个大而狭长的结构，紧紧盘曲在颞叶的后部。（严格来说海马体是大脑皮层的一部分，但是从进化的角度来看，它比大部分皮层更原始。）双侧海马体和其周围颞叶皮层（这些部位是向海马体传入信号的突触集中的地方）受损的患者，将会发生永久性的记忆损伤。

根据失忆症患者大脑受损后的症状，我们发现，除了颞叶近中侧，还有另外3个脑区与长期记忆存储相关。其中之一就是丘脑内侧，患柯萨科夫综合征（一种遗忘症）的酒精成瘾患者，丘脑内侧都发生了持续退化。另一个区域是基底前脑，它是大脑中神经递质乙酰胆碱的主要来源。从名字就可以看出，基底前脑位于大脑前部，丘脑的前方，和丘脑一样深埋在皮层下方。基底前脑的退化会导致阿尔兹海默症的记忆丧失，这是由于有助于记忆的化学递质——乙酰胆碱——明显减少了。

对于长期有意记忆至关重要的第四个区域就是前额皮层。你可能还记得，我们在之前的章节说过，前额皮层与颞叶近中侧联系密切，共同构成了边缘系统的重要结构。损伤局限于额叶的患者会出现一种特别的记忆丧失。与海马体损伤不同，额叶损伤的患者可以记起事件、事实、人物和他们的长相，但是他们想不起某件事发生的时间、地点。这种高级技能被心理学家们称为源记忆，也是发育中最晚出现的回忆类型。（这也是老年人最早退化的记忆类型。）尽管孩子很擅长记忆特定的事实和事件的细节，但是他们却记不住在哪儿学过某些知识、什么时候发生过某件事情。这或许也能解释为什么孩子很容易被暗示性的提问或自己的幻想带入歧途。

　　海马体、丘脑内侧、基底前脑、前额皮层：这4个结构都对长期有意记忆的存储至关重要（见图13.1）。但它们不是大脑存储信息的唯一区域。实际上，整个神经系统（包括脊髓和周围神经系统）都参与其中，因为记忆存储是神经元的基本功能。所有的神经元都有修饰自身的能力——根据"经验"或电活动重塑突触和树突。所有的记忆，不论有意与否，都以突触改变的形式存储在大脑中。骑车、吹竖笛等运动技能，都在小脑、基底核和运动皮层中以运动回路改变的形式存储。镜面阅读或拼图识别的感知技能则存储在感觉回路中。而情感记忆，比如在奶奶家里通过嗅觉或视觉感受到的温暖和舒适，则被存储在杏仁核及其相关回路的活动中。

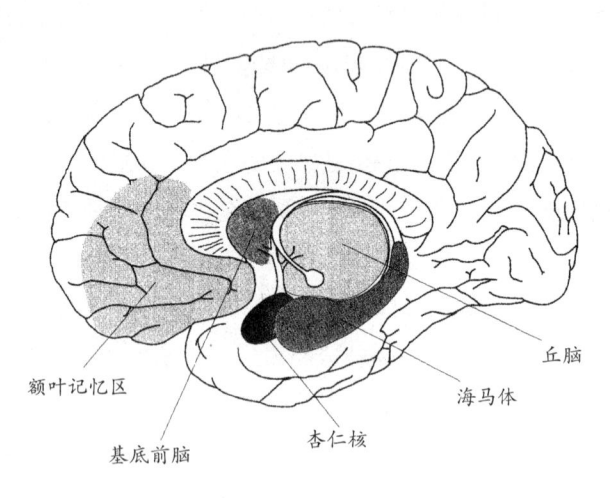

图13.1　有意记忆相关脑区。（引自M.米什金和T.阿彭泽勒1978年发表于《科学美国人》上的《记忆的解剖原理》一文。）

　　当然，大面积的大脑皮层也参与了内隐记忆和外显记忆的存储。那些复杂却无意识的技能（例如启动效应和抽象化）都以高级感觉区突触变化的形式存储，而对于事件和事实的有意记忆则可能存储在多个皮层区。两者之间的重要区别在于，在学习和存储过程中，只有有意（外显）记忆依赖于海马体—丘脑内侧—基底前脑—前额皮层的回路。实际上，这4个结构共同构成了大脑的特殊录入装置；它们可以创造有意记忆，将其长期存入大脑皮层。

尽管大脑记忆存储的机制仍有许多未解之谜，但我们可以明确的是：大脑存储记忆的方式与其在发育中塑造自我的方式大同小异。我们一次又一次看到：经验可以重构大脑。不论是在婴儿期还是老年期，我们都会被所见、所闻、所感以及日常经历影响，从而不断加强活跃的突触和回路，而不活跃者则会衰退。学习其实只是发育的延伸，也进一步体现了大脑可以根据经验进行自我修饰的独特能力。

记忆的发育

大脑的每个区域都会参与某种形式的信息存储，这说明婴儿期记忆的出现很有意义。内隐记忆最先出现，包括各种习惯和条件反射等，它们主要存储在脊髓和脑干等早熟的低级脑区。在婴儿早期，随着基底核和小脑等结构的迅速成熟，宝宝们的内隐记忆技能也会相应扩展。依赖大脑皮层的记忆（包括部分内隐记忆和所有外显记忆）则出现得更晚，这是因为大脑皮层的成熟比皮层下结构更慢。而孩子们的来源记忆，即他们对于何时何地学习和经历某事的意识，最晚出现，主要是由于额叶的发育需要更长时间。这也解释了为什么孩子的记忆精细掌控力（这种能力是学习必需的，而且在日后的学业中越来越重要）的形成其实是一个从无到有、逐渐完善的过程。

皮层的发育或许并不是限制婴儿有意记忆的唯一因素。有重要证据表明，海马体也与幼儿期的遗忘现象有关。尽管海马体的发育在很多方面都领先于大多数皮层结构（海马体在孕早期就开始形成，而且其突触和树突发育也更发达），但它在两个方面仍落后。第一，海马体是大脑中为数不多的、出生后突触仍在形成的区域。海马体第一中继区——齿状回——中有大概20%的细胞是在出生后9个月里新生的。第二，海马体中有许多主要的传入和传出回路是大脑纤维束中最晚髓鞘化的。尤其是负责将海马体信息传至丘脑的穹窿（见图12.1），直到宝宝两岁才开始髓鞘化，并持续至儿童后期。在某种程度上，成年失忆症患者面临的问题与幼儿期遗忘是相同的——缺少一个有效的海马体。

胎儿的记忆

后来，朱莉娅一直很好奇自己是怎么来的。她一直缠着我，让我讲她在我肚子里的故事。我给了她老少皆宜的答案，然后问她是否还记得出生前的事情。"我喜欢踢你的肚子。"她答道。这件事她在3年里听别人讲了无数遍，但她实际上根本不记得在子宫里的经历。

尽管如此，或许仍有一些出生前的记忆（比如在子宫中的反复踢腿留下的一些基础的运动模式或微妙的感觉反馈等）深藏在她神经系统的某处。早在海马体和大脑皮层开始执行功能之前，婴儿甚至胎儿都已经能够存储与个人经历相关的信息了。感觉—行为学习是发育中第一个出现的学习模式，最简单的神经回路就足以支持这种模式。甚至连蠕虫和海洋软体动物都可以在经验指引下"记住"如何蠕动或者收缩足部。经证实，由于婴儿脊髓和脑干反射回路的功能在出生前就已经完善，那些简单的学习模式在孕晚期已经出现了。

第一个出现的学习模式是习惯化，即反应程度的下降——心理学家发现，这也是探测婴儿思维的有效方法之一。只要胎儿听觉一形成，他们就能听见母亲下腹部的巨大声响或震动，渐渐习惯这种反复的听觉刺激。一开始，声音会引发胎儿强烈的惊恐——超声波可以观测到宝宝四肢及躯体的大幅运动——但是如果每20秒重复刺激一次，胎儿的反应会越来越弱直到完全消失。一些胎儿早在第23周就会出现习惯化，而到了第29周，所有健康宝宝都会出现这种学习模式。

或许习惯化看起来很微不足道，但是它是一种非常重要的信息存储形式。它可以帮助你筛去持续的、无意义的刺激，例如对于身上衣服的感觉，或是胎儿期母亲心跳的巨响。如果胎儿对妈妈心室的每一次收缩都反应强烈，那么他将会浪费生长发育所需的大量能量。在神经水平上，习惯化也绝非无足轻重。它不仅仅是感觉适应或肌肉疲劳的结果，更包括了中枢神经系统细胞和突触电性能持久的改变。如果由于缺氧、遗传缺陷（如唐氏综合征）、孕妇吸烟或其他孕期疾病，造成胎儿大脑宫内发育异常，都会导致宝宝无法正常习惯化。因此，胎儿习惯化水平临床上也可用于预测神经健康和心理发育水平。

习惯化并不是宝宝出生前唯一的学习形式。经典条件反射也能引发同样的胎儿反应。我们大部分人都从学校知道了巴甫洛夫著名的发现——如果狗每次听到铃声后都能获得食物，反复多次后，它们一听到铃声就会流涎。同样，经过信息的反复匹配，人类的婴儿也能明白某种声音意味着会有震动感出现，或是一段简短的音乐可以让妈妈放松下来（这点更有意义）。在第二个案例中，我们要求孕妇只要听到一段特定的音乐（即贝多芬的《月光奏鸣曲》）就有意识地放松自己。每个孕妇都知道，妈妈越放松，宝宝越活跃。在这个实验中，妈妈们会发现，即使妈妈们还没有开始放松自己，宝宝也会逐渐随着音乐运动。出生后，这段音乐能很好地安抚婴儿。有报道称，经典条件反射早在胎儿 5 个半月时就已出现，而且这种重要的学习方式会持续终生。

这一切都证明，婴儿的记忆在出生前就形成了。但是这种记忆会持续多久呢？是不是我们早在出生前就一直有内隐记忆呢？

有研究者证明，胎儿习惯化的持续时间不超过 24 小时。新生儿能识别很多种胎儿期接受过的强烈刺激。新生儿如果听到妈妈的声音，或是妈妈在他出生前几周反复大声朗读的《戴高帽子的猫》，就会开始吮吸；如果听到熟悉的子宫中母亲的心跳，他也能感受到莫大的安慰（第 10 章）；他甚至可以在子宫里就记住妈妈的气味（第 7 章）。显而易见，宝宝出生前的记忆会在诞生后伴随他们至少几周的时间。尽管宝宝们无法有意识地回想起这些早期的记忆，但这些记忆无疑影响了他们出生后的感知与行为方式，并塑造了生命初期数月内的许多重要学习方式。

前 6 个月的记忆

想弄清宝宝们能记住什么绝非易事；你显然不能直接去问他们。但幸运的是，数十年来的动物研究已经建立起了一些非常可靠的方法，可以帮助我们探测不用语言的生物的记忆。其中一种非常方便的方法叫作操作式条件反射，即将受试者的个体行为与相应的奖惩措施联系起来。以著名的斯金纳箱里的鸽子为例，它们知道啄光亮的地方就有种子吃；同样，婴儿也可以通过学习将奖赏（如乳汁、母亲的微笑、玩具或仅仅是完成动作的乐趣）与特定的行为（如吮吸、微笑、伸手、行走等）联系起来，从而迅速掌握新技能。

婴儿们的确很擅长操作式条件反射，所以研究者们尽可能地利用这一点，以进一步了解他们能认识和分辨些什么。比如，所有新生儿的感觉偏好测试，利用的都是婴儿们的操作式条件反射——因为宝宝们为了得到特定的奖赏（例如看到妈妈或听见妈妈的声音）会改变吸吮的频率。不仅如此，操作式条件反射在探测婴儿记忆的持久性和稳定性方面也很有帮助。

有一种实验方法研究得最透彻，而且非常简单，深受宝宝们的喜爱，让人忍不住想在自己的宝宝身上试一试。这就是所谓的运动条件反射。方法就是把一个罗伯特这样3个月大的小宝宝放在婴儿床里，让他能看到悬在上方的5块色彩明艳的积木。积木的摇摆本来就很吸引小宝宝；而等研究人员把丝带的一头系在罗伯特的脚踝上，另一头系在控制积木的横梁上后，这一点就更明显了：罗伯特系上丝带后会比以往多蹬两三下腿。他发现自己可以通过腿的运动来"控制"积木的运动，而且还为自己的新发现感到欣喜。

上述过程是该实验的学习阶段。随后就是记忆测试：积木只是系在婴儿床上，而不和他的脚相连。尽管罗伯特已经3天没有看见积木了，但他一见到积木就会开始踢腿，由此证明罗伯特的神经系统某种程度上依然记得这种行为可以带来奖赏。（当然，这次的行为并不会带来奖赏，因为丝带并没绑到他脚上，如果这个测试阶段再持续几分钟，他蹬腿的活动会明显减少。）

两个月大的婴儿只需一两天就能学会蹬腿移动积木，并能记住具体方法。而2~6个月大的婴儿掌握技能的速度更快，而且记得更久；经过一组训练后，3个月大的婴儿至少可以记住一周，而6个月大的婴儿可以记住两周。此外，他们对细节的记忆力也会稳步提升。比如说，如果改变了悬挂物的某些特征——比如把积木换成5个球——罗伯特还是会通过踢腿来晃动它。但等到6个月大的时候，他就会变得更有针对性，他只在见到训练中用过的积木才会踢腿，而不会盲目地频繁动作了。甚至连婴儿床的位置换了房间，或者婴儿床换了弹簧时，他都不会踢腿。婴儿对学习环境或背景非常敏感，这表明他们不仅仅学会了"如何"获得奖赏，也记住了应在"何处"做特定的动作——例如只在自己妈妈的怀里找奶吃，或者只在目光接触时微笑。

学习和记忆简单的条件反射和习惯化并不需要大脑皮层或海马体的参与。人们认为，"移动-踢腿"的记忆存储在小脑里，而且会持续改进；其他运动技能也是在持续改进的。这反映出重要的运动中枢在不断发育并髓鞘化。但包括视觉皮层和海马体在内的许多其他脑区都在这一时段迅速地成熟，或许这对增强运动条件反射的精确性和环境敏感性都有作用。

再认知与新奇偏好 婴儿们都渴望新鲜事物。他们会很快厌倦旧玩具、吃过的食物或者一览无余的四壁，也正是因为这样，即便是再挑剔的宝宝都会因为外出旅行或是坐汽车而平静下来。3个月大的罗伯特喜欢用力拍打挂在架子上的新玩具；而10个月大的萨米——现在已经能到处爬了——只要一见到玩具或者厨具就会飞一般地冲过去。新奇偏好确保了宝宝的大脑在发育过程中能持续受到新鲜事物的刺激，使新生突触保持活跃。

人类对新奇事物的探索建立在记忆的基础之上；罗伯特只有记住什么是旧的、什么是一样的，才能明白什么是新的、什么是不同的。这是一种非常直接的记忆模式，学术上称为"再认"，即通过完全一致的刺激（如某个特定的面孔、玩具、气味、声音，等等）才能存储和提取的神经印迹。再认可不像回忆那么困难，它不需要在毫无提示的情况下记住某些东西。但它也绝非无足轻重。像 H.M. 一样的失忆症患者，想要认出最熟悉的面孔或地点都有极大困难。再认记忆以海马体记忆回路的功能为基础，是外显记忆的一种。不过，它却不是一种有意记忆。新生儿受到反复刺激后会选择不去理睬，但是他们实际上好像意识不到这种刺激很熟悉。由于再认记忆和有意记忆之间有一些回路重叠，但是又不完全相同，所以研究者们也称之为"前外显"记忆。

不管再认属于哪类记忆，婴儿们有着很强的再认能力。我们观察到，新生儿可以识别出熟悉的刺激，例如妈妈的声音、面容或气味。这些再认都会受到条件反射的干扰，因为宝宝们不可避免的会将它们同母乳、舒适或温暖等正强化联系在一起。为了深入研究再认记忆的发育，研究者们设计了一个实验：在该实验中，宝宝将会处在一种从未见过、听过或闻过的刺激中。一段时间之后，让她在熟悉的刺激和全新的刺激之间选择。如果熟悉的刺激与妈妈相关（相当于一种奖赏），她一定会倾向于前者；如果没有相应的奖赏，她一般会选择后者（不熟悉的刺激）。对于无法说出是否熟悉某种事物的孩子来说，新奇偏好是评价记忆的一种绝佳方法。

非常小的宝宝都会对新奇刺激产生明显的偏好，只要他们未成熟的感官能辨别出差异。比起熟悉的面孔，新生儿们更偏爱新奇的照片，不仅如此，他们的听觉识别能力更是出众。一项研究发现，如果让新生儿在24小时内反复听到一个生僻词"火绒"，之后他们会更喜欢听另一个陌生单词"猎犬"。8个月大的宝宝如果听到故事书里反复出现的某些单词，他们对于这些词汇的记忆能长达两周——这不正是早早地给宝宝读书的绝佳理由吗？

再认记忆从婴儿期到儿童期会持续进步。新生儿需要数秒至数分钟视觉刺激才能存储事物的形象，而5个月大的婴儿仅需几秒。宝宝的记忆也会越来越持久：新生儿只能在几分钟内再认视觉刺激，而5个月大的婴儿的记忆可达两周。再认记忆的进步与其说是经验积累的结果，不如说是由于大脑功能成熟造成的——因为早产3个月的半岁宝宝和3个月大宝宝的视觉刺激记忆力是相同的。猴子实验表明，这种成熟的关键区位于视觉"内容"通路后部（见第189页），即直接反馈到海马体的颞叶部分。儿童再认记忆能力的提高会持续到9岁以后，或许这也反映出了穿窿髓鞘化延迟的现象，以及儿童期皮层突触完善的过程。有趣的是，有一类再认能力——对物体位置的记忆——似乎比其他再认能力成熟得早；5岁的孩子在某些定位测试中的表现就已经基本与成人一致了（有时甚至可能比成人表现更好）。

宝宝的再认记忆可预测未来IQ

再认对认知发展非常重要。孩子只有能够记住物品、人、地点、颜色、单词和数字，才能分类、转换或推理。儿童的再认存在新奇偏好，他们更容易将注意力集中于周围环境中新鲜、有刺激性的元素上，以带给大脑千变万化的感官体验。

当然，父母和看护人可以采取多种措施来辅助这一过程。比如当孩子明显对旧玩具不感兴趣的时候，你可以把它们拿到一边去，至少把它们放到另一个房间或者书架上。记住，小宝宝会将行为和他们所处的环境联系起来，如果同样的玩具或书籍突然出现在车、厨房或者浴室中，他们会觉得非常有趣。

既然再认和新奇偏好对婴儿学习来说这么重要，那么把它们看作婴儿未来智力的良好指示物也就不足为奇了。人们在1975～1989年间进行了20余项研究，观察了早期再认记忆与幼儿IQ的关系，结果发现二者之间存在着重要的前瞻性联系。研究发现，2～8个月大时新奇偏好越强的宝宝，2～8岁时IQ测试的得分就越高。再认记忆在智力预测方面远比婴儿IQ测试准确得多，不过贝利婴儿发展量表等婴儿IQ测试在运动技能评估方面还是相当重要的。

为什么再认能力这样简单的标准可以用来预测儿童未来的认知能力呢？一些研究者相信这是因为大脑的处理速度。有些大脑在编码、检索和分辨信息方面或许就是比其他大脑转得快——这可能是遗传、孕期或出生后诸多因素导致的。宝宝对熟悉刺激的再认能力越强，他在学龄前期和学龄初期就越擅长储备词汇、解决问题、运用抽象推理。再认记忆好的婴儿也会在幼年经历中受益更多，比别的孩子学得更快。所以，如果你的宝宝对新玩具和花样百出的藏猫猫游戏都会很快失去兴趣，不妨乐观点想——或许他就是未来的小爱因斯坦。

男孩和女孩的记忆发育有差异

同其他方面的发育一样，女孩记忆的成熟速度比男孩快。在子宫内，女胎的听觉刺激习惯化比男胎早两星期。出生之后，女婴的视觉习惯化也早于男婴。如果对快满周岁的宝宝们做一些短时的外显记忆测验（例如把他们的注意力引开数秒后，再回忆刚才藏娃娃的地方），女孩的表现会和大1个月的男孩相当。此外，女孩在长期、内隐记忆测试——第12章中描述的"同时辨别"试验（见第290页，该实验要求孩子们通过多次重复来学习，并以美味的果脆圈作为奖励）中的表现也要优于男孩。1～3岁的女孩在上述测试中比男孩犯的错误少；3岁之后，男孩和女孩就表现相当了。再后来，女性在测试（比如回忆最近所发生事情的细节）中会表现出明显优势，这一特点将会从4岁开始持续终生。

对猴子幼仔的研究为上述性别差异的神经基础提供了一些线索。人们发现，睾酮再次成了"始作俑者"。雄性猴幼仔孕早期的睾酮水平会有大幅波动，并且在出生后3～4个月内一直维持在较高水平。而等到了半岁时，睾酮才降低至雌性水平。（到了发情期其分泌又会出现大幅波动。）男性在同时分辨任务中的表现与睾酮水平的变化一致，男婴在3个月大时的表现会明显差于女婴，但在半岁后基本水平相当。同为3个月大的猴仔中，不同个体也存在类似现象，即睾酮水平越高，记忆表现越差，反之亦然。"睾酮影响大脑记忆发育"的具体机制，人为调控激素的实验（即为雄性猴幼仔去势，或切除雌性猴幼仔卵巢后注射睾酮）可以提供令人信服的证据。和预测结果一样，在奖赏（在本例中为香蕉糖）的诱惑下，去势雄性猴幼仔比正常雄性猴幼仔的记性更好，而且前者水平与同龄雌性猴幼仔相当；注射睾酮的雌性猴幼仔比对照组雌性猴幼仔记性差。

人类体内睾酮水平的波动时间比猴子长一些，到宝宝周岁时才会降至最低值，这或许也解释了为什么男孩在婴儿期和童年初期的学习速度普遍慢于女孩。睾酮貌似延缓了特定皮层区的细胞发育，包括下部颞叶皮层——该区控制与同时分辨任务相关的视觉系统，而且雌性猴幼仔的这一脑区在结构和功能都比雄性更加成熟。

理解睾酮"如何"延缓多种形式的记忆发育，要比理解"为什么"会存在这种现象更容易。睾酮有另外一些优点足以抵消对记忆的负面影响。人们发现，男孩在另一项认知任务——反向择物任务——中表现优异（见第292页），在这项任务中，受试者仅需面对一对物体，但果脆圈（也就是奖赏）的位置会随时变化。尽管成人甚至学龄前儿童都能很快掌握这项智力灵活性测试，但对于学步儿来说就很困难了，尤其是15~30个月大的女孩，她们很久才能明白奖励的位置是会变的。猴子幼仔也能掌握这个任务并且掌握的年龄远远早于人类婴儿。人们通过研究猴幼仔的大脑，证明了这种性别差异是由于眶额皮层的成熟差异导致的。在本案例中，睾酮似乎只起到了加速神经发育的作用。由此看来，睾酮对不同脑区发育的影响不同，它提高了男孩某些特定智力功能的同时，也对他们的记忆技能有负面作用。

8个月后：回忆出现

尽管婴儿有相当强的再认和技能学习能力，但是他们无法存储那种我们平时所说的"记忆"，即对事实和过去发生的事件的清晰回忆。这种"真正"记忆或者外显记忆出现于婴儿期末，并在整个儿童期逐渐完善。在婴儿期末，海马体齿状回的颗粒细胞神经元已经全部形成，许多重要的边缘回路开始髓鞘化，而额叶的活动——与短期和长期有意记忆相关的活动——也真正开始出现。所以，8个月既是宝宝社会情感发育的开端，也是记忆发育的重要分水岭。

回忆的出现是一项巨大的改变。再认需要宝宝看、听、感、嗅或尝刺激，才能辨别出之前是否接受过同种刺激；而回忆与再认不同，它的发生不需要重复原有情境。曾经的事件、容貌、字眼、物品等很容易就能被再次忆起——这种回忆是被相关刺激激发的，而不一定由同一经历引发。再认是一种机械的或反射性的能力，而回忆则是有意识的，所以婴儿出现回忆是件很令人兴奋的事。

8个月大的宝宝第一次学会找藏起来的玩具——这对于6个月大的孩子来说可是个大难题。与此同时，分离焦虑也会出现，比如一旦妈妈离开纳塔莉的视野，她就会很焦躁。在这个年龄段，如果妈妈、玩具或者某件事情离开了视野，其形象能够在宝宝脑海中保留一段时间——我们将这种与依恋紧密相关的能力称为"物体恒常性"（见第284页）。人们认为，这种有意识的短期记忆是前额皮层迅速发育的结果。

但是婴儿究竟有没有长期记忆呢？一旦我把萨米留在幼儿园，他也克服了分离焦虑，那么再过几分钟或者几小时，他还记得我离开他了吗？那些过去的事情，比如昨天池塘边的野游或上个月的外出度假，他又能记住多少？我们知道宝宝不能永久保留这些记忆，但他们能保留多久呢？

这些问题可不好回答。但是研究者们利用"延迟模仿"程序进行了一系列研究，在了解回忆发育上取得了可喜的进步。研究者们利用孩子会模拟一段时间之前出现的他人行为这一事实，证明了宝宝们能够记住生活中一些独特的事件，而且记忆持续时间格外长。

延迟模仿 延迟模仿实验的基本原理是：先向孩子表演一些特别的动作，或是一组动作，过一段时间后再测试他是否能够重复这组动作。如果他在仅看过一遍而没有练习过的前提下还能模仿，那么研究者们就认为他能够清晰地回忆起表演的过程，而且不只是通过内隐记忆来进行模仿的。

比如，让一个14个月大宝宝看实验员弯下腰用头碰盒子的顶面，或是让一个稍大一些的孩子看实验员将3块金属片组成一个圆盘。数天或数月后，将这些孩子带回实验室，给他们小道具，然后观察他们能否重复那组动作。这样的实验表明，9个月大的婴儿对事件的记忆可长达24小时；13个月大的宝宝能记住一周以上；而15个月大的孩子在时隔4个月——也就是19个月大的时候——仍能模仿，更重要的是，无论是否让他们在看过动作后立即进行练习，他们在测试中都能表现得一样好。

延迟模仿是与某些真实回忆相关的。但是研究者们关于延迟模仿中包含多少意识成分或主观意愿成分不能达成一致意见。蹒跚学步的孩子能在不经练习的情况下在数月后模仿出相同的动作，这表明延迟模仿不仅是内隐记忆。失忆症患者的模仿障碍也是同理：那些由于海马体受损或柯萨科夫综合征而失忆的患者记不住表演中的关键数字，即便让他们特意去记，他们也做不到。因此，要完成这项测试任务需要多种能力，包括存储"真实"记忆的大脑硬件，这也让很多研究者们断定，婴儿的延迟模仿与意识密切相关。

然而另一方面，延迟模仿并非是单纯的回忆。延迟模仿依赖特殊的"道具"。婴儿们不仅仅要认出"道具"，而且也收到很强的回忆线索。心理学家把这种记忆叫作"线索回忆",它比纯粹的回忆或自由回忆简单得多。比如说,你或许很难回忆起四年级时背过的美国各州首府,但是如果给你怀俄明州州府的同韵词"黛安"(Diane),那么单词"夏延"(Cheyenne)一下子就在脑海中涌现了。模仿本身也不是有意识的行为。新生儿在大脑皮层的视觉功能还没有发育完善的时候就已经能够模仿面部表情了(见第279页),成人也会随时无意识地模仿他人的手势、表情和口音。与其他高等社会性灵长类动物一样,人类似乎骨子里就想模仿周围行为。的确,只有通过努力(尤其是在青少年时期),孩子们才能克服这种趋势,发挥自己的个性。

延迟模仿的危害　不论婴儿是否能意识到自己在模仿什么,这种记忆的持续时间都长得令人惊讶——甚至是有点可怕。要解释为什么孩子在数十年后仍倾向于模仿父母的行为可需要费一番功夫。如果连刚学会走路的孩子都能重复出数月前只看过一两遍的动作,那么可想而知,父母的日常活动对他们的影响会有多大。随着时间推移,他们的所见所闻——工作、玩耍、打架、吸烟、喝酒、读书、大笑、措辞和手势——都被储存起来塑造他们日后的行为习惯,而且他们见到某种行为的次数越多,就越有可能再现这种行为。

很明显,父母并非影响孩子的唯一来源。同龄人、兄弟姐妹、保姆、祖父母和其他看护人都是孩子模仿的对象,电视也是。14个月大的孩子就可以模仿电视上看到的行为了。电视暴力镜头与儿童攻击性行为之间的联系众所周知,也证明了延迟模仿的存在。美国2~5岁儿童平均每天花费在电视或录像上的时间长达4个小时。显然,这些时间用来看《紫色小恐龙班尼》还是《低俗小说》是大为不同的。这种潜在记忆会体现在将来的模仿中,其作用好坏取决于我们让孩子们看什么。

语言、回忆和幼儿期遗忘　记忆发育的最后一座里程碑就是口头回忆,也就是孩子们终于可以"说出"自己记着些什么。仅通过延迟模仿,我们可能永远都不能确定学步儿对早期事件的回忆究竟有没有意识,口头回忆则不然,它是有意识的。口头回忆是评价回忆的黄金法则,是判断孩子是否真能意识到以往事件的基础。

孩子们从两岁学会说话起,就会开始提到记忆中的事情。从学步期到学龄前期的几年时间里,口头回忆会随着语言功能的提高而飞速增加。等到3岁时,大多数孩子都能说出完整的句子,他们会开始滔滔不绝地讲过去的事情,甚至一年前的事情都要讲个遍(不过据我们观察,再过几年他们就不记得这些了)。比如说,有一天,朱莉娅一边用手戳着我家的垃圾箱,一边回忆起我们8个月前还在另一个州居住时用的垃圾桶,而且还说得颇为详尽,着实令我大吃一惊!不过更让我惊讶的(这可不是我自夸)是这件小事表明,3岁的孩子也能回忆起婴儿期的事。

的确,这恐怕就是幼儿回忆中最惊人的一点了:他们可以说出学会说话前发生的事情。在延迟模仿实验中,研究者们发现,学步的孩子会频繁地向别人要他们13个月大的时候见过的小道具——尽管这个时候他们大部分人都还没学会说话。所以心理学家们以前的想法是错误的,语言并不是存储有意记忆的必要条件。相反,人们现在认为儿童在6岁以前能记住的比能说出来的要多,直到6岁,他们的语言技能才和丰富的记忆能力匹配。

尽管语言并不是存储有意记忆必需的,但是它在维持记忆方面——也就是克服幼儿期遗忘障碍——起到了很大的作用。即便是基础的海马体和皮层回路都已发育到位,口头回忆仍无法完全形成,它还需要一种特殊的语言技能——叙述能力。只有当孩子们明白了事物之间的联系,并能将自己得到的信息按照时间、地点、因果关系分门别类,他们的记忆才能持续。

在一个研究中,研究人员对一家托儿中心的孩子们做了一次回访——这家托儿中心7年前曾发生过一次小火灾,当时这些孩子们都在现场。只有那些可以描述出事件起因(爆米花起火了)和经过("我是最后一个出来的,因为我在装订完东西之前不能离开")的孩子能够准确回答一系列关于事件的问题,例如当时他们老师的名字、火警响起时他们在哪儿,以及他们被疏散到哪个操场。所有能回答这些问题的孩子都是较大的学龄前儿童,事发时平均年龄4岁半(采访时平均年龄11岁半)。而年纪较小的那些孩子(事发时3岁半,接受采访时10岁半)却没什么印象;他们回答不出相关的问题，而且如果让他们详细回忆一下当时的情节，也说不出任何有意义的细节。

练习有助记忆发育

记忆技能的个体差异很大。有些人从来不用列清单或写日程表，也从来不会忘记任何姓名或容貌，而且能毫不费力地回想起曾经读过或经历过的任何事情。而另外一些人就没这么幸运了。当然，遗传很大程度上决定了这种差异；有些人生来就有一个能够快速、高效地编码并检索信息的大脑，这种差异在婴儿早期就已经非常显著，并且可以通过测量早期再认记忆加以判断（见第315页）。双胞胎研究表明，这种记忆技能的个体差异有40%归因于基因。尽管基因在这方面作用相当大，但相比对其他认知技能（如视觉空间技能和感知速度）的巨大影响，区区40%算不得什么。这就意味着一个人记忆技能绝大部分是由基因以外的因素——经验塑造的。和其他技能一样，记忆也可以通过练习得到提高——这需要不断地重复、刻意地努力以获得并存储新信息。

这一现象在学校最明显。心理学家测试了世界各地人群的记忆表现，发现接受过若干年正规教育的人与相同文化背景和经济地位却没有接受过教育的人相比，前者的得分较高；而且接受教育的时间越长，记忆表现就越好。正规学校的教育尤其在学习记忆策略方面颇有帮助，因为孩子们为了通过每年的测验和期末考试常需要特意运用口头复述、信息分类和笔记等小技巧。

但是在接受正规教育之前，有意记忆存储相关的基础神经回路仍未启动的时候，记忆又是怎样形成的呢？在这段时间是否存在记忆发育的关键期呢？我们知道，孩子们早在3岁的时候就开始刻意使用记忆了。在一项以3岁孩子为对象的研究中，实验员在藏玩具狗的同时向孩子强调要"记住狗狗的位置"，那么孩子就更容易找回玩具狗；但如果实验员只是单纯地告诉他们"和狗狗待在这里等一会儿"，然后离开房间，那么孩子想找回玩具狗就不那么轻松了。3岁的孩子已经知道，一直把手放在藏玩具的地方或者牢牢地盯着它之类的小技巧，可以帮助他们刺激记忆形成。

孩子们在很小的时候就能意识到记忆的存在，这表明早在上小学之前，即便类似的小技巧不能改造记忆本身，也能有效改善记忆方法。的确，实验室研究充分证明了，4岁的孩子能学会利用分类、命名等策略来提高记忆语言或事物的能力。而父母在记忆中扮演的角色更有意思。比如说，如果母亲对3岁孩子的记忆要求很高，例如频繁地问孩子过去的事情或考察他们的知识掌握情况，那么与那些母亲要求比较松的孩子相比，前者在回忆测试中的表现更佳。通过让孩子们将注意力集中于一些关键点上，比如人、物、时间、地点、经过和原因等，父母们可以教会孩子们必需的叙述技巧——如何按时间和因果顺序思考事物——这也是我们最终回忆事实和事件的方法。这也许就是孩子们喜欢听故事的原因；他们本能地渴望有更多案例来帮助自己锻炼叙述技能。

所以说，记忆的发育的确受练习影响。从小就多锻炼孩子的记忆，对他今后的人生大有裨益。即便在存储信息的基础神经回路仍未启动的时候，经验也能塑造记忆技能，这表明宝宝出生后的头几年的确是建立终生记忆技能的关键期。

第 14 章

最棒的语言学家:
宝宝的语言发育

- 宝宝是天生的语言学家
- 18个月大的宝宝,开始语法大爆发
- 宝宝是模仿天才,言传身教很重要

"娅……娅！"我竖起耳朵仔细听了两遍才确信这是萨米学会说的第一个字，这也是他叫姐姐名字叫得最好的一次。萨米连续两个月都能很轻松地说这个字眼，而且还说得很清晰、很频繁，现在我们都把这个字当作朱莉娅最新的昵称了，这既让朱莉娅感到骄傲，也让我这个典型的爱操心妈妈感到宽慰，因为我的宝宝终于在一周岁前学会了说话，起码他已经能说一个字了！

如果说大多数父母都认为孩子出生后头一年最该担心的是运动技能的发育，那么其次要关注的就该是语言的发展。我们总会急切地渴望宝宝说出任何一个字眼，即使发音含糊不清我们也激动不已；如果宝宝发音不流畅，我们甚至会紧张地研读关于语言发育迟缓和语言功能障碍的书籍。等到孩子3岁的时候，我们或是为宝宝健谈的天赋而倍感骄傲（想想看，有多少次你曾听到家长自豪地说："我女儿口才特别好！"），或是为他们的口吃或者语法错误而默默焦急。

其实我们完全不必担心。绝大多数孩子都能毫无困难地学会说话。想想你自己学习一种新语言有多么困难，再看看那些连鞋都不会穿的三四岁的孩子不经过任何训练就能理解并说出完整、语法复杂的句子，或许就能相信，人类说话就同睡觉和吃饭一样，是种本能，而婴儿是最棒的语言学家。人类自然而然就会说话；这正是我们社会交流的最基本方式。如果孩子学不会某种语言，他们甚至会发明自己的语言，比如双胞胎之间就有自己秘密的交流方式，而先天失聪的孩子也可能自己创造出手语来。语言是一种本能，很大程度上是大脑的内置程序。我们的大脑不但建立了神经回路控制摄食和视觉，还建立了另一类更精妙的回路，可以在复杂的听觉器官辅助下，完成信息的快速感知、分析和重组，最终产生语言。

和运动系统的发育一样，孩子们学习语言的方式很有规律，而且最终结果也基本一致。尽管语言各有不同，但全世界的孩子都是在1～4岁学会说话的——先是只会说一个字，然后是两个字的短语，最后能说复杂的句子。先天失聪的孩子如果一生下来就接触正规的手语（也就是说孩子的父母都是聋人），他们也能毫不费力地掌握它。事实上，尽管世界上的各种语言看起来纷繁多样，掌握语言的方式却是大同小异，这也证明了语言其实是人类精神结构的一个特殊组成部分，而不仅仅是大脑的副产品。

大脑本身也可以证实这一点。语言有着自己的一套神经器官，相当于人类"电脑"在进化过程中插入的一枚额外芯片。如果大脑受到某些外伤或者疾病的影响，可能会损伤语言能力，但是智力基本不会受到干扰。但在一类被称为威廉姆斯综合征的精神发育迟滞疾病中，语言功能反而会被单独保留不受影响。有这种罕见遗传缺陷的人智商较低，但语言能力依然完好。他们有着充足、风趣的词汇积累（让他们说几种动物的名字时，像"北山羊"和"考拉"这样的词汇能脱口而出），而且能够敏锐地识别出很多细微的语法错误。尽管患威廉斯综合征的人会表现出很多异常，但控制语言生成和理解的脑区，也就是失语症患者损伤的脑区，却出人意料的完整。

即便不考虑大脑本身的证据，我们也有充分的理由相信语言是人类的一种本能。语言学家诺姆·乔姆斯基在20世纪50年代末期曾经掀起了一场语言学革命。他发现，世界上所有的语言都有着相同的基本结构，他称之为"普遍语法"。所有自然语言都是由句子组成的，句子成分也基本一致（包括名词、动词、形容词、副词、介词、连词等），而这些成分的次序和语法也都有着明确的规定。乔姆斯基称，语言的结构是相通的，它一定是种可遗传的人类智能。伯尔赫斯·弗雷德里克·斯金纳等学习理论家曾一度认为，孩子们是通过行为反馈来学习语言的：当他们表达出合适的语言时能得到相应的奖励（比如说"milk"时就能得到奶瓶），反之则得不到（因为别人听不懂"muk"是什么意思），如此反复，直到孩子们最终建立起有用的词汇和语法库。但乔姆斯基指出，即使是很小的孩子都会时不时蹦出几个未经早期语言经验塑造过的全新短语和句子（就像朱莉娅最近创造的词汇"yesternight",明显是源于却又不同于"yesterday")。此外,他还认为,只有通过人脑中程序化的语法规则塑造,再经过几年的语言环境影响,语言才得以形成。

人类语言与其他动物语言最显著的区别就是前者拥有语法。很多其他物种都是通过喊声、咕咕声、汪汪声、呱呱声、呼叫声、鸣唱声、哭声,或者各种姿势来传达重要的、有特殊含义的信息,比如"小心捕食者""寻找配偶""宝宝快回家"等,但只有人类的语言能够将单纯的抽象信号(即单词)通过全新的方式结合起来,并由此创造出新的含义。正是语法使得语言如此富有创造性。单词可以毫无限制地组合以表达新的意义。这里提到的语法也不是我们高中英语课上必须死记硬背的那些呆板的规则,而是分析句子时必需的、直观却略显复杂的一种理解方式。例如这个句子:"我给你的球滚下了甲板。"两岁的孩子就能明白这个句子中哪个名词要跟在哪个动词后面,但经人类训练学会说话的猿却分析不出其中的关系。

语言是人类的本能,但我们不是生来就会说话的。语言能力或许是遗传的,语法规则也可能是人类大脑硬件的特点决定的,可是孩子对某种语言的掌握,以及他最终说话的方式,很大程度上是后天经验积累的结果。在语言学习方面,经验非常重要,无论宝宝的种族或文化背景如何,他都能掌握另一个国家或文化的语言,说起话来与当地人无异。这都是因为语言学习就是使语言大脑向某一方向专一发展的过程。如果想掌握某一种或者几种语言,早期的语言接触和不断的练习都是必需的。如果孩子长期不接触语言,他们就会永久丧失学习和运用语言的能力,其中最易受损的是语法学习能力。

所以,和视觉等大脑功能一样,语言也有发育关键期,在这一早期阶段孩子必须要接触语言,否则大脑中特定的"硬件"无法正确运行。幸运的是,绝大多数孩子都能自然地得到充分的语言接触;仅有极少一部分孩子需要刻意交流。然而,孩子们在这一关键期间接触到的语言质量千差万别,而且我们发现,早期儿童接触到的语言多寡确实会影响他们最终的语言水平。

学会说话可能算得上是人生中最大的智力飞跃了:它为人类打开了通

往新世界的大门，让孩子可以自由提问、推理、社交、评判（是非），推动一切知识的学习，而孩子也可以羽翼渐丰，最后展翅翱翔。从多个角度来看，语言都是人类心智的一个特殊模块，也是很多智能行为的重要基础。我们对大脑内语言器官的发育了解得越多，就能越好地培养这一重要儿童智能的发育。

语言生成原理

我们之所以认为语言是一种特殊的智力器官，主要是由于它的物质基础是大脑。你也许听说过有人把大脑左半球称为语言半球。因为95%以上的人左半球的语言功能都占优势，其中还包括相当多的左撇子（左利手）。我们说话的时候其实只用了半个大脑。（但这并不意味着大脑右半球在语言中不起作用。由于右半球更感性，主要负责控制语言表达过程中的韵律、音调和整体乐感，以起到突出强调的作用。）语言区广泛分布于左半球大脑外侧裂皮层上。大脑外侧裂又称西耳维厄斯裂，是划分颞叶与顶额叶的一条很深的水平脑沟（见图14.1）。

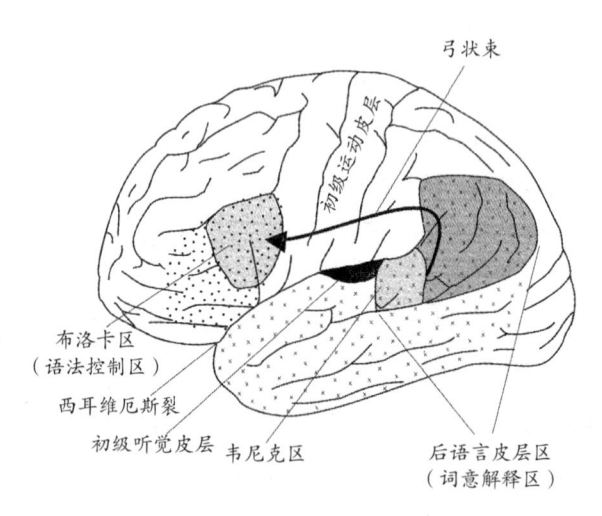

图14.1 大脑的语言中心。"·"和"×"分别表示运用动词和名词时大脑的活跃区域。（引自A.R.达马西奥和H.达马西奥1992年发表在《科学美国人》的《大脑和语言》一文。）

我们对于大脑语言生成机制的绝大多数知识来自失语症——临床上多种语言丧失疾病的统称。一百多年来，很多神经科学家在思考大脑损伤如何破坏语言功能。早些时候，他们不得不等待尸检结果的不断积累，以确定导致每种失语症的确切脑区；如今，有了最新的数字成像技术，这类研究已经可以在病人身上开展。

大脑外侧裂皮层前部与后部损伤的患者之间有显著的差别。大体上讲，低位左侧额叶损伤的病人，特别是西耳维厄斯裂侧上方的布洛卡区受损者，说话会有明显障碍，比如：他们……说话……啊……很慢……每个字……啊……都吞吞吐吐……连不成句。如果语言区后部，即颞叶背部和顶部（也称韦尼克区）或毗邻顶叶的区域损伤，造成的是完全不同的语言缺陷。这类病人无法理解语言；他们能说出很长一串话（或写出很长的句子），但完全没有实际意义。他们经常用错词，或者是造出新词。如果你打断他们，问他们说的是什么意思，他们会回答：因为他们觉得自己胡言乱语不知所云因为睡得不好也不坏也没什么不顺心的事……

面对这些症状，神经语言学家最终分析出了如下语言形成模式。以4岁的丹尼尔为例，语言通过听觉系统进入大脑，迅速传导至附近的韦尼克区。（即便换成了书面文字或者布莱叶盲文，语言信息仍能分别沿着较远的视觉和触觉系统传导至语言区后部。）按这种模式分析，韦尼克区就是理解语言的地方——丹尼尔的听觉体验和内心想法都是在这里转换成文字的。如果丹尼尔想说话，韦尼克区就会将这些文字经弓形束传送至前方的布洛卡区。布洛卡区会马上连通初级运动皮层，尤其是控制面部、舌部、下颚和喉部运动的皮层区域。该区域正是我们先前认定的语言形成的位置，也就是说，它可以将脑中想表述的信息转换成说话、书写、打字或者做手势等动作。

几十年来，这种经典的语言形成模式一直都被大家认可。它不仅简单而巧妙地解释了两种基本的不同类型的失语症，也符合大脑皮层的感觉—运动设计。然而，科学总是在不断进步，最新的研究成果使这一理论发生了本质上的改变。尽管我们依然承认韦尼克区和布洛卡区有本质上的区别，但不再认为它们的主要功能分别是理解和形成语言了。最近的研究数据表明，这两个区域是从语义学和句法学的层面来划分语言的：涉及词意时左后方的皮层（韦尼克区）会兴奋，而左侧额叶皮层（布洛卡区）只有在处理语法时才会兴奋起来。比如说，如果要比较两个意思相同，但是句法结构不同的句子，布洛卡区就会活跃；而另一方面，如果听到像"我们在动物园烤曲奇饼"这种不合常理的句子，需要考验单词理解力的时候，左侧颞—顶叶（韦尼克区及其上方和后方的很大一片区域）就会启动。换言之，位于后部的语言中枢就像大脑词典一样，是用来记忆单词含义的；而前部中枢的作用则更像本语法书，可以分析词序的意义和合理性。

这种大脑的语言分工着实令人惊奇。就好像是大脑语言功能启动时有个高中语文老师站在身边一样："词汇送到后方，语法运到前方。"不仅如此，由于语言不同成分作用各异，大脑最后用了一种简单的方法来分类词汇——动词在前，名词在后。和其他句子成分相比，谓语动词是语法的核心；它们决定了主、宾语间的关系，也是语言中最常被词缀修饰（比如在词尾加 -ed, -ing, -s）来表达时态、人物及其他句子特征的。大脑成像和电活动测定结果有力地支持了这一观点，那就是名词存储在左侧颞—顶叶区，而额叶负责处理动词。

按这个理论分析，布洛卡区受损的患者并非不能处理语言，而是不能运用语法。他们口中那些简短而支离破碎的语言明显缺少动词和用于衔接句子的小连词（如 of, to, and, in, the）。但他们能理解别人的话，因为动词在句义推断中不太重要。举个例子，如果给出一连串名词，比如"我……午餐……中午……麦当劳……巨无霸……油炸食品……可乐"，任何一个说英语的人都能理解它的意思。相比之下，韦尼克失语症就严重多了。尽管这些患者还记得措辞的语法规则，包括动词时态、介词和衔接句子的连词，但他们受伤的大脑词典中没有足够的词汇来说出（或者理解）任何有实质意义的语言。

对语法和词意的分别处理对大脑其他功能的分工运作很有意义。韦尼克区的位置紧邻三大感觉——听觉、视觉和触觉——的枢纽，因而这是大脑处理语音和具体人、地、物之间关联的绝佳场所。而另一方面，语法处理区则位于额叶，计划、排序、逻辑和规则学习等智能也贮存于此。

语言发育

大脑分别处理语义和语法，对语言发育意义重大。经过一段时间的牙牙学语后，真正的语言就会出现。一开始宝宝能理解和说出的都是单词，而且绝大多数都是名词：比如杯子、球、妈妈、爸爸、鞋。之后，蹒跚学步的宝宝逐渐学会了两个词的词组，这些词组已经有了基础的语法，但缺少高级语法中的功能字和特殊动词词尾。这个阶段的话语经常被称之为"电报"，表现就像布洛卡失语症一样。（这也是那些从小有人教手语或其他符号文字的猿类能达到的最高水平。）3岁以后，孩子才能造出既有动词又有功能词、结构完整、基本正确的句子。

从学习词汇到说出通顺的句子，这一不断进步的过程与两个语言中枢的逐渐成熟相符。一些测验结果表明，韦尼克区及后方语言中枢其他部分的发育均早于布洛卡区。大脑左半球颞－顶叶的突触数目在宝宝8~12个月的时候达到顶峰，而左侧额叶的突触数目在第15~24个月时才增至峰值。布洛卡区在4岁的时候才能形成成熟的细胞层。生成髓鞘的时间也远迟于韦尼克区；两岁孩子韦尼克区的所有皮层都有髓鞘，相比之下，布洛卡区的髓鞘要等到4~6岁才出现。连接韦尼克区和布洛卡区的弓状束髓鞘化进程尤为缓慢，这也限制了孩子将有意义的词汇转变为连贯语句的速度。

语言体验的关键期

在某种程度上，语言发育是将发育进度不同的韦尼克区和布洛卡区连接并协调一致的自然产物。这一过程在胚胎发育早期就启动了，是大脑由后向前发育的遗传程序的一部分。当然，基因并不是唯一的影响因素。只有等到突触形成、轴突髓鞘化结束，宝宝才能开始说话。与其所依赖的感觉和运动系统技能的发育一样，语言发育也需要经验来塑造。

毕竟，语言是一项基本的社会活动。为了确保同一群体所说的语言相同，人类进化出了一种特殊的语言能力：说什么语言直接取决于孩子出生后接触的语言环境。也就是说，大脑的语言学习系统会与环境中与某种人类语言的声音、语义和语法进行准确、永久的联系。(在双语家庭里成长的孩子也能很好地掌握语言,但是他们通常较晚才会说话。) 就像"看"的动作辅助完善了视觉回路一样,幼年的聆听和语言运用也帮助庞杂的语言系统完成了所有要素的磨合,包括开始的语音分析回路、接下来的句义和句法翻译以及最后快速准确的语言生成。总的来说,语言体验必须在特定时期完成,也就是我们所说的"关键期"。

大多孩子都是无意识接触语言的。他们生来就处在语言群体中,而且在一年之内,他们的树突和突触就可以完成塑形,以适应特定的语境。然而,某些情境严重阻碍了儿童的早期语言体验,我们正是通过这些例子才了解语言关键期究竟是什么,以及这段时期的语言体验如何塑造大脑。

幼年隔离与语言缺失 虐待儿童的事件现在越来越常见,但是你永远无法想象第 5 章中提到的小女孩,金妮,遭受了精神分裂的偏执狂父亲怎样非人的虐待。事情要从金妮 20 个月大的时候说起,那时的她被困在洛杉矶郊外一间空房子里的婴儿便盆内。她的父亲只给她食物,不许任何人和她讲话(她父亲也只会吠叫或者嗥叫),让她晚上睡在一个狭小的空间里(食槽内的一个像约束衣一样的袋子,上面还盖着铁丝网),金妮就这样被完全孤立了。金妮没有可以玩的玩具,因为她的爸爸受不了一点噪音,也没有什么可听的(就连一台破电视或者收音机都没有)。如果金妮胆敢弄出一丁点声响,父亲就会抢起角落里的大木板残暴地打她。正如之后研究她的语言学家苏珊·柯蒂斯写的那样:"夜晚被关,白昼被囚,简直不知道金妮如何忍受了度日如年的生活。"

金妮的妈妈是个盲人,也饱受丈夫心灵上的虐待。12 年后,她终于想方设法带着金妮逃了出来,可是为时已晚。金妮不会走路、不会注视 3.6 米以外的东西、不会咀嚼和吞咽食物、不会说话,也听不懂别人讲话。尽管后来接受了数年的强化康复训练和重点研究,她的语言水平始终无法超过两岁的孩子。

金妮并不是历史上唯一一个在没有语言的环境中长大的孩子。有的孩子被人拘禁,有的孩子据说是遭到遗弃后被野生动物养大的……几个世纪以来,类似的故事层出不穷。其中有一个法国的男孩儿名叫维克特,人们都叫他"阿韦龙的野孩子"，他是1800年被发现的，当时他已经12岁了。尽管那时有很多权威专家对他非常感兴趣，但维克特一直没能学会说话。还有一个孩子叫卡斯帕·奥塞尔，传说是一位德国大公的继承人，他三四岁的时候被下了麻药，并囚禁在一个小黑屋里，直到十几岁才被放出来。他1828年获得自由后只活了5年，尽管在这期间他的智力有了很大的进步，但仍"只能蹦出零星几个字眼"。

最近的一个案例就是20世纪80年代末发现的切尔西，她的经历与其他被孤立于社会的孩子明显不同。切尔西不是被狼养大的，也没有被关在地窖里，她只是加利福尼亚北部一个偏远村庄普通家庭的孩子，她家人犯的唯一也是最严重的错误，就是没发现孩子先天失聪。尽管孩子刚出生时妈妈曾怀疑过宝宝听不见，但切尔西却被医生误诊了，而且从小到大都没得到正确的培养。直到32岁的时候她才查出耳聋，也是从那开始她才第一次带上听力辅助装置，听到真正的语言。但这一切同样来得太晚了。尽管切尔西接受的教育相对正常，但她还是学不会英语口语中很多最简单的语法规则。她对语言的理解也有很大障碍，而且说的句子也顺序颠倒，比如：The boat sits water on. Combing hair the boy. The girl is cone the ice cream shopping buying the man（船在上水。梳头男孩，女孩在圆锥型冰激凌买男的）。

这些可怜孩子的经历证明，学任何一种语言，体验都非常重要。金妮、维克特、卡斯帕和切尔西成长经历的共同点就是在儿童期的绝大多数时间里接触不到语言，而他们共同的缺陷就是永久性的语言功能严重丧失。

有趣的是，语言的各个方面对早期经历的敏感程度不一样。他们每个人（当然也不排除像维克特这样的例外）最后都掌握了充足的词汇量。例如，切尔西的造词水平比高中生还要好，而卡斯帕·奥塞尔的词汇也十分丰富。早期的孤立极大地限制了他们使用和理解语法的能力；他们连一些最简单的语法都掌握不了，比如在复数名词词尾加"s"，调整动词时态，或正确使用代词。而且语言的缺失也会影响到发音的形成及其清晰度，金妮和切尔西的发音都很差。

语言形成的关键期有多长？ 显而易见，语言的早期接触是语言功能全面发展的关键。但是金妮、维克特、卡斯帕和切尔西都至少被隔离了10年，甚至更久。如果当初能早一点被发现，他们的语言能力是不是可以恢复呢？而这个语言形成的关键期何时结束呢？为了更加准确地回答这个问题，研究者们已经将注意力从个例研究转移到了两组孩子的语言能力获取上：学习第一语言——美国手语的先天失聪孩子，学习第二语言——英语的移民儿童。

和切尔西一样，每个先天失聪的孩子都可能会丧失所有语言潜能。幸运的是，大多数先天失聪的孩子发现得都比切尔西要早，关键不在于发现时间早晚，而是他们接触语言时间的长短。对于美国失聪儿童来说，美国手语（American Sign Language，ASL）就是一种可选的语言。美国手语不只是手势的集合，更是一种完整的语言，和所有口语一样有着复杂的语法规则。流利的手语者会利用手势的微妙差别及其空间位置的变换表达口语中词尾、词序、冠词、介词、代词等表示的逻辑关系。

幼儿对语法特别敏感，所以语法学习就成了失聪儿童早期语言学习的重点。罗彻斯特大学的研究者们比较了两组失聪人群的语法技能，他们小时候都在为失聪人群开设的宾夕法尼亚学校上学，但接触美国手语的年龄不同。一部分受试者（母语为手语）出生于聋人家庭，他们一出生就开始接触美国手语；其他大多数人都是在4岁甚至更大时进入寄宿学校后才开始接触流利的手语。（值得一提的是，课堂上是禁用手语的——这是为了锻炼他们读唇语——在学校的几年一直如此；但在宿舍的时候他们都用美国手语交流。）这些受试者运用手语至少有30年了，他们在测试期间能够保持很稳定的手语能力。然而，只有那些母语为手语者——入学前就从父母那里学习了美国手语——才能充分运用美国手语的语法；那些在4~6岁接触手语的人，表现得也很好，但不如生下来就使用手语的人；而在12岁之后才进入学校，接触美国手语较晚的人，则一直都在使用不符合语法规则的手语。对研究中的熟练手语使用者来说，和那些较晚学习手语的人交流，就像我们和英语不流利的外国人交流时的感觉一样。

当这些研究者观察美国的中韩移民英语学习能力时，他们发现了几乎相同的结果。这次他们的研究重点同样是语法。成年受试者要听几百个句子，然后说出每一个句子是否正确。大约一半的句子都是不符合语法规则的，例如：

The farmer bought two pig at the market.（编者注：正确。译为"农夫在市场上买了两只猪。"）

The little boy is speak to a policeman.（编者注：有误，应为"The little boy is speaking to a policeman."即"小男孩正在和警察讲话。"）

Yesterday the hunter shoots a deer.（编者注：有误，应为"Yesterday the hunter shot a deer."即"昨天猎人射中了一只鹿。"）

Tom is reading book in the bathtub.（编者注：正确。译为"汤姆在浴缸里看书。"）

The man climbed the ladder up carefully.（编者注：有误，应为"The man climbed the ladder carefully."即"那人小心地爬上梯子。"）

这项研究的结果十分明确：英语语法的掌握程度只取决于每个人的移民年龄，而与之前的训练、动机、态度，甚至在美国居住的时间无关。只有那些在7岁之前就移民过来的人才能表现得像本地人一样好，甚至近乎完美。（这项研究简单到6岁的美国小孩都能够拿满分。）在其他受试者中，成绩随移民时年龄的增加而降低：年龄最小的移民比8～10岁时到美国的人表现好，而后者则要比11～15岁时到美国的人表现好，17岁之后到美国的移民表现最差，但这些分组组内的年龄差异并不影响其语法掌握程度。

这两项研究让我们最终明确了语言学习关键期。在六七岁之前，孩子的大脑处于学习语言的最佳状态，尤其是语法规则和逻辑学习；过了这个年龄段后，学习句法的能力会持续降低，直到青春期结束。到青年期，学习语言的关键期就完全结束了。如果一个人在这之前从未接触过语言，比如听力缺陷未被发现的失聪儿童，他就永远都不会掌握任何一种语言了。这类研究鼓励了那些怀疑孩子有听力问题的父母尽早让孩子接受听力检查，及早发现失聪儿童，并在语言学习关键期的最佳时段——4岁以前——接触流利的手语。

然而，研究结果不太符合第二语言的学习规律。显然，在青春期之后学会一门新的语言是有可能的。尽管成年人要比孩子付出更多的努力和专注，但我们学习外语的能力的确强于金妮、维克特、卡斯帕和切尔西。在关键期之后学习外语确实会有一些特定的问题。不管怎样努力，大多数学习外语的成年人都不可避免地会在发音（口音怪异）和语法的使用上存在一些问题，例如使用错误的代词或遗漏冠词，很明显地显示出他们是非母语人士。尽管成年后大脑在已知一种语言的基础上掌握一门新语言很容易，但其掌握程度远不及童年时期那么完美或完整。如果你真的想让孩子掌握一门外语，就应该让孩子尽早开始学习，并且一定要在高中以前就开始，这正是传统上美国开始外语教育的时间。

大脑和语言关键期　为什么孩子的大脑能很容易地掌握语言呢？为什么一颗崭新、未成熟的大脑能够比成熟、聪明的大脑更善于学习语法、掌握发音？答案是：未成熟的神经系统有着极大的可塑性。大脑通过突触和树突的重塑进行学习，而生命早期，孩子大脑中的突触数目处于巅峰时期，这为选择传导语言的最佳神经回路提供了绝好的机会。

事实上，语言学习最有力地证明了早期大脑可塑性。成年人大脑左外侧裂受损会导致不可治的失语症，但儿童不同，他们在大脑受到类似损伤后，语言功能能极好地恢复。儿童甚至可以在大脑左半球完全切除的情况下（有时这是一些难以治愈的大脑疾病唯一的治疗方法）学会说话、阅读、写作，前提是手术必须在语言学习关键期的初期进行。在4～5岁之前切除大脑半球的孩子基本能够完全康复，而那些到青春期才进行手术的孩子则会丧失所有的语言能力。

这些例子可以证明，尽管在遗传上大脑的语言回路倾向于在左半球形成，但只要开始得足够早，这些回路也完全可以在右半球形成。但并不是所有的语言回路都有同样的可塑性。在严重语言剥夺的案例中，如社会隔离、早期大脑损伤、先天失聪，可以发现学习语法的能力比理解词语含义的能力更容易损伤。最近有研究证实，与韦尼克区（处理词义）相比，布洛卡区（处理语法）的发育对语言学习关键期经历更敏感。学习了第二语言的人（在本研究中，指那些已经熟练掌握美国手语后开始学习英语的聋人）在处理英语语法的过程中，大脑额叶会显示异常活动，而处理英语词汇的大脑后部则相对正常。幸运的是，控制语言的韦尼克区发育期并不集中，这意味着我们一生都可以不断扩充词汇量。

宝宝有学语言的本能

人究竟是怎样开始学会语言的？显然，真空中长大的孩子学不会语言。

几乎所有的语言都是依靠经验获得的。同时，只有人类能掌握语言；即使宠物在幼年就进入家庭，它们也不会说人类语言，最多能理解一些基本语句。语言体验是必需的，但如果我们的大脑不是天生就具备学习语言的能力，接触语言不会对我们起任何作用。

这种特殊的能力在出生前就已经具备了。早在怀孕的第 6 个月，大脑左半球一个被称作颞平面的脑区——包含韦尼克区在内，位于颞叶和顶叶交界处一块较厚的三角形区域——就开始不断长大了（见图 14.2）。早产儿脑电图检测显示，怀孕 30 周时，两侧大脑半球就已经开始对说话声产生不同的反应了。而孕期 6 个月末时左半球已经分化出了专门的语言区，这一点更有力地证实了语言区分化是遗传决定的。

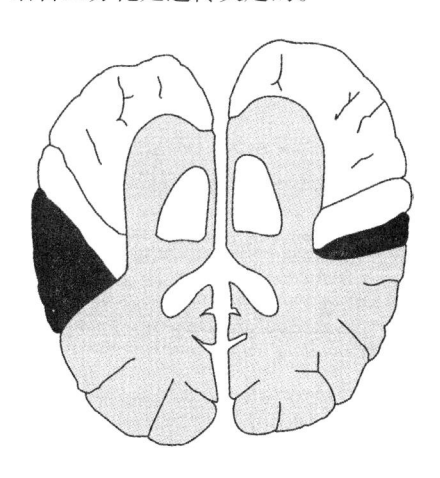

图 14.2 这是一张展示颞叶（包括白色和黑色区域）上表面的大脑冠状位切面图。左半球的颞平面（黑色部分）要明显大于右半球，而该区域恰好包含韦尼克语言区。这种不对称的发育在怀孕第 29 周就出现了，而且在男性中更为明显。（引自 N. 格施温特和 W. 列维茨基 1968 年发表在《科学》杂志的《人类大脑：颞叶语言区的左右脑不对称》一文。）

这种大脑先天的不对称发育很好地解释了宝宝两只耳朵对语言反应不同的原因。因为大多数听觉神经纤维在上升至大脑皮层时要交叉，所以新生儿的右耳更擅长感知语音（属于大脑左半球的功能），而左耳更擅长感知乐音（这属于大脑右半球的功能）。你可以对着孩子的右耳说悄悄话，对着左耳唱摇篮曲。

早期大脑语言区的分化也可以解释新生儿的其他本领，例如他们对语音的特殊反应，以及他们区分母语与外语的能力（见第10章）。一项最新研究表明，新生儿甚至可以断句，要知道我们听一门新语言都不过像由一连串音节连起来的河流，它们的这种本领真是令人惊奇。

研究者们将注意力集中于宝宝先天语言感知力——大脑辨别不同语音的方式。结果表明，任何人，无论是大人还是孩子，感知到的语音都不会和发出的语音本身完全一致。这是因为同样的音素会在各种条件（如说话人是谁，说话时情绪如何，说的是哪种语言，以及某个词汇或短语中潜藏的特定声音）的干扰下产生完全不同的声学结构。但不论是谁说的话、声学结构如何，我们仍然将 /b/ 接收为 /b/，因为我们的大脑会自动分类语音。就像我们在看到由不同波长的光组成的美丽彩虹时，只能看到几种颜色一样，我们的耳朵也能捕捉到所有语音的声波，但仅能听出几种音素。

婴儿能够分辨和归类几乎所有的音素：元音、大多数辅音，甚至是外语的发音。为了证明这一点，研究者们让婴儿反复听合成音节 /pa/。当研究者把其中一个音节换掉，发出成人认为是 /ba/ 的声音时，婴儿吸吮的频率会增加，这表明他们也能辨别这两个音素。但当研究者用合成器从纯物理方式合成一个既不是 /pa/ 也不是 /ba/ 的音节时，成人会把它听成 /pa/，宝宝也是。这项实验和其他类似的研究表明，再小的婴儿都能分辨语音，并能将每个语音片段分别归入我们能够识别的几种音素类别中。

任何教过孩子说话的人都会惊讶于人类鉴别语音的强大本能。事实上，有音素分辨能力的不只是人类；许多其他的灵长类动物，甚至一些非灵长类哺乳动物都有这样的能力。研究表明，哺乳动物的神经系统对讲话内容时长的细微差别极其敏感，而这正是音素辨别的基础。我们的大脑本身就知道该如何分辨声音，而人类的语言可能就是最有效利用大脑声音分辨力的结果吧！

前 18 个月的语言

婴儿在出生时就为语言学习做好了准备。他们的大脑都经过分化，生来就能识别人类的语言、能断句，也能进行音素分类。尽管这是一个良好的开端，但离真正地学会语言还很远。众所周知，婴儿不会说话；拉丁文中"婴儿"（*infans*）的意思就是"不能讲话"（incapable of speech）。婴儿开始学习单词前必须建立好完整的神经回路。这种基础建设有赖于语言经验，所以第一年里要听至少百万计的单词和音素。

语言无疑是婴儿接收到的重要刺激。父母对宝宝说话时，同时在刺激宝宝大脑的听觉、社交、情感和语言中心，但对语言发育的影响特别大。就像第10章描述的一样，宝宝在出生前听到的声音甚至能影响到出生后的语言感知：新生儿可能更喜欢妈妈的声音、自己的母语，甚至是苏斯博士的小故事，只是因为他们在子宫中连续几周都听到妈妈讲这个故事。出生前的语言体验与语言的概括性和音乐性特征相关，比如妈妈或者《戴高帽子的猫》的音调、音高和重音等特征，出生后语言体验的影响更具体，每个元音和辅音对神经系统的塑造都很重要，而神经系统最终负责理解和产生语言。

在孩子生命的前12～18个月，语言一直在默默等待着。尽管在婴儿期你只能看见一点点语言的迹象，但它却像一个大海深处的气泡，不断地上升和扩大，最终在宝宝两岁半左右浮到海面上爆破，那声音响亮到所有人都能听到。

从收听到（感知母语的神经回路）启动　语言体验潜移默化地影响早期语言发育的方式之一是感知音素。我们都知道，婴儿非常擅长语音分类。事实上，他们在某一方面比成年人做得更好：婴儿能分辨出更多的语音。例如，日本的婴儿能够区分 /r/ 和 /l/，但日本成年人却非常容易混淆。同样，学英语的宝宝能够区分某些北印度语和捷克语的音素，而他们的父母却不能。在音素感知方面，婴儿们称得上是"世界公民"。这种对于多种音素的感知力充分解释了，为什么不论种族或国籍，宝宝都能很好地掌握自己生长地的语言，甚至可以和当地人说得一样好。

但是这种非凡的能力不会一直存在。6个月大的时候，婴儿辨别外语发音的能力就开始下降了。学英语的宝宝在4个月的时候还能区分某些德语或瑞典语元音，但还不到6个月的时候，他们就已经失去其中一部分辨音能力了。识别外语元音的能力最先丧失，到了10～12个月，他们连外语辅音也不会区分了,此时日本宝宝会分不清 /r/ 和 /l/,而学英语的婴儿也辨不出北印度语的辅音了。

为什么我们会失去这样有用的能力呢?这些能力随着宝宝母语敏感度的不断增加而逐渐丧失。宝宝听到一个特定音素的听觉体验在拓宽他声音感知分类的同时,也"牺牲"了那些非母语的相近发音(即有着类似物理特性的声音)。所以,即使婴儿出生时具有分辨世界上所有语音的能力,大多数语音最终还是会被归于母语的几种音素类别中(例如,英语共有40个音素)。此外,随着每类音素内容的不断丰富,各门类之间的界限也越来越鲜明。结果就是,由于对周围人常用的几类音素越来越熟悉,宝宝们很快就能听懂别人说的话了(不论发音有多粗糙)。从某种程度上讲,消除额外的音素类别反而帮助宝宝注意力更集中地掌握母语的几种必要音素。

在大脑发育过程中,音素感知力就是"用进废退"的一个典范。我们的语音识别会被语言经历改变。尽管神经科学家还未能弄清发生这一变化的确切脑区,但我们可以肯定,这是一个特殊听觉回路的遴选过程,这些听觉回路能够将母语发音归类,也会逐步丧失外语音素分类的能力。

早期音素感知力塑造对外语学习意义重大。显然,学外语时听得越轻松,学得就越快。尽管宝宝在很小的时候就失去了感知外语音素的能力,但处于语言学习关键期的大脑非常灵活,一旦发现自己被置于一个全新的语言环境,他们的外语音素感知力就会恢复。相反,当成年人听到外语时则会充耳不闻;我们听到一种陌生语言时,大脑左半球甚至不会兴奋。虽然我们可以凭借极大的努力学会区分某些较难的外语发音,但永远都无法做得像孩子一样轻松、自然、完整,说外语时也无法达到孩子那样标准的发音。这也解释了为什么成年人在说新学会的语言时会有明显的口音。

讲外语有口音并不是早期音素塑造导致的唯一结果。从牙牙学语到学会说话,宝宝们不可避免地会发出一些他们最常听到的音素,也就是当地方言中常出现的那些音素。在波士顿长大的孩子说 /a/ 的时候有着独特的发音方式——张开嘴,用喉咙发声;而在美国中西部出生的孩子更习惯于张小口,用鼻子发音。发音在儿童期和青春期早期还会发生变化(尤其在同龄人的影响下),但 /a/ 的发音方式直到大学都是基本固定不变的。金妮和切尔西的例子恰好证明,发音是关键期受语言体验影响最大的语言特征之一，它与早期音素塑造紧密联系在一起。

牙牙学语 音素学习是听与说的双向过程。宝宝是通过在聆听的基础上不断练习来学习语言的。对宝宝来说，练习就是牙牙学语的过程。在完全掌握语言之前，宝宝们一直在不断发出咿呀声，他们通过这种方式来尝试不同发音，达到交流目的。当你被一个喋喋不休的4岁小孩缠住时，你或许觉得说话看起来太简单了。其实，说话是一种非常复杂的运动，它需要控制唇、舌、上颚和喉的十几块肌肉快速协调地活动。虽然宝宝的咿呀声看起来只是他们用来吸引注意的一种撒娇表现，但也是锻炼复杂语言运动的重要方式。

婴儿大多在两个月大的时候就开始牙牙学语了，这也反映了控制喉部、口腔和舌部肌肉的运动神经已经完成了髓鞘化。全世界的婴儿在这个年龄段发出的咕咕声都是相似的，即便是先天失聪的孩子也是如此。多数婴儿会对父母发出一连串哦哦哦和啊啊啊的声音。这些发音最不需要口腔技巧，而且是所有语言中最通用的音节。到了差不多5个月的时候，宝宝的语言中就会加入一些辅音了：如 /b/、/d/、/m/、/n/、/w/ 和 /j/。这些音都很常见，是由唇部和舌尖发达的吸吮肌发出的。到10个月的时候，宝宝们开始能将元音与辅音结合成长的、重复的音节了，像叭叭叭叭叭、呢呢呢呢呢、嘛嘛嘛嘛嘛，这就是我们所说的标准的咿呀语。与之类似，这个阶段的婴儿也开始学会用腿或者手臂有节奏地敲打出当当当或者梆梆梆的声音了。

等到一周岁的时候，这种咿呀语会变得更复杂；宝宝们开始把各种音节混合起来，形成一种长而高调的声音。这种丰富的咿呀声会持续到两岁，在宝宝开始学会说一些单词以后还会继续。一周岁的时候，讲英语的宝宝就已经能发出英语中大多数元音和一半左右的辅音了。然而，他们仍需要很多年才能真正掌握那些最难的辅音，这也就是为什么我们仍会听见一个二年级的孩子说：I fink dat doze tree bwankies are lellow.（I think that those three blankies are yellow. 我认为那三条毯子是黄色的。）

宝宝牙牙学语的过程是促使婴儿发声系统成熟的一种方式。刚出生时，宝宝的声道形状更像猿猴而非人类。与成年人的声道相比，它相对较短、口腔较宽、咽喉较高，并且舌头更靠前。这种形状可以解释为什么小宝宝偏爱一些元音（例如头 head，帽子 hat，小屋 hut，热 hot 等词中的元音）以及 /g/、/k/ 和 /h/ 这样的辅音。在宝宝 6 个月大的时候，他们的喉、嘴和舌头等发育得更像成年人，相应地宝宝的发声能力也得以发展。

但是仅通过解剖学原理无法解释宝宝牙牙学语过程中发生的所有变化。宝宝说话能力的发展也受学习的影响。一方面，大人的关注会影响宝宝牙牙学语的质量。那些模仿并回应婴儿的父母会激励婴儿继续发声，而那些忽视这些声音的父母则会抑制孩子的发声，并造成潜在的长远后果（见第 352 页）。不过即使没有成年人的帮助，宝宝们也能从听自己的声音中获得很大的乐趣，所以聋哑婴儿在出生后几个月就会放弃发声。（如果他们在最初的几个月中接触到哑语，那么聋哑宝宝会在六七个月大的时候开始用手指"牙牙学语"。）

牙牙学语的质量也会受早期语言经历的影响。尽管宝宝们的发声最初听起来差不多，但是跨文化研究（英语、法语、汉语或阿拉伯语）已经表明 10 个月大宝宝的牙牙学语能以不同方式反映他们来自什么国家。如果由一位女性"训练" 15 分钟，一个 12 周大的宝宝也能够调整自己的发音来配合她。早期经验可以塑造宝宝听声音的方式，也会影响他们的发声类型，而这都是因为早期经验塑造了大脑区分音素的方式。

第一句话 牙牙学语很棒：没有任何一种声音能比宝宝认真地发出无意义长音更加天真无邪。而你迟早会情不自禁想要从他的小甜嘴里听懂一些话。没有什么比知道宝宝心里想什么更奇妙。14 个月的南森每天都会热切地指东西嘀咕，直到妈妈知道他想要什么为止。不久之后，过程中的挫败会让他把声音和物体、人物、动作和概念联系起来，而不仅仅是发声玩儿。

这是不小的飞跃。当他伸手指着某样物体，而妈妈回应"瓶子"时，南森脑海里有各种想法。他可能指的是瓶子里的液体——牛奶；也可能指的是它的一部分——奶嘴；或是它的属性，比如紫色或者是圆柱形；也有可能指的就是那个含牛奶的有硅胶奶嘴的圆柱状紫色物体；最后也有可能指的是我们通常说的奶瓶。除了以上多种可能，一岁大的宝宝还试着正确地识别奶瓶的不同属性：不同的奶嘴，可能装有牛奶、果汁或是什么都没有……但都称为瓶子。科学家们相信，宝宝们这么做是因为他们的大脑会本能地产生3种假设：（1）指的是整个事物，而不是它们的部分或者性质；（2）指的是一类事物，而不是其中一个；（3）指的是某个具体事物。得益于命名假设，孩子们很快就能学会一些描述事物的词，当出现一个与之相关的新词时，比如奶嘴或紫色，孩子们就能推理出新词指的是它的一部分或是某种性质。

宝宝们在90个月大的时候就开始把声音和含义联系起来了。他们学会了家庭成员和宠物的名字，领会了"不！"的含义，可能还记住了鞋、饼干等常见词汇。到了一岁生日的时候，孩子平均能掌握70个左右的词，其中大部分是人和物体的名称，还包括一些"你好"或"再见"这类的社交词汇。当然他说不出这么多词汇。一个一岁的宝宝平均能说出6个词汇，有许多宝宝一个词都说不出来，有的则能说出50个。一个刚开始学走路的孩子从理解一些词的意思到可以说出这些词，大概要经历5个月的时间。

婴儿在12～18个月词汇量增长缓慢。南森每个月都会学会几个新词：勺子、襁褓、鼻子、牛奶、向上、失去等。他会不断尝试练习这几个词，直到开始学习新词汇。接下来，他的词汇量会突飞猛进，每天说出新词：小汽车、帽子、猫咪、花朵、飞机、小鸟、牙齿、钥匙、头发、光线、脚、走吧、球、吻、饼干、小狗、躲猫猫、书、舞蹈、水、奶奶、向下、晚安、洗澡、眼睛、耳朵、街区、电话、兔子、拥抱、电脑、椅子、树、婴儿床，等等。他会太多了，以至于妈妈都记不下来。50是一个不可思议的数字。大多数初学者的词汇量会在他们能说出40个词的时候飞速增加。现在他们开始每天多学会说一个、两个或三个词，而他们接收的词汇——那些他们理解的词——会以更快的速度增加。在2～6岁的时候，孩子们每天就能学会8个词了。这意味着他们醒着的时候不到两小时就能学会一个新词，这个速度会保持到他们上小学。到6岁的时候，他大概能掌握13000个词，但并不是每一个词都能说出来。

孩子身上这一变化是个奇迹。前几天，当我听到朱莉娅在奶奶的花园里说出"毛地黄"的时候，惊讶得合不拢嘴。我知道她是从哪儿学的这个词——一本我们两天前刚买到的精美插图版花卉书。我连玫瑰和天竺葵都很难分辨，她却不仅记住了这个名字，并且能从很多种花中分辨出这种花，难以置信。

通常孩子的词汇量在18个月的时候开始激增，但是也有早在12个月或晚到24个月的。举例来说，一个20个月大的孩子少则只会说3个词，多则超过500个，平均值是169个。当然，一旦孩子开始每个月学会200个词，他便能很快赶上其他人。但是，为什么宝宝们恰在18个月大时词汇量开始激增呢？宝宝的大脑如何变成了一块吸收词汇的海绵呢？

不出所料，词汇量激增的确与大脑的喷涌式发育有关。在13～20个月，孩子们的大脑回应词汇的方式会迅速变得专业化。初学走路的宝宝大范围使用大脑皮层，体味生词与熟词之间的区别；20个月大的宝宝左侧颞顶叶会更活跃。而且说话较早的20个月大的宝宝（那些已经能说几百个词的宝宝）要比说话较晚的（那些会说不到100个词的宝宝）表现出更加集中的左侧顶叶电活动。这似乎表明，左侧颞顶叶，这片在成年人大脑中参与储存和提取词汇含义（特别是名词）的区域，早在孩子开始大量学习并创造新词，尤其是名词时，就开始工作了。当然，很难分辨到底是大脑的发育触发了孩子词汇量的喷涌发展，还是包括孩子开始说话在内的早期经历激发了大脑语言区的喷涌发展。虽然存在几个月的个体差异，但所有正常的学步宝宝都在出生后第二年的不同时间进入了词汇量的爆发期，而这一年也是大脑皮层内突触形成和代谢活跃的时期。

18个月开始：语法大爆发

词汇量激增是语言发展链式反应的第一个环节。接下来的几个月则开始语法的突破：到4岁时，孩子会迅速学会语法的所有基本规则，此时他已经能够确切地说出心中所想。

有两个文字游戏可以用世界上任何一种语言玩：通过调整语序或者是改变词尾/词头的一部分（也叫词形变换）来创造含义。比如"大鸟正在挠妖怪的痒痒"和"妖怪正在被大鸟挠痒痒"的区别既体现在词序的不同，也体现在动词形式的改变。

宝宝在学会组织自己的语言之前就能发现单词顺序的改变。当16～18

个月大的孩子坐在一排电视前，看芝麻街中的布偶演绎前面的句子，他们会注意看视频内容与句子一致的电视。宝宝能在很小的时候理解单词顺序中的含义，这对他们 18～24 个月大的时候开始说两字短语非常重要。绝大多数学步儿的第一个词组顺序都正确，比如（衣服）都干了、我关的、看宝宝、多来点麦片、来邮件了、我们的车，等等。

语言发展过程中没有三字词语的阶段。初学宝宝们会在两字词语阶段停留几个月，继续快速扩充词汇量。紧接着，两岁后的他们会卷入下一个语言漩涡，即语法技巧的快速积累。当然这些都是从组合越来越多的单词开始的，单词数量可能是 3 个、4 个，甚至更多：我开车车、飞机跑得快、那只大狗很好、现在去外面吧、那个人在屋顶上做什么，等等。尽管单词的顺序都是正确的，但是这些早期的句子大多数缺少词性变换以及功能词 of、to、the、am、do、in，等等。这也是为什么这些词被称作电文体——好像惜词如金。不久之后，两岁大的孩子们就会开始运用一点语法，这也在意料之中。刚学英语的孩子通常先会用动词的现在分词（ing）形式，比如 "Where Mommy going?（妈妈要去哪里？）"，然后是 "in" 或者 "on" 这样的方位词，紧接着就是复数词 -s 结尾（cats）、所有格 -s 结尾（hers）、冠词（the、a）、规则动词的过去式（-ed），以及第三人称单数的现在时形式 -s（walks）等。

孩子们学习语法的方式最迷人的地方在于：他们不仅仅在尝试和错误中学习，还能弄懂不同类型词的组合规则。这意味着他们凭直觉来领悟说话时不同部分之间的区别——名词、动词、形容词等。不久之后他们就会学习调整与组装各个部分来精确表达出意思。比如，4 岁大的丹尼尔碰到一个他以前没见过的词：有人给他看了一幅画，上面画了一只像鸟一样的动物，然后告诉他这叫 "wug"，如果接下来给他看有两只这种动物的图并问他这叫什么，他会说 "wugs"。从没有人教过他如何把一个名词变成复数，而他已经知道了。事实上，在英语语法中 -s 结尾有 3 种情况，孩子们在 4 岁之前已经全部掌握了：他们先学会的是如何变复数（dogs、cats、Elmo dolls 等）；然后学会用 -s 来表达所有格（dog's bone、Fluffy's yarn、Elmo's doll 等）；最后学会变化现在时态的动词形式与第三人称单数保持一致（The dog barks, Fluffy plays with yarn, Elmo pees 等）。孩子们会在不同的时候运用这 3 种 –s，证明他们在说话时能够辨别这些语法规则。他们并不是简单地从爸爸妈妈那里照搬单个的词汇或短语。

孩子们犯的错更能揭露问题。4 岁以下的孩子可能会想出让父母生气的句子：He gots a purple truck（他得到了一辆紫色的卡车。应为 "He got a purple truck."）；She beed happy（她高兴过。应为 "She was happy."）；Katie comed over（凯蒂来过。应为 "Katie came over."）；We swimmed at the pool（我们在泳池中游过泳。应为 "We swam at the pool."）等。每个错误都很有代表性。当孩子碰到一个不规则动词时（英语中大概有 180 个，它们的过去式不是简单地在词尾添加 –ed），会把它当作规则动词对待。孩子们会犯几年这样的错误，但神奇的是，年龄更小的孩子不会犯这种错误。换句话说，幼儿会先掌握一小部分不规则动词，比如 came、was，或者 has，然后开始学习语法规则并造出 comed、beed、gots 这些词。即使大人更正，孩子们还是会犯这样的错误，直到他们一个个记住这些不规则动词的过去式并放弃更方便的规则动词规律。不规则复数和比较级形式也令他们困惑，这也就是为什么你会听到一个学龄前孩子这样形容一次马戏团之旅：The goodest part was those mans with the funny feets!（编者注：应为 "The best part was those men with the funny foot!" 即 "最棒的就是那些长着很奇特的脚的人！"）

孩子们会按部就班地学习语言。尽管不同的语言本身差异明显，但是全世界的孩子学习的方法极为相似。即使是必须通过完全不同的媒介（即视觉）来学习语言的聋哑孩子，如果出生时就处于在手语环境中，他们也会遵循一样的时间表：在第一年里通过手指"牙牙学语"，摆出单个的手势，之后在 17 个月左右开始组合手势、摆出较长的电报式句子，最后在 3 岁左右掌握了大多数词形变换。在这个过程中，他们也会和学习口语的孩子犯一样的错误。他们会改变不规则动词的形式，摆出 goed 或 holded 之类的错误手势。他们也会像正常孩子一样在学到 you（你）和 me（我）这样的代词时感到迷惑。在口语中，词的意思会根据说的方式转变；在手语中，词都是通过简单的指点来表达的。尽管聋哑宝宝开始能够恰当的指点，但是在快两岁的时候他们就会被这两个手势弄糊涂，就像正常的孩子一样。

所有的孩子都以相似的方式和时间表来学习语言，这个事实向我们展示了语言学习是如何深深地根植于我们的生理构造中。我们出生时大脑就为学习语言做好了准备。一旦到了时间，孩子的语言能力就会势如破竹地按照时间表蓬勃发展；他将在 4 岁之前学会流畅地说话（或手势），记住数量惊人的词汇并且熟练掌握每一条口语规律。孩子不一定真的需要语言指导；只要跟他们说话就可以了，然后你将会看到语言大脑蓬勃发展。

一些影响语言学习的因素

目前为止，我们已经了解了语言学习的普遍特点——每个正常孩子走向流利口语的里程碑。如果你碰巧是一位研究神经基础的心理语言学家，那么所有孩子学习语言的方式基本一致对你来说是一笔巨大的财富。然而父母们更关注另一件事：每个孩子在初学语言时的表现差别很大。现在南森 20 个月，他能说几十个词；但是凯尔西，跟他一样大的邻居，已经开始说句子了。即使我们的孩子在学习新词和语法结构时比我们快得多，父母还是会情不自禁地互相比较。为什么他学得这么少？她会不会说话晚？他到底什么时候才能开始组词呢？

说话早晚对孩子有什么长远影响？我们现在仍然不知道答案。一方面，有大量证据表明各类语言延迟者（大脑损伤或发育迟缓者除外）完全能在之后赶上。在生命初期进行气管切开的宝宝们就是典型的例子——为了挽救生命在他们的气管上切一个孔。尽管他们不能牙牙学语或练习说话，但是一旦这些孩子的气管修复了，就能很快达到语言流利的水平。另一个更常见的问题是慢性耳道感染；早期语言延迟或暂时性双侧听力丧失的孩子能在小学低年级大致赶上正常的孩子（见第 235 页）。想想海伦·凯勒这样从 18 个月开始就耳聋眼盲的人，依然学会了读写，甚至能在公共场合进行精彩的演讲。显而易见，语言学习能力具有不可思议的恢复力，至少是在六七岁前。

另一方面，很难说较早掌握语言的孩子与同龄人相比没有优势。语言学习很大程度上靠积累，较早开始说话的孩子学习词组、句子和语法的速度也会加快。根据一个孩子在 20 个月时的词汇量可以预知其以后的语言程度，比如在 3 岁时的语法使用和理解。早说话者明显能更好地表达他们的需要，开始和其他人接触，并且了解身边正在发生的事情。所以较早开始学习语言虽然似乎没有太大帮助,但的确能加速孩子情感、社交和认知等方面的发展。

什么决定了孩子开始说话的早晚?为什么3岁的孩子中,有的常常自言自语,有的却几乎说不出几个字?这仅仅是基因的问题吗,还是有其他东西能影响孩子的语言学习进程?

基因的角色 语言能力和身高、发色一样,都是遗传性状,所以会出现多种类型。通过双胞胎实验,我们知道语言能力有50%左右由遗传决定,然而学术能力(如阅读、拼写等)受的影响相对小些(大概只有20%由基因决定)。语言的其他遗传学证据来自对语言缺陷的研究,比如某些阅读困难以及罕见疾病"特殊语言障碍"已确定为遗传。患有后者的成年人有严重的说话和语言理解障碍;他们一般说话非常慢,而且尽管精神很集中,还是会犯明显的语法错误,说类似这样的话: The boy eat four cookies.(编者注:应为"The boy eats four cookies."即"那个男孩吃了4块曲奇")。他们并不是智力低下、聋哑或者有精神损伤。现在认为,他们的痛苦是由专门影响大脑语言区域的一个基因突变导致的。(这并不意味着语言功能只由一个基因控制;任何一个精密仪器,像电脑或航空器,都会因为一小部分异常而无法工作。)语言能力会因为一个或多个基因的问题大打折扣,也存在得天独厚的幸运儿——对诗歌、演讲、外语等有特别天赋的人,或是克服了极大困难的勇者,比如海伦·凯勒。他们都很幸运,就像中了语言基因彩票的赢家,数量很少。

基因在生命初期的作用大概最容易被发现,因为教育和语言环境还没造成过多影响。关于领养宝宝的研究已经表明,他们在12个月大的时候表现出的语言技巧——理解指令、命名物体、做手势、咿呀说话以及模仿口语的能力,与他们亲生父母的认知水平更相近,而非养父母。所以至少在早期,基因在决定孩子的口语能力时扮演了更重要的角色。宝宝刚出生时就可以检测基因潜能,因为研究者们已经发现孩子对语言最早的神经反应——新生儿在听到简单单音节时大脑的放电活动——可以预测孩子5岁时的语言能力。

假设孩子们出生时语言潜力不同,就不难想象早期的基因优势如何像滚雪球一样转化为后期总体语言学习的优势了。但基因并不是在出生后就没有变化,后期的基因表达也很重要,可能对孩子两岁时开始的"语法爆发期"起作用,大概也对个别"大器晚成者"发挥作用——他们稍大一些时,口语天赋会突然提高。先天和后天的因素很难分开,基因因素会在语言发展的整个过程中持续塑造大脑语言回路。

性别的影响 性别差异也证明了基因在语言能力中的作用。正如大多数父母所想,女孩的确要比男孩的口语好。最近的一项研究表明,早在孕中期,女性胎儿的嘴部活动就更多,似乎已经开始练习终身相伴的说话能力。女宝宝开始说话要比男宝宝早1~2个月,而且她们的词组和句子也相对较长(见图14.3)。至少在小时候,女孩的语法更多样,错误更少,词汇量也更大。男孩们通常在四五岁时能差不多赶上女孩,但在某些方面依旧不擅长。小学时期的女孩会在拼写、大写、标点符号使用、语言使用以及阅读理解等方面略胜一筹。即使是成年人,在一些口语流利程度的测试等任务(比如想出特定首字母的一组词)中,女性通常也会做得更好。

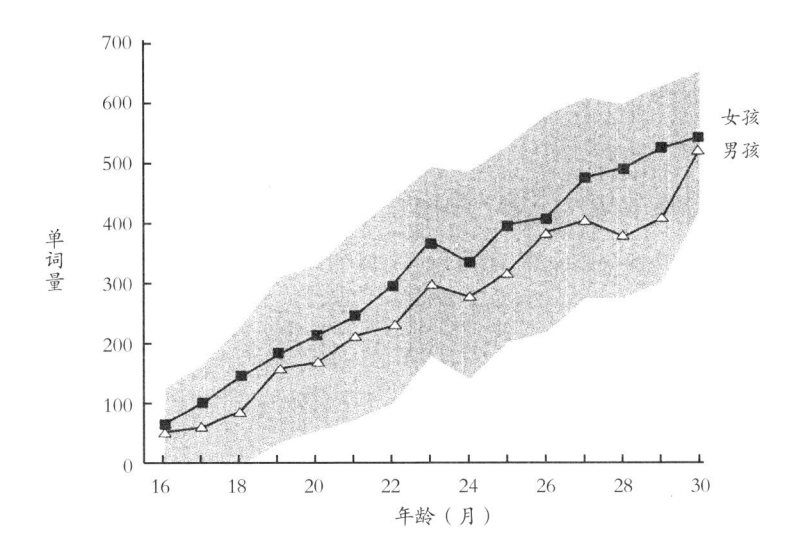

图14.3 女孩在掌握词汇方面要比男孩领先两个月,但性别的平均差异要远小于正常儿童群体中的个体差异,其中三分之二会落入上图中的阴影区域。(引自1994年《儿童发展研究协会论文集》收录的L.芬森等人的《早期沟通发育差异性》一文,引用经出版者同意。)

当然，这些数据只描述了男孩和女孩群体的平均能力。有些男孩比较擅长语言技能，而一些女孩学习说话和组词较慢。我自己的孩子就是例子，萨米比朱莉娅早几个月学会了说话，我怀疑是因为他的周围总有一个爱说话的姐姐。总之，性别间语言能力的差异要小于同性个体间差异。此外，语言的能力不止一种，包括词汇量和语言推理等，在这些方面，男孩和女孩会有不同的表现。

我们刚刚开始搜集两性语言差异的神经学资料，但对于究竟哪种性别的人更喜欢使用左半球的问题，有一个惊人的发现：通过多种测量方法，我们发现男性更偏向使用单侧大脑——左半球，而女性则会将语言功能更加平均地分配在大脑的左右半球上。在一个最近的研究中，研究者要志愿者根据读音判断一些无意义的单词对，记录下他们大脑额叶下部的电活动图像。男性只有左半球的布洛卡区活动明显，而女性显示出双侧大脑的布洛卡区和其右侧额叶的相应区域都有活动。在另一项研究中，研究者用核磁共振成像技术来测量颞叶平面的大小——双侧半球背侧语言中枢的一部分。和以前报告的不同，结果显示只有男性的双侧颞平面是不对称的——左侧较大，而女性的趋向于相同。所有这些发现有助于解释一个神经学现象：当发生中风和其他大脑左半球的损伤时，男性较女性更易失去语言功能，因为女性的大脑右半球早已担负起一部分作用。（但是较强的偏侧性更利于语言技能的学习，可能对视觉—空间技能有利，在这方面男性有超越女性的趋势；见第 16 章。）

除了偏侧性的差异，我们也发现了男性和女性大脑语言基本结构的一些差异。最近发现，女性大脑皮层中韦尼克区和布洛卡区都较男性大一些。此外，对韦尼克区的深入研究发现，女性的神经元构造更加紧密，并且有更长的树突。迄今为止，我们还不了解这些大脑结构差异如何影响语言技能的差异，但这些有助于解释女性在语言舞台上表现出色的原因。

当然，最重要的不是性别间的差异是否存在，而是为什么会出现这种差异；我们又如何知道这些差异是不是基因决定的。男女性大脑语言区的发展不同也许是由语言环境的不同导致的。比如说，女孩在很小的时候就更爱社交，使父母更有兴趣和她们说话，她们就更多地暴露在语言环境中，树突变得更长,扩大了大脑右半球掌管语言的区域。

有几个听起来比较合理的证据说明了语言的性别差异天生存在。首先,在一个精心设计的研究中,心理学家测量了父母与孩子对话时间的长短,并且发现男孩和女孩并没有明显差异。(至少在这一点上父母做到了男女平等。)同时,神经学家也记录了男孩和女孩在语言处理方面的不同。出生后第一天起,他们对一些简单语音的神经反应就是不同的。3个月时,受到语言刺激的女孩大脑左半球会产生更强烈的电活动,而男孩则出现在右侧,这个结果与成人的恰恰相反。这说明女孩的主要语言区——大脑左半球皮层成熟相对更早,或许就是为什么她们会在语言方面早熟的原因吧。

经验的力量 在众多基因性语言缺陷、双胞胎研究、收养研究、早期神经与语言的相关研究以及性别差异等方面的证据中,基因因素无疑是决定儿童语言技能的主要因素。但是我们也早已知道童年的语言经历会深刻地塑造大脑的语言区,金尼和切尔西这样的例子充分说明了这一点,况且每个人都有自己独特的语言和口音。尽管有基因的存在,但儿童的语言环境无疑也会永久地塑造大脑语言区的结构和功能。

孩子们所处的语言环境各不相同。有的会在丰富的语言"鸡汤"中成长——大部分时间都与健谈的父母、哥哥姐姐一起。有的所处的语言环境会相对沉默,他们的父母比较内向或者喜欢安静,即使非常爱自己的孩子,在与孩子交流时还是会感觉不自在。也会有部分孩子处在电视形成的语言环境中。

这些语言环境会有什么不同呢?早期语言环境的不同会对今后的语言能力有多大影响?哪种语言环境最适合大脑语言区的成长呢?换句话说,不论孩子的基因好坏,我们如何才能让孩子的语言能力达到最优?

养育方式的作用 在多年的猜测之后,研究者们终于通过艰苦的调查研究找到了答案。这项迄今为止最广泛的研究由两位心理学家贝蒂·哈特和托德·里斯利带领,他们跟踪调查了堪萨斯城40个家庭中的孩子,记录了他们在出生后3年内的状况。每个月都会有调查小组的成员到每一个家庭去详细记录父母与孩子对话的方方面面。小组成员也会通过孩子的词汇量和增长速度以及在 3 岁时的 IQ 来研究语言的发展状况（IQ 在这个年龄很大程度上反映了语言技能）。经过复杂的分析之后，哈特和里斯利终于发现几种不同的养育方式会对儿童的语言技能产生巨大影响。

父母讲话的多少对儿童语言发展的影响最显著；那些对孩子讲话和回应越多的家长，他们的孩子会有更多词汇量，增长速度也更快，IQ 测试分数更高。那些健谈的家长必然会使孩子生长在有更丰富词句的语言环境中，父母语言的多样性（使用不同的名词和形容词）与孩子的语言发展程度的相关性就显现出来了。

除了这些数量上的特征，哈特和里斯利也发现父母语言质量方面的某些特征也会影响孩子的语言：对孩子肯定和否定回应的比例。如果孩子听到的很大一部分回答都是"不""停下来""不要"等，那么他们的语言能力将不如其他的孩子。当然，孩子还在蹒跚学步的父母很难避免这种回应，但是有的父母会通过重复孩子的发音、提出问题或者给出肯定答案的方法来尽量减少否定回答的负面作用，这样孩子的语言发展将会更好。

对这些家庭后来的随访研究发现，语言技能的差异会延续到小学；在三年级之前，那些从小家庭语言氛围好的孩子，依然会在听说读写等方面表现出色。所以即使孩子到了学校，父母不再是影响他们意识发展的唯一来源，这种早期的语言经历依旧会长远地影响孩子的发展。

哈特和里斯利的报告也有一个方面让人忧虑。在为研究选取这 40 个家庭时，他们故意选择了各个社会阶层的家庭。研究者分析这个要素的影响时发现，随着家庭教育水平和经济状况的提升，对子女的养育方法也会有显著改善，对孩子说话的单词数量这样简单的事情也会差异明显：靠社会福利救济的孩子的父母平均每小时只对他们说 600 个单词，而工薪阶层和专业技术阶层则分别达到了 1200 和 2100 个。父母的社会经济等级也和他们的回应有很大的关联。平均算下来，专业技术阶层的父母表扬孩子和给他们正面回应的频率是那些靠福利过活的家长的 7 倍，尤其是在否定与命令语气方面，前者仅是后者的 1/2。既然父母与孩子交流的数量和质量会造成如此大的差异，我们就不难理解不同社会经济阶层的孩子在语言学习方面也会相差甚远。

这项研究的社会政治意义令人震惊。显然，要克服这种孩子早期语言经历的差异需要很大的努力。但这种社会经济等级的差异并不是决定孩子语言成就的首要因素。重要的是父母如何与孩子沟通，并不是父母的经济实力决定孩子的命运。换句话说，如果我们仅仅看一个阶层，就如哈特和里斯利研究的 40 个家庭中的 23 个工薪阶层的家庭，父母的抚养教育方式的好坏就比他们的资产多少和学历高低更能准确预测他们孩子的语言技能。在这些家庭中，如果父母更多地和孩子说话，使用更丰富的词汇语句，询问而非告诉孩子应该做什么，常常对孩子的言行做出正面的反应，孩子就会有更高的语言天赋。在芝加哥的一项对高学历家庭孩子的研究得出了相似的结论：如果母亲在孩子两岁大时更多地和他们说话，孩子的词汇增长速度最快。所以，即使在更高的社会经济阶层，家长培养孩子的方式对孩子语言发展的影响也会有很大影响。这打破了"父母教育程度决定孩子语言水平"的误区。

加快语言学习的方法　以上的这些发现显示：家长可以通过改变和孩子说话的方式来提升他们的语言技能和智商。但有没有证据说明这样的方法有效？有没有父母成功地通过改变自己和孩子的交流方式来加速孩子的语言学习进展？

教育心理学家威廉·福勒尝试教父母一些特殊的方法丰富孩子早期语言经历，得到了一些令人鼓舞的结果。他的计划从孩子的婴儿期就开始了，尽管没有特意地强调说话量的多少，但他指导父母每天使用几个简单的语句和孩子交流，这最终肯定可以增加语言交流的总量。

福勒的基本策略是让父母知道孩子接下来的语言发展状况。父母可以在婴儿牙牙学语之前就开始给他们演示发音音素、音节以及音节组合。孩子 3 个月大时开始学着命名，父母用那些能吸引婴儿注意力的名词或动词来给一些物体、人或者动作命名。接下来进入更复杂的发音学习，例如介词（上、内、外），形容词（大的、红的、湿的、软的），副词（快、慢、安静地、吵闹的），代词（我、你、他）。在孩子 9 月大的时候开始说一些只言片语，父母可以用很多技巧来让孩子明白如何组词成句，例如替换（一个红色的 / 蓝色的 / 小的 / 飞快的汽车），扩展（一个气球；一个大气球；一个黄色的大气球；一个黄色的大气球飞走了）。最后在孩子14个月大时开始主题式的学习，让孩子逐渐参与到更复杂的生活事物和体验讨论中去。

福勒和他的同事反映，所有参与加速计划的孩子都比其他孩子早几个月完成了基本的语言学习过程。他们在7～9个月大时就会开口说第一个单词，一岁时开始组词，一些10个月大的孩子就开始说出句子。大部分孩子不到两岁就能掌握语法的基本规则——一般孩子4岁大时才会取得的成就。此外，这些孩子在整个童年都会保持在语言方面的优势。大多数在一年级之前学会阅读，在学校表现出色（即使在那些非语言的科目，如数学和科学）。高中时，有62%进入了一些优等生学术培养计划。

福勒的研究必须经过更加严密的验证，才能使人信服。但无论这些训练是否可以大范围推广，这些方法都对早期语言大脑及其精细感觉的发展很有意义。

如何让孩子的语言更加丰富

将以上研究成果综合起来看，我们会对语言的发展有一个相当清楚的认识，我们也会知道父母或者其他看护人应该如何促进孩子的语言技能。以下这几点每一个孩子语言能力的启蒙者都应该记住。

首先，很早就要开始语言刺激：3岁前，孩子就会因为积累的语言体验不同而开始发展不同的语言能力。一出生就开始语言刺激是最理想的，因为新生儿的大脑已经为聆听语言做好了准备，并开始学习母亲的声音。实际上，福勒的小组发现6～8个月大时开始的孩子表现已经不如3个月大时开始的孩子。所以，越早越好。

其次，语言量也很重要：一个孩子听到的单词越多，他就会有更大的词汇量，增长速度也会更快。但要强调的是，孩子并没有明白这些单词的意思。整天煲电话粥的妈妈、仅仅和其他人闲聊的看护人、电视都不是帮助孩子的合适语言环境。（我们有时会建议耳聋的父母让他们听力正常的孩子看电视，但是这在教孩子说话方面没有效果。）父母或者其他看护人应该频繁地与婴儿说话，无论何时都应该注重当前的事物：在他们所处的环境中直接指出人或物——尤其是他们感觉到的或尝试表达的。

孩子所处的语言环境决定语言的质量。对孩子说的语言应该简单、明了、积极向上，这样才有最大的意义和价值。幸而大多数看护人都有自己特殊的风格。像第10章提到的那样，婴儿肯定喜欢那种高音调而缓慢的妈妈语，最近的证据发现，这甚至有助于早期的音素学习。注意避免像婴儿牙牙学语那样讲话含混不清，让"Is she the cutest little baby in the world？"（她是世界上最可爱的宝宝吗？）这样的句子变成："Uz see da cooest wiwo baby inna wowud？"（踏实实界上最可耐的宝宝吗？）。看护人应该尽可能地用清晰简单的发音对孩子说话。

要这种谈话符合他们理解力水平说起来简单，如何才能做到？比如，大一点的孩子能理解的东西比他们能说出来的多得多，所以你不必将谈话限制在简单的音节和词汇。有证据显示，《芝麻街》这样的节目对18个月大的孩子弊大于利，因为这些节目可能会减少父母与孩子之间直接而积极的交流。（但那些节目很适合学龄前儿童。）无论孩子在哪个年龄段，父母应该让谈话内容大部分在他们理解范围内、小部分在外。

让谈话简单的秘诀就是重复再重复。也许是因为他们掌控的世界太少，孩子们总喜欢反复听熟悉的故事或是童谣。重复同样的单词和短语可以很快强化孩子大脑中的某些神经回路，让他们将声音与意义联系起来。但不要没完没了，像电钻一样。没有人会学习自己觉得无聊的东西（你也许会比孩子更早失去热情）。可以运用前面所说的那些替换和重复游戏来达到目的。

无论孩子在哪个年龄段，学语言的最好方法就是与人直接交流。这种交流需要对话，孩子不仅要聆听，也要说。对于婴儿，面对面的交流相当重要，这样才能让他知道有人在向他说话或是他的话有人在听，更何况婴儿也会喜欢人们的面容（见第9章）。除此之外，面对面的交流让他们知道单词是如何发音的。婴儿在4个月大时就知道哪些口型对应哪些声音，所以看着你说话有助于他们的发音。

交流中，你的聆听与说话同样重要。研究者们发现许多父母错过了孩子第一次说某个单词的情形，就像南森将瓶子（bottle）叫作"ba"而将家里的猫（Chia）叫作"gee"，孩子不可避免地发错音，而父母很难从他们的牙牙学语中分辨出来。如果没有得到正面的肯定，许多婴儿会在几个月后将不再使用那些单词，转而尝试一些新的单词或是干脆咿咿呀呀几个月。不错过这些机会的最好方法就是：在他们咿咿呀呀时紧密观察。试着分辨他们声音中有哪些元音和辅音。一旦你有了仔细倾听的好习惯，就有更大的机会听到他们第一次说出"ba"，而你就可以回应："是的，这是你的奶瓶（bottle）"。

交流可以给你最好的机会强调正面事物，避免一些有害的禁令和批评。父母应该用疑问（谁？什么？哪种？而不是简单的"是"或者"不是"）、肯定、重复、鼓励回应孩子的表达，这样可以激励他们说一些全新的单词、短语和句子。你可以模仿或者重复他们说的单词和音节，孩子喜欢那种让大人模仿他们的感觉，这种模仿也有效地回应了他们。实际上，对收养家庭的研究发现，模仿这种形式的交流最能预测孩子在一岁时的语言发展状况。

有一种反馈是极其有害的，那就是纠正他们。尤其是在孩子刚刚试着说一些单词的时候，父母急于纠正或是质疑错误的发音会阻碍他们语言的发展。比如说：

婴儿："Gah。"
母亲："什么？"
婴儿："Gah。"
母亲："哦，这是 car，说 car。"
婴儿："Gah。"

同样，当你的孩子以后犯一些不可避免的语法错误时，像"Sunmy gots a spot on his nose（应该是 got）; Ice cream is the bestest food!（应该是 best）"，纠正也没有益处。这部分是因为我们会前后不一致：父母说的也有很多错误。即使我们非常警惕、不说错，纠正也如同施加禁令一般，在传递负面信息，相当于"你真是不擅长说话，最好安静点"。如果我们总是注意他们怎么说而不是说什么，他们会逐渐失去说话的兴趣。小孩子很擅长找出错误并且同周围人比较。让他们语法准确的最好方法就是父母自己好好说话。

总之，孩子的语言"课程"应该是有趣的。孩子主要通过玩耍来学习，对于幼儿，玩躲猫猫就意味着愉快的社会交往。学龄前儿童喜欢文字游戏，编一些有节奏和押韵的语句：The big……brown……buffalo……that built a……bran-new……boat……in the bayou! 当然，所有的孩子都喜欢音乐：摇篮曲、一些有趣的歌曲像"If you're happy and you know it..."和"Head, shoulders, knees and toes"，等等。如果你忘了这些经典歌曲的歌词或是想要更多的歌曲，可以选择一些儿童 CD 或下载音频。但不要过度依赖录音，因为孩子只有听到声音并且看到如何发音才学得最好。所以你自己唱歌——无论是否跑调——都是最好的教学方法。

最后，不要忘记给孩子读书。没有比父母怀抱着孩子一起反复咀嚼一本故事书更好的方式来为语言学习提供一个完美而温馨的环境了。简单来说，色彩明亮的图片吸引着孩子的注意力，使之集中到词语所指的事物上去。绘本帮助孩子理解更长的短语和句子。对于大点的学龄前儿童或小学生来说，看一些没有图片的书可以激发对文字的想象力。尽可能地尝试着在孩子面前读书，因为这样可以为孩子树立一个有力的榜样。

研究显示最好的教育方法就是给孩子读书，真的很有效。在两岁大的孩子中，那些很早就开始经常听父母读书的孩子会比其他孩子更有语言优势，这种优势会很好地延续到上小学的年纪。书籍可以拓宽亲子交流的词汇量，激发孩子主动说话，也提供了许多话题。亲子对话式阅读可以很好地提高孩子评论、回答、阐述等能力，有报道称这种方法可以将两岁儿童的语言能力水平提高 9 个月。图书无疑是最有用的语言学习工具，还可以从公共图书馆中免费借取。

总之，父母有很多方法培养孩子的语言技能。无论孩子的天资如何，每一个孩子都可以从少看电视、多阅读、多交流的积极环境中获益匪浅，各个年龄段都是这样。要记住，六七岁之前的时间对语言学习最关键，之后便开始递减直到青春期结束。研究发现，完成高等教育所花的时间越长，他们大脑的韦尼克区的轴突就越长。我们知道一旦丰富的语言环境没有了，比如一个家庭贫寒的孩子完成了先行计划进入较差的公立学校，他们的语言技能和智商会有一定的下滑。丰富的语言训练越早开始越好,但也必须从婴儿期一直延续到学龄前才有长久的价值。

还好一切都是那么简单:只要和孩子交流就好!

第 15 章

越来越聪明:
宝宝的智力发育

- 宝宝 6 岁开始会推理
- 低 IQ 不一定不聪明
- 3~4 岁孩子的大发现：别人和我想的不一样

"好了杰克，"戴夫说道，"该给你读睡前故事了。"然后一个头发淡黄色、刷过牙、洗过脸，并穿着自己最喜欢的小熊维尼睡衣（看起来已经小了两号）的3岁孩子冲进了客厅。

"我想听这些。"他说道，从咖啡桌上杂乱的一摞书中抽出了3本。于是，父子二人开始了一天中最棒的半小时。

"等等爸爸！"杰克在戴夫要开始时说道，"我可以自己读！"

"帽子……中的……猫咪……回……来……了。"他用手指着每一个字并装模作样地慢慢读着。

"哇！这很棒啊！"戴夫说道，望向房间对面吃惊地盯着他们的妻子。"我不知道你会读啊！"

杰克露出了一个大大的、自豪的微笑，但当戴夫翻页并等着他继续时，他变得非常害羞，说道：

"我觉得现在应该是爸爸读了。"

"当然，杰克。不过你学得真快！"

在某些时候，父母会不会觉得自己的孩子是天才？如果你有一个9个月左右就会说话和走路的孩子，就会有这种感受。第二年也是如此，他们每天都会有新的单词蹦出来，这些小小探险家热切地想做所有的事，包括刷牙、用叉子、自己穿（至少尝试）鞋。两三岁的孩子更是势不可当，他们每天都能学会用复杂的新句子、想起久远的事件以及意识到一些复杂的关联："蝴蝶不是苍蝇，对吧？"（蝴蝶"butterfly"的词根与苍蝇"fly"相同。）

认知发育就是智力的发育。孩子随着年龄增加会更聪明，他们知道得更多，更加理性，注意力集中的时间更长，并可以更好地理解抽象的概念，随着时间推移能解决更难的问题。他们也会逐渐意识到自己的思考能力（意识的开端），这意味着他们可以开始深思熟虑、卓有成效地运用自己的智慧。

这种改变在头几年里非常显著，因为婴儿刚开始不会说什么话。新生儿除了几个本能的认知（下面会提到）以外，基本上只能感觉和反应，而且年龄偏小的婴儿连这些简单的信息输入与输出都不成熟。出生时他们的大脑只有成人的 1/4，并且在母亲肚子里只能探索温暖而充满液体的子宫，你能期待太多吗？认知发育是大脑发育与成长经历互相作用的结果。两者在出生后头几年，极大地影响着孩子们的生活。大脑在出生后第一年就会长大 3 倍，在孩子进入幼儿园时已经充分发育。经验的成长伴随孩子的一生，但是出生后前几年对孩子影响非常大，此时突触还在形成，大脑处于可塑性最强的时间段。因此，在看着我们孩子取得一个又一个认知方面的成就时，我们不用感到惊讶。比起前 3 年的他，杰克俨然是个天才了。

这里的"天才"只是相对而言。如果不承认一些孩子比其他孩子聪明，就没办法谈论智力的问题。育儿理论比较消极的一面，就是让我们看到"别人家的孩子"竟然那么早会走路、说话、阅读或作曲。理智地看，这些壮举并不奇怪。自己的孩子也许在某些方面发育很快，但在另一些方面发育较慢；最后会在一些领域非常出色，而在另一些领域非常普通。（如果你没有发现闪光点，那么第一次与老师会面也许会解开谜题。）即便我们意识到孩子并不完美，也不会减弱我们看着他们不断发育、完善天赋、逐渐绽放的热情。

智力的生理学基础是什么？一个"聪明"的大脑到底应该具备哪些特质？这些又怎样在婴儿期和童年时期出现？

众所周知，智力是很难定义的，它到底是一种思维能力还是多种思维能力的集合？现在认为大脑是许许多多不同回路的集合，包括知觉、运动、感情、语言、记忆等，而不是铁板一块。这些回路之间联系非常紧密，但根本上还是不同的。我们能否认为大脑并不是单个器官，而是许多各自运转的强大机器联系起来形成的整体？

如果你持这种观点，那么逻辑上的推论就是：并没有单一一种智力，而是存在许多种类。所以"聪明"这一概念就意味着在某一个方面表现出色。教育心理学家加德纳·霍华德提出了"多元智力"的概念，划分出了7种本质不同的思维领域，其中包括言语、空间、数学、音乐、动觉、自省以及人际关系。现实中存在一些傻瓜天才，这些人总体上智力平平，但在某一领域却造诣极高，像语言、计算、绘画或音乐，而这些人的存在也证实了这种模块化智力的观点。近来的脑成像研究结果也说明那些在音乐、数学、语言或艺术等方面有极高造诣的人，确实在运用大脑某个部位时与普通人不同。那么诗人就很有可能拥有与我们普通人不同的异常发达的左脑；而艺术家和领航员有着强大的右脑；舞蹈家和运动员有更好的运动皮层、小脑和基底核；能深入人内心情感和动机的心理学家和政治家，也许有着不错的边缘系统。（到现在为止，数学和音乐能力还很难在大脑中定位。）

很明显，不同人有不同的天赋，任何关于智力的理论都应该考虑到许多不同的能力。但大部分心理学家仍认为有一种"综合智力"（能够总体上影响每一种思维能力的效率与准确性）存在。这个意义上的智力包括一些更基本的认知元素：感知、分类、抽象、记忆、注意力等，是任何方面表现出色必需的。"综合智力"并不能替代天赋，但如果缺乏这种"综合智力"，很难想象一个人能成为伟大的作家、建筑家、物理学家、钢琴家、政治家或者运动员。

于是问题回到了如何衡量智力。标准的方法是IQ测试——一个言语、立体空间以及数量问题的笔答测试（对孩子除外，他们靠口头答题），从而评定推理和抽象能力。IQ测试也会涉及很多非推理特质，比如动机、自制力以及注意力，这些对于任何一个领域的成功都很重要。那些认为IQ测试非常有价值的人，主要是看到了IQ测试的高度重现性和预言价值。一个人如果同时接受了各种测试，他的得分很相近，说明这些测试都涉及一些基本的能力。IQ测试结果也能较精准地预测一个人的学校表现以及职业地位。

然而IQ测试并不是完美的，它因种族和文化偏倚受到了批评。任何一个人，如果所处的社会文化没有文字，无论是猎人、抢劫犯还是和事佬，都会在这个测试中被定义为"智力迟缓"，这表明了其价值的局限性。IQ测试不会涉及一些特定领域的智力，像音乐、运动或人际关系的能力；也不会涉及智慧、创造力和常识等一般智能。心理学家已经证实，无论IQ测试结果怎样，人们会在一些现实生活场景中表现得很睿智。例如，有经验的买家能很快在超市架上分辨出最有价值的商品，而不同的马鞍能改变一个比赛的进程，尽管两者都要求很复杂的思考，但是这种专业知识与个体的 IQ 得分没有任何关系。换句话说，也许只有很少一部分学术成就比如 SAT、GRE 这样的测试，与之前 IQ 测试结果有关。对于那些在 IQ 测试中成绩不理想的人来说，IQ 测试可能成为一种隐患，让他们的潜力被低估，正如老师们根据孩子分数、民族或者性别特征来给他们定位一样。（例如一项调查显示，黑人大学生在一项比较难的语言测试前，如果看到了他们种族的得分，会比白人学生得分要低；但如果他们不知道这个分数，或被告知黑人和白人之间没有特别的差异，他们的得分就没有太大差异。相似的，女大学生在解决一项有难度的数学问题时，如果之前被告知这项测试有性别差异，她们往往会比男性得分低，而如果被告知没有性别差异，得分会不相上下。）

即便有很多限制，在一个文化群体中 IQ 测试依然被认为可以有效地对比个体间的认知功能差异，并且有很好的可重复性。这一章讨论的大部分研究都集中在 IQ 上，并不是因为这是最好的测量标准，而是因为其测量简单，也是研究员们最早用来解释智力的神经学基础的工具。IQ 测量的另一个优势是其数值在整个童年稳定增长。9 岁儿童确实要比 6 岁儿童"聪明"，而且我们可以根据孩子的智力年龄（大部分孩子得到同一 IQ 分值的平均年龄）来比较准确地推论出他们的认知能力。IQ 测试确实体现了在学校表现出色需要的能力，而且这个分数与之后的收入水平有一定关系。但这些联系就跟 IQ 自身一样复杂，到底哪些是先天决定的、哪些是后天形成的，正是下一章讨论的问题。

智力原理及发育

大脑如何拥有智慧？科学家们已经花了好几个世纪寻找答案，他们试图测量头的外形或神经活动等来解释为什么有些大脑更聪明。这些工作常被意识形态误导，古尔德·史蒂芬·杰揭露了一些早期的解剖学家如何因为自己的种族或性别偏见错误地测量大脑的尺寸和重量。我们应该对这些数据保持怀疑态度，但某些生物学特点确实与IQ测试成绩有一定的相关性。对于我们而言，最有意思的是这些生物学上的特点随着孩子的成长而改变，也表明孩子随着成长会变得更聪明。

如果我们把智力看成大脑的总体能力，那么大脑里没有一个"智力中心"也很正常。不像视觉、运动、语言、记忆、情感以及其他我们讨论过的思维能力，没有一个单一的神经系统专门负责推理、理解抽象概念或解决问题。在20世纪20年代的一组经典实验中，心理学家卡尔·拉什利发现有微小脑皮层损伤的小鼠，无论损伤的是哪个部位，都能很快走出诱饵迷宫。拉什利也进一步发现，是小鼠大脑损伤的大小决定了智力缺陷的水平。相应地，人类发生微小的脑损伤（无论在哪个区域）时，IQ并不会受到很大影响。最极端的实验研究了那些在越南战争中受头部穿透伤的老兵。因为军队中的所有成员在开始服役前都会接受认知测试（入伍资格测试，或称作AFQT），研究员们可以通过这群不幸的老兵来准确地分析脑损伤对智力造成的影响。他们的发现与拉什利的结果相似：很多老兵并没有很明显的智力损失，但是对于那些有大片脑损伤的老兵来说，损伤区域越大，他们的AFQT得分下滑得越厉害。

大脑的大小 损伤的区域越大，有功能的脑组织就越少，这些结果的一个推论就是：脑袋越大，就应该越聪明。当然，这是一个很古老的假设，18世纪、19世纪解剖学家一直使用这种不准确的测量方式。现在也有一条流行的推测：大脑的大小与智力之间确实有着某种联系。抛开之前研究的偏见，近期的一些证据表明这个推测有一定道理。好几项研究都发现，在成人IQ和头围之间存在着很小但有明确统计学意义的联系；相关系数在0到1范围内，1表示两者完全相关，0表示两者不存在任何联系，头部大小与IQ之间的相关系数为0.14。当然，头围只是一个间接测量大脑大小的办法，因为颅骨的厚度因人而异。CT和MRI扫描会有更好的数据，此时大脑容量可以直接测量出来，IQ与脑容量之间的相关系数为0.35。5～17岁的孩子也有类似相关性。这个联系表明大脑越大越聪明，但这个结果对预测个体的IQ价值很小。早期的解剖学家在解释为什么有些杰出的人士，比如沃尔特·惠特曼或解剖学界泰斗弗朗兹·约瑟夫·高尔，有着比常人还小的大脑时略感尴尬。

将童年时的认知进步都归功于大脑组织的生长这一解释很有吸引力。婴儿的大脑成长速度非常快，从出生到一岁，就从250克长到750克，5岁左右就到了1300克，也就是成人大小。显然，这个成长速度比身体其他任何部位都要快很多。大脑生长这么快，并不是因为新神经元的产生，而是因为灰质会随着突触和树突的大量生成而增加，白质会随着童年早期神经元的髓化而增加（见第2章）。

更多的突触形成了更大、更复杂的神经回路，这种发育毋庸置疑能大大拓展孩子的思维能力。这也是为什么儿科医生在婴儿出生后第一个月以及一岁前都会密切关注他们的头部大小（见图15.1）。但是即便髓鞘形成的速度减慢、突触的数量开始减少，孩子的智力依然在快速发展。阅读、写作、计算以及电脑程序设计，这些都只是孩子在大脑达到最大后取得的成果中的一小部分。显然脑容量的增加并不能完全解释智力的发育。我们需要寻找那些比大脑的重量或大小更准确的因素，来解释智力的神经学基础。

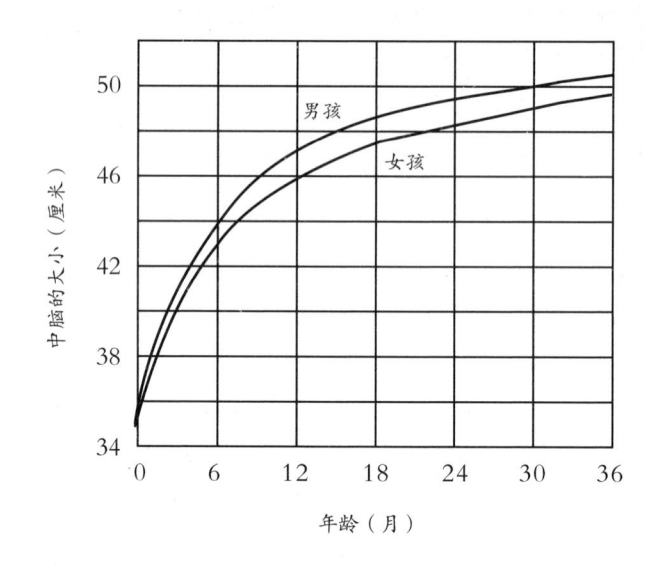

图15.1 前三年头围的增长。

思维速度 一种研究人类智慧的方式就是和电脑类比，电脑越大、速度越快，就越聪明。所以如果大脑大小不足以说明智力的差异，那么另一个可以考虑的方向就是大脑的反应速度。心理学家已经研究这个问题几十年，并且也找到了一些测量思维和神经传递速度的方法。聪明人在做一些简单动作时反应更快，比如灯亮的时候在一系列按钮上按下相应的按钮。他们也能更快地感知一些事物，比如判断出一对垂线中短的一个。后面的这种测试结果，也被称为"检测时"，能单纯地反映思维的速度，因为这种测试消除了做动作时间的影响：这组垂直线在电脑屏幕上只是一闪而过，测试者花多长时间反应都行。IQ 值高的人能只看 50 毫秒（也就是 0.05 秒）的图片就做出准确判断，而 IQ 值较低的看 100 毫秒图片也会出现错误。总体来说，"检测时"与 IQ 值的相关系数大约在 0.5 左右。

一些科学家在尝试评估反应速度时会直入主题，测量大脑内的电信号传导速度与 IQ 测试结果进行比较。一种衡量神经传导速度的方式就是测量事件相关电位（ERPs）。在这个测试中脑电波的电压会因为简单的视觉或声音刺激发生改变，而这些改变也会被贴在头皮的 EEG 电极收到。IQ 更高的测试者 ERPs 更快。这种联系在前 200 毫秒（也就是 0.2 秒）时最强，此时 IQ 和 ERPs 之间的相关性高达 0.5。这种早期反应主要反映了感觉信息处理的时间。但这种反应过早而没有涉及决策，一些人认为决策才能说明真正的"智慧"。

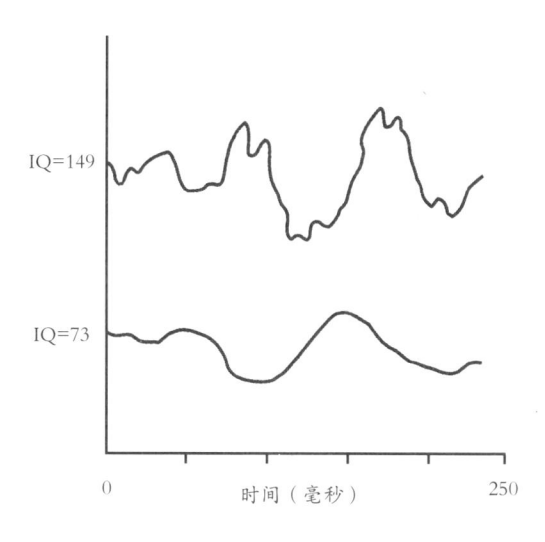

图 15.2　高智商和低智商儿童的 ERP 波形对比。（引自 M. 安得森 1992 年出版的《智力与发展：认知理论》一书；数据来自 H.J. 埃森克。）

除了速度快慢，ERPs 的波形也有差异。聪明的人会比迟钝一些的人 ERP 波形更复杂（见图 15.2）。这种不同也反映了大脑接受感觉刺激程度的不同。正如更高端的音频设备能播放保真度更高的音乐一样，更机智的大脑能更好地感受刺激的每一个细节，使 ERPs 显示出更复杂的波形。

速度的提升　毋庸置疑的是，神经反应速度的提升，在孩子的智力发展中起着很重要的作用。实际上，孩子们的大脑会随着年龄的增长而加快反应和缩短检测时间，在匹配字母或心理旋转等简单认知测试中反应速度会稳定加快。这些测试大部分都用在 5 岁或更大的孩子身上。童年中期（5～11 岁）反应速度增长最快。12 岁时，孩子在大部分认知测试上反应时间是成人的一半。15 岁左右，反应速度达到最大值。

反应速度的提升可能在婴儿期和童年早期更快，虽然这么小的孩子不可能接受测试。想想第 13 章：刚出生的孩子在视觉刺激下记忆的存储量会急速增长；新生儿需要仔细"研究"牛的眼睛或其他一些有特点照片几分钟之后，才能辨认出它们，而 5 个月大时可以仅仅在几秒之后就能形成记忆。大部分成人意识到婴儿和孩子需要较长的反应时间，这也是为什么我们在对孩子说话会放慢语速，让他们有更多时间回应，也会在他们尝试新挑战时更有耐心。但也有受不了的时候：早上出门的时候，为什么穿个鞋就要这么长时间！

电活动测量也证实孩子在成熟的过程中大脑的反应速度会加快。当新生儿接触一个简单刺激时（比如说触摸他们的胳膊），这个动作会在他大脑皮层中激发一系列电信号变化，但这个信号传输到目的地的时间是成人的 3 倍。考虑到体形上的差异（对于更小的测试者来说，信号所走的路程更短），从出生到青春期，神经元传输信息的速度一共加快了大约 16 倍。这种提速大部分都是在髓鞘化最快的第一年完成的。1～10 岁时，神经元传输速度还会加快 2～3 倍，这无疑是孩子在各种认知活动中反应速度加快的最主要因素。

反应速度的提升并不是伴随着大脑发育的唯一 ERP 变化特征，孩子的事件相关电位在头一年里也会变得更加复杂（见第 35 页）——事件相关电位的复杂程度是高 IQ 与低 IQ 成人的重要不同。另一个婴儿和孩子身上的惊人不同，是脑电波成分 P300 的缺失。P300（取这个名字是因为成人接受一个刺激后，会在 300 毫秒后出现正向波，即此波）可能是最适合描述意识发生的指标。不像 ERP 中早期出现的波（在 300 毫秒之前出现的波）反映的是脑干以及大脑皮层低级中枢的活动，P300 反映更高级皮层的活动。

大多数数据显示，P300 在婴儿和幼儿的脑电中根本不存在，最早能清楚辨认出此波的时间是在 4 岁左右。虽然近期有研究显示，5～10 个月的婴儿在突然听到音乐旋律会产生类似 P300 的波，但这个电信号比成人要小而慢得多（也许称为 P600 差不多）。还有些研究认为，在刺激结束后 1400 毫秒，才会在婴儿脑电波中产生正向波。婴儿到底会不会产生真正的 P300 仍存在争议，但即便他们确实会产生，也很明显是不成熟的：直到青春期末期才能达到真正的 P300 的振幅和速度。

"效率" 我们很容易理解为什么反应快的大脑就是聪明的大脑：在有限时间内，如果能处理、储存、回忆、分析更多信息，那么思维能力就更强，就像在一定时间内，高速公路车流的速度越快就能有更多的车辆通过。在效率问题上，增加速度就等同于增加脑容量，提高速度也比长一个大脑袋容易多了。但速度还有另一个优势：更快的处理意味着更有效的处理，也就是每一位司机在高速公路上都能更早回家，耗更少的油、产生更少的污染。

最近有证据表明智力可以通过大脑的相对效率来体现。影像学实验揭示了聪明的个体与低 IQ 的人执行同样的思维任务时，前者消耗的能量（葡萄糖）更少。在另一项研究中，科学家在一群大学生熟练掌握电脑游戏——Tetris（一项视觉空间任务）前后给他们做了 PET 扫描。首先，他们发现随着对游戏的熟悉，所有人都会减少能量的消耗；其次，高 IQ 的人在学习之后代谢降低特别明显。换句话说，智力问题对聪明人就是简单：比起智力稍差的人，他们不用动用那么多智力"肌肉"就能解决问题。

如果我们考虑到孩子大脑的能耗，这项发现会变得很有意思。撇开他们缓慢的传输速度不管，孩子的大脑比成人大脑消耗更多。从出生到 4 岁，葡萄糖的消耗会快速增长，此时基本是成人消耗的两倍左右；然后在童年中期以及青春期时慢慢下降（见第 2 章）。这种能量的消耗与孩子大脑中突触的大量增长和完善相伴，这样就可以解释他们大脑的低效率了：信息传输通路太多了，包括"高速公路""宽敞的大道""小巷子"，而这些通路的路程又不同。虽然这种过剩的通路（这也是孩子们拥有极强学习能力的原因）非常有用，但这也意味着其整体效率会降低。

大脑的效率与成人的 IQ 相关，也对孩子稳定的大脑发育做出了贡献。实际上，我们之前也在早期语言学习中发现过这样的联系。年龄小一些的幼儿在认字时，相比掌握词汇多的较大孩子，会使用更广泛的脑区（见第 344 页）。另一项近期研究中，7～12 岁的孩子在一个简单的字母区分任务中，会比成人激活更大面积的脑区。认知的发育如同流水线，效率至关重要。

智力与额皮层　大小、速度和效率都是大脑整体的特点，这也说明智力与大部分思维功能不同，并不是定位在某一区域，而是大脑的整体功能。但是要谈论智力的神经学基础，就必须得提大脑额叶，尤其是位于运动皮层前端的前额皮层。前额皮层在进化中出现较晚，没有证据显示古老的哺

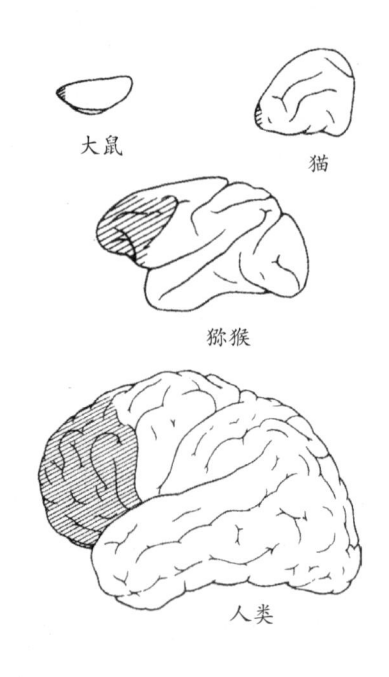

大鼠

猫

猕猴

人类

图 15.3　图中阴影部分为 4 种哺乳动物的前额叶皮层。由于大小差异大，并没有按比例绘制。（引自坎德尔等人的《神经科学原理》，引用经出版者同意。）

乳动物有该区域，但在灵长类动物中却很明显，在人类中最突出（见图15.3）。它会参与大部分复杂的思维活动，包括注意、记忆、语言、创造、计划以及自我意识。额叶受损对于一个人来说可能是灾难性的：性格严重改变，无法完成任何需要智力的工作。让人惊讶的是他们的 IQ 几乎不受影响，这主要因为额叶并不参与 IQ 测试涉及的"快速"和"聪明"方面的智力，它们主要负责"智慧"地判断和思考。

前额皮层的另一个功能是执行功能，就像大公司的 CEO 一样，前额皮层会接收整个大脑的信息，包括每一种感觉、边缘系统中发生的记忆和情感以及皮层下系统控制的心境、唤醒度和其他基本的功能。然后它会整合各种输入信号，做一个决定，最后通过临近的额叶运动区域执行谈话、运动和其他活动。前额皮层在整合有时间跨度（包括过去和未来）的信息中起着非常重要的作用，额叶损伤的人，尽管可以很清晰地回忆起事件的细节，却记不起来发生的时间，他们很难为一个目的计划和工作。

这个问题部分与抑制有关，这也是额叶的另一项重要功能：计划的成功并不仅仅靠朝目标努力，还有对其他冲突行为的抑制。Stroop 测试显示，有额叶损伤的人抑制力较弱。在这项测试中，受试者会看到一些有关颜色的单词，比如"绿色"，而这个单词却用其他颜色的墨水书写。正常成人可以忽略单词的内容，而正确地说出他们看见的实际颜色。额叶受损者则相反，会不由自主地说"绿色"，他们缺少眶额皮层的抑制力，而眶额皮层在社会行为和情感调节方面起着重要作用（见第 12 章）。

工作记忆和注意力也是对智力发育重要的额叶功能。工作记忆是一种有意识的短期记忆，让我们记住电话号码或刚认识的人等信息。这些信息不会保留很久，但对大部分思维活动很必要。工作记忆是由额叶上部负责的，这部分区域也被称为背外侧前额叶皮层。

注意力由几个不同的大脑区域负责，这些区域只有一个负责有意注意，那就是前扣带回，即扣带回的前半部分。它在情感体验方面起着重要的作用。前扣带回可以进一步分成管理情感的下半部分和负责注意力的上半部分（见图12.1）。影像学研究表明，当一个人专心注意一个刺激或任务时，前扣带回会很活跃，任务越难，活跃性也就越高。随着对某个任务的熟悉，前扣带回的活动性会降低。前扣带回的损伤会造成判断障碍、注意力障碍、忽视自己的身体和周围的环境，以及其他一些自我意识障碍。前扣带回活动也许最接近所谓的"意识"，所以观察到一个孩子的前扣带回激活相当有趣。

额叶的发育

孩子发生额叶损伤的后果与成人惊人地相似：时间概念减弱、注意力缺乏以及自我控制或行为抑制减弱，而且自我意识也比正常人弱。由于额叶是大脑中成熟最慢的部位，这些后果可能会极大地限制孩子认知能力的发展。

额叶发育开始就比其他区域滞后很多。它最晚形成脑沟——深深的沟壑形成了大脑皮层菜花样的外表，并为功能分化提供了条件。出生后，额叶是大脑中突触形成和精简最慢的部分。突触的密度直到7岁才能达到最大（视觉皮层在一岁时就达到了），然后会逐渐地减少，直到青春期后期才慢慢稳定在一定水平。另一个限制孩子认知进步的因素是多巴胺，这是一种神经递质，可以影响很多脑回路，在额叶中的含量提升非常缓慢。额叶髓鞘的形成也非常慢，一直持续到25岁左右。电信号和代谢方面的数据都证实了额叶的神经活动发展比大脑其他部位都慢。因此有理由相信，额叶的不成熟限制了孩子的智力，这也解释了为什么他们不能成熟、智慧地做出判断，灵活思考以及管理想法。

两个半球有差异

最后，为了完全理解大脑如何创造智力，我们必须考虑两个脑半球之间的功能差异。在之前的章节中我们了解到语言是左脑的主要功能。右脑在空间视觉上举足轻重，用于理解图形、想象物体旋转以及在全新环境中找到正确的路。实际上左右半球的不同远不止于此。左脑在顺序和符号处理（不仅是语言，还包括数学和音乐）时，会显示出明显的优势，而且通常分析更多。右脑更多涉及情感（见第12章），并在处理问题时表现出同步性和整体性。对这些不同的一种解释是，左脑更理智，而右脑更容易凭直觉。但这两个半球并不能完美地相互补充。对大多数人而言，左脑实际上主宰着右脑！

很有意思的是，婴儿出生时右脑略占优势，因为这半边大脑皮层比左脑更早开始形成表面沟回。这样的发育次序对婴儿意义重大，因为空间视觉对学习够、爬或跟在喜欢的玩具后面非常有用。两岁时，左脑才慢慢赶上进度，此时语言能力开始飞速发展，孩子更多意识到自己和自我的意愿。而在这之后（直到4岁左右），两个半球间的交流有很大改进，使孩子的理性与感性整合在一起，实现自我意识的飞跃。

大脑发育及认知行为里程碑

随着大脑发育，意识也在发育。显然，大脑生长、反应速度和效率的提高、额叶的出现以及两个半球之间的交流加强，会很大程度上改进孩子们的智力功能。但是我们还可以更进一步，在这些改变之外，找出一些大脑发育的标志性事件。

神奇的婴儿特技：关于婴儿认知本能的最新发现　一个只有几处连接、反应迟钝的大脑能做什么？其实做不了什么。很小的婴儿只有很低的智力；他们不懂语言，不能很好地记忆事物，不能控制自己的行为或情感，不能保证自己存活（奶瓶都握不住）。考虑到最后一点，研究人员意识到不应该受限于婴儿的运动能力而进入误区。与其让婴儿去完成任务，不如仅仅设计实验让他们注视目标，结果发现：婴儿也有一些高级的认知特点。我们已经了解到，婴儿不仅能辨认熟悉的脸庞、声音以及其他熟悉的刺激；6个月以下的婴儿还有一些推理、分类和抽象理解能力（这些都是智力的标志）。考虑到那些执行功能的器官是如何不成熟，这些能力更令人惊讶。

出生后仅仅4周的婴儿，就已经能够储存物体的抽象表征，正如第5章的"粗糙奶嘴"实验显示：婴儿倾向于注视他们含过的奶嘴——无论是光滑的奶嘴还是粗糙的奶嘴,而不是看过的。婴儿能够根据含物体经验辨认物体的外表,说明他们已经能将不同感觉联系起来。另一个关于婴儿这种"交叉"意识的例子,是他们模仿面部表情的能力(见第12章),这项任务要求婴儿的视觉与运动输出联系较为精确。

分类是另一个婴儿抽象思考能力的例子。新生儿都能判断一些相近的声音或音素,并根据实际的语言分成不同的类别(见第14章)。出生后4个月,婴儿就可以根据形状、颜色(见第9章)或数字来分类物体。甚至新生儿在看着数列时,会觉得2与3之间有区别(虽然4与6对他们而言有一定难度)。也许最惊人的就是5个月大的婴儿能解决简单的加减问题:当看过娃娃是怎样增加减少之后,他们会对错误的娃娃数量表示惊奇(盯的时间更久)。

还有一些研究集中在婴儿的物理推理。3个月大时,婴儿可以分辨出哪些是可能的,哪些是不可能的。他们看见一根长萝卜消失在短屏幕后时会显得很惊讶,而短的萝卜消失在短屏幕后几乎不能引起他们的兴趣。他们也会对浮在空中的木块注视更久,而放在地上的不多过问。所有这些都告诉我们,他们已经能综合考虑原因和结果,并且准确地预测到物体和重力会如何相互影响。

婴儿在出生时就有一些很惊人的复杂认知能力。他们能理解这么多,而又几乎没有经验,这就说明这些认知能力是大脑天生的。智力起源于一连串的认知本能——感觉可以融合、物体可以分类、有果必有因、数量可以叠加……这些认知本能被提前编好、可以用最不成熟的大脑运行,对塑造早期感知经历非常重要。

8个月:额叶开始工作! 埃米莉坐在爸爸大腿上,兴奋地盯着桌子对面的研究助手拿着的黄铜铃铛。确认埃米莉在看后,助手将铃铛放入桌子上两个相似套管中的一个,并迅速将两个套管盖上桌布。埃米莉很想去够那个铃铛,每个8个月大的孩子都会如此,但她爸爸温柔地将她的胳膊拉回来,而助手也通过扮鬼脸来分散她的注意力。5秒钟后,示意爸爸可以松开手,而埃米莉打开右边的套管并高兴地抓住铃铛。

现在,埃米莉看着研究员将铃铛藏在另一个套管下,也就是左边的那一个。爸爸会限制她的胳膊，两个套管被盖住，她的视线被引向实验者的脸。5秒钟后，埃米莉再次向右边的套管伸手，发现没有铃铛时显得很惊讶。

为什么她清楚地看见铃铛被放到左边却还是向右边伸手？理由很简单：她的额叶反应没有跟上。无论是工作记忆，还是抑制能力，都不足以驾驭她冲动的欲望（或者更确切地说，是她的程序记忆），想要再一次伸手够右手边的套管，因为她刚才成功地从里面拿到了铃铛。

这个经典的实验是让·皮亚杰设计的，也被称为"A非B"实验，实际上所有和埃米莉同龄的孩子在将玩具第一次藏在套管A时，都能正确地找到，但当玩具移到B时就会犯错误。虽然皮亚杰将埃米莉的错误归咎于缺少"物体恒常性"——当物体不在眼前时，能够在记忆中持续的时间。埃米莉当然记着铃铛的位置是在套管B；她的眼睛盯着正确的位置，但手却伸向错误的地方。她的问题是不能在保留这个信息的同时，抑制自己向套管A再次伸手的冲动。如果藏与找的时间间隔足够短，大概2~3秒，她是可以正确办到的；但要在整整5秒钟内，完全记住所有事情（铃铛在套管B，她应该打开桌布去抓的，而不向套管A伸手），对她而言实在太难了。

"A非B"这个实验比看起来要难多了；它要求计划、抑制力、工作记忆以及至少有点注意广度，这些都是额叶功能，而埃米莉那个年龄的孩子还没有充分发育。每一项技能都会在接下来的几个月中慢慢出现，此时也是额叶逐渐开始工作的时候。等到9个月大时，她能在9秒钟内记住隐藏地点被换了，而到了12个月大时，她能记整整10秒钟。

为了证明记忆不是7~12个月唯一改进的额叶功能，研究人员设计另一个任务。让埃米莉坐在一个透明的树脂玻璃盒子前，里面放着一个红色的乐高积木。盒子的上方是开着的，盒子前面有一层透明障碍将埃米莉与玩具隔开。埃米莉不停地撞在障碍上，尝试去够那块积木，但她就是找不到一个可以抓玩具的方法。如果将障碍去掉，或者把积木移几英寸放到盒子后边，让她看到就能够到，她能做得很好。她甚至可以在障碍完全不透明、玩具被藏起来的情况下拿到它。如果她能看见玩具，却不能够到时就会出问题。这个年龄的孩子不能抑制直接去拿可见目标的冲动。

在这项任务中,记忆不是问题,问题出在缺少计划和抑制力,但它们也会很快出现。9个月大时,一半的时候她能成功越过障碍,等到11个月大时,这就完全没问题了。

8~9个月是认知发育最主要的里程碑。7~12个月的脑电图测量显示,随着婴儿在"A非B"任务上的表现逐渐改进,额叶活跃程度也在同步加强。多亏了额叶活动度的迅速发展,婴儿可以用一种有意义、简单、有计划的方式理解这个世界。埃米莉不会看到什么都伸手去够;现在,她能够形成一个初步的目标,并在执行时抑制其他冲动。

8个月时重要的情感里程碑——依恋出现了,这同样依赖于额叶的发育。这么大婴儿知道玩具放在哪里,可以直接拿到它。他们也认识了最初的看护人,并用尽全力(包括动来动去、哭泣和紧贴着等方式)让他们留在自己身边。依恋是一项重要的认知发育,因为这意味着婴儿有了一个可以探索外部世界的安全港湾。但这并不是情感和智力发育唯一相连的地方。从第7个月开始,额叶逐渐成熟,婴儿的动机、注意力和抑制力也会改进,这些都能帮助他们专注于(但仅仅只有一点点专注力)身边的全新挑战。

8个月大,充满神奇探索和丰富情感的美好一年开始了。对这个年龄的宝宝而言,每一项事物都非常有趣、令人兴奋,他们仍旧又可爱又顺从。

18个月:语言和自我意识 下一个认知大跳跃发生在第二年的中间。此时,孩子的感觉和运动系统已经基本成熟,而且他们能认真专注于更高级的思维能力。大部分父母会感叹:"他已经不再是个婴儿了!"更坚定的脚和更敏捷的手指让婴儿形象成为过去,我们面前已经是一名有意识、有能力并且非常好奇的幼儿了。

语言变化最明显。在20个月大时,贾森已经知道了很多东西——"坐在自己的位置上。""鞋子在哪里?""咱们做爆米花吧!",单词开始变成2~3个词的句子。这些进步都是左半球从顶叶到额叶成熟的产物。随着真正语言的出现,幼儿开始拥有象征性思维,此时即使没有立即输入感觉信号,也可以形成记忆和概念。在这个年龄,婴儿的认知能力终于战胜黑猩猩幼崽,语言居功至伟。

然而,语言并不是幼儿在一岁半时仅有的智力进步。其他惊人的变化也随之发生。这要感谢额叶活动的迅速增强。自我控制出现了，它是比一年前出现的额叶抑制力更高级的能力。虽然更小一些的孩子，可以用一种更强烈的冲动，比如拿一个早就想要的玩具，抑制一些反射或自动倾向；但贾森确实能控制住自己（至少一段时间）。例如，他能在冲去打开包装闪亮的包裹或从杯子里拿出葡萄干前，整整等上 20 秒钟。自我控制是任何一种有纪律的学习的主要要求，尽管贾森离完全成熟还有很长一段路要走，但他至少已经开始。

看着贾森盯着葡萄干的杯子，你可以说他在有意地控制自己。实际上，18 个月是孩子自我意识全新阶段的开始，是意识的黎明。经典的自我意识实验，是用某种方式（如在鼻头上画上一个点）标记一个实验对象，然后将他放在镜子前，观察他是否会注意到变化。在猿类中，只有类人猿，比如黑猩猩和猩猩，可以通过这个自我认知实验。一些 15 个月大的孩子似乎可以辨认出自己，但直到两岁半之后，大部分幼儿才会尝试擦掉颜料。有唐氏综合征的孩子通过实验的时间会大大延迟，这反映了他们智力损伤的程度。另一个自我意识增长的标志是"我、我的"之类词语的运用，大概发生在两岁时。这也许反映着左半球的支配优势，我们在成人中也能看到。这也有可能是前扣带回（额叶的边缘核）的作用，很多证据表明，前扣带回是意识发生的地方。无论这个新出现的自我感觉的神经学基础是什么，它是健康发育的标志，即便它让婴儿看起来不再那么天真无邪。

3~4 岁：探索思维　3~4 岁发生的另一个改变，也许是因为两个半球之间交流更好造成的。4 岁的孩子比 3 岁的孩子聪明得多，他们更多地意识到自己的感觉，并且开始意识到事实与外表不完全一样。例如，3 岁大的孩子很难理解即使通过一张红色的透明纸看一片白云，白云本身仍然是白色的；她不仅会说云看起来是红色的，还会大声宣扬"这真的就是红色的。"另一方面，如果你给她一片看起来像花岗岩的海绵，告诉她这是什么，她会接受这是一块海绵；而且坚持这看起来就像一块海绵，而不像一块石头。换句话说，如果面对一个性质模糊的物体，3 岁孩子很可能因为外表犯错误，但如果面对确定物体，他们又会否认它的外部特征。

4 岁之后，尤其是到 5 岁的时候，孩子们已经能够很好地区分外表与事实了。他们知道海绵可以看起来像是一块石头,而且无论通过什么颜色的墨镜去看,云都是白色的。他们能更好地从想象事件中分辨现实(虽然衣柜中的怪物还是很可怕),并且开始接受一个物体或人在不同时间,可能有不同的性格。(3岁孩子认为蝙蝠侠和布鲁斯·韦恩是两个人。)随着朱莉娅离她的4岁生日越来越近,我注意到她开始询问那些故事书中的生物是不是"真的",她甚至开始询问圣诞老人是真的还是假的。

关于外表与事实之间的区别有一点很有趣,那就是:这并不是我们教给孩子的。研究人员尝试着向3岁孩子反复展示看起来像别的东西的物体(像苹果的蜡烛、真丝做的花、橡皮铅笔),或者是大小、颜色不同的物体(放在放大镜下的一粒盐、蓝色透明杯子中盛的牛奶),并很认真地解释,这些物体"看起来"和"实际"是怎样不同,但没有丝毫作用。对大部分物体、人和事件,3岁的孩子会坚持认为外表和事实完全一样。看起来只有年龄的增长,才能真正教会孩子质疑他们的感觉,或发现同一个物体可以在不同时间看起来不一样。也许是随着年龄渐长,大脑两个半球之间的交流增多,让孩子的感知能力(右脑的能力)联合她迅速发展的分析能力(左脑的能力),提高现实验证的水平。

学龄前孩子不只质疑事物的外表,他们也开始意识到内在想法以及动机,并且意识到其他人可能与自己不一样。这个改变是通过一项错误信念测试验证的:两个孩子,3岁的康纳和4岁的马克斯,看着一个成年人将一个蛋糕放进柳条筐中。然后马克斯被带出房间,之后康纳注视着成年人将蛋糕移到了新的藏匿地点——一个木头盒子里。在马克斯回来之前,问康纳"马克斯会在哪里找蛋糕?"他的回答很惊人。像大部分3岁孩子一样,康纳说马克斯会在木头盒子中去寻找,即便马克斯并没有看到蛋糕被转移。康纳不明白不一样的人会得到不一样的信息,而且可能会有不同的信念。而马克斯在这项测试上完全没有问题;当两者的角色互换之后,他很快意识到康纳不知道这个转换,甚至还有点儿得意地觉得弟弟不可能找到蛋糕。马克斯意识到这一点,可以算是他社交发展的一个重要环节。明白人有各自的想法和思想,帮助孩子们从童年早期的单纯自我主义走出,进入一个具有更好情感和社交能力的阶段。

这两大进步(包括区分外表与事实以及意识到他人的想法),反映了学龄前认知发育的基本趋势。3~5岁，孩子们开始明白思考到底是什么。正如心理学家所说的，孩子们有自己的一套思维理论，对思维形成了一个基本的意识，并且能分辨概念、记忆、梦境、渴望、信念以及想象。你可以从他们的玩耍中看出这一点，他们开始接受一个人有不同角色（像母亲、孩子、医生、患者、老师、朋友等），并且开始将其他人的行为分为内在动机、愿望、秘密等。孩子们在自我意识和与他人相连的能力上，前进了很大一步。对于家长这也是很重要的里程碑，意味着当我们向孩子讲起其他人的感受时，他们真的知道我们在说些什么。

6岁：推理的开始！ 童年早期被定义为在上学前，但这个年龄不仅仅是个法定标志。6岁意味着一个转折点，此时大部分孩子（无论他们处在何种文化背景下）智力都达到了一个全新的水平，这既表现为特定技能（包括绘画、记忆和语言理解力）的发展，也表现为更强的注意力、控制力和自我意识。当然，这些改变并不是一夜之间发生的；大部分都是从幼儿期到学龄前期慢慢进步的。6岁确实有其特殊之处，此时各种认知的碎片集合到一块，让孩子们开始真实、有方向地学习。在世界各地，孩子们都从6岁左右开始接受真正的教育，或开始对家里做出贡献（包括照顾动物、在田间工作或照顾更小的兄妹）。

这项改变在大部分孩子身上都有体现，是大脑成熟的结果，6岁确实标志着大脑皮层的一个转折点。大脑的能量消耗（大脑整体活跃度的代表）在4~8岁达到了一个最高点，而之后就会逐渐降至成人水平。这种变化与大脑中突触的增多和精简几乎同时发生。在7岁的时候，额叶中的突触开始减少，并淘汰最没用的成员。这也是P300电位（大脑皮层中缓慢的、正向电反应，可以反映有意识的注意过程）发展的一个重要阶段。P300在4~8岁经历了最夸张的变化，这之后会变得更接近成人的水平。

皮亚杰有自己的方法评估这个阶段大脑的成熟程度，即运用著名的"守恒"任务。我们可以在自己的4~8岁孩子身上试试这个方法。将两个矮胖的杯子中装入等量的水，并问孩子"这两个杯子里的水一样多，还是有一个比较多？"之后，将一个杯子中的水倒入细长的杯子中，并向孩子问同样的问题。

4岁的孩子几乎马上就回答细长的杯子有更多的水。两个杯子中水的高度的差异让他们无法相信二者的量是一样的，即便你将细长杯子中的水再倒回矮胖的杯子中，并向他们展示，结果也是如此。相反，8岁的孩子知道这个量不可能改变。如果进一步询问为什么二者外表会有如此大的不同，他们会告诉我们高度的不同是因为宽度造成的，甚至会自己将水从细长的杯子倒回矮胖的杯子中，证明自己是正确的。

8岁与4岁的不同，就在于推理的出现，孩子们终于开始相信自己的思维过程，甚至直觉。皮亚杰称之为"具体运算"思维，此时孩子们开始运用逻辑解决问题。虽然小一点的孩子可以做几道加法或认识一些字，但只有到了这个阶段的后半段（6岁之后），他们才开始明白背后的思维，例如加法的反面是减法、字母的组合形成单词。我们可以尽情去教他们，而大部分四五岁的孩子无法明白这些概念之间的联系。

神经学家从另一个角度理解这个阶段：这是孩子们开始掌握额叶任务的年龄，这些任务基本上都要求注意力和抑制力。例如，6岁时，孩子们可以在一项特殊版本的Stroop测试中达到成人的水平，这项测试要求他们在看见一张有星星的黑色卡片时说"白天"，而在看见有太阳的白色卡片时说"夜晚"。另一项抑制力的测试是一个简单的打击任务，要求孩子在实验者敲击一下时，他们就敲击两下，反之亦然。6岁或7岁的孩子们能很好地战胜模仿实验者的诱惑，并且能够专心敲击与示范者不一样的数目。从更实际的层面来讲，这种控制意味着6岁孩子实际上已经能够抑制欲望（3岁或4岁孩子在这方面会觉得很困难）。还记得第12章提到的棉花糖实验吗？3岁或4岁孩子在面临现在得到一个棉花糖或20分钟后得到两个棉花糖的选择时，很少能抵挡住立马就吃的诱惑，而5岁或6岁孩子，在控制自己并得到双倍奖励并没有太大困难。抑制力对最简单的认知任务都很重要。学龄前后期抑制力的大幅改进，也跟孩子在6岁时达到的纪律和思维控制水平很有关系。

当然，6岁并不是认知发育的终点。一年级学生在推理、专注、解决问题、处理抽象概念和计划等方面要达到成人水平，还有很长的路要走，更不用说阅读、书写和计算。对他们有利的一点是，在剩下的童年时间里，脑内依然有大量突触需要精简，髓鞘也可以增加。这些硬件的改善解释了为什么孩子，即便缺少认知的参与，也能比成人更好地学习。成人可以掌握最新的电脑游戏，或在几次尝试后就能记住新歌的歌词吗？孩子的大脑就是用来学习的，而当我们考虑这种可塑性以及他们稳定改善的神经传导速度和效率后，也就不用惊讶我们12岁或15岁的孩子突然有一天已经掌握了一种外语、能计算，或是能做出不少小强填字（一种填字游戏）。

这些能力对那些刚刚开始学习阅读的一年级学生，可能还很遥远。其实他要面对的障碍比起已经取得的智力成就不算什么。有发育完全的大脑和成熟的额叶，6岁孩子已经可以像成人一样思考了。此时，所有的认知基础设备已经到位，只需要一些锻炼，孩子的智力就可以达到成熟状态了。

婴儿IQ测试不能准确预测未来IQ

真正的成熟是什么？孩子最终会有多聪明？这些就是育儿的"终极问题"。当然，我们都希望孩子们开心、健康、能适应环境，但家长关心最多的问题还是智力。我的孩子是不是很聪明？他在学校表现的怎么样？我能做些什么才能提升他的智力发育？

一旦发现怀孕测试是阳性，这样的推测马上开始，"我很庆幸嫁给了戴夫，而没有嫁给高中那个傻瓜。"杰西卡想，还开始担心之前喝的那几杯葡萄酒。这种猜测在孩子真正出生后，变得更加强烈，家长会从孩子的一举一动中搜寻天才的迹象："医生说他控制头部的能力，跟4个月大的孩子一样。"杰西卡在杰克的8周健康检查之后很得意，甚至祖父母都爱展望新出生孙子的美好未来。

杰克到底有多聪明？有没有一个"婴儿IQ"测试，以便预测我们孩子的未来智力呢？心理学家已经花了大量时间和精力去寻找一个这样的方法。当然，现在有很多常见工具可以评估婴儿的发育情况，包括丹佛智力发育表、格赛尔发展量表以及贝利婴儿发展量表。例如，贝利量表，能够检测许多能力，比如4个月大的孩子是否会伸手够东西，或是12个月大的孩子是否会对简单命令做出反应（如"将积木放到杯子中"）。它在发现脑瘫或精神发育迟缓等严重问题上非常管用，但在预测健康孩子的未来IQ上并没有很大作用。一个婴儿的6个月或甚至12个月的贝利量表得分，与他或她的成人IQ没有任何关系。等到两三岁时，孩子在一些测试上的得分会与未来的IQ有联系，但直到五六岁时，联系才显得很紧密，相关系数接近0.7，意味着我们能发现哪些孩子会比较聪明。换句话说，即便孩子在两岁时还不能说话或搭积木，也不代表他不是天才。

这些"婴儿IQ"测试之所以不能很好地预测成人IQ的原因是：它们倾向以运动或知觉能力为基础。6个月的孩子是否能拿起一块积木，或是10个月的孩子可以用万能马克笔涂鸦，在那时候看起来貌似很神奇，但这些能力与一般智力要求的语言和空间能力没有任何联系。最终，研究人员开始转向一些不那么依赖婴儿运动发育的测试，但那些测试还是包括了认知能力发育的内容。

其中一个测试就是视觉识别记忆。婴儿在出生后第一个月，就已经能非常娴熟地辨识特殊视觉刺激。如果让婴儿习惯看一种画面，比如一个国际象棋板，然后向他展示另一幅画面——公牛的眼睛，他会兴趣盎然地盯着新画面。这项任务看似简单，甚至刚出生的猴子都能完成（它们比人类新生儿的表现还好），但其中包含了信息传导的最基本步骤：动机、注意、理解、表征、记忆存储和提取、区别以及辨认能力。我们的大脑在寻找一个单词或比较两个数学量时，会经历同样的过程，只是这些功能需要存储更多的信息。

测试视觉认识的最好年龄段是2~8个月。（更小的婴儿视觉发育得不够，而更大的婴儿无法坐那么久。）如果对足够大样本量的婴儿进行视觉习惯或新事物偏好测试，然后在童年甚至青春期再对他们进行IQ测试，就会发现那些会花更少的时间关注熟悉刺激（也就是习惯得更快）、花更长时间注视新刺激的孩子，IQ更高。很多研究持续至今，得出了婴儿的再认记忆与2~8岁IQ的相关系数为0.4的结论。一项近期调查一直追踪到孩子长大成人，发现小时候盯着国际象棋板的时间能预测18岁左右的IQ值。（该研究中的孩子都是早产儿。）这些结果告诉我们，信息传递的差异从婴儿时期一直持续到成人时期；能够更有效率地处理并记忆刺激的孩子，长大后也保留这些优势。

再认记忆并不是唯一能预测未来智力的婴儿能力。跨通道知觉也可以，它是将一种感觉或运动形态转换为另一种的能力。能通过视觉辨认出之前摸到但没看到的玩具（放在盒子里）的孩子，会在IQ测试中得到更高的分数，而无法做到该转换的孩子得分相对低一些。物体位置记忆力也可以预测未来智力。在"A非B"实验中，能记住隐藏物体位置的孩子要比很难记住的孩子在整个童年都有更高的IQ得分。还有一个有趣但证据不太充分的指标就是孩子辨认母亲的能力：母亲在场比陌生人在场时说话更多的婴儿比两种情况下差异不明显的婴儿IQ得分更高，这种现象一直持续到12岁。

这些婴儿测试值得注意的一点是：统计数据显示极有可能相关，但相关性并不高。我们可以说，能更快适应的孩子，以及在"A非B"实验中表现更好的孩子可能会比平均水平IQ更高，但这些测试并不能精确地预测一个孩子的未来IQ。

孩子聪明的原因

到底是什么让一个孩子比另一个信息处理能力更强（甚至在婴儿时期）？研究人员猜测：速度是区分"聪明"与"愚笨"的主要原因。尽管婴儿总体上处理信息的速度比成人慢很多，但有些婴儿貌似比其他婴儿快那么一点，而这样的不同会一直持续到成人时期。对视觉习惯化而言，速度是一个很明显的因素，因为能更快处理和记忆刺激的孩子，会更容易变得无聊（也就是看熟悉画面的时间变短）。对其他能力，比如移觉，速度也许是指有效率地处理、存储信息，以及辨认不同的刺激。

无论孩子还是成人，反应速度与IQ之间的关系是毋庸置疑的。在6～12岁，更聪明的孩子在测试检测时的游戏任务中反应更快；有天赋的孩子在4～7岁也比普通孩子表现出更快的P300电位。在一项近期的调查中，研究人员证实速度上的差距一直存在，无论是参加视觉习惯化测试的7个月婴儿还是参加知觉测试的11岁少年。因此，虽然大部分孩子从婴儿期到青春期之间在信息处理速度上都会有很大的进步，但"快"与"慢"的差距一直存在。

速度并不是唯一让大脑更聪明的原因，还有记忆容量——一个孩子能储存和回忆新信息的量。IQ 也与孩子大脑大小有一定关联。头部周长大于 35 厘米的新生儿，比出生时头部周长为 32 厘米的孩子在 4 岁的 IQ 得分要高 7 点左右（见图 15.4）。从童年中期到末期，大脑容量，尤其是前额皮层的容量，能预测孩子大概 20% 的 IQ 值。

在测量孩子头部周长或测试他的游戏反应时间之前，要了解智力有很多种，IQ 不能反映每一种，这一点很重要。随着我们更深入地了解某些特定智力（语言、空间、数学、音乐、动觉、人际关系等）的神经学基础，我们会了解孩子的每一种思维能力的神经学测量方法。已经有证据将语言能力与一些特定的大脑区域联系在一起。例如，比同龄人更快掌握发声的孩子，额平面常不对称（左边大于右边）。而反过来（右边大于左边）的孩子，在空间智力上表现更好。近期也发现语言能力与孩子的胼胝体（连接两个脑半球的大量纤维物质）相关。随着我们更深入了解大脑如何控制智力，可能有一天能很早地预测孩子的智力，进而提升能力或是弥补弱点。

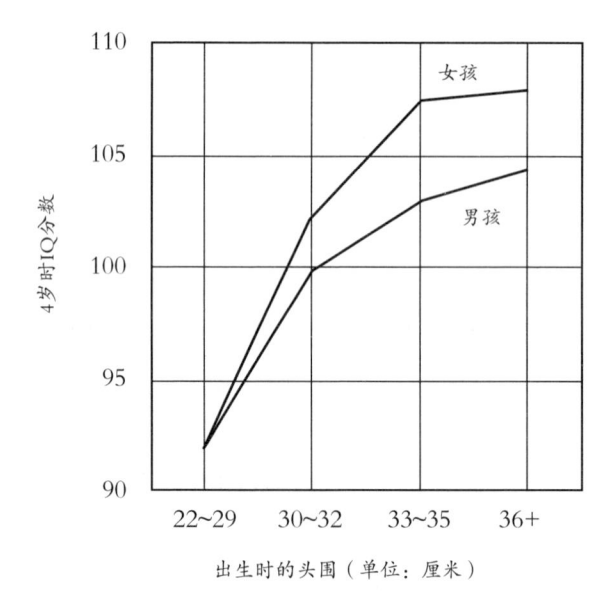

图 15.4　学龄前 IQ 与出生时头围的函数关系（数据来自 S.H. 布罗曼等人 1975 年出版的《学龄前 IQ 与产前及早期发育因素的关系》。）

第 16 章

先天、后天及性别因素：
对智力发育的影响

- 基因决定一半 IQ
- 一代比一代聪明
- 男人以大脑体积取胜,女人的大脑构成占优势与其他特性一样，不同孩子的智力水平差异非常显著，而儿童大脑的工作方式正是造成这种差异的主要因素。问题的关键不是儿童的大脑"是否"存在不同，而是"为什么"会有这种不同。难道是因为有些孩子生来就有遗传优势，所以神经传导更快、左颞平面更大？还是说这种不同是经验的产物——或许基因以外的各种因素早在胚胎期就开始影响大脑了？

众所周知，我们在婴儿期就可以从某种程度上预测儿童未来的IQ。近来的一项研究已经将这种预测提前至新生儿期，这项研究表明，新生儿对语音表现出的特定电活动可以预测5岁时的语言技能。这些发现似乎说明，智力高低受遗传因素影响很大。但这些关联都不是绝对的。即便最准确的婴儿测试也只能解释大约20%的IQ发育差异，这表明其他因素也能影响孩子以后有多"聪明"。举一个例子，研究者们通过很多"早期习惯和未来IQ"的研究，发现"母亲对注意力的鼓励"——母亲通过语言和手势引导宝宝将注意力集中到特定的物品、人或事上的程度——对儿童未来智力影响很大。最近一项研究表明，婴儿期适应力强并且与母亲互动性佳的孩子与两方面均有欠缺的同龄儿相比，18岁时的IQ要高近20分。婴儿期的IQ预测永远都不会绝对准确，但如果能同时将遗传因素和环境因素考虑在内就好多了。

不过，我们又怎么知道这些婴儿的早期技能——比如习惯化、新奇偏好等——确实能反映出孩子的遗传特质呢？这正是儿童IQ早期预测的一大局限。孩子早期的特征并不一定是遗传的体现。习惯化的差异或许仅仅源于宝宝不同的宫内经历。相比足月儿，早产儿在视觉习惯化和移觉测试中的表现要差很多，即便到了预产期后仍是如此。他们儿童期的IQ水平也要低于足月儿。毫无疑问，孕期经历对于孩子的认知表现有长远影响。实际上，智力在婴儿早期受环境影响的程度远大于后来的任一时期。我们接下来还会继续探讨这个难题；但还有更好的办法评估儿童的智力潜力，不需要拘泥于对婴儿具体行为的研究。

先天：基因的角色

人们都同意遗传和环境在决定儿童智力方面都扮演着重要角色，所以争论的焦点就在孰轻孰重。大卫和杰西卡的基因到底对杰克的智力起了多大作用，而养育又能在多大程度上塑造他的智力呢？关于这个问题，人们观点各异，既有严格的"环境论者"——他们认为幼年的抚养、教育以及文化可以解释一切问题，也有强硬的"遗传论者"——比如《钟形曲线》(The Bell Curve)的作者，他们认为基因决定了我们的命运。但为了解决这个争辩，并不能只靠空想，而要用科学，特别是心理学的分支——行为遗传学——去解释。

行为遗传学家的工作表面上看起来很简单。他们对比了有遗传关系的人群的 IQ，再将结果放入合适的数据模型，评估出遗传因素对智力的影响程度。结果最显著的受试者是同卵双胞胎，因为它们 100% 的基因都是一致的；研究普通的兄弟姐妹、异卵双胞胎或父母－子女时也能得出类似的结果——虽然他们只有 50% 的基因相同；甚至是仅有 25% 基因一致的祖父母－孙子女、姑/舅－侄子/侄女或半同胞也是如此。

如我们所料，共有基因越多的人 IQ 越接近。IQ 最接近的是从小一起长大的同卵双胞胎——IQ 得分相关系数达到了 0.86。而父母与孩子之间的相关性要低一些，相关系数只有 0.42；如果将父母的 IQ 得分平均后代入计算，相关系数就会高达 0.72，这表明孩子的智力水平趋向于父母的平均值。普通兄弟姐妹的 IQ 相关性与之类似，相关系数为 0.47，这恰好与两组都只有 50% 共有基因的情况相符。

当然，大多数亲属共有的不只是基因；他们往往还会拥有共同的家庭、社交圈、地域、文化、教育以及社会经济地位。所以，行为遗传学家必须要注意控制这些共同环境因素的影响。方法之一就是挑选那些从来没有生活在一起的亲属——比如被收养的孩子和他们的生物学父母，或者被不同家庭收养的同卵双胞胎。被领养儿童和他们生物学母亲的 IQ 之间的相关性只有 0.22，或者说只有被领养前的一半。同样，被不同家庭收养的生物学同胞 IQ 得分的相关系数也只有 0.24。将这些数据加倍，并考虑到弟兄姐妹或者父母 – 子女匹配只有 50% 的基因相同，我们可以得出结论：基因只能决定个体智力的 40% ~ 50%。

而对于该研究的理想模型——分开抚养的同卵双胞胎，遗传物质的决定作用高达 0.72。但这组研究对象仍存在很多问题，一是符合条件的受试者很稀缺；在该研究中的 100 多对同卵双胞胎中只有一对是分开抚养的。二是他们不可避免地在生命中一个非常重要的时期处在共同的环境中，即宫内胚胎期。即便出生后马上分开（这一点大多数研究都做不到），同卵双胞胎仍有 9 个月的亲密接触，而这或许正是他们一生中大脑发育最重要的几个月。例如，异卵双胞胎与普通兄弟姐妹的共有基因都是 50%，但前者的 IQ 相关性要明显高于后者，这很可能就是它们在宫内的共同经历造成的。研究者们相信，分娩前经历对宝宝 IQ 差异的影响高达 20%。在分开抚养的同卵双胞胎 IQ 相关系数（0.72）中扣除这一因素（0.2）后，基因对个体 IQ 的影响也就只有 50% 了。

另一项研究也证实了"50%"这一结论。在这项研究中，研究者们以同性别的异卵双胞胎作为同卵双胞胎的对照组，两组都是由他们的生物学父母抚养的。这两类双胞胎有一样的经历——同一个子宫，同样的性别，还有相同的家庭、父母、同胞、学校，甚至同为双胞胎。他们唯一的差别共有基因不同（分别为 100% 和 50%）。因此，他们 IQ 相关性的任何差异都反映了剩下 50% 的基因带来的影响。不出所料，共同抚养的同卵双胞胎的 IQ 相关性依然最高，相关系数为 0.86。但共同抚养的异卵双胞胎的 IQ 相关性也很高，相关系数为 0.60。两者之间的差异为 0.26，反映了同卵双胞胎共有的另外 50% 基因产生的 IQ 相关性。所以将 0.26 加倍后得出 52% 的遗传度，或许是我们能得到的最准确的数据了。

综上所述，基因决定了一半 IQ。但别忘了 IQ 只是智力的一个方面，不是智力的每个方面都可以遗传，IQ 实际上还是受遗传影响很大。这些测试只强调空间技能（比如地图阅读和心理旋转——这可以最大程度上反映基因的影响）和语言技能（基因影响的程度与前者相似）。思维速度似乎与遗传关系不大，而行为遗传学评估结果反映：记忆技能是各种专项智力中与遗传的相关度最差的一项。

更重要的是，IQ 得分与学习成绩之间存在差异。IQ 能很好地预测孩子们在学校里的表现，但并不意味着两者之间可以画等号。对同卵和异卵双胞胎的比较表明，他们在学业表现上的差异只有 20% 是由基因决定的。剩余部分取决于环境，特别是他们共有的家庭经历。换言之，尽管"聪明基因"是学有所成的重要因素，但学业表现绝大部分取决于孩子的家庭生活质量——抚养、鼓励、关心、纪律、机遇及其他多种因素。

环境因素是否会从中学到大学一直持续发挥影响力仍有待考证。因为我们惊讶地发现，随着年龄的增长，智力受遗传的影响越来越大。宝宝的 IQ 差异只有 15% 可以归因于基因。而学龄期儿童攀升至 40%，青少年为 50%，成年后这个数字还会上涨。上述数据来源于部分被收养的孩子，他们的幼年时的认知水平与养父母或者同胞的相似度更高，长大后则有所下降。等到青春期的时候，领养儿的 IQ 会更接近于他们的生物学父母。不过人们不知道这种变化是暂时的还是永久的，也不清楚这是否与领养儿在青春期经常面对的某些认同危机有关。

这与人们对于基因和环境的一般认识相悖——人们普遍认为个体的遗传特质是与生俱来的，而生活经历的影响则会逐渐显现。实际上并非如此，孩子的独立性也是影响因素之一，随着独立性的提高，孩子们更容易选择自己的生活经历。宝宝的生存环境很大程度上取决于家庭，随后，孩子们开始学着选择自己的同伴和想参加的活动。到了青春期，他们还会经常和新的人交往，或者做一些出格的事。而等到成年以后，人们就可以自由决定自己想要的生活了，他们的选择可以很好地反映出不同于父母或老师的、天生的倾向和喜好。换句话说，随着孩子不断长大，基因对环境的决定性越来越强，所以遗传的影响力也越来越大。

不过，再小的宝宝都能在某种程度上塑造自己的环境。每个宝宝都有着与生俱来的独特气质——脾气、警觉性、活跃度、社交能力等——这些天生的特性影响着他们的选择，以及看护人与他们交流的方式。虽然我们可能觉得自己控制了孩子的生活环境，但实际上，在我们塑造孩子们的同时，孩子们也在塑造我们。即便是生活在同一个家庭里的两个孩子，也很有可能因为利手不同而拥有完全不同的经历。

后天：环境的作用

如果说基因决定了个体智力差异（更准确地说是 IQ 得分）的一半，那么另一半则取决于环境。说到这里，你一定还记得，早期体验对孩子未来的智力发育至关重要。前几章已经详述了社交孤立和刺激缺失会阻碍孩子的感觉、运动、情感和语言发育。被弃于摇篮中的孤儿在认知方面不会有长进，而且如果出生后的第二年仍被弃之不顾的话，他们甚至会出现认知发育迟滞。大脑通路的构建需要刺激。如果缺少新鲜经历带来的持续神经活动，突触将会枯萎，树突也无法顺利展开。基因勾勒出了生命蓝图，但孩子大脑神经网络的发育需要与外界人、事、景、物源源不断地交流。

关于这一点的证据或许不那么引人注目，但还是很有说服力的：残疾儿童可以通过早期生活环境的改善而获益。最著名的一个项目就是"先行计划"，该项目为有需要的学龄前儿童提供教育、营养和医疗援助。先行计划的大部分研究结果都表明，项目中的孩子 IQ 都有显著提高，平均上升了 10 分。但在这些孩子上学数年之后，这种 IQ 优势就会逐渐退去，不过诸如辍学率低、矫正教育需求低等优势仍然存在。

先行计划开始得比较晚，大约在宝宝 3 岁的时候才启动，而大脑早在这之前就已经度过了突触发生和髓鞘形成最集中的时期。有些实验项目介入较早，结果更可观。比如北卡罗来纳初学者项目，该项目从婴儿期开始为 50 多个贫困儿童每周提供 40 小时的全方位照料，并持续到 5 岁。这些孩子到了 3 岁的时候，IQ 测试得分要比项目外的对照组儿童高 15 分。等到他们 5 岁的时候（也就是项目结束时），这一优势缩小至 7 分；不过项目内的孩子直到 12 岁、15 岁的时候依然保持着这种优势，他们比对照组的孩子学习成绩好，在 IQ 测试中平均比后者高 5 分左右。

该项目的作用并不特别明显，但是话说回来，与这些弱势儿童未来要面对的机遇缺失或教育匮乏相比，他们参与项目的时间短得可怜。为了更好地弄清环境对智力的影响到底有多大，我们将目光转向了对领养儿的研究，特别是关注那些来自某一社会经济群体，却被社会经济地位完全不同的家庭收养的孩子们（比如被生活富足、受教育程度高的家庭收养的穷苦儿童）。这种收养方式算得上是最极端的一种了：贫苦的孩子进入了一个更丰富的文化环境，不论是在家里还是学校都拥有更多机遇，父母和老师也树立了更好的典范。数年来，有若干针对这一领养模式的研究，大部分研究结果都表明生活在富足环境中的领养儿 IQ 会显著提高 10 ~ 16 分。

最佳的数据来自 1989 年法国的一项名为"交叉抚育"的研究。研究者们仔细调查了收养记录，发现了四类不同的孩子：(1) 出生于低社会经济地位（low-socioeconomic-status，low-SES）的家庭，后又被另一个低 SES 的家庭收养；(2) 出生于低 SES 的家庭后被高 SES 的家庭收养；(3) 出生于高 SES 的家庭后被另一个高 SES 的家庭收养；(4) 出生于高 SES 的家庭后被低 SES 的家庭收养（这种情况很罕见，但使得该项研究很有说服力）。研究结果如下：

	16 岁时的 IQ	
	低 SES 的领养父母	高 SES 的领养父母
低 SES 的亲生父母	92	104
高 SES 的亲生父母	108	120

一是生物学关系（更准确地讲是生物学关系和孕期经历）至关重要。仔细看每列数据你就会发现，如果父母具有优势，那么无论他们的孩子生活在何种环境中，都会在 IQ 测试中有 16 分的优势。不过，对于孩子的培养也很关键，横向比较数据就会发现：被高 SES 家庭领养的孩子要比在低

SES 家庭生活的孩子高出 12 分。这些结果证实了先天因素和后天因素对智力发育同等重要，特别要注意的是，16 分的差距中部分是由孕期环境带来的。

12 分的优势也许并不多，却是一种质的飞跃。IQ 或许要比这些领养研究中讨论的更复杂，因为它还受到孕期诸多因素的影响，这些我们将进一步探讨。

"弗林效应"（Flynn effect） 还有一个证据能有力地证明环境对智力的决定性作用。这一证据在当前教育沉寂和文化"沦陷"的背景下尤为振奋人心：我们都会越来越聪明！自从一个世纪前 IQ 测试出现后，每代人的得分都会高于前代，这种稳步提升在每个工业化国家无一例外。西欧和日本的 IQ 得分涨幅最大，相邻两代人平均相差 20 分。而美国的涨幅要小得多，但也非常重要：美国人的 IQ 平均每年增长 0.3 分，即相邻两代人平均相差 8 分。这也就意味着现代普通公民的 IQ 得分放在一个世纪前都算得上是前 2% 的高 IQ 人群。

我们将这种 IQ 得分的稳步提升称为"弗林效应"，因为这一现象是由新西兰的心理学家詹姆斯·弗林记录下来的。研究者们一直在争论：这种进步究竟是因为人类的智力真的在不断进步，还是仅仅由于人们的应试技巧提高了。现代人和 20 世纪上半叶的人相比，明显更加精通应对标准化测试；但大多数心理学家仍坚信，这种现象对测试结果的影响微乎其微。遗传也不能如此快地促成这一现象，因为高 IQ 人群的繁殖数目并非远高于低 IQ 人群。

也就是说，只剩下环境因素可以解释这一现象了，正是由于生活方式的不断改善，才使得全世界的人类都变得更加聪明了。在下一章，我们将会详细论证，工业化国家里营养、健康、教育甚至是抚养水平的提高是如何促进 IQ 稳步提高的。此外，一些研究者还指出另一种虽然不甚明显，但是仍对集体智力影响很大的因素。他们发现，视觉空间技能对 IQ 提升的作用远胜于语言技能，这或许与 20 世纪视觉媒体的蓬勃发展密不可分。从照片到电影、电视、视频以及现在的图形化人机交互，相比于前辈人，每代人都会接触到更加复杂的视觉冲击。人们常说孩子们比父母还擅长用 VCR

录视频，这个例子恰好说明，早早接触视觉科技可以显著提高个体处理视觉空间问题的能力。

性别的影响

关于先天遗传/后天培养这一话题的争论，只要一触及性别差异对智力的影响，就会急剧升温。毫无疑问，男性和女性在标准化测试中的平均得分不一样。我们在第14章中提到，女孩通常更有语言天赋，所以在语言IQ测试以及阅读、写作、联想记忆、感受速度等专项技能方面很容易拿高分。另一方面，男孩更擅长视觉—空间分析；他们在非语言IQ测试、专项空间任务（例如心理旋转、嵌入式几何图形探测、方向感）和数学、科学、机械能力等测试中表现更优秀。通常，男女之间的这种差距非常小，只有几分。并且，这种对于语言/空间优势的划分也精细：男性其实也擅长某些语言任务，比如语言推理，而女性在某些数学/空间任务上表现更佳，比如数字运算和位置记忆。同样，这些集体差异不足以对任何个体的能力进行预测；很多男性（诗人、剧作家、牧师、律师）比"一般"女性更有语言天赋，还有很多女性（艺术家、工程师、建筑师、科学家）要比"一般"男性有更强的数学/空间技能。

然而，男性和女性之间仍存在一种巨大的差异，这种差异足以影响到他们各自的成就，那就是：在心智能力方面，男性比女性更多样。换言之，女孩的"正态曲线"比男孩要"更正态"，也正是由于男孩心智能力分布的广泛性，无论是在顶尖人才中，还是在"学习残废"里，男孩都比女孩多。

研究者们普遍认同男性和女性之间存在这种差异，但关于其根源仍意见不一。的确，男人和女人的思维模式略有不同，但这种不同到底是由激素和染色体导致的，还是经历和社会化的产物呢？进化心理学家认为，这种差异是与生俱来的，是原始社会中两性承受的压力不同的结果。按照这个逻辑，自然选择使男人进化得更有空间感、擅长航海，而且运动技能强大，这使得他们能比女性更容易获得猎物。女人往往离不开家，她们成年后大部分时间不是在怀孕、哺乳，就是在看孩子；想要成功抚养孩子的基础就是具备语言技能，而收集食物还需要良好的知觉速度和运动技能。

这种理论非常有意思，但它永远无法得到验证，还有些地方有点让人难以接受：既然女人需要到很远的地方收集食物来养活自己和孩子，那么航海技能为什么对她们就不重要呢？既然男人打猎总是集体行动，那么语言技能为什么对他们不重要呢？不过，仍有很多证据支持智力方面的性别差异是天生的。

有人发现，男女的大脑体积不同，这就使人们很难将智力差异单纯归因于经历的不同。男性的大脑的确要大于女性，从出生到成年都是如此。当然，这些额外的脑组织中有一部分仅仅是用于支配他们多余的肌肉和体表面积。（比如，大象的大脑相当于人类的3.5倍，但没人觉得它们比人聪明。）即便是排除身高和体表面积的差异，男性仍然还有额外几百克的脑组织，大概比女性多8%。或许这些额外的脑组织是用于补偿某些生理方面的性别差异的，例如代谢率或体脂率。不过，多余的几百克脑组织可能正是男性发达的空间技能的根源所在。有电脑的人都知道，处理图片比处理文字需要更多的硬盘空间；空间技能需要集成三维或多维信息，而语言技能只需要将一维的信息（文字）串联起来，所以空间技能可能比语言技能需要更多的"大脑空间"。实际上，雄性大鼠右侧（也就是空间感的一侧）大脑皮层要比对侧厚，而雌性大鼠的左右半球很均衡。如果和婴儿期一样（见第350页），男性多出的几百克大脑同样分布在右侧，那么这部分大脑对男性的空间技能就意义重大了。

男人以大脑体积取胜，而女人的大脑构成占优势。在第14章中提到过，女性的很多大脑特征与语言优势相关：女性韦尼克区的神经元更大、分布更密集，颞平面分布更均衡。女性在完成各种任务时都能比男性更加平衡地使用两个半球，解剖学研究解释了这一现象：女性大脑中有一个连接结构，叫胼胝体，主要负责半球之间的信息交换。如果神经外科医生为了治疗严重的癫痫而切断胼胝体的神经纤维，左右半球就彻底断开了——它们再也无法感知对侧的活动。

经证实，这条"信息高速"的一部分——也就是胼胝体后部，或者叫压部——女性明显大于男性。此外，压部的体积和语言技能的流利程度密切相关，在女性身上确实如此。正是由于女性的两侧半球之间能够更有效地交流，她们才能更均衡地运用大脑。这种交流貌似有利于语言但不利于空间技能，或许是因为它使右半球不再专一处理视觉—空间信息了。综上所述，有充分的证据表明，女性的大脑构造决定了她们更擅长语言。

所以，虽然男人的大脑（尤其是负责处理空间信息的右半球）很大，但是女人的大脑构成更具语言天赋。总之，不同的大脑构成形式对应着不同类型的智力。我们现在还不知道这种差异如何产生，也许如同智力差异一样，这些神经差异仅仅是男孩和女孩不同生活经历的产物而已。例如，众所周知，胼胝体的神经纤维有很强的可塑性——它们会随着电活动水平的变化而生长或收缩。或许女孩的行为方式更容易促进胼胝体纤维生长，而男孩的行为方式则会促进右半球发育，因此导致了两性成年后胼胝体大小的差异。

我们都知道，如果玩与空间构建有关的玩具（如积木、拼装玩具、几何拼图等），男孩和女孩的空间技能都能提高——不过这类玩具往往男孩子比较爱玩儿：推小卡车、打棒球或踢足球相比于玩娃娃或穿衣打扮更利于视觉—空间配合的锻炼；还有充满想象力和 3D 画面的最新电脑游戏……这样就不难理解为什么男孩子比较擅长空间构建了。而女孩正好相反，她们更喜欢绘图、上色、过家家之类的游戏，这些游戏都对语言和发音技能有促进作用。

现在，我们来谈谈一个敏感话题，那就是"儿童游戏的选择"。男孩和女孩总是倾向于不同类型的活动，很多家长就断定这种选择是孩子天生的。这无疑可以反映出两性之间某些生来就有的差别：男孩精力旺盛，偏爱空间游戏，女孩社会属性强，更喜欢娃娃。父母口口声声说自己会平等对待儿子和女儿，实则不然。尽管我们对待男孩和女孩在很多方面都做到了民主公正，比如互动、交流、奖励和关爱的多少，但若干年来的十几项研究都证实了：父母都倾向于鼓励"适宜性别"的游戏。如果儿子拿起了娃娃，或者女儿开始推小卡车玩儿，我们大多数人都不太在意；但如果儿子能把球扔很远，或者女儿能画一幅画，我们则会毫不吝惜地给予表扬——这种行为我们通常意识不到，却不可避免地放大了他们心智技能上的先天差异。

家庭外的压力对游戏选择的影响也很大。在周六早上打开电视机的购物频道，你就能看到极为老套而夸张的节目：先是几分钟动画，里面有活泼的小男孩和热情的小女孩；再来一长段没完没了的广告，粉色的是女孩子喜欢的芭比服装，黑色的是男孩子热衷的劲爆任天堂游戏。当然，孩子们很喜欢这些，因为这些广告恰好迎合了他们潜在的偏好。学龄前期是儿童形成游戏选择的重要时期。在这一时期，孩子们选择游戏时会受到同伴的影响，还要符合性别角色。事实上，孩子们互相施加性别角色压力时，比父母严厉得多。

显然，"后天培养"在智力性别差异的形成过程中扮演了重要角色。不过，很多证据显示，男孩和女孩生来就各有所长，而社会压力和游戏方式强化了这种差异。一方面，性别差异出现很早，早在社会化和性别的游戏对其产生影响之前就出现了。女孩说话早，而且在整个儿童期语言发展更迅速。而男孩的视觉—空间优势3岁就出现了。此外，有证据表明，男性和女性的大脑差异早在出生以前就存在，这种差异还会对他们的认知发育过程有轻微影响。前面讲过，男孩和女孩的大脑对语音的反应不同，在刚出生的几天就如此；3个月的时候，女孩的左半球对语言的反应性会明显高于男孩（见第14章）。另一方面，男孩天生右半球具有优势；男婴的右半球皮层更厚，尤其是与空间分析相关的高级视觉区更是如此，而女婴的左右半球皮层差别不大。

性激素也有影响。近来有证据证实了人们多年来的怀疑——雌激素和雄激素确实会影响我们的思考方式。尽管每个人体内既有雌激素又有雄激素，女性体内的雌激素水平更高，而男性体内的雄激素水平更高。雌激素可以促进"女性"的心智技能，例如语言发音、运动控制以及知觉速度；却会削弱"男性"的技能，例如空间分析和逻辑推理。这些发现来自几项以女性为调查对象的研究，这些女性都处在月经周期不同时段，还要以未使用雌激素治疗的绝经期女性作为对照。雌激素水平在排卵前最高，在月经期最初几天最低，所以女性在月经期思考的方式略微男性化，而在月经间隔时思考方式更加女性化。

雄激素的影响就更复杂了。人们往往以为高雄激素水平与良好的空间技能有关，其实没那么简单。男性确实比女性的雄激素水平高（平均高出女性17倍多），而且雄激素水平较高的女性在专项空间测试中比低雄激素的女性要好。但在男性中，低雄激素水平的人反而空间技能更强。（或许这就是麻省理工学院和加州理工学院的足球队并不强大的原因。）老年男性的雄激素水平远不如以前，但补充雄激素后，他们的空间技能表现得到了提升。综合上述发现，"适宜"水平的雄激素有利于空间智能的提升。所谓"适宜"水平，就是相对于女性雄激素较高的水平，相对于中青年男性较低的水平。

性激素在孩子出生前就已经开始发挥作用了。男性胎儿在孕7周左右，也就是第一次孕检时，就已经有过一次雄激素的激增。如果男孩一出生就缺乏雄激素，那么他的空间技能就会终生薄弱，甚至比不上那些成年后雄激素缺乏的男性。另一方面，女性胎儿如果雄性激素水平高（由先天性肾上腺增生引起；见第83页），就会拥有很强的空间技能，即便是出生后以雌激素治疗而且一直当女孩抚养，这种优势依然存在。（她们生来就有男性的外生殖器，喜欢玩"男孩的玩具"和暴力的游戏，并且有女同性恋倾向。）即便是龙凤胎中的女性胎儿在孕期接触兄弟产生的少量雄激素，都会终生促进她们的空间技能。毫无疑问，孕期的性激素会对孩子的特殊认知能力产生重要影响。

智力的性别差异在青春期后更明显，但研究者们对其确切原因仍没有一致意见。激素显然在其中起到了一定作用，但其他生物和社会因素可能也参与其中。比如说，证据表明，认知方面的性别差异会受成熟速度的影响。较早进入青春期的青少年更具有语言天赋，而较晚发育成熟的孩子则更擅长空间技能，这一规律对男孩女孩都适用。或许青春期激素的大量分泌在某方面抑制了右半脑的发育，或者是促进了左半脑的生长。因为男孩的青春期通常都比女孩晚一年左右，所以他们的空间技能相应地得到了提高，而语言技能较为薄弱。

不过，青春期孩子的心理发生了许多变化，所以不能将认知方面的变化单纯地归因于生物学因素。青少年会感到很大的性别认同压力，这种压力远超过任何年龄段。这一点对女孩的智力发育影响尤为强烈：男孩在7年级到12年级之间IQ会（随着年龄增加）上升1~2分，但女孩反而会下降1分多。当然，这可能反映出了雌激素和雄激素对认知功能的不同作用。但如果考虑到青春期的男孩和女孩截然不同的生活方式，可能就不会认为生活经历和社会化程度与认知功能变化无关了：青春期的男孩会没完没了地做运动和玩游戏——这些活动能促进他们的空间技能，或许还能提高数学和科学成绩，而11岁的女孩子通常极度关注外表和社交。虽然父母想扭转女儿生活的关注点，但同龄人对外表和女性身份的巨大偏见削弱了女孩的自尊心，因而影响到了她们的智力表现。

当然，青春期对男孩子来说也不是轻松的事。性激素无疑会以某种方式对青春期的智力变化产生影响。但只有当社会完全接纳女性，承认女性在认知能力上与男性是平等的（虽然与男性并不相同），女孩们才能不再为争取智力上的认同、挣扎着度过艰难又关键的青春期。

第 17 章

聪明宝宝如何养成

- 母乳喂养：养育聪明宝宝的法宝
- 听莫扎特的音乐，不能提高智力
- 聪明孩子的家庭有4大特征

不论你是个乐观还是悲观的家长，基因和环境各自决定孩子智力发育的 50%，对你而言都很容易接受。一方面，这留给父母一些可以喘息的空间；不必因为自己还没有买早教机，或者没开始教 4 岁的宝宝读书而过度自责。我们都想为孩子做得更多，可环境因素只占了 50%，这有助于我们保持理性。就孩子的智力而言，有一半的工作在受孕的那个晚上就已经完成了。

可是另一方面，50% 也意味着父母可以为提高孩子智力发展做很多努力。幼年时期是父母对孩子生长环境发挥着决定性影响的时期，也正是开始培养他们智力和其他技能（如注意力、动机、持久性和好奇心）的最佳时机。在大脑可塑性最强的阶段，环境因素会发挥巨大的作用，而这绝不是一种巧合。进化论也证明，在孩子的生理和情感需求完全依赖父母的时期，他们最容易接受父母教授的技能。

"环境因素"是什么？它仅仅是指一切不能遗传的东西吗？还是指宝宝从受精卵起经历的各种生理、感觉、运动、情感和智力活动？显然，各种经历对儿童智力的塑造都不尽相同。环境会随着时间的推移而发生变化，产生的影响也错综复杂。比如说，某些药物应用于胚胎形成期非常危险，但对于足月的胎儿却没有威胁。同样，在不恰当的时机，过早或过晚地进行教育也是徒劳。

尽管纷繁复杂，但研究者们已经明确了几种对于儿童智力发育有影响的环境因素。虽然每个孩子的具体情况都不同，但家长们还是能采取一些切实可行的措施改善孩子的大脑发育、发掘其认知潜能。

家庭特征：社会经济地位、出生顺序及母亲的职业

孩子出生之前，你只需要依据家庭的某些特征就能大致预测出他（她）的智力。最有说服力的预测因素之一，就是社会经济地位（socioeconomic status, SES），该因素与智商的相关度高达 0.4~0.6。SES 只是一个宽泛的概念，相比于家庭收入等指标，父母的受教育程度等标准与儿童智商及学业表现的相关性更高。来自高 SES 家庭的孩子往往智商更高。神经学研究也表明，他们的大脑功能更成熟，左脑更发达。

当然，这种关联与基因密不可分。事实表明，SES 较高父母的大脑功能本身就更发达。与此同时，较高的 SES 也就意味着这些孩子拥有更多有利于神经和智力发育的环境因素，比如更好的机会、更健康的身体、更多的益智玩具、更佳的育儿技巧、更优质的照料、更好的学习环境以及更多的教育投入等。我们随后再详细分析这些环境因素。大多数家长的能力有限，不能改变自己的经济水平和受教育程度，但他们对一些特殊的环境变量，仍然有部分的把控力。

另一个家庭因素就是出生顺序。通常认为，同一个家庭环境对孩子生活的影响是一样的，其实每个孩子在家庭中都扮演着独一无二的角色，每个人的经历会截然不同。先出生的孩子往往更有优势。在 IQ 测试和学校考核中，长子的成绩平均要比次子的成绩高 3.5 分，而且成绩会随着出生顺序呈现稳步递减的趋势（见图 17.1）。一项大规模的研究表明，IQ 也会受到出生间隔影响：在一年内相继出生的两个孩子和相隔两年或两年以上出生的两个孩子相比，前者的平均 IQ 比后者低 4 分（见图 17.2）。

上述因素之间的关联再明显不过：一个家庭中的孩子越多，或者他们出生的间隔越短，每个孩子能得到的关注就越少。长子在婴儿期能得到父母 100% 的关注，而且证据表明，即便在其他孩子出生后，长子仍能和父母保持更多的交流。与之相反，晚出生的孩子身边会有很多哥哥姐姐，他们可能因此在 IQ 得分上稍微落后，但会逐渐地通过社会－情感调节弥补过来。

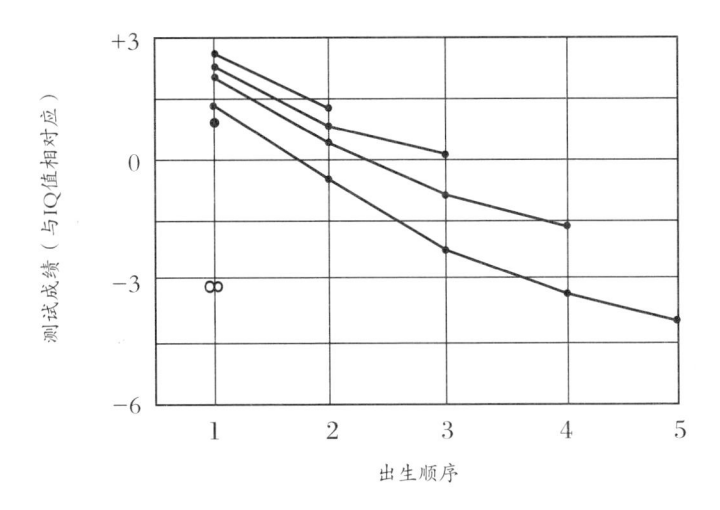

图 17.1 智力测验分数与出生顺序、家庭规模成反比例关系。测验成绩来自 17 岁学生参加的国家优秀学生奖学金资格测试。每一条线代表不同的家庭规模。独生子女的成绩用单个实心点表示；双胞胎的成绩用一对空心点表示（数据来自 R.B. 扎伊翁茨 1976 年发表于《科学》杂志的《家庭结构与智力》一文。）

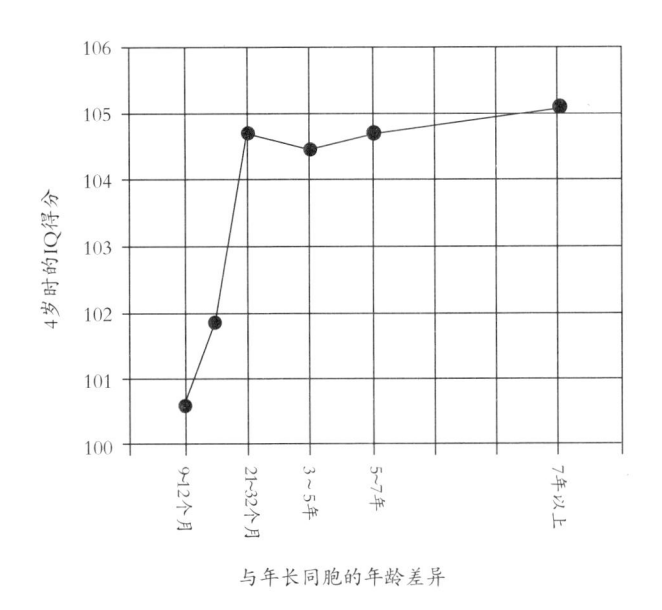

图 17.2 学龄前 IQ 与年龄差异的函数关系（数据来自布罗曼等人所著《学龄前 IQ》。）

在对家庭结构的研究中，我们意外地发现，独生子的表现要比拥有多个同胞的长子逊色一些；和有一两个弟妹的长子相比，独生子的IQ测试得分也会低两三分。这项观察结果貌似与"家长关注"理论相悖，独生子理应比长子得到更多的关注。但这也表明，在教导弟妹的过程中，长子往往能够受益——他们可以强化知识并提升自信。

在家庭生活方面，最有争议的莫过于工作对母亲的影响。孩子们的智力是否也受到除父母以外其他成年看护人的影响呢？这个问题非常复杂，它受多种因素的影响，比如双亲的工作时间、（保姆、亲属、钟点工或托儿所）照顾孩子的方式和水平、父母对孩子的关爱程度、家庭收入、母亲的受教育水平，甚至是孩子的性别。但这个问题至关重要，据美国劳动统计局统计，1995年，拥有6岁以下孩子的母亲中有62%要出门工作，其中绝大多数早在孩子3~5个月的时候就已经返回工作岗位了。

有确凿的证据显示，家庭经济条件差的孩子如果很小的时候就进入高质量的学前班或托儿所学习，在智力方面将会获益。对经济条件中等或者优越的孩子而言，情况就复杂了（其中会牵涉到孩子的情感发育；见第285~287页）。瑞典的两项研究发现，全天托管的孩子与那些在家里长大的孩子相比，在学习和认知表现上优势明显。同样，美国的几项研究报道也称，在高质量托儿所托管的孩子们智力发育更超前。但其他研究并未发现母亲工作与否会导致孩子们认知水平的差异。仍有一部分人认为，如果母亲在孩子满周岁以前就恢复工作，会对孩子（尤其是男孩）的认知发育产生负面影响。

显然，照料孩子的方式对儿童智力有很大的影响，这或许解释了美国研究结果为什么不及瑞典的那么显著。瑞典的日托机构都是公费支持的，质量很高。托儿所或者保姆不仅要像母亲一样为孩子提供良好的环境（安全、教育、关心、鼓励），还要更丰富（社交、学习、锻炼和创新的机会），才能锦上添花。

美国国家儿童健康与人类发展研究所进行的一项大规模研究，试图将儿童保育涉及的诸多变量进行分类，其研究结果也恰好印证了上述观点。研究发现，是否完全接受母亲的照料并不会给学步期的儿童带来太多认知上或语言上的差异。与儿童保育的质和量相比，家庭特征（例如收入、教育、母亲的性格和育儿方式）对儿童智能的发育更有决定性的意义。该研究发现，完全由母亲抚养的孩子和接受正规托管的孩子之间存在发育上的差异，这也说明了儿童保育质量的重要性。和完全由母亲带大的孩子相比，在高品质保育机构中长大的孩子具有更好的认知和语言技能，如果保育机构品质低劣，孩子们的上述能力则会比前者弱。在各式幼托机构中，日托中心相比家庭托管或保姆更有利于儿童认知和语言的发展。

孕期经历

在影响儿童智力的诸多环境因素中，孕期经历最重要。最近的一项评估显示，造成 IQ 差异的各种因素中，孕期因素所占的比例竟然高达 20%。胎儿的大脑发育会受到母体健康、营养、环境暴露，甚至情绪等诸多方面的影响。

毋庸置疑，孕期保健和分娩水平的提高对"弗林效应"（即 20 世纪人类 IQ 稳步提升的现象）的产生起到了重要作用。越来越多的孕妇开始自觉抵制烟酒，以避免损害胎儿大脑发育和未来认知能力。还有很多孕妇会主动补充维生素，定期接受产前检查。医疗水平的提高，意味着当代女性对高致病性病原体的抵抗力更强，神经系统发育缺陷能得到早期检测，贫血的孕妇越来越少（贫血与学龄前儿童低 IQ 有关），孕期和分娩方面的其他问题（例如早产、胎盘异位、臀先露、胎儿窘迫）也不再对宝宝的大脑产生太多影响。另一方面，宝宝也从环境保护的发展中获益。采用了无铅汽油后，孕妇吸入的铅含量明显减少；摄入的食物也越来越安全且营养；对于危险职业暴露的防护也更加周密了。

良好的孕期体验有助于 IQ 提高的最好证据就是：在 1970 ~ 1988 年，美国单胎中低体重儿（即出生体重低于 2.5 千克的婴儿）的出生率由 16% 下降至 6%。脑的大小是 IQ 的基础，在一定程度上，大脑越大的新生儿就越聪明，而新生儿大脑大小与出生体重相关。如图 17.3 的图表 2 所示，儿童的 IQ 会随着出生体重（或头围；见图 15.4）的增加而平稳地增长，当然体重不宜超过 4 千克。对于 3 ~ 3.5 千克的新生儿而言，体重差别带来的

IQ差距并不大：平均只相差1分左右。而那些重达4千克以上的新生儿，IQ会有轻微下降，这或许是由于他们在分娩过程中更容易受伤或缺氧。

孩子的出生体重取决于母体孕期增重的多少。比如说，孕期增重13.5千克斤的孕妇和增重7千克的孕妇相比，前者诞下的宝宝就会比后者重0.5千克左右。如今，大多数医生都建议孕妇在孕期增重9～13.5千克为宜。（这个范围会因孕妇的身高和孕前体重的不同而不同；瘦高的女性应该多增

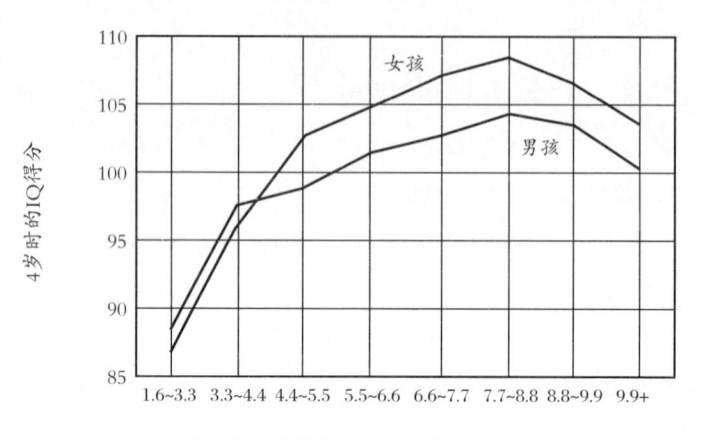

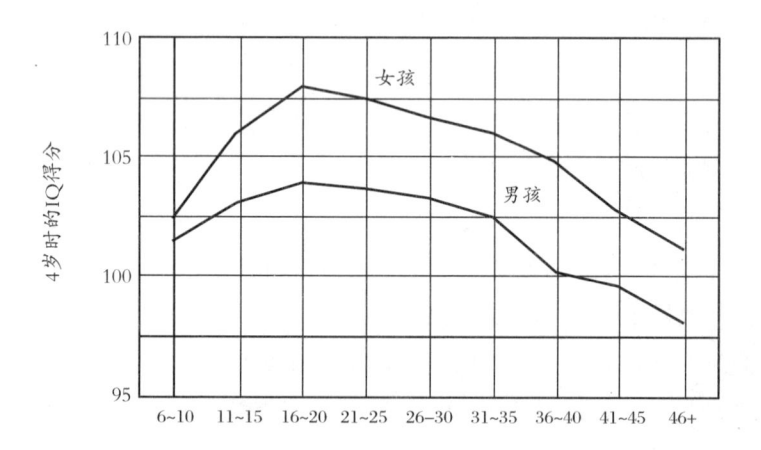

图17.3 学龄前IQ与出生时体重、母亲孕期增重量的关系（数据来自布罗曼等人所著《学龄前IQ》。）

重一些，而矮胖的女性应适当控制增重。）20世纪70年代的一项大型研究显示，从儿童未来IQ角度，孕期增重的最适范围是在7～13.5千克——这与医生的建议范围基本吻合。如果孕期增重超过13.5千克，孩子的IQ反而会下降，这也符合新生儿IQ会随出生体重的变化而出现拐点。

另一个影响孩子IQ的孕期因素是母源性压力。高水平的应激激素可以通过直接影响发育中的神经元或间接地改变孕程，干扰胎儿大脑的正常发育。最近有一项研究发现，孕期压力会降低新生儿的出生体重并使其头围减小，这也验证了母源性压力对大脑发育的影响。现在，很多人都已经意识到了压力的调节对维护身体健康的重要性。对女性而言，孕期更是一个格外关键的时期，她们应尽量地通过减少日程安排、规律地锻炼身体、适当放松等方法来降低压力水平。

准妈妈们不必费心"刺激"还未出世的孩子。通过这本书，我们已经了解了自孕中期开始，胎儿是如何体验并对各种传入感觉（比如触觉、味觉、光、声音和震动等）产生反应。毫无疑问，这些刺激在大脑感觉和运动回路形成的过程中发挥着重要的作用。但并不意味着你需要给日渐隆起的小腹戴上耳机听"胎教音乐"直到深夜，读苏斯博士，抑或是对着未出世的宝宝敲打摩尔斯电码。尽管商家的营销策略花样百出，但没有确切的证据表明这类"刺激"有益于孩子后天智力和情感的发育。因为胎儿在腹中已经接受了充分的触觉、运动觉、味觉和听觉刺激。早在宝宝出生前，他听你话语声（即通过身体直接传给宝宝的话语声）和心跳声的时间已达成百上千个小时。他知道你的口味、你怎样走路。任何刻意的"刺激"都不可能与如此海量的背景感觉传入相提并论。

营养

怀孕4个月至出生后两年的这段时间里，婴儿的大脑对所摄取营养物质的质和量都格外敏感。如果这个时期营养不良，将会导致婴儿大脑偏小、神经元和突触的数量减少、树突变短、髓鞘化不完全，表现出明显的IQ低下、语言发育迟缓、行为障碍，甚至是感觉—运动缺陷（见第3章）。

营养不良在不发达的国家一直是一个很严重的问题，但是在工业化国家已经鲜见。在发达国家中，营养条件的改善或许是人群IQ得分稳步升高的原因之一，因为它带来了平均身高和头围的增加。我们总觉得孩子们在吃一些垃圾食品，但和20世纪前半叶相比，他们实际上吃的都是更"健脑"的食物：丰富的蛋白质、奶制品、新鲜水果和蔬菜，以及添加了维生素的牛奶和谷物等。近几年，由于婴儿配方奶粉技术的进步、配方奶和辅食中铁元素的添加，以及提倡母乳喂养，婴儿喂养状况得到了显著改善。当然，另一个重要的因素就是政府项目为需要帮助的妇女和孩子提供了资助。因此，在贫困国家很普遍的营养不良现象，在发达国家中已经得到了遏制。

尽管如此，我们仍有大量的提升空间。现在大多数的孩子都能够摄入必要的热量和蛋白质，但有证据表明，他们仍普遍存在着特殊营养物质的缺乏，比如维生素、矿物质和微量元素等，这些物质对大脑的结构和功能至关重要。其中之一就是铁元素，缺铁会导致贫血，血液中红细胞的携氧能力会下降，儿童期长期贫血会严重影响认知能力的发育。贫血通常发生于半岁到一岁，因为这个时期婴儿出生时体内储存的铁已经被大量耗竭。因此儿科医生建议，非母乳喂养的宝宝应食用含铁的配方奶粉，而母乳喂养的宝宝也应在4～6个月时添加含铁的辅食。再大一点的孩子能够从蛋黄、绿色或黄色的蔬菜、红肉、土豆、番茄和葡萄干中摄取铁元素。维生素C可以促进铁的吸收，所以在补铁的时候辅以橙汁或者其他富含维生素C的食物也是不错的选择。

铁并不是与儿童认知能力唯一相关的营养物质。在维持人体生长所需的45种营养物质中，有38种是神经系统发育必需的。其中，锌、碘和B族维生素（维生素B1、维生素B3、维生素B6和核黄素）等已被证实能影响儿童的认知能力。一些研究者已经不再拘泥于针对单一营养物质的探索，而是采取了一种综合性的研究方式：他们给予儿童复合维生素/复合矿物质补充剂，其中含有多种可影响大脑发育的特殊营养物质，再观察儿童的智力表现。

然而，这方面的研究结果却饱受争议。在英国的一项研究中，连续4周每日服用复合补充剂的孩子与服用安慰剂的对照组相比，IQ得分并无显著的差别。在英国的另外两项研究中，试验组分别连续服药 4 个月和 7 个月，结果显示，试验组比对照组 IQ 得分仅轻微提高，结果不具有统计学意义。而英国和美国各有一项研究得出了截然不同的结果：每天服用复合营养补充剂的青少年，IQ 会有显著提高。在英国的实验中，与持续服用了 8 个月安慰剂的对照组相比，试验组的这些十二三岁的学生在非语言 IQ 测试中的得分平均高出 9 分（但在语言 IQ 测试中并无差异）。在美国，基于一个较小青少年群体的研究也得出了相似的结果，即试验组的非语言 IQ 得分更高，而且异常脑电波明显减少。原有饮食中营养越匮乏的孩子，服用复合补充剂后获益越多，这一点也在意料之中。

显然，儿童最好还是通过健康、平衡的膳食摄取所需的维生素和矿物质，这样既有利于大脑的发育，也有利于身体其他部位的生长。锻炼也是其中一个因素，因为体力活动越多的孩子往往饭量越大，直接摄取的营养物质也会相应地增加。鉴于给儿童定期补充维生素和矿物质并没有坏处，为了确保大脑能够摄入所需的营养物质，补充营养也不失为一种良方。但是请注意，如果补充"大剂量"——即超过"推荐的膳食供给量"——的复合维生素，会造成危险。

最后，我还要强调一下提高儿童 IQ 的最关键营养方式：母乳喂养。在校正过母亲的社会经济水平差异后，母乳喂养的孩子在 8 岁时的 IQ 测试成绩会比非母乳喂养的孩子高 8 分。在孩子满周岁之前，母乳喂养的时间越长，宝宝的 IQ 就越高。美国儿科学会推荐母乳喂养应满一年，但 1995 年的一项大型调查显示，只有 59% 的美国母亲选择母乳喂养，而孩子满 6 个月的时候这个比例甚至下降到了 22%（很多人选择用配方奶粉替代）。母乳喂养在贫穷妇女中尤为少见，这也许解释了家庭社会经济地位较低与儿童 IQ 较低之间的某些关联。

活动与物理环境

大脑的发育需要刺激，在拥有更多探索机会和更多玩具的家庭中成长的孩子更加聪明不足为奇。如果在富足的环境下饲养幼龄大鼠，其树突和突触的发育会更活跃，同样，儿童的大脑也会从丰富的日常生活经历直接获益。首先，丰富的生活经历就意味着不能严格地限制孩子——我们不能把孩子关在门内，长期置之于围栏或婴儿椅中，或对他们的一切要求说"不"。我们应该构筑井井有条的家庭环境，让孩子们既能找到玩具，又能在安全的环境中自由探索。但这并不意味着需要保持房间的一尘不染——老房子例外，因为旧的建筑可能多采用含铅的涂料，应该经常吸尘和打扫，尤其是窗户周围，这里的旧油漆涂层很容易化为灰尘浮于空气之中。尽管空气中的铅含量已经大幅下降，但是含铅涂料仍是影响孩子大脑和认知发育的最常见的环境危险因素（见第 61~62 页）。

对孩子来说，玩具很重要，而且玩具的种类远比数量重要。有效刺激孩子的诀窍就在：先于他/她的习惯形成一步——这在婴儿期早期都非常奏效。因此，每周给孩子更换玩具也不失为一个好主意。你可以把旧玩具扔掉，或者把它们放到别的房间去——旧的乐高系列玩具如果突然出现在厨房的餐桌上，也许会焕发出新的生机。如果能和朋友或者邻居交换玩具就更棒了。只需要一点点的创造力，家长就可以换着花样刺激孩子，而不需要为了买新玩具而破费。

儿童身处的环境也应富有多样性。孩子们需要走出房门去散步、去公园、去图书馆、去商店，或是去别人家。他们需要看看别的孩子在做什么，需要和除母亲之外的成年人交流。实际上，一项关于被领养婴儿的研究发现，预测婴儿 IQ 得分的最佳因素，就是孩子与家庭内外在不同地点、不同人群接触的情况。如果经济条件允许，也可以带着孩子参观动物园、博物馆，或者欣赏儿童音乐。其实，只要能看到任何不同的人、景色或是经历都可以。

儿童接受的刺激应该是有限度的。过多的玩具、过度的活动和频繁的外出可能会造成混乱，对孩子产生负面作用，影响他们注意力的集中。对于孩子来说，一个房间中有 3 件还是 30 件玩具，玩耍起来差别并不大，但两者带给孩子的混乱程度有天壤之别。来自电视、立体声音响或者其他孩子的噪音会增加混乱的程度，尤其会对儿童的语言学习产生严重的干扰。尽管外出和其他有组织的活动非常重要，但孩子们也需要时间随心所欲地玩耍和探索。孩子们感到无聊时，总会马上告诉我们，但他们被过度刺激时却说不出来，只是开始变得暴躁易怒。

　　当然，上述因素对在家庭或托儿所中长大的孩子同样适用。集体生活显然增加了孩子们生活的多样性：他们有各种玩具可以摆弄、有多种机会可以尝试、有小朋友和老师可以交流，还有多个地方可以玩耍。如果父母都要工作，那么为孩子选择托管方式时就需要权衡，把握好现有环境的优势与可能出现的"混乱"之间的平衡点。

　　莫扎特的音乐真的能够提高智力吗？　　人们关于儿童早期智能强化的一项惊人发现，就是音乐的作用。我们常会在报纸上读到"莫扎特的音乐如何使人聪明"之类的言论。佐治亚州州长鉴于古典音乐能够促进婴儿大脑的发育，提高儿童的空间想象力和数学运算能力，决定拨出105000美元公款为每一个新生儿提供一张古典音乐光盘。那么，传说中如此益智的古典音乐究竟效果如何？孩子们又是否真的那么容易受其魔力感染呢？

　　几乎所有有关该项目的研究都是由加利福尼亚大学的一群神经科学家承担的。他们吃惊地发现，那些拥有音乐天赋的人往往也具有很强的时间－空间整合能力，比如很擅长数学、象棋和工程学等。研究者们认为，这或许是由于音乐恰好激活了那些与推理类似的脑功能区的时空整合活动。当然，音乐本身不具有空间性，但音调可以被内耳转化为一种立体的映射（见第10章）。不过，我们大脑感受到的音乐是时空同一的，这与思考博弈策略、解决立体几何问题，或完成建筑构图需要的思维模式有所不同。这种观点认为，特定的音乐类型或许有助于提高时间—空间推理能力，而研究者们也正着手验证这种理论。

　　他们首先在一些大学生志愿者中展开研究。第一组学生用10分钟听莫扎特的钢琴奏鸣曲，第二组听10分钟的轻音乐，第三组什么都不听。随后立即对三组进行测试，内容主要是一系列空间推理方面的题目，例如在一组图形中寻找规律，或是想象出一张纸经过多次折叠和裁剪后会变成什么样。测试结果着实令人震惊：听了莫扎特音乐的那一组，得分要比其他两个组高出大约9分。在接下来的研究中，研究者增加了一组对照，给这组反复播放菲利普·格拉斯的抽象音乐。结果仍然是只有听了莫扎特音乐的组在折叠－裁剪测试中表现突出，而各组在短期记忆方面并无显著差异。

所以，某些特定的音乐类型似乎能提高时间－空间推理能力，其原因或许是右脑神经活动得到了锻炼。

研究者选择莫扎特是因为他4岁的时候就开始作曲了。他们推测，与那些大学生受试者相比，幼儿的大脑或许对音乐"锻炼"更敏感，所以莫扎特的音乐可能更贴近大脑皮层时间－空间活动的本来模式。为了检验这一假说，研究者们招募了一些当地的学龄前儿童。这些3~5岁的孩子被分为4组，但这次不仅要听音乐，其中的一些孩子还要学6个月的钢琴。他们要学习基本指法、音阶、双手协奏、识谱，并根据记忆进行演奏；6个月后，他们都能够弹奏基本的旋律，其中包括莫扎特和贝多芬的一些简单的曲子。另外三组为对照组：一组孩子上电脑课，进行键盘训练，但不听音乐；一组在音乐老师的辅导下每天练习声乐；最后一组则不进行任何特殊训练。所有孩子在为期6个月的训练开始前和结束后都要接受测试，测试任务有两类：时间－空间能力测试（如按特定顺序组装拼图），或单纯的空间感测试（如匹配或临摹几何图形）。

这一试验也得出了惊人的结果。在校正了6个月的年龄因素（因为年龄的增长必然会导致测试分数的提高）后，只有那些上过钢琴课的学龄前儿童在时间－空间能力测试中有显著的进步。3个对照组在时间－空间能力测试中都没有突出的表现，所有组在单纯的空间感测试中取得进步。换言之，音乐弹奏训练可显著提高学龄前儿童的时间－空间推理能力。钢琴训练的作用之所以明显，或许是由于在儿童的音乐体验中额外添加了空间维度。声乐训练只强调时间因素；而电脑训练只突出了空间因素，少有时间推理的成分；钢琴训练却可以将两者结合起来——手指的跃动、位置、音调、同步以及相伴的审美反馈，都是促进右脑发育的理想方式。

但上述结果还不足以证实早期的音乐训练确实有益。该研究需要多次重复，还应对受试儿童进行长期的随访，以明确这种进步能够持续多久。此外，探讨其他能力（如数学运算能力等）是否同样会受到影响也很重要。（小学生通常很难理解"比例"的概念，但研究者们认为，早期的键盘训练对"比例"的教学非常有益。）另一个问题就是，音乐的这种效应是否具有敏感期。有人认为，音乐可能是一种"前语言"，它能够直接地激活幼儿大脑的基本放电模式，而比真正的语言更有效。要知道，绝大多数拥有完美音高的音乐家都是从小（多在 7 岁以前）开始训练的，这表明幼儿大脑的这种时间 - 空间能力已经足够成熟。而另一方面，关于大学生的研究也表明，音乐体验可以提高各年龄段人群的时间 - 空间推理能力。

父母 / 看护人的风格

儿童的活动和物质环境显然只是早期培养的一部分，更重要的是孩子与父母或其他看护人之间互动的质量。幼儿可以通过多种方式学习，即便是与成年人之间最简单的交流，如换尿布、走到车中，或是一个睡前故事，都能教会他们新的东西。他们会从中学习单词、情感，以及怎样待人、观察细节、记住事情、解决问题。不论是主动阐述物体的工作原理或解释我们在做什么，还是通过积极的关注或者负面的反馈来鼓励他们的自由探索，都是对孩子的直接教导。当然，也可以通过举例的方式间接地引导他们。智力方面的成功不仅取决于"原始智力"，更聪明的孩子必然对世界更加好奇、更愿意主动探索并提出问题，而且更执着于寻找答案。所有这些品质，在很大程度上，都能通过父母 / 看护人的榜样作用塑造。

育儿风格的哪些方面最重要呢？通过细致的家庭观察，心理学家找到了几个与儿童智力和学习成绩密切相关的家庭特征。用他们的标准来衡量，最好的父母应具有很强的"抚养能力"（既有物质保障，又有情感支持）、与孩子"密切交流"（经常和孩子一起活动）、对孩子的需求能够"高度响应"（能接受他们的个性，并能出谋划策，帮助孩子们解决问题），还得"有要求"（期望孩子表现得成熟和独立，设置严格的标准和规则并监督他们遵守）。随着孩子的成长，上述品质的重要性也会不断地发生变化，但它们在儿童成长的各个阶段都发挥着重要作用。

我们都知道，婴儿需要大量的呵护：平时要抱着、睡觉要搂着，还要柔声哄着……婴儿的茁壮成长依赖身体的接触，而且那些经常从看护人那里感受到温暖、慈爱和积极反馈的孩子，往往会获得更强的认知能力。身体接触对于孩子来说不仅是一种安慰，还能帮助孩子创造最佳的学习环境——宝宝一周岁以前，视力和听力都很有限。温暖、亲情和赞赏在孩子学步期和学龄前期也非常重要，这段时期的亲子质量与孩子在儿童期的IQ水平密切相关。对于大一点的孩子来说，养育主要体现在情感方面的支持和鼓励。一项关于天才青少年的研究发现，父母的支持是决定孩子能否充分发挥其天赋的唯一家庭因素。

"响应度"与这种养育密切相关。对于婴儿来说，响应度高的照料意味着我们不仅要迅速响应宝宝身体的需求——喂奶、更换尿布、睡觉等——还要满足他们对于刺激与交流的需求。宝宝经常会由于厌倦而哭闹，他们还不具备完整的语言表达能力，只能表现为令人费解的喔啊声和咿呀声。他们期待父母有所回应，能和他们进行"原始交流"，并能用有趣的表情整天逗他们开心，这也是他们原本最想得到的刺激方式。语言应答不仅对孩子的语言发育至关重要，还有助于塑造孩子的情感反应和自我意识。不论孩子几岁，高度响应的养育意味着你要去倾听孩子的声音，花时间去思考和理解他/她想要表达的东西，尝试大量的语言交流。敏感而有回应的看护人会肯定宝宝之间存在的差异。他们会尊重每个孩子的需求，同时，还会教导孩子们尊重父母的需求。

"参与"是良好养育的另一个显著特征，但是，该怎样参与没有明确的方法。强制孩子学习不是参与式养育；在孩子玩耍的时候，你坐在一旁和其他人交谈也不是参与式养育。"参与"是直接的、一对一的交流，将你所有的注意力都集中在与孩子的互动上——讲故事、编曲子、垒沙堡、散步或者辅导孩子写家庭作业。已经有多项研究发现，儿童的IQ和学习成绩和父母参与的亲子活动时间（也就是我们熟知的"高质量时间"）存在关联。

哪一种亲子活动最能够促进孩子认知能力的发展呢？并不是很多家长认为的给予很多学习方面的指导。父母们不需要逼孩子们学习拼写，或是给他看识字卡。阅读和算术等方面的指导可以使孩子在短期内受益，但从长远看来，使孩子们受益的是热情、勤奋、持之以恒，以及学习的动力。对宝宝们而言，这意味着集中注意力在他们感兴趣的某些物体、理念和感觉上。那些在集中注意力上得到母亲（也可能是父亲）鼓励的孩子，最终要比其他孩子更加聪明。他们词汇量增长得更快，也更喜欢探索。早自4

岁起，晚可到 18 岁，他们在智商测试中的成绩也更高一些。婴儿很容易厌烦，保持他们兴趣的最好方法就是用多种方法呈现——用不同的方法挥舞他们的手臂，或者关注不同的身体部位、颜色、形状或声音。在婴幼儿的早期，鼓励孩子集中注意力能帮助他们在面临更大困难和挑战时，更有毅力和动力。

让学步期和学龄前儿童选择一些自己喜欢的事情，比如捉蝴蝶、拼火车、烤饼干、做园艺、在电脑上画画、叠衣服，还有阅读。这个时期的孩子渴望从父母那里学习。他们四处寻找父母，跟着父母在房子里转悠，会说"我知道了"或者"我来做"。通过参与，可以让他们知道：完成任务、尝试、创造会带来乐趣。在一起的时候，父母往往可以哄着孩子们去完成比他们能力再多一些、难一些的任务，给他们一种掌控感，这将为他们未来的努力增强信心。一起工作还可以使孩子们近距离地看到该如何思考问题，并为他们树立榜样，让他们知道该如何观察、组织，或是记忆细节，以及如何从这样的智力探索中获得乐趣。

随着孩子的成长，分享依旧重要，尽管现在这些活动更多是孩子选择的。孩子们的一生会从父母的积极参与中获益。父母的参与可以有效抵制同伴的消极影响，还能让孩子把注意力放在学校和其他积极活动上。

成功父母的最后一个特点，是对孩子有着很高的要求。这似乎与其他方面的特质不大相符。建立孩子的自尊需要纪律的约束和孩子的自律。我们希望制定一些制度，期望他们自觉地遵守，实施这些规则需要一些惩罚措施。那么，所有这些规章制度对孩子的自我形象会产生什么样的影响呢？许多数据的分析结果表明，相比那些管教松散或者对孩子要求很多却很少关心（专制型）的父母，那些对孩子期望很高但十分关心孩子需求（权威型）的父母，子女的行为问题更少，学习方面的表现更好。不论孩子是处于学龄前期还是青春期，这一规律同样适用。权威型父母期望孩子有成熟的表现，他们也会帮助孩子明确如何实现这一目标，他们一直在以一种温暖、支持的方式挑战孩子。

一项开展于 20 世纪 80 年代的研究探讨了父母的期望。这项研究比较了大量来自美国、日本、中国的小学生。在五年级的时候，美国孩子的数学成绩远不如日本和中国孩子，这种差距在高中阶段会加大，并一直持续到20世纪90年代。这个差距先天智力无法解释，因为他们基本认知能力测试的分数差异并不显著。一部分差异被解释为学校基础教育的不同：美国小学老师教数学和科学的时间比日本和中国小学的老师少得多。这种差异的一个重要原因就是家庭教育类型不同。美国的父母对孩子和学校的要求相当少。相比于日本和中国的母亲，美国母亲对孩子的表现和他们在学校的学习质量更容易满足。这种差别在孩子的家庭作业方面非常突出，美国母亲对家庭作业的数量很满意，尽管他们的作业量仅仅是日本学生的一半或者中国学生的1/5（美国父母辅导孩子的家庭作业相当少）。这样看来，美国父母对孩子的学校教育没有亚洲父母重视，这导致了大多数美国的孩子小时侯学到的东西很少。

家长的期望也是影响孩子智力发育的重要因素。然而"期望"和"压力"只有一线之隔，这方面的家庭教育很难把握。家长可能期望孩子勤奋努力或者表现成熟，但是对取得成就并没有特别的要求。过度的压力或者不切实际的期望对孩子毫无益处，反而可能适得其反。过多的压力可能来自过多的计划、太多的课程、对玩耍的限制，或者其他一些活动，从而剥夺孩子独自玩耍、阅读、做梦的重要时间，让他们失去了只是纯粹地做一个孩子的机会。

父母和"弗林效应" 大多数研究者认同"弗林效应"的一些观点，即20世纪孩子的智商呈现逐步上升的趋势，因为孩子的生活环境和抚养条件普遍得到了改善。越来越多的父母能接触到孩子成长发育的知识，也意识到了回应与参与的重要性。现在女性获得的教育比以往任何时候都多，这就是孩子认知能力本质提升的重要原因。即使那些没有刻意重视"参与"的父母似乎也懂得了早期刺激的重要性，利用很多玩具、图书、视频以及电脑游戏来刺激孩子。

更有意思的是父亲的角色。我们已经知道，缺少父亲养育的孩子学习表现不如来自双亲家庭的孩子，即使校正了家庭经济差异之后仍是如此。同时，越来越多的证据表明，生长在双亲家庭的孩子明显得益于融入他们生活的父亲。与父亲互动频繁的孩子智商测试成绩更高，在学校中表现更好，有更高的自主能力、自控能力以及社会反应能力。这些发现除了引发对单亲家庭数量增加的关心,也告诉人们,大部分父母养育的孩子情况越来越好了。

学校教育

影响孩子智力发育的最后一个因素是学校教育。智商和教育显然彼此相关,但两者之中谁是因、谁是果,研究者们争论不休。那些拥有高智商的人似乎在学校待得更久,难道是因为他们发现这会带来更大的回报吗?还是因为更多的学校教育确实能让一个人的智商比没正式上学的人高?这究竟是怎么回事?

答案是两者兼而有之。显然,高智商的人在学校表现得越好,他们就越有待在学校的动力。另一方面,学校教育确实使孩子变得聪明:不仅仅是学术能力,智商也会随着每年的正规教育而增长。比如,弗吉尼亚州爱德华郡的公立学校在20世纪60年代就被关闭以避免种族集会,这里黑人儿童的智商和一所临近乡村、没有关闭的学校的孩子相比,平均每年下降6个点。类似的缺陷在纳粹侵占的荷兰、伦敦的吉普赛人、阿巴拉契亚地区的孩子中都已经被证实。在这些地方,孩子们的教育中断了好几年甚至更久。学校教育的作用很强大,一个从来没有接受过正规教育的孩子(就像阿巴拉契亚的一些孩子)在进入青春期时,智商甚至会落入智障的范围。

正是由于这个原因,工业化国家的绝大多数孩子都上学,义务教育在20世纪逐步普及,这或许是弗林效应出现的一个重要原因。直至今天,学校教育的差异都和孩子的智商联系密切。逃学和辍学都与孩子的智商低下有关,甚至暑假都会使智商产生一个小而明显的下降。

推迟送孩子上学的影响是最具争议的话题。近些年来,出现了一种趋势:父母推迟一年送孩子上幼儿园或者一年级。这种趋势似乎在男孩子身上尤其明显,因为他们给人的感觉是认知能力成熟更慢(这仅仅指语言能力,见第16章),也可能因为他们的父母更关注儿子是否具有竞争优势(而不是女儿)。有证据表明,年龄较小的孩子与较大的孩子相比,在课堂上更可能出现问题。然而，在认知能力方面，刚达到入学年龄的一年级学生确实比仅仅小几周却上幼儿园的孩子成绩好。此外，比较孩子的认知能力进步时，那些小一点的孩子和较大孩子没有明显差异。两组增长率相同，比幼儿园大班的孩子要高。换句话说，对这些较小的孩子来说，准备好入学并不是问题。

在中间年级（四、五、六年级），年龄在孩子认知表现中已经不是很重要的因素了。在以色列的一项大型研究中，研究者发现，学校教育对孩子智商的影响是孩子年龄的2倍；也就是说，一个五年级的孩子，得分要比年长的同班同学低1~2分，但是可能要比四年级的同龄人高出5分。

这些研究的意义相当明显：那些推迟一年送孩子入学，并且自认为对他们有利的家长，实际上延缓了他们认知水平的发展。孩子晚上一年学失去的远远超过那一年孩子在幼儿园里获得的。

当然，每个孩子都不同，总有几个出生较晚却能从这额外一年的家庭教育或学前教育中受益的孩子。但是某些社会组织允许家长迟迟不让孩子入学，甚至超过他们入学年龄几个月的做法似乎缺乏依据。这种尝试不仅耽误了孩子，还会殃及整个年级，让老师更难选择适合每一个孩子的教学材料。

学前教育能够提高孩子的智商吗？ 如果推迟孩子入学时间会阻碍孩子的智力发育，那么早早开始学校教育是否有相反的效果？学前教育是否会使孩子变聪明呢？过去的20年间，早教计划迅速发展，每个母亲都认为自己知道问题的答案。有确凿的证据表明，高质量的日托班能够提高弱势群体孩子的认知能力和学习成绩。虽然有一小部分研究发现：那些在幼儿园之前接受正规学校教育的孩子，在小学期间具有明显的成绩优势。但对中年级的孩子来说，这方面证数据还不太一致。

我个人认为（受越来越多选择把孩子送到幼儿园的家长影响）好的学前教育对孩子的智力发育大有益处。高水平的日托班或者学前班提供了一种增加孩子社会以及认知刺激的绝佳方式。很少有父母或者是保姆能够像日托班或学前班那样提供各种各样的活动、玩具，和社会交往。此外，一个好的幼儿园老师能够用家长不会的方法理解孩子，也能在孩子和家长中扮演一个恰当的角色。我所说的"好"当然是所有好的育儿条件，比如温暖、培育、支持、刺激，也包括要求。如果一个幼儿园老师负责十几个孩子，他不可能全部做到。所以较低的师生比（至少对于两岁的孩子是1∶5，3岁的孩子是1∶7，4岁的孩子是1∶10）很重要。

关于早期儿童教育有一点值得注意，这个时期不需要太多学业指导。尽管家长们觉得让孩子全身心投入学前班的学习，会让孩子赢在起跑线上。但没有证据表明从长远来看，孩子们会从提前的正规学习指导中获益。实际上，甚至有一定的弊端。在一项研究中，研究者们比较了那些接受较多学习指导的学前班孩子和那些没怎么接受学业指导的孩子。他们发现，这些孩子的认知能力和学校的表现并没有大的差异。他们还发现，来自强调学业的学前班的孩子比不那么强调的学前班的孩子面对考试更加焦虑，对上学的态度更消极。换句话说，较早地给予孩子学业压力也许有危险。你并不想让孩子们在真正接触有趣的事物之前就感到上学是一种煎熬，或是在他们的想象力和创造力处于巅峰时就扼杀了他们。

学前班应该是一个诱饵，一种让孩子安心进入学校，并使孩子产生浓厚学习兴趣的途径。这是一个发掘孩子天生的好奇心并建立孩子的主动性和自尊心的探索时期。这不是一个强调成就、比较孩子的表现，或是坚持让他们做正确事情的时期。活动应该以孩子为中心，而不是以老师为中心，孩子们要有足够的自由选择自己喜欢的活动。教师应该是服务者而不是指挥者，要帮助孩子寻找有乐趣和挑战性的事情、帮助他们回答问题、提出新的方法，并培养主人翁意识。这个年龄段的孩子是通过使用五感和日益提高的运动技巧来学习的，而不是刻板地参与到一个大集体中。

这个时候的教育仍应称为"学前"教育还有一个原因，5岁之前的孩子根本没有准备好。不管是情感上还是认知上，他们都很难接受大量的正式教育。我们回顾一下，6岁的时候，额叶才真正开始起作用，这个时候，孩子们才能理解一个成年人的推理，熟练使用他们的记忆和思考，开始掌握一些抽象的概念，并有了一定的自制力、能坐得住，真正吸收所学的东西。这并不是说幼小的孩子不能学着阅读、计算、认识这个世界。学前儿童的确应该有机会锻炼智力。但是他们也需要爬、画画、建造、唱歌、种植、扮演、钉钉子、倒水、鼓掌、大笑、交朋友等。学科教育应该是在孩子被高度激发和表现出很强的动手能力时进行。心理学家把这种学前经验称为"和发展相适应的",这对孩子比课本或者演讲更好,而且十分有趣。

没有"完美"父母

父母在提高孩子智力发展方面能做的事情很多。如果有完美的母亲(或父亲),她会把所有的时间都用来关心和教育孩子。甚至在怀孕前就开始了——增加叶酸储备,净化自己身体内的化学毒素。一旦怀孕,她就会滴酒不沾,一滴汽油也不会亲自加,每天至少睡8小时,不让自己有任何压力。她希望有一个理想的、简单的、不服用任何药物的分娩,并且在孩子出生的那一刻便开始母乳喂养,直到孩子开始如厕训练。她知道怎么刺激孩子,但是也会避免过度的刺激。她想每天抽出很多时间陪孩子唱歌、聊天、锻炼、阅读,给他各种各样的玩具和其他有趣的东西,并且绝不会为了做晚饭或核对收支把孩子自己留在摇篮里——哪怕只有半小时。她会自己检查房子的每一个角落,以便让孩子自由地探索,不用听到一个"不"字。她会带孩子去郊游,总是无微不至地关心孩子,当孩子把药房架子上的维生素推倒或是抱怨食品店的饼干难吃时,也从不生气。她会向其他孩子和其他同样完美的父母介绍自己的孩子,并且愿意在孩子玩耍后打扫那一片狼藉。从3岁开始,她会为孩子报钢琴、网球、舞蹈、法语、游泳、艺术、小提琴、计算机、西班牙语、体操等课程(也会把自己塑造成一个好榜样),但如果孩子不感兴趣,她也不会在意那打水漂的10周学费。她会让孩子上最好的幼儿园,在空闲时间浏览最新的育儿信息。当然,她不会一个人完成这些。她的旁边一定会有一个"完美伴侣",和自己一起携手关爱、激发、培养、教育他们的孩子,以确保他能够走好人生路上的每一步。

这个世界上也许确实有这样的父母,或许他们的孩子将会成为世界上最聪明的人。但是,你也会怀疑孩子能从只关心自己儿女的父母身上能学到什么。事实上,孩子不仅从父母和看护人身上学习认知技能,也学习怎样工作、分享、关爱、养育、娱乐以及享受生活。而且,对孩子的认知能力和成功与否起主要作用的不是特别的教育方式，而是我们树立的榜样。

  养育孩子是一件不易的事。我们大多为此竭尽全力，奉献出全部的时间、精力和资源。当然，我们都想为孩子做得更多，争取在养育方面做得更完美。我还没遇见过一个不因给孩子的时间、耐心或金钱太少而愧疚的父亲或母亲。值得宽慰的是，还有一个重要因素——遗传在发挥作用。最好的父母也没有最好的基因。或许我们可以稍稍放松一些，享受和我们真实的孩子在一起。

注释及参考文献

扫码获取

本书注释及参考文献